LOCUS

LOCUS

LOCUS

LOCUS

mark

這個系列標記的是一些人、一些事件與活動。

mark 54 歷史激流：楊寬自傳

作者：楊寬

特約編輯：吳繼文

美術設計：何萍萍／徐丹

法律顧問：全理法律事務所董安丹律師

出版者：大塊文化出版股份有限公司

台北市105南京東路四段25號11樓

www.locuspublishing.com

讀者服務專線：0800-006689

TEL：(02)87123898FAX：（02）87123897

郵撥帳號：18955675戶名：大塊文化出版股份有限公司

總經銷：大和書報圖書股份有限公司 地址：台北縣五股工業區五工五路2號

TEL：（02）89902588：（02）22901658

排版：天翼電腦排版印刷股份有限公司 製版：源耕印刷事業有限公司

初版一刷：2005年8月1日

定價：新台幣380元

Printed in Taiwan

國家圖書館出版品預行編目資料

歷史激流：楊寬自傳／楊寬著. 一初版.一臺北市：大塊文化，

2005[民94]面； 公分. 一 (mark；54)

ISBN 986-7291-66-2 (平裝)

1. 楊寬 - 傳記

782.886　　　　94016136

歷史激流：楊寬自傳

楊寬◎著

目錄

第一章　水鄉時光：故里與童年（一九一四—二六年）
（一）我出生的家鄉　18
（二）我的老家　27
（三）童年的生活　34
第二章　黃金時代：人文薈萃的蘇州歲月（一九二六—三二年）
（一）在初中學習的收穫　44
（二）在高中改變學習方法　53
（三）高中時代初步向學術領域摸索　62
（四）《墨子》和《墨經》的探索　67
第三章　思潮的衝擊與啓蒙：古史大辯論的啓示和新學派興起的影響
（一）一九二〇年井田制度有無的辯論與啓示　76
（二）一九二三年中國古史傳說眞僞大辯論的觀察　85

（三）三十年代初期中國社會史論戰之我見　94
（四）三個新學派興起的巨大影響　99
第四章　走向成熟與豐饒：學術生活和博物館工作的開端（一九三二—三七年）
（一）七篇墨學論文的發表　110
（二）對古史傳說作系統的探索　116
（三）師生合作《呂氏春秋》的校勘和注釋工作　124
（四）參加「上海市博物館」草創工作　131
第五章　戰爭中的流離與傷逝（一九三七—四五年）
（一）追敘所參加的愛國抗日的學生運動　138
（二）一年在廣西梧州的教學工作（一九三七—三八年）　143
（三）四年在上海「孤島」的教學和研究工作（一九三八—四一年）　147

（四）兩度進入江蘇北部游擊區工作（一九四〇—四一年） 153
（五）三年隱居在家鄉繼續進行研究工作（一九四二—四五年） 160

第六章 短暫和平歲月的希望之火：從戰爭廢墟中恢復上海市博物館
（一九四五—四九年）
（一）三個月在「鴻英圖書館」工作和找尋失落的文物 168
（二）三年半的恢復「上海市博物館」的工作 172
（三）扣住一批出口珍貴文物而引起的風波 181

第七章 惡浪淘天：上海博物館的創建與連串政治運動的翻弄
（一九四九—五九年）
（一）創建「上海博物館」的準備和參加「三反五反」運動 190
（二）「上海博物館」的創建 198
（三）參加了一連串的政治運動 208
（四）參加「向科學進軍」的行列 217

（五）「上海博物館」中反右派鬥爭的大風波 221
（六）參加了失敗的「生產大躍進」運動 234
（七）關於初版《戰國史》和冶鐵史方面的寫作 241
第八章 深淵回聲：崩潰邊緣的徬徨（一九五九—一六五年）
（一）從「上海博物館」調到「上海歷史研究所」工作 256
（二）參加運動方式的修訂《辭海》工作和學術討論 261
（三）關於《古史新探》的寫作 266
（四）對於古禮的新探索 273
（五）在「千萬不要忘記階級鬥爭」的號召下參加農村「四清運動」
第九章 支離破碎：「文化大革命」中的驚濤與打擊
（一九六五—七六年）
（一）在姚文元評《海瑞罷官》文章發表以前對校樣提了修改意見 292

（二）參加《海瑞罷官》問題的討論和對吳晗〈自我批評〉的座談會 297
（三）對吳晗〈自我批評〉的批判 306
（四）關進牛棚兩年半 308
（五）在「五七幹校」勞動改革的一年半時間 321
（六）調到復旦大學編繪「先秦歷史地圖」和標點《宋史》 329
（七）在「文化大革命」中的波谷時期 340
（八）在「批林批孔」和鼓吹「儒法鬥爭」浪潮中的經歷 346
（九）人民的大災難、文化的大破壞、經濟的大崩潰和風紀的大墮落 352
（十）家庭發生重大變故 360
（十一）「文化大革命」的後遺症——一件捏造的新冤案 373
第十章 晚年的回顧與瞻望
（一）重新認識歷史和瞻望前途 384

（二）重新改寫戰國史和冶鐵史 389
（三）都城制度史、陵寢制度史的著作和兩次到日本訪問講學 396
（四）來到美國以後的觀感 402
再版後記 411
〈附錄〉一九九三年版後記 416
楊寬生平與重要著述略年表 424
編輯後記 439

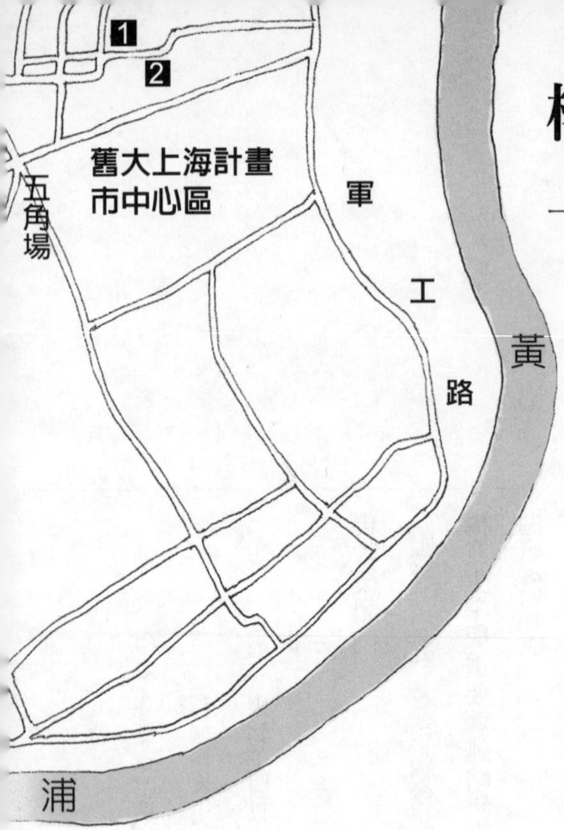

楊寬自傳
上海關連位置圖

1 舊市政府
2 上海市博物館
3 復旦大學
4 同濟大學
5 魯迅公園
6 橫濱橋上海博物館
7 提籃橋
8 玉佛寺
9 華東師範大學
10 舊上海社會科學院
11 靜安寺
12 哈同花園
13 南京西路的上海博物館
14 人民廣場新上海博物館
15 河南路的上海博物館
16 豫園
17 上海社會科學院
18 作者雁蕩路住處
19 錦江飯店
20 光華大學
21 萬國公墓
22 上海社會科學院歷史研究所

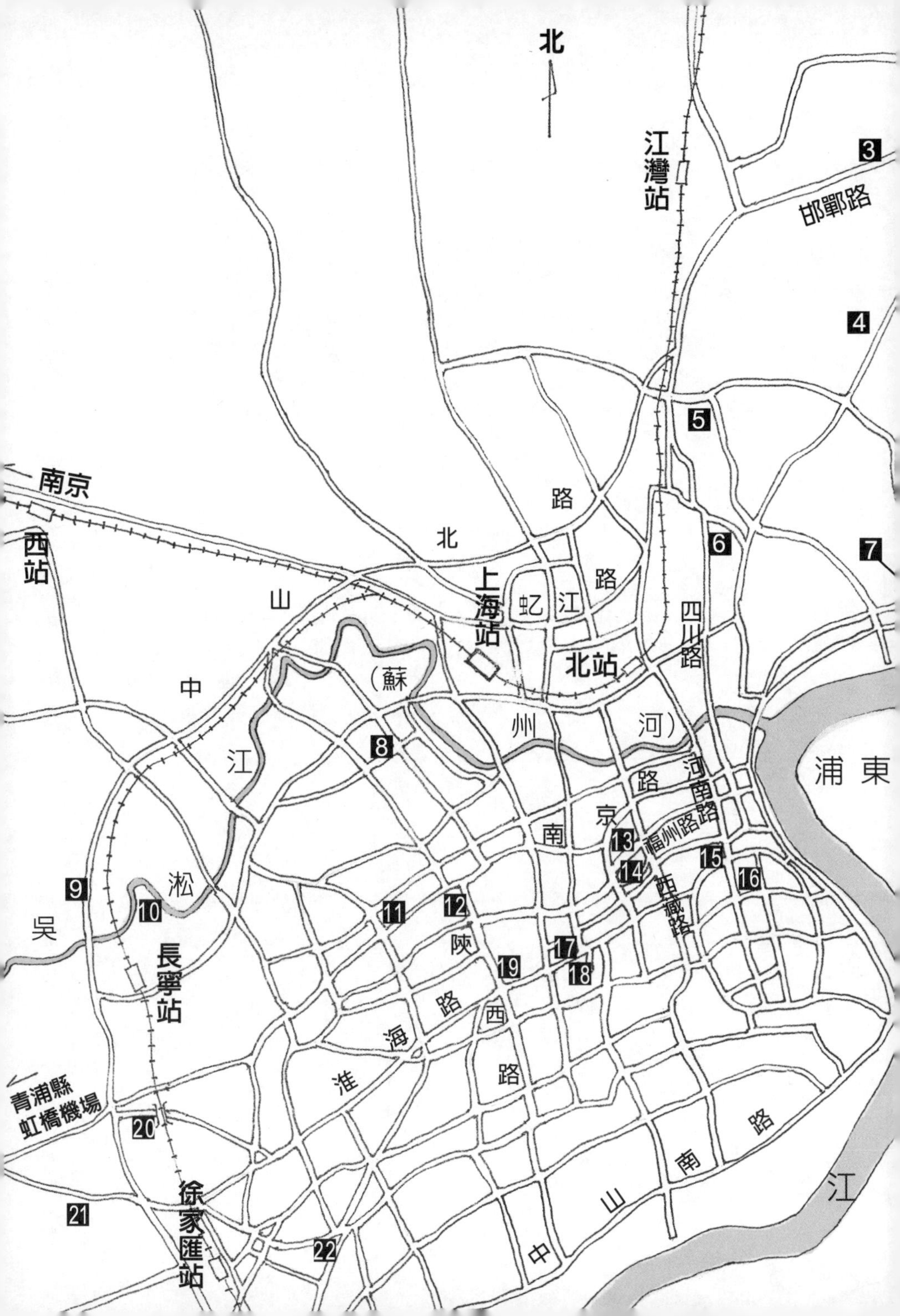
北
江灣站
邯鄲路
3
4
5
6
7
南京
西站
中山北路
上海站
虬江路
北站
四川路
(蘇州河)
浦東
8
河南路
南京路
福州路
13
14
15
16
西藏路
9
10
吳淞江
11
12
陝西路
17
18
19
長寧站
淮海路
青浦縣
虹橋機場
20
21
22
徐家匯站
中山南路
江

序言

許多朋友希望我寫一本自傳，認爲我在上個世紀三十年代已在中國文化學術界嶄露頭角，一生始終努力於中國文化事業的建設和中國歷史的研究工作，所經歷的正是中國現代史上政治、社會、文化發生重大變革的關鍵時刻，能夠系統地回憶而如實記錄下來，其價值將不下於學術專著。

我經過考慮，在我從學術界退休，移居到了美國老年人避寒休養的勝地邁阿密海濱多年後，決定可以動筆了。這時的我，正可以寧靜地回顧反省過去，把個人治學和工作的經歷放到整個歷史激流的過程中考察、檢討和分析，重新認識世局遞嬗的經緯，從中汲取深刻的歷史教訓。但由於涉及的內容十分複雜，不容易釐清頭緒；又因爲身歷多次的內憂外患，包括不斷的政治運動，以致自己原有的資料不能完整地保存下來，增加了寫作的困難。

我的青年時代在歷史古城蘇州求學，受到了優秀傳統文化的薰陶，同時又得到「五四」新文化運動的激勵，特別是先後三次古史大辯論的啓示和新學派興起的影響，使得我很早就進入研究古代文化歷史的門徑，也很早參與學術界的討論。當我讀到大學四年級的時候，即應聘參與上海市博物館的籌建工作，成爲此後長期從事創設博物館事業的開端。但是，在這個多災多難的國家，好景不常，參加博物館工作不到一年，就遇到日本軍國主義者的侵略。

在抗日戰爭的八年中，一年到了「大後方」的廣西從事教學工作，四年在成爲「孤島」的上海租界內工作，其間曾經兩次進入江蘇北部游擊區主編宣傳抗日的刊物，因爲遇到國、共兩方游擊隊的混戰，不願捲入而退出；最後三年隱居家鄉讀書寫作，等待著抗戰勝利的到來。

當時我的歷史研究工作，是在患難的間隙中完成的。我早年寫成的《中國上古史導論》、《中國歷代尺度考》和《墨經哲學》三書，都是抗戰期間發表的，作爲戰國史研究基礎的《戰國史料編年輯證》初稿，也是在隱居家鄉的三年中所編輯的。抗戰勝利後，我主要從事上海市博物館的恢復工作。當時因爲政治腐敗，內戰爆發，通貨快速膨脹，物價飛漲，生活困難，我還兼大學的教授職務，用來維持生活，因而很少時間作專門研究，只能寫短篇的文物考證和戰國史事考證，作爲將來著作《戰國史》一書的準備。

我是一個在政治上無黨無派的人，始終懷抱著創建一個代表中國優秀傳統文化的博物館和深入中國古代文化歷史研究的殷切願望。在我所主持的博物館中，從來沒有任用一個國民黨員，也沒有共產黨員。五十年代初期共產黨建立新的政權，改革前朝的弊政，制止通貨膨脹，穩定物價，國民經濟有所好轉，開始有新建設，我也獻身於籌設上海博物館的工作，在許多有經驗的文物工作者共同努力下取得了一定成就；同時我還寫成了《戰國史》一書出版，也開創了冶鐵史的新研究。

然而安定的局面很是短暫，一系列的政治運動撲面而來。在一九五七年的反右派鬥爭中，博物館中掀起了很大風波，我危險地度過了陷害中傷的難關，感到慶幸的是，整個博物館一百幾十個知識分子中，沒有被打出一個右派份子來。但我仍是陰謀者的標的，爲了逃避這個迫切的危機，我辭去了長期任事的博物館主管職務，設法調到上海歷史研究所去工作，總算避免了滅頂之災。

六十年代我擔任上海歷史研究所副所長是掛名的，並不管事。我原想從此專心致力於自己的歷史研究工作，但是政治鬥爭的風雲再次密布，研究工作也只能斷斷續續進行。當一九六五年十月我把陸續寫成的論文彙編成《古史新探》一書出版時，正當「文化大革命」前夕，這部書只印了三千冊，成爲我所有著作中印數最少的一本；如果稍微遲些，就連出版也不可能了。

中國農村長期以來都是以小農經濟作爲主要的生產方式，並成爲立國的基礎。衆多小農的生產落後和生活貧困，成爲近代政黨屢次發起革命行動最深刻的歷史背景。五十年代以來，自上而下連續不斷地發動規模越來越大的政治運動，對社會經濟、政治、文化思想各方面進行了疾風暴雨般的衝擊，使得這個民族更加處於前所未有的困境和生存危機之中，衆多農民仍然過著勉強溫飽的生活，文化、教育、科學的水平仍然低下，耕地短少而資源不足，政治上貪污腐化的風氣蔓延，社會上風紀敗壞，使得實現「現代化」舉步維艱，困難重重。

數十年來一場場政治運動所造成破壞和損失的巨大，是我們親身經歷，大家有目共睹的。其間所造成的無數冤案，近年來大都已經平反了，但是大多數人對歷次運動的前因後果及其經歷的眞相還是諱莫如深。我認爲，只有對這一切作出詳細而具體的分析和批判，深切反省，才能保證今後不再重犯。否則不但要重蹈覆轍，而且還會變本加厲：十一年文化大革命，不是突然發生的，它是從五十年代以降歷次政治運動一路擴展而來。

我曾經擔任過文化學術工作的主管，許多領導幹部都熟悉我，因而歷次政治運動都被捲進，如「生產大躍進」運動，我作爲「萬人檢查團」的團員被派進一所工廠；又如「大煉鋼鐵」運動，我被派到本地區的「煉鋼指揮部」；再如農村的「四清」運動，我成爲上海社科院的「工作隊員」被派到一個生產隊去。至於文化學術界中歷次針對知識分子的運動，如「三反」、「五反」、「肅清胡風反革命集團」、「肅清反革命」、「反右派鬥爭」，直到「文化大革命」，往往都是運動一開始就「靠邊站」，被作爲主要清查的對象，甚至成爲集中長期揭發、批判鬥爭的目標。文革一開始我就被關進「牛棚」兩年半，接著被押到「五七幹校」勞動改造一年半。

我的後半生，大部分時間和精力是在未嘗間斷的政治運動中消磨和損耗的，時常要應付猛烈的誣陷和批鬥，無法全心治學，因而成績不大，可是得來不易，不免感到「敝帚自珍」。因爲我參加歷次政治運動比較全面，參加的時間長而深入，受到衝擊和折磨次數多，使得我逐步認識到歷次政治運動的眞相和本質。作爲一個史學工作者，我有責任記載、敍述、分析和評論那段反智的、半瘋狂的歷史，總結這史無前例的慘痛教訓。我們應該牢牢記住，並且告訴來者。

楊寬

第一章　水鄉時光

故里與童年（一九一四—二六年）

一　我出生的家鄉

一九一四年夏曆一月十二日，我出生於上海市西郊的青浦縣白鶴江鎮。白鶴江一作白鶴港。

當時青浦縣是松江府的一個縣，屬江蘇省管轄。自從一八四三年上海開闢爲國際商港以來，青浦雖然行政上屬於江蘇省，但在經濟和文化上是和上海聯結在一起的。隨著上海的發展和繁榮，青浦與上海的關係就越來越密切。一九五八年青浦劃歸上海市管轄，成爲上海市所屬十縣之一。

比起青浦縣城，白鶴江鎮和上海的關係尤其密切。它地處青浦縣的北邊，靠近通往上海的大河吳淞江（又名蘇州河）和滬寧鐵路，北距吳淞江的四江口只有一公里半，滬寧線的安亭

車站就在北邊三公里外。

內河小輪從家鄉沿吳淞江直達上海灘

白鶴江鎮唯有一條南北向的大街，緊靠著南北向的大河大盈港的西岸。這裡是河港交錯的水網地帶。大盈港原名大盈浦，河面寬約三十米，深約二．五米，可以通行六十噸的船隻，夏季水漲，一百噸以上的貨船也可以自由往來，全長一四．九公里，這是青浦縣北部主要的水上交通要道。它從青浦縣城北門起，流經寺前村、杜村、白鶴江而到四江口，接通東西向的大河吳淞江，由此東向可以直達上海的黃浦江。

長期以來，青浦縣北部居民的來往，主要依靠這條水路，每天有一定班次的小輪船，來往於朱家角鎮、青浦縣城、白鶴江鎮和安亭車站之間，與滬寧鐵路客車的班次相銜接。當天

大盈港。左側爲白鶴江鎮—高木智見氏提供

從上海發行的報紙和投寄的郵件，可以從安亭車站經小輪船轉送到此地。與此同時，還有長途航行的內河小輪船，從朱家角鎮出發，經青浦縣城和白鶴江鎮，沿著大盈港和吳淞江直達上海。隔天這隻小輪船再從上海出發沿原路回來。帶有較多行李和商品的旅客都是搭乘這種內河小輪船。

因爲白鶴江對上海的來往比較方便，鎮上居民在上海參加文化教育工作的很多，在上海開設商店當老闆的和做伙計的也不少，青年學子在上海的大學和中學讀書的更多；因爲本地只有一所小學，凡是小學畢業以後要進一步升學，除了少數投考青浦城內的初級中學以外，都要前往外地，其中以到上海升學最多。

從歷史來看，這一帶很早就是經濟文化比較發達之區。在白鶴江鎮的北市，有一條東西向的小河叫青龍港，接通南北向的大盈港。青龍港從白鶴江鎮向東流，經舊青浦鎮到達重固鎮，東接顧會浦，通到趙巷鎮。原來青龍港向北流入吳淞江，宋元以前是條大河，河道深而闊，水勢大而急，可通海舶。這一帶的經濟文化開發很早，近年來趙巷鎮的崧澤和重固鎮的福泉山，先後發現了新石器時代的遺址。崧澤出土了五、六千年前人工栽培的粳稻、秈稻的穀粒、捕魚用的陶網墜和紡織用的陶紡輪，可知此地在五、六千年前已經種稻、用網捕魚並能夠紡織衣料了，說明此地長期成爲物產豐富的「魚米之鄉」，有它深遠的歷史淵源。

特別令人驚奇的是，福泉山發現了四千多年前「良渚文化」的黑色陶器和大量玉器，其中大玉璧、玉琮、玉環、玉珠等等，不但造型精美，而且雕刻精緻，可知這一帶四千多年前已經有製作玉器的傑出工藝了，說明此地後來成爲文化發達之區，也有其歷史的傳統根源。

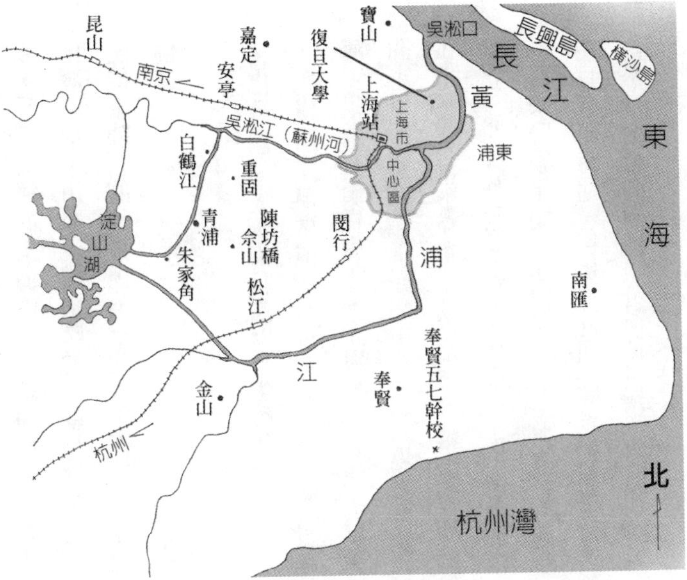

上海、青浦、白鶴港位置略圖

一九八三年夏天，我爲了寫作《中國都城的起源和發展》一書，到上海博物館去查考有關的考古資料，有一位長期參加福泉山考古發掘的老同事見到我，就對我說：「你的出生地的鄉親們還在懷念你呀！我們在福泉山考古，有幾位參加發掘的當地農民都問到你，說你們的老館長近來好麼？說的時候還引以爲榮呢！」

我聽到這些話，彷彿大盈港上溫暖的微風又吹到了我的心上，把我帶回童年，帶回到久別的家鄉。我立刻回想到我童年跟著父親來到福泉山一帶的情景。原來我的父親就出生在重固鎮附近一個小農村四丫叉的農民家裡，離福泉山不遠的地方。我童年時期曾經多次跟從父親來到他的老家，探望老祖父，福泉山一帶曾經有我童年遊玩的足跡，想不到這兒已有四千多年的文化傳統了。

再一次引起我回憶的是，美國紐約的大都會藝術博物館成立了一個中國古代藝術陳列室，特別指出中國遠古文化不僅起源於黃源流域，長江流域的上海附近地區同樣是重要的文化發源地，用來說明這點的，就是從上海博物館借來陳列的福泉山出土的二十件玉器和黑色陶器。

文化發達、人才會集的「小杭州」

白鶴江鎮東南一公里半有個小鎮叫舊青浦，附近有個青龍寺，大殿早已燒燬，只剩幾間小屋，陳設著「十殿閻王」，供人燒香祭祀（現在十殿閻王已不存在），旁邊磚木結構的塔依然矗立，七層八角形，今僅存塔身，俗稱青龍塔，是北宋慶曆年間（一〇四一—一〇四八）的建築。在我童年時期，一年一度的廟會也還舉行，每當舉行廟會的節日，附近居民紛紛前往遊覽，叫做「遊青龍」。這是我童年時期每年必去遊覽的地方，因為從這個廟會上可以看到那些平時在鎮上看不到的商品和民間的遊藝表演。

青龍塔。今名「吉雲禪寺塔」，為康熙帝所賜—高木智見氏提供

舊青浦就是宋元時代的青龍鎮，因青龍港而得名，為上海地區最早的對外貿易港口，來自各國的海船會集，鎮上有繁華的「坊」和「市」，曾以「小杭州」之稱聞名。公元一一〇

七年（大觀元年）北宋政府在此設有理財官，主管當地的水利，兼管「市舶司」（國際遠洋貿易）。南宋以後河道逐漸淤塞，國際貿易逐漸衰落，到元代就廢去市舶司，但是這一帶依然是文化發達、人才會集之區，其中有著名的水利專家、畫家、文學家和藏書家，更有從南宋以來世代相傳的著名醫師。

元代著名的水利專家兼畫家任仁發（一二五四－一三二七），字子明，就是青龍鎮人，晚年曾主持疏通吳淞江，並著有講水利的專書，傳世的畫跡有「秋水鳧鷺圖」，現藏上海博物館。上個世紀五〇年代，任家的墓地曾被盜掘，出土有墓誌和漆器等，上海博物館曾因此派人前往調查。其中出土的精美漆奩，也在上海博物館展出。

北宋、南宋之際，北方有不少人南渡，一部分就定居在青龍鎮。紹定年間（一二二八－一二三三）隱居在青龍鎮的名醫何侃（字直哉），就是遷居到青龍鎮的何氏名醫世家的第四代。我父親的老師何子祥就是這個名醫世家的第二十七代。這一帶到明代還是經濟文化比較發達的地方，公元一五四二年（明嘉靖二十一年）新設青浦縣，縣治就設在青龍鎮。到一五七八年（明萬曆六年）因爲青龍鎮在青浦縣境內地位不適中，偏於東北，於是把青浦縣治遷到唐行鎮，就是現在青浦縣城所在地。青龍鎮從此改稱舊青浦，這一帶的經濟文化也就逐漸衰落了。

從生產來看，青浦縣是個名副其實的「魚米之鄉」，全縣播種了廣大面積的水稻，品種優良，過去上海的糧食行市上稱之爲「青角薄稻」，在我童年時期，我們家鄉的人看當天上海發來的報紙，經常注意的就是青角薄稻的行市價格。青角薄稻就是指以青浦、朱家角爲代表產地的大米。從崧澤出土的粳稻的穀粒，到近代的青角薄稻，已有五、六千年種植的歷史傳統了。

家鄉種植棉花的面積也不小，自從元代黃道婆從崖州（海南省崖縣）黎族學得紡織技術回鄉推廣，並改革紡織工具，傳授紡織技術，松江一帶棉花種植面積不斷擴大，棉紡業很繁榮。鄰近松江的青浦也跟著很有發展。我童年時期常常看到母親以及鄰居紡織「土布」的情景。自從上海新式紡織廠興起，「洋布」推銷到城鎮，但是所有農民依然穿著「土布」，印有藍色花紋的「土布」仍然是這一帶農村的特產。當時白鶴江鎮上既有規模較大的洋布店，也還有規模較小的土布店。

年初一清早那些討債者提著燈籠一個個從農村回來

青浦全縣的湖泊河港，縱橫交錯，水澤面積多到二十多萬畝，水質明淨，極少污染，是上海市郊區著名的淡水魚和蝦蟹的主要產地，白鶴江鎮周圍地區漁撈業也很發達，有用網捕魚的船，稱為「網船」，也有使用馴化的鸕鷀（俗名水老鴉）潛入水中捕魚的。我童年時期常愛在大盈港邊看漁民捕魚的情景。銀色鯽魚是此地著名水產品。

同時青浦全縣蔬菜的種植面積也不小，除了旱地種植各種豆類和蔬菜之外，湖泊周圍和清水池以及低窪的水田也常種植水生的蓴菜（亦寫作「蒓」菜，發音如「純菜」）。蓴菜是一種水生的蔬菜，多生於清水池或湖泊周圍，春夏之際，可以摘採浮漂水面的圓形嫩葉用作蔬菜。每當春夏之際，常有農民摘採蓴菜，裝在船裡，載運到白鶴江鎮，一面航行，一面叫賣。我童年時期愛吃蓴菜，當聽到這種叫賣聲時，必然要請父母親提著水桶到港邊購買。這種吃蓴菜的嗜好一直繼續到老年，如果在上海的土產商店中看到瓶裝蓴菜，必然要買回來。我愛吃新鮮青豆、新鮮蠶豆、大青菜和新鮮淡水魚以及蝦蟹的習慣，都是在童年養成的。

青浦夏秋之間有些水生植物可以生吃，如蓮蓬（蓮子）、藕、菱角等。每年新鮮蓮蓬上市爲期甚短，母親天天必買一大捆給我們吃，據說是清補之品，又可讓孩子剝了吃消磨時間，邊吃邊玩。她先把每一個蓮蓬撕開，約有近二十粒蓮子脫落出來；把外層的綠色嫩殼剝掉，裡面的蓮子肉白嫩而甜，隨帶一股清香。新鮮蓮蓬價錢比乾蓮子貴得多。在荷花塘裡採摘蓮蓬的工作大多是婦女做的。

菱角在夏末秋初上市。菱角古稱菱芰，種類很多，白鶴江鎮早晨農民挑了擔出售的有鮮紅色「水紅菱」，稍遲上市、較大的水紅菱叫「雁來紅」，還有青色較大的「餛飩菱」。我很喜歡吃鮮菱，母親總是買個半籃，將菱洗淨瀝乾；新鮮的菱殼和肉都非常嫩，她用小刀切成兩片，雪白帶著汁水的菱肉從殼裡滑出來，放進嘴裡，十分可口。另外有一種有二只小角、形狀小而堅實的「沙角菱」，小販將它煮熟放在竹籮裡扛在肩上，大街小巷叫賣。成熟的沙角菱含澱粉量高，愈粉愈甜而香。

當時白鶴江鎮的北市和南市，每天清早，都有漁民和農民擺著各種水產品和蔬菜的攤子，供人選購。每天清早母親乘我和弟妹們尚未起身，就提了籃上街買菜。當時菜場設在離我家不遠的一條大船上。網船也會直接搖進鎮上碼頭，把活魚、活蝦、螃蟹裝在桶裡擺在街上設攤販賣。大街上有一家獨一的豆腐店，他們半夜開始磨黃豆取汁做豆腐、豆腐乾、百葉（又名千張），並將老豆腐的坯子劃成一寸多方形的小塊，放進一個大油鍋裡炸成金黃色的油

白鶴江鎮大街—高木智見氏提供

豆腐。母親買好菜，總要到豆腐店去買一大包熱得燙手的油豆腐回來，用醬油調味佐著早粥吃。我和弟妹們百吃不厭，那種酥軟滑嫩的感覺至今難忘。

當年白鶴江鎮上所設的商店，主要是供應周圍農村的農民所需。農民平時沒有現錢購買日用商品，許多商店都採用記帳的辦法來供應。無論木行、竹行、洋布店、中藥店、南貨店、雜貨店等等，都用記帳辦法把商品賣給農民。每年的陰曆十二月十五日到年三十，這些商店就派人到各個農村，按帳簿登門討債。白天討不到，夜間也還要討。常常看到許多討債的人，提著燈籠，帶著帳簿，手提長棒，夜間到農村去討債，甚至成群結隊地去。他們所以要提長棒，因爲農村家家戶戶養狗防夜，狗在夜間見到陌生人來到，就汪汪地叫，甚至衝到陌生人的面前，他們就用長棒來趕狗。特別是到十二月三十的夜間，俗稱除夕，許多商店所派出的討債者，常常通宵討債。

我童年時期，常常在陰曆的大年初一清早，看到大街上那些討債者提著燈籠一個個剛從農村回來。

二　我的老家

我的老家，世代居住在白鶴江鎮中市的中木橋南側。早期的家史我不清楚，只知道當我的曾祖母在世的時期，曾經發生大變化，這一變化使得我們老家有了新發展。

原來曾祖父母生有三個兒子，等到三個兒子先後結婚，就分爲三房。不幸這三個兒子陸續夭折，大房和第二房都只留下寡婦，沒有子，第三房連媳婦也去世，沒有兒子，只留下一個女兒，就是我的母親，她是靠祖母扶養長大的。當時曾祖父也已去世，曾祖母成爲一家之主；她辦事很有魄力，採用了三種不同方式，設法重建了快要絕滅的這三房後代。

曾祖母：重建三房族脈的女強人

曾祖母修行念佛，很是虔誠，常到杭州灣外舟山群島中的佛教勝地普陀山燒香拜佛。在幾次的普陀山之行中，她注意到一座寺院裡有個管香火的孩子，聰明伶俐，十分可愛，據說早已失去父母；經過多次的觀察，懇切求得方丈的同意，把他帶領回家作爲大房的兒子。這就是我的伯父，取名公權，字恢吾。他經過上學讀書，很有才華，後來成爲鎮上的小學校長；接著進修大學，又升任青浦縣裡唯一的一所中學校長。因爲他培養了不少有用的知識分子，成爲青浦縣著名的知識分子的領袖人物。

對於第二房，曾祖母改用宗法制度的「立嗣」辦法。她從同姓的遠房中，選定輩分相當的人，立爲第二房的嗣子。這就是我的叔父，取名公度，字九州。後來他到上海美術專科學校求學，成爲畫家而兼教師。

對於第三房，曾祖母把我的母親留下，不嫁出去，採用了「入贅」的方式，就是當地所謂「招女婿」。前面已經談到，我的父親出生於重固鎮附近農村的農民家庭，原來姓王，是由我的曾祖母親自看中而挑選來的。當時我的曾祖母和我的父親的生父之間，訂立有入贅的契約。當我在高中求學的時候，有一次暑假回家，偶爾在衣櫥的抽屜中發現了這張契約，其中載明入贅以後必須更改姓名，作爲第三房的兒子，不再回歸原族。我發現這個秘密，就去問我的母親，我的母親就詳細地講述了上面所說的重建三房族脈的故事。

我的母親小名叫寶寶，當時長輩都叫她寶妹，鄰居常稱她爲寶姐，她原來名字叫什麼，我從未問過。直到我讀大學二年級時，母親因病去世，按照禮俗，在客堂後面要設「香檯」，中間安置「人主牌」，寫上死者姓名，每天三餐之前，也要如同侍奉活人一樣，獻上飯菜。這種禮俗和古代帝王的陵寢每天要四次供奉食物，該出於同樣的歷史來源吧！當時我爲此向父親請教母親的名字，方才知道她原名「素漢」。

我的父親名公衡，字宰阿，來到楊家以後，先是上學讀書，接著就到趙巷鎮拜世傳名醫何子祥爲師。何子祥就是上節講到的青龍鎮何氏世代名醫的第二十七代，他是遷居到趙巷鎮的一支中很傑出的醫者。父親當時就寄宿在老師家中，一面在老師指導下學習中醫內科，一面就隨從老師診治病人，並幫助老師當場記錄「醫案」。我童年時期曾從父親的書櫥裡看到大量抄寫的「醫案」，這是經常用作診斷參考資料的。

當時何子祥不僅在趙巷鎮的本宅掛牌爲病人診治，而且在青浦縣境內一些大鎮上也有固定的寓所，定期前往診治，因此他有一條大船作爲交通工具，常常帶著幾個學生輪流陪同前往診治，便於學生進行實習。我的父親學成以後，就由老師送給大塊招牌，帶回家中行醫。當時我家大門口就掛著大招牌，上面寫著：

世　儒　醫　　楊宰阿男婦大方脈
何子祥門人

當三房分家的時候，我們第三房分得了中市老宅北邊的一大塊空地，以及北市一所租給人家開設茶館的房屋。當我幼年的時候，父母親是借住在鎮上南小橋北邊的姓許的靠街樓房裡。接著父母親就設計在中市老宅北邊的空地上新建一所住宅。因爲我外祖父早已去世，由我祖父幫助設計和雇工建造。

這塊空地的前面原有一間門房，當時稱爲「庠門間」。新建住宅在空地的後半部，是一排三大間的樓房。三大間樓房都朝東而是長方形，面積完全相等。一樓居中的一間是客堂，鋪有大方磚，用來接待客人和診治病人。左右

童年所住的老家。在上海市青浦縣白鶴江鎮中市中木橋塊（「塊」音「兔」，橋兩側土堤斜坡近平地處），後成爲白鶴供銷社批發部—高木智見氏提供

兩間是廂房，右廂房用作書房，左廂房用作庫房，用來安放糧食及其他日用品。上樓的樓梯，設在左廂房的後邊。樓上主要用作臥室和存放衣服被褥及其他物品之處。

在右廂房的前面，建有一間平房，用作廚房，廚房的屋頂上建有曬台。父母親的臥室設在右廂房的樓上，這裡設有小梯可以從窗口走上曬台。空地的前半部，左右兩邊有籬笆，用作園圃，除了中間有一條磚砌的人行道以外，全部種植樹木和花卉。在一排三大間樓房的後面有一條南北向的夾衖，夾衖建有圍牆，圍牆的左側建有後門，從後門出去，左側有一個竹園，竹園後面有一個池塘。這所新住宅設計得很是實用。

軍閥混戰、盜賊橫行的世界

父親自從學成回家，接著又建造了新的住宅，就很努力地工作，希望從此成家立業。在這樣一個小鎮當醫師是很辛苦的，因爲所診治的病人，多數是周圍農村裡的農民。除了上午門診之外，下午常常要到農村出診，少則幾里路程，多則十里以外，都要步行。母親日常在家料理家務和看護孩子，滿心以爲從此可以過安定的生活，有光明的前程了。豈知好景不常，一九二四年九月發生「齊盧戰爭」（又稱「江浙戰爭」），這個新建成不久的家園就遭遇到第一次大破壞，當時盤據在江蘇省的直系軍閥齊燮元，爲了奪取盤據浙江省的皖系軍閥盧永祥所控制的上海地盤，發動了這場內戰。

我們早就聽到快要發生內戰的消息，但是多數人認爲，他們爭奪的是上海，一般不會打到這個小鎮上來，爲了防備戰爭的傷害，可以在住宅附近掘好一條避槍彈的小濠溝。許多人家都這樣做了，我家也在竹園裡掘了一條小濠溝。

一天夜晚，我們已經上樓準備睡覺，突然聽到一陣密集的槍聲從遠處傳來，父母親就帶著我和我的妹妹、弟弟，並抱著小弟弟，驚慌地跑下樓梯，出後門，逃避到竹園裡預先掘好的濠溝中，以避槍彈。接著步槍和機槍的射擊聲越來越近，並且逐漸聽到了大街上奔跑的脚步聲，分明雙方正在大街上激戰。這樣激戰了一夜，到清早，天剛剛亮，槍聲漸稀，同時聽到了勝利的軍號聲，看來一方已經得勝，正在繼續前進中。於是我們全家從竹園裡的濠溝中爬出來，跑到後門口，想回家中再作逃難的打算。哪知道後門已被反鎖，又看到後門旁邊的籬笆已被掘開。原來當夜在我們出後門進竹園躲進濠溝以後，附近的土匪就乘機掘開籬笆，溜進我家的後門，並把門閂拴上，這樣就可以毫無顧忌地搶劫一切財物了。看來附近土匪早有趁火打劫我家的打算。

當時我們估計到，這個小鎭已被戰勝的一方軍隊占領，既可能繼續發生戰爭，又可能發生搶劫的事，住在此地凶多吉少，何況附近土匪早就虎視眈眈，已乘機進占了我家，我們有家而歸不得，於是父母親想找伯父一起商量一下對策。我家的北側，有一條小巷叫顧家衖，直通大街。我們從後門口，沿著圍牆向北走，折而向東，經顧家衖到大街上，看到伯父正帶著全家出門，準備先渡到大盈港的東岸，再設法逃到上海去避難。

我家庠門間的北側，開設有竹材行，竹行前的大盈港邊，停靠有一塊竹排，我們兩家就利用這塊竹排渡到了港的東岸，然後沿著東岸向北行，走到大盈港和青龍港連接地方，想找一條小船把我們帶到上海去。因爲戰爭爆發，原有開往安亭車站的小輪船和直達上海的內河

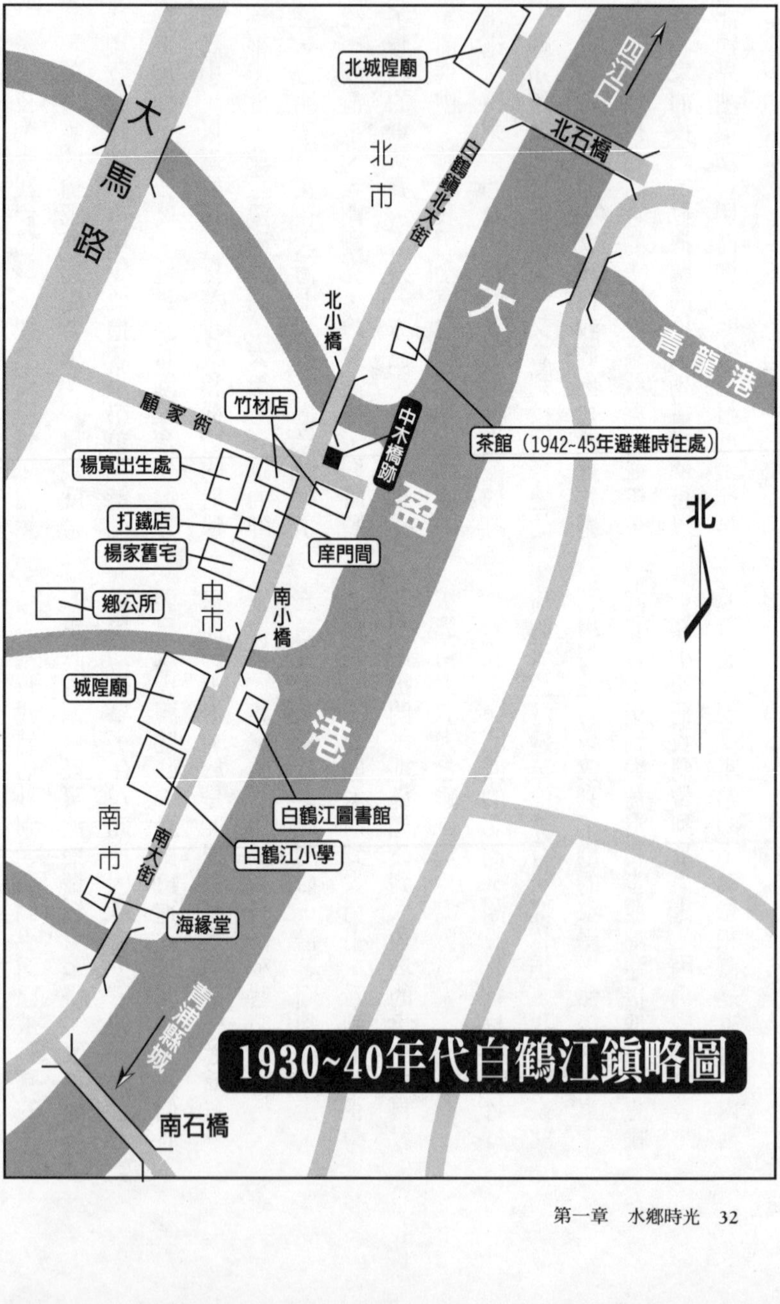
北城隍廟
四江口
大馬路
北石橋
北市
白鶴鎮北大街
大盈港
青龍港
北小橋
竹材店
顧家街
中木橋跡
茶館（1942~45年避難時住處）
楊寬出生處
打鐵店
庠門間
楊家舊宅
鄉公所
中市
南小橋
北
城隍廟
白鶴江圖書館
白鶴江小學
南市
南大街
海緣堂
青浦縣城
1930~40年代白鶴江鎮略圖
南石橋

小輪船都已停航，只有自己雇小船才能到上海。經過大家考慮，覺得還是找一隻網船比較妥當，因爲這一帶所有捕魚的網船都全家信奉天主教，從來不和爲非作歹的幫派有什麼關係。

不久我們雇到了一隻網船，費了一整天的時間，把我們送到上海徐家匯天主教堂附近。我們就從徐家匯乘電車到兩江女子體育師範學校，暫時休息一下，因爲這所學校的女校長陸禮華出生於舊青浦，她和我的伯母是很近的親戚，當這所學校創辦時，伯父曾幫助經理一段時期。我們在這裡吃了夜飯，借住了一夜。到第二天，我們就設法租屋，經人介紹，租到了虹口區公平路巷衖內的一間樓房作爲住處。

當天晚上，我立在樓上後窗口向外遠望，在黯淡的燈光下，忽然看到對過衖裡的一所樓上，有兩個男子從屋頂跳下陽台，從窗口爬進去，把四只皮箱搶出來，再從陽台翻上屋頂，很迅速地逃跑，一會兒就無影無蹤了。我看到之後驚懼萬分。這是我童年第一次到上海所看到的最深刻的印象，使我深深地感到這是一個軍閥混戰和盜賊橫行的世界。

這次我家爲了避難住在上海近一個月，當時齊、盧雙方軍隊相持於嘉定縣的黃渡和太倉縣的瀏河一帶，後來盤據福建的直系軍閥孫傳芳率兵攻入浙江，浙江的警務處長夏超起而內應，盧永祥被迫下台，齊燮元奪得上海，戰爭就此結束。戰後我們乘內河小輪船回到家鄉，家中財物早已被搶空，只留下空屋和少數家具。父母親對此極爲感歎，感到自已儘管這樣謹守家門，克勤克儉，還是困難重重。因爲不瞭解外面形勢的變化，缺乏應付這種變化的才能，才造成這樣的大損失。如果在這次戰爭發生之前，早就揀取家中重要財物，遷到上海避難，就不至於受到這樣大的損失了。因此他們覺得送子女到外地求學，培養好下一代是十分重要的。

處於這樣內憂外患交迫的祖國，我老家的災難也就接踵而來。我的母親由於過分的節約和操勞，只活到四十二歲，就離開了我們。父母親共生下三男一女，我是長子，其次是我的妹妹名畹蘭，再其次是我的大弟名容，還有一個最小的弟弟名密。我與畹蘭，畹蘭與容，容與密，間距都是三歲，是一個接一個，由我母親親自餵奶而扶養長大的。我們穿的衣服全由母親自己裁剪和縫紉，自從一九二四年齊盧戰爭中丟失所有家中財物之後，全家的衣服都要重新裁縫，應用物品都要重新添置，她所有家務連同扶養和教導子女的工作十分繁重，到一九三三年因積勞成疾，一病不起。

三　童年的生活

我最早的記憶，或許是兩三歲的時候，每天午睡醒來那段時光。母親總會抱著我坐在她的大腿上，教我唱一些童謠；我彷彿還能聽見流淌在悠悠天光中母親清脆的哼唱聲。

客廳是父親的診所，母親忙於家務時，就會邀幾個鄰居小孩到庠門間和我們一起玩耍。大家穿著開襠褲，蹲在地上打彈珠、造房子，一聽到街上叫賣聲，如賣糯米麥芽糖擔、賣香豆腐乾擔、賣菱角擔，我就急沖沖奔向宅內找母親，要求買這買那。家裡的經濟是母親掌管的，我們弟妹有所要求，都向母親要，她總是答應的。

國文前五課是每課一個字：

人、手、足、刀、尺

我童年所受的教育，已經算是「新式」的。在我沒有進小學的時候，母親親自教我識「方字」，「方字」就是一小方塊的紙，正面是一個字，反面是一張畫，可以由此看圖識字。我由此認識了不少的字，因而很方便進入小學讀書。

我在一九一九年秋天進入小學，正當轟轟烈烈的五四運動之後，我的家鄉因爲接近上海，得風氣之先，已經創立新式小學堂，稱爲鶴溪小學，校長就是我的伯父，共分初級小學和高級小學兩部分。初級小學四個年級，設在中市偏南的城隍廟前廣場上，新建四間大教室，禮堂是利用後面原有廟裡的大堂改建的，前面是大操場。當時男女學生分開上課。女學生另外在廟的南邊原有屋宇中上課。高級小學設在北市的佛寺海緣堂裡，二大間的教室和小禮堂是利用原有房舍改建的。

初級小學所設課程有國文、算術、修身、常識、音樂、圖畫、體操，到高級小學，加設英文課程；所用教科書多數是上海商務印書館出版的。國文課設有「作文」的練習，每個星期要學做一篇短文。初級小學讀的是白話文，學習寫作白話文，所採用的國文課本是我後來讀光華大學的老師蔣維喬（一八七三—一九五八）編的，前五課是每課一個字：人、手、足、刀、尺。課文上面是畫，下面是一個字，讀了之後印象很深，至今尚未忘懷。高級小學的國文課，改讀古文，選讀的是戰國時代諸子中的寓言故事和唐、宋以來名家的短篇古文。所選諸子中的寓言故事，就是像我在一九八〇年增訂版《戰國史》中「小說家的產生」一節（四九六—五〇〇頁，上海人民出版社）中所引用的那些片段。所選唐宋以來名家的短篇古文，其中有不少柳宗元的文章。

正因爲這所小學正處於新舊交替中，教授古文的老教師是很出色的，他講究古文寫作的筆法，重視朗誦，還要求學生熟背古文。當時我讀來津津有味，常常高聲朗讀，覺得白話文寫得通俗，很便於寫作，也很便於理解，但是古文有它傳統的特色，富於文采，無論文章的結構、造句和用詞，以及聲調，都很有藝術性，這是白話文所不及的。因此我從那時起，愛讀名家的古文，重視學習古文的寫作，直到後來進入中學和大學還是這樣。我早期發表的學術論文，都是用古文寫的；一九三八年初定稿、發表在《古史辨》第七冊的〈中國上古史導論〉，長達三百四十頁，也全是用古文寫的。當時大多數雜誌上的學術論文已經都是白話文，《古史辨》上所收編的論文，也多數以白話文寫作，獨有我這篇長文是用古文寫的，社會上不認識我的人，以爲這樣用古文寫的論文，必然出於老教授之手，想不到是出於一個二十多歲的青年人所寫。這是出於我童年時期帶來的一種長期愛好。

我在高級小學學習，是比較用功的。因爲我的父母親和擔任校長的伯父，都希望我小學畢業以後，能夠考取著名的省立中學，這是上進的一個重要關鍵。他們認爲只有考進這種師資好的中學，才能打好學業的基礎，今後才有光明的前程，但是當時著名的省立中學是極難考取的，因爲全省各地成績比較好的小學生要集中到那裡去投考。國文、英文、算術等三門課程，是升學考試的重點，因而我在高級小學中對此特別用功。

在高級小學讀書時，教師們常常講到長期以來中國受到列強侵略和壓迫的故事，教導我們應該從小立下大志，將來長大成人以後爲祖國出力，從事「救國雪恥」的愛國工作。當時特別規定五月九日是「國恥紀念日」，因爲一九一五年日本軍部向中國提出了「對華二十一條」的要求，五月九日被袁世凱政府所承認，大家認爲這是中國近代歷史上最大的「國恥」。每逢五月九日，我們小學就要停課，在大禮堂開全體大會，聽教師講述國恥的歷史，大會結束以後，教師還要帶領高年級的學生，到大街上去遊行宣傳，遊行時大家都揹著寫有「毋忘國恥」、「救國雪恥」的小旗，，在教師指揮下齊喊口號。

同時高級小學的體育課，著重童子軍訓練。全班學生要穿著綠色軍裝進行操練，還要排成整齊隊伍，練習行軍，常常要步行到較遠的地方，搭篷帳在野外住宿。行軍時，前面有人揹軍旗，吹軍號，打大、小鼓，帶頭行進。我當時很努力學習吹號，成爲同學中軍號吹得最好的，擔任鼓號樂隊的吹號手。每次行軍練

佘山天文台（右）與教會—高木智見氏提供

習時，總是由鼓號樂隊帶頭聽從老師指揮前進，我吹著軍號，感到雄糾糾地很有威武的氣概。

有一次最遠的行軍，直到松江縣北部的佘山。老師先是租借了一條船，把我們送到佘山附近的陳坊橋鎮上，然後登岸步行到佘山，一路上吹號、打鼓，排著整齊隊伍，登上佘山的山頂，參觀了天文台和天主教堂。我對這樣的行軍訓練很感興趣，但是母親很擔心，認爲我年紀太小，吹號時間太長，要吹傷氣管和肺，勸我放棄吹軍號，我終是不肯聽從，認爲這是一種愛國的活動，必須勉力參與。

對農、漁業與生產工具耳濡目染，愛聽青浦田歌

我家大街前面是一條大河，大街後面是廣大的農田，同時鎮上的商店和手工業作坊，都是供應農民和漁民生產和生活上需要，因此我常有機會看到許多農業、漁業和手工業的生產情景。

我童年就很喜歡看生產工具的製作過程。我的老家門口南側，就是一家專門製作各種農具和各式器具的打鐵作坊，從清晨直到夜晚，整天鍛造鐵器，鍛打之聲，遠處就能聽到。我放學回家之後，常常要到打鐵店門前察看一段時間，看他們如何鼓動風箱，吹得爐火發旺，把熟鐵燒紅，放在大鐵墩上，由一人用火鉗鉗住，由兩人用大鐵鎚輪流鍛打，打成所需要的器形。大型的農具和工具如鐵搭（耙）、斧頭之類，要在刃部夾進小鋼條，加以反覆鍛打；小型的農具如鋤頭、鐮刀之類，則要在刃部用鎔化下滴的生鐵液一滴一滴很快淋擦上去。當時我不懂得爲什麼要採用兩種不用的工藝手段，更不懂得使用這兩種工藝的科學原理，只是因爲經常看到，留有深刻印象。直到五十年代我開始探索古代冶鐵技術的歷史，看了明代宋應星《天工開物》這部名著中談到這方面的工藝，才恍然大悟。

我童年也愛看農業生產的各種過程。當我讀高級小學時，每天放學以後，從北市的學校回到中市的老家，常常不走大街，喜歡繞道大街之後，沿著農田慢慢步行回家，一路上可以看到農民在農田中耕作的情景。這裡農田都是一年兩熟，以水稻爲主，有的是水稻和小麥兩熟，有的是水稻和油菜籽兩熟，有的是水稻和蠶豆兩熟，也有水稻和綠肥（紅花草）兩熟。這裡也有種棉花、蔬菜的旱田。稻穀、棉花和油菜籽是此地的主要農產品。我看到農民每年各個時期不同的生產勞動，逐漸瞭解到水稻和棉花的生產技術、生產過程以及他們所使用的生產工具。雖然限於當時的認識水平，瞭解得不夠深入，因爲長年觀察，認識的水平逐漸提高，成爲我童年所學到的書本以外有關農業生產的基本知識。我也愛聽農民在挿秧等勞動中集體合唱的「田歌」，歌聲洪亮而清脆婉轉。青浦田歌一直以高超的藝術性著稱（一九六〇年上海文藝出版社曾出版一本《青浦田歌》）。

我童年所熟悉的一些有關農業的生產工具、生產技術和生產過程的知識，對於我後來進行古代史的研究有一定的用處，這是當時並沒有想到的。當我在高級小學學習期間，自己在摸索中得出一條經驗，凡是經我自己思考和整理而成爲系統的知識，容易使自己掌握；如果後來發現自己整理的系統有什麼錯誤，往往可以提高自己的認識。因此我不但要把書本上讀到的知識系統化，也還想把看到的知識系統化。這是出於我童年的一種如飢似渴的求知欲望。這種求知的欲望，對於我後來從事學術研究工作也有很大的影響，並成爲我系統地進一步摸索和探討的動力。例如我早期所寫的〈中國上古史導論〉這篇長文，自序中就指出，目的在於「探索傳統演變分化之系統，爲古史傳說還其本來面目」。後來許多著作都在於系統地探索一些重要事物的發展和演變。

穿梭在街頭流浪藝人之間

我童年沒什麼娛樂，因而養成我很少參與娛樂活動的習慣，長期以來不太看戲劇的演出，也不常看電影。當時小鎮上沒有經常性的娛樂場所，只有一些街頭藝人和流動性的劇團不定期來到鎮上演出。街頭藝人中有耍猴戲的，有用放大鏡看彩色畫片的（俗稱西洋鏡），有唱小調的（常用胡琴伴奏），也有說書的。流動性的劇團，俗稱「草台班」，主要有演申曲（即現在的滬劇）和演京劇的。這種劇團都用木船作爲交通工具，演京劇的戲班規模較大，人數較多，既有演員，又有伴奏的樂隊，還帶有搭臨時戲台的材料和圍繞戲場用的柵欄和布圍。

多數藝人的演出是在中市的空場上，京劇因爲需要較大場地，常常搭台於北市的北城隍廟前廣場上。說書的藝人一般在茶館中演出，是藝人與茶館主人事先接洽好的。同時，每年在青龍寺定期舉行的廟會中，夾雜在商人的攤子裡，也還有流動的街頭藝人。因爲當時參與娛樂活動的機會不多，凡是鎮上有外來的藝人演出，只要是在星期日或放學後，我總是擠進人群去觀看，有時是跟著母親一起去看，常常請母親或者旁邊的熟人預先說明所演戲劇的情節。當時京劇演的都是大家所熟悉的老戲，不外乎《三國演義》、《西遊記》、《水滸傳》的片段情節；申曲所演的是傳統的「才子佳人」戲。

近年來，當我探討宋代以來都城中民衆娛

樂生活發展的時候，常常使我回憶到童年觀看那些流浪藝人演出的情景。宋代都城中技藝演出的場所，是「瓦子」中的「勾欄」。「瓦子」取義於「來時瓦合，去時瓦解」，分明是臨時集市的所在，所以其中多有賣藥、賣卦、賣故衣（舊衣裳）以及賣其他零星商品的攤子。所謂「勾欄」，或作「枸欄」，可知原是用柵欄圍起來的臨時戲場。由此可見，所謂「瓦子」和「勾欄」，原來和我童年所見到的廟會和臨時圍起來的戲場是差不多的，從此發展而成固定的、集中的演藝場所，對於豐富都城居民的娛樂生活，推動民間表演技藝的創作和發展，是起了很大作用的。

我童年時期還經歷著傳統的風俗和禮俗的薰陶。每逢夏曆元旦（春正）要向長輩祝賀新年，俗稱「拜年」，元宵節要掛燈，晚上吃湯圓和米粉煮的粥（俗稱粉粥），清明節要踏青和掃墓；清明節、七月半中元節和冬至日前後，則要和親戚約定日期，祭祀祖宗，並相互邀請一起聚餐，實際上成爲親戚團聚的節日。家中只有一個神像，是用彩色印成的紙張摺成而樹立的，放在灶頭上，稱爲灶君，據說關係到一家的禍福。每年夏曆十二月二十三日用飴糖塗在灶君的嘴上，用火燒掉，稱爲「送灶」，據說飴糖用來封住他的嘴，免得他上天報告我家有什麼罪過。到夏曆除夕又把新的灶君放在灶頭上，稱爲「接灶」。這些童年經歷的風俗，後來仍長期奉行，例如清明節、中元節和冬至日三個節日，直到抗日戰爭勝利之後，我住在上海，也還按照舊風俗辦理，定期邀約住在上海的親友到家中聚餐，彼此互通聲氣。

我童年時期還愛看附近農村的迎神賽會。每逢夏曆三月三日，附近各個農村都要把「土地之神」從土地廟裡請出來，輪流接待到一戶農民的家中奉祀，有人在旁敲打樂器，唱「贊神歌」，並且要邀請全村農民會集一起聚餐，俗稱「當社」，可知就是古代「社祭」的遺風。同時三月間，各村農民常有盛大的「迎神賽會」，迎神的隊伍常路過鎮上的大街，前有敲打和吹奏的樂隊，中間有一系列的儀仗隊。規模較盛大的迎神賽會，中間還有供神娛樂的戲劇表演，裝扮成京劇中各種角色，表演出劇中情節，立在檯架上，前後有人抬著檯架行走，很能吸引群衆前來觀看。這也是一種歷史悠久的風俗，帶有供民衆娛樂的特色。近年閱讀北魏楊衒之《洛陽伽藍記》，知道北魏時期洛陽居民的娛樂活動，最吸引群衆的，就是每年四月八日釋迦牟尼佛生辰前後的迎神賽會，因爲有樂隊伴奏，也有雜技和「百戲」的表演。

我童年也還喜歡觀看附近人家舉行結婚、出喪和祭祀等禮節，又愛好看和尚「念經」和道士「做道場」。當時一般居民沒有家譜，祖宗的姓名和逝世的日期都不清楚，只有佛寺裡有記錄，因爲人死之後必然要請和尚來念經。每逢七月半中元，和尚發給各戶一疊紙條，上有祖先姓名和忌日，以供祭祀之用。我常聽到和尚追悼人們的祖先時，開口第一句是「海隅鄉四十六保四區二圖」（「圖」是當時最小的土地區域名稱），我當時就推測此地在清朝某個時期屬海隅鄉，後來查閱縣志，果然如此。

白鶴江鎮以南的大盈鄉孔宅，原是一部分孔子後裔的住處，建有孔子衣冠墓和祭祀的殿堂，俗稱「聖人殿」。每年孔子生辰，縣長要親自前往主祭。當我讀高小二年級的時候，鎮上有人雇船前往觀看祭孔典禮，父親帶著我隨同一起觀禮。第一次看到了殺了全牛、全豬、全羊稱爲「太牢」的祭品，所用祭祀的禮器都是仿古的，有爵、簋、簠之類。縣長居中主祭，有人從旁高喊禮節的次序，稱爲「贊禮」，儀式很是隆重。父親說：沒有機會到曲阜去觀看大規模的祭孔典禮，到此地一看，也就可以看到這種歷史悠久的祭禮了。

現在回想起來，我童年時期是生活在一個物產豐饒的水鄉，除了受到學校教育之外，同時也接收了廣大的社會儀俗，只是因爲年紀小，認識不深，但是對於我此後的成長，包括學術研究工作，還是有著深遠的影響。我自從小學畢業以後，考進中學而成爲寄宿學生，生活就局限於小小一個學校範圍之內，脫離了廣大的社會，成天鑽在書堆裡，見聞也就大不相同。

第二章　黃金時代

人文薈萃的蘇州歲月（一九二六—三二）

一　在初中學習的收穫

一九二六年夏天，我考取了蘇州省立第一師範，讀了一年之後，國民革命軍的北伐戰爭勝利，國民黨的新政府成立，學校改組，省立第一師範和省立第二中學合併，稱爲省立蘇州中學，初中部取消師範科，高中部分設普通科和師範科；我因此被編入初中二年級。我在初中畢業後，就升入高中部師範料，到三二年夏天畢業，前後在蘇州讀了六年中學。雖然這段時間，我還年輕，只是個中學生，但是在我的一生歷史上，是個重要的關鍵時刻，它決定了我的前程。因爲這時正當「五四運動」之後，新文化運動正蓬勃發展，學術界出現了群星燦爛的局面，一時名家輩出，名著如林，到處傳誦。而蘇州中學正處於它的黃金時代，教師中不乏有才華的專家學者，他們正一面著書立說，參與全國性的學術討論；一面編輯各種新教材，認眞從事教學，積極地培養下一代的新人才。

當時我家鄉的青年多數投考附近上海的中學，爲什麼我要投考蘇州的省立第一師範呢？這是出於我父母親和伯父的決定。首先是從經濟上考慮，當時省立師範學校，不但不必繳納學費和宿費，而且膳費也由公家發給，前往求學只需帶一些書籍費和零用錢，這是我的家人比較供應得起的。其次考慮的是，蘇州是一座樸實而安靜的古城，而且向來是文物薈萃、人才輩出之地，求學環境比上海理想。此外省立第一師範的前身是江蘇師範學堂，清代稱爲紫陽書院，向來很有名望。清朝末年羅振玉（一八六六—一九四〇）做江蘇師範學堂的首任監督，王國維（一八七七—一九二七）是這裡的教師；二十年代呂思勉（一八八四—一九五七）曾是這裡的教師。師資方面向來很出色。當時也曾考慮到讀師範科的缺點，就是畢業以後要充當兩年小學教師，才准許投考國立大學，因爲既得國家的公費栽培，就有承擔做小學教師的義務，這對於進一步升學是不利的。

這次上蘇州投考，是由伯父親自帶領的。他一共帶領三個後輩去投考，我和一個堂兄（名定）都考取了。據說這次投考的人很多，十多個人中才錄取一個，因而大家都感到很高興。

第一師範的校址，原爲宋仁宗景祐元年（一○三四）范仲淹所開創的府學的一部分故址，在蘇州城內護龍街（即今人民路）南端的三元坊。這一帶是個文教區。東向隔街相望的是附屬小學，南面接連的是規模很大的孔廟。在附屬小學以南，靠東邊，是很有規模的省立圖書館，圖書館向南隔江就是名勝滄浪亭，滄浪亭裡面設有蘇州美術專科學校。從三元坊沿著護龍街往北，直到觀前街，一路上有十多家舊書店，書店裡存書可觀。觀前街中心玄妙觀的前後，更有許多家新書店和舊書店。因爲蘇州是清代「漢學」的一個中心，以惠棟（一六九七—一七五八）爲首的「吳派」就產生在這裡，他們講究博覽群書，搜集資料，進一步考釋經書上的「名物制度」。蘇州確是個傳統文化之邦，讀書人衆多，藏書家不少，因而舊書店的貨源十分充沛；新書店裡文學和史學的著作也很齊備。因爲新書店和舊書店開設衆多，彼此競爭很劇烈，書價要比別處便宜。直到五十年代，我在上海博物館工作時期，還常專程到蘇州人民路上舊書店買書。

文化古都悠遊樂

當我剛來到蘇州求學的第一年，就產生了

兩種嗜好：第一是逛舊書店。我常常沿著護龍街，逛一家家的舊書店，隨手翻閱，選擇我想要的古書。因爲家中給我的買書費不多，不可能買較多的古書。但是這樣逛下來，我發現不少我需要的古書，從此逛舊書店成爲一種嗜好，這對於我今後的學習和研究發生很大的影響。第二種嗜好是學習吹奏民間樂器。我童年時期就愛聽音樂，到蘇州後，每個星期日路過體育場，常聽到場內娛樂室中悅耳的民間音樂演奏，因此就先買了笛和胡琴來學習；後來又曾進一步學習京胡和月琴。京胡是用來伴奏京劇唱腔的特種胡琴。

星期日放假，我總是和同學一起度過輕鬆的一天。大清早等不及食堂開早餐，學生們早已約好幾個知友，三五成群向校外跑了。第一站感到蘇州玄妙觀，那裡有各色各樣美味小吃、糕點。那時候豬肉排骨不列入菜譜，而是當作零吃的雜食；玄妙觀內最多各種美味排骨攤，有五香排骨、椒鹽排骨等，價格便宜，正是學生最喜歡吃的。接著就到處去逛，舊書店是一定去的；到了午後，我們喜歡到市中心區著名的大茶館叫「吳苑」。

我們去吳苑並不想坐著悠悠喝茶享用各種茶食，而是進入它的一個大型書場，站著旁聽蘇州評彈。一般聽書人買籌（票）入內，坐著聽書，我們站在牆邊，不佔座，免費聽書，俗稱「聽壁書」。說書的藝人大多是蘇州人。離開書場前，我們會吃一頓實惠的點心，常常是挑選「袋粽」，它並不用箬葉包裹，而是將糯米灌入薄布袋裡，煮熟出袋，切成一片片裝在盆裡，另外附有一碟玫瑰醬。玉白的片片袋粽，蘸著鮮紅的調味醬，美豔奪目；香糯清甜，爽口不膩，價格十分便宜，又可飽腹。玫瑰醬是蘇州特產，很多蘇州人家自己採取半開殷紅的玫瑰

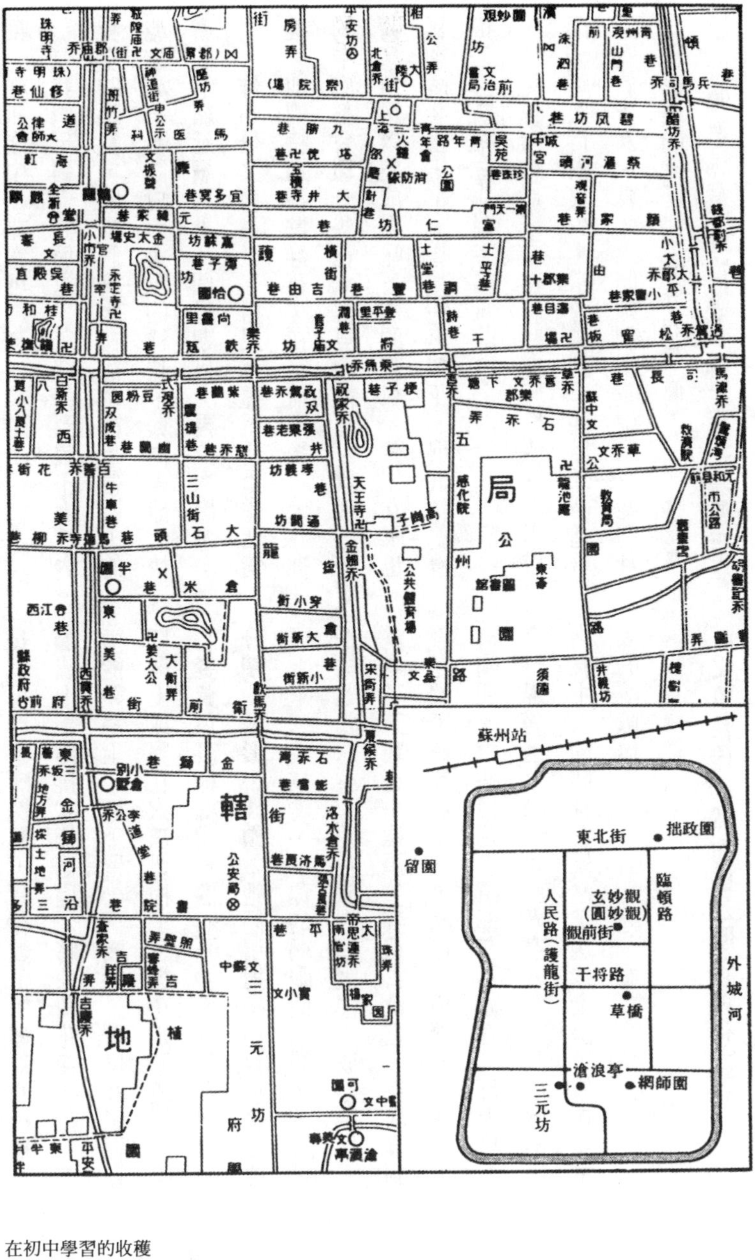

舊蘇州圖。一九三八年日本名所圖繪社出版「最新蘇州地圖」部份（出自一九八六年柏書房《古代中國都市地圖集成》）

花，糖浸成醬，芳香甜美；玫瑰醬也可置於糖果、糕餅之中，非常可口。

我們玩到盡興而返，有時甚至趕不上校內食堂的晚餐，同學們擠座在宿舍裡啃帶回來的乾點心，暢談白天遊玩的種種，興高采烈，快樂的情緒延續到下一個星期日，再一次出遊。

蘇州是文化古城，居民都懂得注重生活情趣。他們特別喜歡鮮花，在宅前宅後、天井裡的空處都會種一些花；常見的桂花、玫瑰、野薔薇還可以製成風味各殊的醬料。蘇州女子也喜歡將芳香的小花朵如茉莉花、玳玳花（橙花）、白蘭花等別在衣襟或髮髻上。

從春季到秋季，我們星期日清晨走出校門，路上行人很少，常會碰到一些從郊區進城送花的少女，蘇州人叫她們賣花娘子。她們身穿自己織的毛藍布縫成的衫褲，一身乾乾淨淨，臂彎裡拎著一只竹籃，上面蓋著一塊濕布，裡面有各種當令的鮮花。其中茉莉花花期最長，可以不斷採摘，賣花娘子用細軟的鉛絲，編成上下兩排狀如摺扇，將茉莉花穿插在上下兩能鉛絲上，底下留一個圓柄，可供女子插在髮髻上或繫在衣襟鈕扣上。賣花娘子還用巧手將金黃色麥稈編成一個約一寸半長、六到七公分闊的長形小枕頭；她們用拇指和食指將小枕頭上下二端撳著，麥稈的網眼便張開了，於是把約七、八朵茉莉花放進網眼裡，放鬆手指，就成了茉莉花小枕頭。我很喜歡它，每次碰到賣花娘子總要買一個，藏在口袋裡，不時拿出來聞聞。這些賣花娘子都有熟顧客，每天早上定時趕著送上門，大戶人家就放在門房屋裡，由女主人的貼身女僕拿了送進上房，放在女主人的梳妝檯上。

「文筆甚佳，然而已是明日黃花」

北伐戰爭勝利以後，蘇州中學成立，初中部設在草橋，原是省立第二中學的所在，高中部設在三元坊；我就遷移到草橋上課。當時初中部有三個年級，每個年級有三個班級，共有九班學生。一般課程是按原來編定的班級上課，國文和英文兩門課程則打亂了原有年級和班級，根據測驗結果，按個別程度的高低，重新編定組別上課。其目的在於促使學生於學業上相互競爭而努力上進。這是很好的一個鼓勵辦法，取得了很好的效果。我也因此對這兩門課程的學習特別努力。

當時國文的教學，教師雖然也曾提倡白話文，曾發給胡適（一八九一—一九六二）〈文學改良芻議〉（《新青年》二卷五號）和陳獨秀（一八七九—一九四二）〈文學革命論〉（《新青年》二卷六號）作爲教材，但是實際上重視的仍然是古文教學，不論初中部和高中部都是如此。我也愛好學習寫作古文，只是過分注意寫作的技巧，忽略了文章的內容。有一次老師在我所作文章上批示：「文筆甚佳，然而已是明日黃花。」我當時不懂得「明日黃花」是指什麼，後經老師指點，原來出於蘇軾的詩句，黃花指菊，是說重陽節過後，菊花已逐漸凋謝，借來比喻過時的事物。通過這個教訓，我才注意到文章的內容必須符合時代的現狀。後來我的另外一篇作文上，老師又批示：「文章流利極矣，是否己作？」我看了這個批示很不服氣，明明全是我寫的，並非抄襲而成，怎麼可以懷疑我呢？後來老師指出，整篇文章空洞無物，全是襲用流利的詞藻拼湊而成，能算自己作品嗎？因此我才醒悟，寫文章必須「言之有物」，從此就放棄了專門講究技巧的寫作方法，著重於描寫所要說明的事物了。

當時學校規定，凡是初中畢業成績優秀的

可以直升高中部，不必再經過升學考試。當時省立中學的高中班次遠比初中為少，因而高中的升學考試更比初中要難。父母親常叮囑我，必須力求初中畢業成績優秀，取得直升高中的資格，否則升學就很困難了。為此，我在初中二、三年級是很用功專心學習的，力求各種課程的成績都達到優秀的評分，從而直升高中。逛舊書店、學習音樂的時間都減少了，不過仍繼續練習京胡。我愛拉那些梅蘭芳、程硯秋、荀慧生、尚小雲等四大名旦所唱京戲的流行曲調，雖然不會唱京戲，但是京胡拉得很有進步，常常由此自得其樂。

在蘇州的初中三個年頭中，最大的收穫，就是增加了我對中國優秀的傳統文化藝術的認識，提高了我對鑽研中國文化藝術和史學方面的興趣，開始準備對中國古代的燦爛文化進行探索。

俗語說：「上有天堂，下有蘇杭。」被稱為人間天堂的蘇州，向來以優美的園林聞名於世，如明、清兩代創建的留園、拙政園和網師園等，都代表了中國造園藝術的高峰。它善於把城市中有限的空間，按照中國山水畫的特色進行設計，巧妙地組織成「曲折幽雅、引人入勝」的景色。那些名園都是我在星期假日經常和同學一起遊覽的地方，感到確是名不虛傳。蘇州又是明清以來書法家、畫家不斷成長的地方，明代中期蘇州大畫家沈周、文徵明、唐寅等人的畫風，對後世有著深遠的影響，直到近代蘇州還是畫家和書法家輩出，我們經常可以看到當代畫家和書法家的展覽會。同時蘇州又有不少收藏古代金石書畫的人家，如吳大澂（一八三五—一九〇三）的「愙齋」、潘祖蔭（一八三〇—一九〇）的「攀古樓」和吳雲（一八一一—一八三）的「兩罍軒」，都以收藏古代青銅器著稱；又如顧文彬（一八一〇—八九）的「過雲樓」以收藏古代書畫著稱，他們都有這方面的著作傳世。至於一般做官或經商的有錢人家，收藏一些明清書畫家的作品，並不希罕。不少園林或者有錢人家的廳堂裡，也經常掛有書畫的中堂或屏條，或者陳列一些古器物用作裝飾。因此蘇州不但古書店衆多，而且有不少古玩鋪。我在這樣一個富有精緻傳統文化的環境中生活和學習，日積月累，感到此中大有學問，值得努力去鑽研。

當時初中部的教師都是蘇州人，其中國文、歷史、地理等課的教師，在講課中常常穿插一些蘇州的掌故，包括蘇州文化學術發展的歷史，書畫家和收藏家的行誼，以及園林的掌故，給我留下了深刻印象。教師們也常提到新文化運動發展的情況。當我讀初中一年級時，就聽到歷史教師講到胡適的《中國哲學史大綱》上卷（商務印書館，一九一九），稱讚他採用新方法和新觀點來分析古代哲學，其中墨子部分尤其精彩；同時連帶地介紹孫詒讓（一八四八—一九〇八）的《墨子閒詁》和梁啓超（一八七三—一九二九）的《墨經校釋》，認爲這三部書使得久已埋沒的墨子學說重放光明。我對此十分感到興趣，立刻到書店去購買，這三書成爲我讀初中三年時期經常翻閱的課外讀物。當時我買到的《墨子閒詁》，是上海掃葉山房的石印本，這是我曾經全部通讀的第一部古書。

二　在高中改變學習方法

一九二九年夏天，我直升到高中部師範科，重新回到了三元坊求學。全班同學四十四人（據一九八八年調查，健在者十七人）。我因爲家中經濟不寬裕，不得不直升到高中部師範科，但是我已下定決心，畢業後不當小學教師，準備考進一所適宜的私立大學，進一步向學術領域探索。關於這點，父母因爲看到我這幾年的學習有進步，認爲我可以深造，已表示同意。因此我改變了學習的方法，不再像以前那樣追求各種課程都達到優秀的評分，開始重點選擇我所需要的課程加深鑽研，並且利用課餘時間和星期日探索我需要的專業知識，謀求向「深、精、專」的方向前進。

老師是錢穆、呂叔湘，章太炎、胡適、顧頡剛常來演講

當時蘇州中學正處於它的黃金時代，生氣蓬勃，特別是高中部辦得十分出色。校長是蘇州人汪懋祖（字典存，一八九二—一九四九），曾留學美國，做過北平師範大學校長，對中國傳統文化也很有修養，是一位著名的教育家。他的辦學方針不同於當時的一般中學，實行大學的學分制，著重於栽培人才，十分注意選拔優秀的師資，提倡教師從事學術研究，著書立說，並創辦校刊，使得教學工作和學術研究工作相互結合，相輔相成；還重視編輯高水平的新教材，講究教學方法，並多方聘請著名學者來校演講，拓展學生眼界。

當時文學和史學方面的教師，水平都是很高的。如吳梅（字瞿安，一八八四—一九三九）早已是當代第一流的詞曲名家，原在南京中央大學任教，因爲是蘇州人，有家在蘇州，被邀請在此兼課。如錢穆（字賓四，一八九五—一九九〇），無錫人，曾做過十年鄉村小學教師，五年中等師範學校教師，由於刻苦自學，當時他已是研究先秦諸子的名家，這時在此任國文首席教師，不久就執教於大學而成爲著名學者；漢語專家呂叔湘（一九〇四—一九九八）和歷史學家楊人楩（一九〇三—一九七三）也都已有著作發表，後來也都成爲學術重鎮。

這些教師既有大學教授的才能，教學由淺入深，水平可以與大學相比，而且能夠熱忱地指導學生學習，認眞地批閱學生所作文章和所寫讀書筆記。他們既保持有中學教師那樣認眞對待學生的長處，又具有大學教授那樣水平去教導學生，如果青年學生能夠接受他們的教導，奮發用功，就可以得到飛躍的進步。

當時被聘請來作學術演講的著名學者，有章太炎（一八六八—一九三六）、胡適、顧頡剛（一八九三—一九八〇）、張其昀（一九〇一—一八五）、歐陽予倩（一八八九—一九六二）等，的確使聽講的學生大開眼界，接收到學術上不同的見解。有些教師和學生一起聽講，等到上課時候，或在舉行「總理紀念週」的大會上，發表他對外來學者所講內容的評論，或者有些肯定，或者有些否定，對學生的學習更加的有幫助。

我在高中一年級，聽過呂叔湘的西洋史課程，用的是陳衡哲（一八九〇—一九七六）編的《西洋史》（商務印書館），講授時還補充了許多新內容，上課很引人入勝。我因此進一步搜集資料，不斷寫成讀書筆記，送請指正，他逐篇認眞批改，有所指點，使我認識到考古資料對認識古代文化的重要性。我當時主要學習的是古代埃及、巴比倫、希臘和羅馬的文化藝術方面的資料，想用西方古代文化和中國古代文化作些比較，從而加深對中國古代文化的認識。我對於西方古代文化藝術的知識，首先是從這裡學到的。我還聽過呂叔湘教的英文，所用教本就是蘇州中學高中部英文教師集體編輯的《高中英文選》（上海中華書局）。這部英文教科書在當時是很著名的，這也說明了蘇州中學英文教師的水平。

錢穆是當時高中普通科的教師，因爲我讀的是師範科，沒有聽過他的課，但是我很尊重他，從他那裡得益匪淺。當時學校每個星期一的上午，要舉行「總理紀念週」，在大禮堂上舉行全體大會，會上除了報告校務以外，常由本校教師作通俗的學術演講，錢穆常常在這裡發表學術上的見解。有一天，汪校長請胡適來作學術演講，據說當時東吳大學（即蘇州大學）教授陳天一曾請胡適留意，不要忘記見一下錢穆；胡適不認識錢穆，請汪校長介紹，因而汪校長特請錢穆一起上演講台同坐。當時我在台下聽講，目睹這樣的情景。後來錢穆在「總理紀念週」的會上談到胡適這次演講，並且批評了胡適《中國哲學史大綱》卷上的主張，我聽了很受啓發。錢穆談論先秦諸子，向來發表與胡適不同的見解。當時我已讀過他的《論語要略》（商務印書館，一九二五）與〈墨辯探源〉（《東方雜誌》二十一卷八號）。

墨家、名家與古希臘哲學的比較研究

以上我所說的，都是我讀高中一年級時候的事，等我升上二年級時，錢穆已經到北平的燕京大學擔任國文講師了。接著我讀到他發表在《燕京學報》第七期上的〈劉向歆父子年譜〉，駁斥康有爲（一八五八—一九二七）《新學僞經考》的謬論，極爲佩服，對我的影響特別深。從此他每次發表論文，每次出版新書，我必然要爭先買到，細心閱讀。他的第一部名著《先秦諸子繫年》（商務印書館，一九三六）發表，我也非常敬佩，曾從頭到尾認眞地學習和推敲。到了四十年代，我爲了深入研究戰國時代歷史而著手編輯《戰國史料編年》的時候，這部《先秦諸子繫年》是經常放在手邊用作參考的。

我在按年編排戰國史料的過程中，發現《史

記》上梁惠王未改元前的年世多了一年，惠王的紀元誤上了一年，連帶魏文侯、魏武侯的紀元也都誤上了一年。雖然只是一年之差，但是對於改正《史記》中東方六國年代的錯誤關係很大。我在一九四六年八月把這個見解寫成〈梁惠王的年世〉一文，發表於上海《東南日報》副刊《文史》第六期。當時錢穆就寫了〈關於梁惠王在位年歲之商榷〉一文，發表於《文史》第十期，對我說表示異議，仍然堅持他在《先秦諸子繫年》中的主張。我因此又寫成了〈再論梁惠王的年世〉一文，發表於《文史》第十四期，對這一問題作了進一步探討。我曾在新版《戰國史》的〈後記〉中談到這次討論。看來當時他還不知道我是當年蘇州中學的學生呢！最近讀到羅義俊的〈錢穆傳略〉，談到經濟學家吳大琨（一九一六—　）和我都是錢穆早年在蘇州中學的學生（《中國現代社會科學家傳略》第十輯，山西人民出版社，一九八七）。的確，我不但是當年蘇州中學的學生，而且是長期以來從他的著作中深受教益的學生呢！

這個高中師範科的教學，當然是爲了培養小學教師而設置的，但是課程的安排還是比較周到的，除了教育學以外，很重視各種學識方面的提高。歷史課程除了通史性質的中國史和西洋史以外，還有中國近代史和西洋近代史。西洋近代史是由楊人楩教的，他是當時這方面的名家，有關於法國大革命史的譯著發表（上海北新書局）。中國近代史是由陸光宇教的，採用的教本就是他自己編的（上海泰東書局）。我當時無論對中國史和西洋史課程都一樣認眞地學習，特別著重其中經濟和文化部分，因爲我想通過比較研究加深我對中國經濟和文化發展歷史的認識和理解。我當時開始探索墨家的學說，注意到了墨家和名家之間激烈的辯論，我認爲他們爭論的是宇宙間物質構成和物質運動的學說，這就是我把它和古代希臘哲學作了比較的結果。後來我探索中國古代的農業生產技術發展和冶鐵技術的發展，都曾和歐洲類似的發展途徑作過比較。我認爲通過有系統的比較，的確可以提高我們的認識。

進入了蘇州中學，心性也更爲篤定的我，爲了向學術領域摸索，課外經常跑到省立圖書館去借書閱讀，在自修室內也常讀教本以外的學術專著和古書，並且時常在寫作，有些同班同學看了，認爲我過分急於想當專家學者，因而荒廢了課本的學習，因此有人向師範科主任張貢粟報告。據說他表示，一個中學生馬上要當專家學者是不可能的，首先要學好基礎的課程，具備專門研究的條件，才能進行進一步鑽研而成爲專家。他雖然這樣說了，但是並沒有阻止我閱讀課外的圖書和寫作。直到我快要畢業的時候，他聽說我已寫成一些學術論文投寄學術刊物，而且得到回信，將要發表，於是他找我寫一篇短文，由他代爲送到《江蘇教育》雜誌上去發表，用來顯示蘇州中學培養學生從事學術研究的成績。我當即從我讀書筆記中抄了一段給他，題爲〈胚胎時期之墨學〉，後來就發表在《江蘇教育》上，已經是在我讀光華大學一年級的時候了。

當抗日戰爭的初期，蘇州中學的教師們爲了避難和謀生，集體來到上海租界內創辦一所私立中學，張貢粟是創辦人之一，有一天我在電車上遇見了國文老師周侯予（名服），親切地交談了彼此的近況，使我立刻回憶到求學於蘇州中學的情況。我探討學問的基礎是那時打好的，鑽研學問的方向是那時決定的，探索學問的門徑也是那時開闢的，學術論文和學術著作是從那時開始寫作的，可以說，都是出於教師們教導和栽培的結果。到五十年代初期，蘇州中學教師們在上海創辦的私立中學依然設在靜安寺附近的一條衖弄裡，主持者仍舊是張貢粟，我很關心他們的處境，曾專程去探視他一次，重敍舊情，想不到這就是最後一面，不久他就病死了。此後所有蘇州中學教師中見過面的只有呂叔湘，他到上海博物館參觀，我曾接待他，並陪同他參觀，相隔二十多年，他還記得我當年求學的情景。一九七四年我到北京出席會議，他和劉大年一起住在鄰近我的房間，我也曾去拜望他。

花信奇緣，伏線千里

西洋近代史老師楊人楩是留法學者，返國後即在蘇州中學執教。當時所有教師都穿一襲長衫、布鞋，而楊人楩終年穿西裝、皮鞋、打領結。每次他走進課堂之前，同學們已聽到走廊上他穿皮鞋的咯咯脚步聲，有幾個頑皮的學生，趕緊在課桌上也敲出咯咯合拍的聲音，引起大家會心的微笑。楊人楩對待學生和藹可親，上課時常常穿插一些國外見聞；他也喜愛蘇州的名勝古蹟，到處去參觀賞玩。班上楊定和我比較和他親近。一九三〇年冬天一個大雪紛飛的星期日，我們曾跟隨他成車到蘇州郊外光福區著名的香雪海觀賞大片盛開的梅花。

三一年春天，消息靈通的楊定探得蘇州閶門陳家花園正在舉辦蘭花展覽，社會上有頭銜的人士呈上一張名片即可進入參觀。我們兩個即將這個消息告訴楊人楩，他聽了非常高興，約定下一個星期日早晨九點在校門口集合一同出發。那天天氣晴朗，我們三人走出三元坊，坐上馬車，大約半個鐘頭就到了閶門外南濠街十五號。南濠街是條寬闊的石板路，從明朝全盛時期就一直是商業繁榮的地段。我們下了馬車，讓車夫先等著，楊人梗在兩扇黑漆大門的圓銅環上扣了兩下，大門上有一塊木製的警眼被拉開，有人在門裡瞧了一下，一個中年的看門人立刻將大門打開；楊人梗從西裝口袋掏出名片，拿鍍金鋼筆在名片上寫「拜謁」並簽了名，說明來意，交給了看門人，即回頭示意馬車夫可以離開。

看門人請我們坐在庠門間稍等，他遣派另一個僕人拿了名片到內帳房去請示；不久這個僕人帶了另一個穿布長衫的當差模樣的僕人出來，垂了雙手，謙恭地向楊人梗說「請」。這個僕人走在我們三人前面距離約三步路的左邊，一面走一面口中喃喃說著「引道」。我們隨著他跨出六扇平門，即是一條用鵝卵石砌成的花徑，兩側鋪著絲帶草，種著鮮花和一些樹木。在深長花徑的中段，上面築有巨大的白玫瑰蔓藤花棚，茂盛的綠葉中襯托著一朵朵潔白如雪的碩大「香水大白」玫瑰，濃郁的香氣撲鼻而來，令我們驚喜不已。

經過九曲檐廊，直通大廳是一條兩側植有松柏的方磚地，僕人引我們登上三級石階，踏進大廳，立刻聞到一股蘭花幽香。這座極爲寬敞的大廳裡面，左右有兩排紅漆描金花大庭柱，將大廳空間分成三處。中央部份靠屏門紅木長檯上擺設古玩玉器，上面掛著一幅大型中堂，四周掛滿書畫屏條；正中樑上懸著一塊黑底金字橫匾，寫了斗大的「尙雅堂」三個字。大廳有幾個僕人在照管，先請我們坐在紅綢繡花椅披的紅木太師交椅上，送上香茗（老式蓋碗茶），我們喝了幾口就去觀看蘭花。

原來數十盆名蘭放置在大廳的左右兩排紅庭柱外側空間，花盆裡面插著一張張精緻的小卡片，標出這株蘭花的芳名。每一盆蘭花外面皆用長方形、六角形或圓形各式套盆，有白色、米色、紫紗色等，放在特製的也是高低、曲折形狀各異的紅木托架上面。每盆僅一到三朵蘭花，姿態美妙，發出醉人幽香。數十盆珍貴名蘭聚集於一廳堂，是我生平僅見。每只套盆上都刻著人物、花卉等圖樣或行、草、隸書，還有小如綠豆的殷紅圖章。楊人楩對我們說：「這些套盆都是明朝年間，窯廠按照古畫描繪燒製的。」後來在一九五六年，陳家花園將這一百多只套盆捐給了蘇州第一名園「拙政園」；紅木托架因年代久遠而嚴重鬆脫，拙政園不接受捐獻，最後轉讓給製算盤店給車走了。

觀賞過蘭花，那位引路的僕人送我們出來時說道：「家老爺、太太新添了一位千金孫小姐，正在宅內大擺喜筵慶祝，不能出來招待，請原諒。」當時的我只覺得觀賞蘭花新鮮有趣，哪裡知道上主早有安排：這位剛剛誕生的千金，竟在一九七七年成為我的妻子。

由於這段因緣，我對陳家花園始末也就多知道一些。「尚雅堂」主人的父親陳竹坪原籍浙江省吳興縣南潯鎮，開設「陳裕昌絲棧」。南潯鎮和附近地區家家戶戶種桑養蠶，是傳統產絲區。絲棧大量收購生絲運到上海出口國外，後來更移居上海，購置大片房產；當時上海房地產有兩家大戶，一個是朱寶山，人稱「朱半城」，一個是陳竹坪，人稱「陳一角」。陳竹坪又兼是一個收藏家，從小喜愛琴棋書畫，賞玩花卉，中年在蘇州閶門南濠街置產，建造了陳家花園，以及連接在一起的六幢新式大住宅。一九三七年日軍佔據蘇州，大肆破壞，陳家趁戰事未至，回返上海，留下兩個人看守門戶，誰之日軍到處橫行不法，強入民宅，將陳家花園其中一個看門人活活打死。這位不幸受害的人，就是六年前開門讓我們進入觀賞蘭花的那位忠心耿耿的看門人。

一九五六年蘇州房地產管理局通知，陳家花園和裡面六棟住宅已被江蘇省南京副食品公司徵租，作爲蘇州副食品加工廠，屋主必須響應祖國建設需要，限期將宅內所有傢具等物全部出清，由廠方每月付給一百七十元人民幣租金。不久蘇州房地產管理局又通知，陳家花園房舍已屬於公私合營房屋，原訂租金現分爲三份分派：房地產管理局取一份租金作爲房屋管理費，另外取一份爲房屋修理費，剩下一份歸屋主。自六六年八月「文化大革命」開始，房地產管理局就此停付租金直到現在。二〇〇三年蘇州副食品加工廠以搬走，房地產管理局將陳家花園的房舍和周圍住家一起劃爲平地，高價賣給亞細亞集團建造六層現代化公寓，從明朝留下來的精緻街區，如今只剩下「南濠街」這個街名了。

三　高中時代初步向學術領域摸索

我進入高中以後，初步向學術領域摸索，把課餘時間一半放在閱讀學術著作上，一半放在進行學術研究和寫作上。每天下午停課以後，我常到附近的省立圖書館找書和看書，或者看近人的著作和雜誌上的論文，或者找尋近人著作中經常引用的古書來看。我讀書的方法，大體上分爲細讀、選讀、略讀三種。凡是想要深入鑽研的問題，關係重要的書，就從頭到底細讀，不輕易放過，如有什麼疑問或有什麼感想，就寫筆記。凡是書中只有部分需要的，或者認爲書中內容精華和糟粕夾雜的，就只選擇其中部分章節細讀。凡是近人引用的古書，大部頭而內容龐大的，則採用略讀方法，先看序文、跋文和目錄，只求瞭解全書的主旨和結構，以便需要時查考。每天晚飯以後，一直到晚上九點，這是學校規定的自修時間，我常用來細讀近人的學術著作，或者進行研究和從事寫作。每逢星期日，除了有時逛舊書店和買書以外，整天都在自修室內看書或寫作。

戰國各學派不可能都是爲救世而憑空創立

我當時讀書的重點，放在先秦思想史和中國古代史兩個方面。關於先秦思想史方面，我受到孫詒讓、胡適和梁啓超的影響最大。當時胡適的聲名很大，不少人把他看作文學革命的帶頭人，中國哲學史研究的開拓者，他在一九一九年出版的《中國哲學史大綱》卷上，傳誦一時，我是懷著十分嚮往的熱情來逐章逐節細讀的；讀了之後，感到名不虛傳，他確是使用了新方法和新觀點，超過當時一般研究者的水平。我覺得這部書已經初步對於先秦諸子學說進行了剖析，使得戰國時代「百家爭鳴」的思潮已經湧現出來，這是一個很好的開端，我們可以展開比他更廣泛的探索以補充他的不足之處，也可以挑選其中重要部分作出比他更深入的鑽研和分析，更可以提出和他不同的意見和看法，展開進一步的討論。

我對胡適在一九一七年發表的〈諸子不出王官論〉，批駁《漢書》〈藝文志〉的「九流」出於「王官」之說，很有意見。胡適認爲「劉歆（?—二三）以前，論周末諸子學派者皆無此說」，這是「漢儒附會揣測之辭」，「諸子自老聃、孔子至於韓非，皆憂世之亂而思有以拯濟之，故其學皆應時而生」。我認爲，許多不同的重要學派的產生，理所當然的是爲了適應時勢的需要，爲了改革當時的社會和政治，從而提出了他們遠大的理想或改革規劃，但這一切並非憑空而來，一定有他們的思想淵源。《漢書》〈藝文志〉講的就是九流的思想淵源，當然所講不一定都對，但不應該全盤否定，更不應該因爲劉歆以前沒有見到這種說法，就斷言出於漢儒的附會揣測。孔子以前沒有「私家」聚徒講學的風氣，孔子開創了私家講學之風，後來逐漸形成儒家；接著墨子聚徒講學又形成墨家，隨後又有名家、道家、法家的興起，應該有不同的歷史背景和思想淵源，不可能各個學派都是爲了救世而憑空創立的。

我爲了鑽研先秦思想史，曾經把梁啓超的《先秦政治思想史》（中華書局，一九二四）和胡適《中國哲學史大綱》卷上作比較。我覺得孔子的思想主要見於《論語》，《論語》只是零星的語錄，缺乏系統性，眞正有系統的思想家著作，應該以《墨子》爲第一部，而且內容比較全面，其中很有許多精彩的地方，我們應該作進一步探索。因此我決心先從《墨子》入手作有系統的研究，而且孫詒讓的《墨子閒詁》一書已經爲這方面研究建立了一個踏實的基礎。

同時又考慮到，要做好先秦思想史的探討，要進行《墨子》的系統研究，脫離當時的社會歷史背景是不行的，因而必須同時對中國古代史進行探索。我對中國古代史的學習，受到呂思勉的著作的啓發較大。我通讀了呂思勉的《白話本國史》四冊（商務印書館，一九二三），我對中國古代史的鑽研是由這部書引起的。我特別細讀了他採用新方法、新觀點探討的上古部分以及中古部分，對於下列兩點有著深刻印象：第一點是春秋戰國時代社會有大變遷，是三代（夏、商、周）以前和秦漢以後社會的一大界限，首先由於商業的發達，社會上加劇了貧富的分化，於是產生了兩個結果，一是「貴賤的階段破，貧富的階級起」，二是「共有財產的組織全壞，自由競爭的風氣大開」。第二點是秦漢以後社會長期處於停滯狀態，「直到前清海禁大開以前，中國社會的經濟組織沒有根本變化」，這與政治上多次出現周期性的治亂興衰有關，而政治上所以會不斷出現治亂興衰的反覆，是由於生產方法和社會組織只是由低級階段緩慢地走向高級階段，始終沒有發生巨大的變化。我認爲，他的解釋不一定全對，還該作深入細密的探討，但這確是中國古代史上兩個關鍵問題。春秋戰國之際的社會大變遷，應該就是戰國諸子學說產生的根源，也就是古代燦爛文化產生的根源，是需要我們作深入研究的。

被誤會已送門生帖子給章太炎

我爲了探索中國古代史的眞相，企圖闡明古代的歷史根源，曾經比較當代著名學者的研究成果，感到王國維是最踏實而最有成就的，他所用的二重論證法，以考古挖掘的史料參證歷代文獻資料，而沒有經學家的家派成見，最是值得學習。我曾經選讀了他的名著《觀堂集林》（烏程蔣氏本，一九二三）中許多論及先秦歷史和文物的文章，受到深刻的教益。

我爲了想吸取乾嘉學派整理古書所得到的有用成果，用來闡明古代的燦爛文化，曾讀過梁啓超的名著《清代學術概論》（商務印書館，一九二四）。他比較系統地總結了清代學者整理古書所得到的各方面成就，並對其中代表人物及其著作作了析論和評價。我因此進一步看了一些乾嘉學派代表人物講校勘、訓詁和考證文物、禮制的著作，感到他們所作考證，多數是有根有據、合情合理的，可以從中得到不少啓發；甚至可以作爲我們進一步研究的基礎。從此我看到清代學者的著作中每有可取之處，就在筆記簿上摘錄下來。

我爲了學習怎樣從經書、子書中發掘出古

代文化思潮的史料，曾讀過呂思勉的《經子解題》（商務印書館，一九二六）。我因此注意到了子書的眞僞問題和經書的今古文問題。我不但想辨明漢代經學上的「今文」和「古文」兩個學派的論點，還想進一步解明清代末年以來「今文經學」和「古文經學」的爭議，因此翻閱了康有爲、章太炎、劉師培（一八八四—一九一九）等人的著作。

對於康有爲的名著《孔子改制考》和《新學僞經考》兩書，讀了之後，感到他的考證方法太武斷，不近情理，與乾嘉學派的考證方法截然不同。《孔子改制考》實質上就是康有爲自己「託古改制」的著作。他把六經都說成出於孔子「託古改制」而寫成，完全出於虛構。從記錄孔子言行的《論語》看來，孔子自稱「述而不作」，曾感歎夏禮和殷禮的「文獻不足徵」，怎麼可能由他一手創作六經呢？《新學僞經考》的考證方法更加武斷，他把「古文經」《周禮》、《左傳》等書說成劉歆爲了幫助王莽篡位和改制而僞造的，因爲「古文經」有不少地方和別的古書有相同之處，於是凡是古書上和「古文經」相同之處他都說成出於劉歆的竄入，甚至《史記》和《漢書》也被劉歆竄入，怎麼可能令人信服呢？他甚至說有銘文的古銅器都是出於劉歆僞造而預先埋在地下，以便後人發掘出來作爲旁證。當我在《燕京學報》第七期上讀到錢穆〈劉向歆父子年譜〉，看到錢穆對《新學僞經考》的駁斥，極爲佩服。我在《古史辨》第七冊〈中國上古史導論〉後面附錄有一篇〈劉歆冤詞〉，初稿就是讀了〈劉向歆父子年譜〉之後，在他論證的基礎上作了進一步的發揮，後來在正式發表時又作了補充修訂。

我也曾選讀過章太炎的「章氏叢書」和劉師培的《左盦集》。我覺得他們雖然帶有「古文經學」的成見，但是所講求的文字學、訓詁學以及部分考據和解釋，是有一定成就的。章太炎的《文始》和《新方言》我認爲有不少獨到的見解，《左盦集》有些對古史的解釋，也還有可取之處，直到我寫作〈中國上古史導論〉時，還常引用他們的著作。後來我在光華大學讀書，在蔣維喬教授指導下一起進行《呂氏春秋》校勘和注釋的同學沈延國（字子玄），他被章太炎認作義子，與章太炎的關係很密切。一九三五年我們師生合作的有關《呂氏春秋》校釋的文章，有三篇發表於章太炎主編的《制言》半月刊，我的〈墨經義疏通說〉一文也發表於《制言》。三七年當我剛進入上海市博物館工作初期，《制言》還曾刊登過我兩篇評論中國瓷器史著作的文章。這些文章都是由沈延國送去的，我與章太炎並不熟悉。當時章太炎在蘇州創辦「章氏國學會」，《制言》是學會的刊物，大多刊登章氏師生的論文。我連續在《制言》上發表文章，曾經一時引起社會上對我的誤會，以爲我已經送門生帖子給章太炎而成爲章氏門生了。當時我的工作上司，上海市博物館藝術部主任鄭師許就曾問到這點。我那篇早就寫成初稿的〈劉歆冤詞〉，長期壓著不敢發表，就是怕別人誤會我已走進古文經學派的圈子中去了。

四　《墨子》和《墨經》的探索

《墨子》和《墨經》是我少年時期第一次進行系統研究的對象，前後經歷了十年，開始於我讀初中一年級的時候，直到我大學畢業爲止。胡適《中國哲學史大綱》卷上、梁啓超《墨經校釋》和孫詒讓《墨子閒詁》三書，是我在初中一年級時聽到老師講到，買來作爲課餘讀物的，最初只是慕名拜讀，有許多地方不很理解。升到高中以後，我才決定對《墨子》和《墨經》作系統的探索，開始廣泛地搜集有關這方面的論著。我把研究重點放到這方面，是在一九二九年下半年到三二年之間一共三年半時間。

我之所以要重點攻讀《墨子》和《墨經》，作爲系統研究的對象，主要著眼於三點緣由：

㈠《墨子》是當時百家爭鳴中第一部有系統的一家之作，有完整的思想體系，涉及社會、政治、經濟、文化、軍事各個方面，其中有許多精彩的內容。自從漢武帝獨尊儒術以後，墨學衰落，《墨子》這部書少人問津，雖然有些殘缺，重要的篇章卻保存到了現在。自從清代畢沅（一七三〇－一七九七）對它開始校勘和注釋，孫詒讓著《墨子閒詁》以來，墨學研究者漸多，但仍缺乏系統的深入研究，有待我們進一步闡明。

㈡《墨子》中有〈經上〉、〈經下〉、〈經說上〉、〈經說下〉、〈大取〉、〈小取〉六篇，是很特殊的著作。多數人認爲前四篇就是《莊子》〈天下篇〉所說的《墨經》，也有人把六篇合稱《墨經》，更有把六篇稱爲《墨辯》的。內容不僅包含墨家的哲學，而且述及光學、力學、幾何學和邏輯學。從二十年代到三十年代初期，對《墨經》作新的校勘和注釋，成爲一時風尙。關於《墨經》的著作，除了早期張惠言的《墨子經說解》以外，這個時期發表的多到十五種，如胡適〈墨子小取篇新詁〉（《胡適文存》第一集）、梁啓超《墨經校釋》（商務印書館，一九二二）、錢穆〈墨辯探源〉（《東方雜誌》二十卷八期）等。此外還有探討墨家和名家的辯論的，如章士釗（字行嚴，一八八一－一九七三）〈名墨訾應論〉（《東方雜誌》二十卷二十一期）。我們正可以從此吸取各家的長處，糾正各家的失誤，從而闡明《墨經》

的精彩內容。

㈢在群起研究《墨經》的新風尚中，對於《墨經》的校勘和注釋發生了很大偏差。大多數人沒有把《墨經》看作有組織、有系統的文章，常常不顧全篇結構和上下文義，把各句孤立地作出新的校勘和注釋，甚至爲了爭奇鬥勝，別出心裁，隨意改字，穿鑿附會，以致各家校釋出入很大，衆說紛紜，使讀者無所適從。正如陳寅恪（一八九〇—一九六九）在〈馮友蘭《中國哲學史》上冊審查報告〉中說的：「今日之墨學者，任何古書古字，絕無依據，亦可隨其一時偶然興會，而爲之改釋，幾若博者能呼盧成盧，喝雉爲雉之比，此近日中國號稱整理國故之普通狀況，誠可長歎息者也。」（《學衡》第七十四期，後收於《金明館叢稿》二編，上海古籍出版社，一九八〇）

《墨經》論文投寄《燕京學報》，容庚答應採用

《墨子》的〈經說上〉和〈經說下〉，原是解說〈經上〉和〈經下〉的。當時對於《墨經》的作者是誰，有不同的看法。或者認爲全是墨子本人的著作，或者認爲是墨家別傳之學，就是《莊子》〈天下篇〉所說「別墨」，因而稱之爲《墨辯》。梁啓超認爲〈經上〉出於墨子自著，〈經下〉或是墨子自著，或是後來墨家的領袖、即所謂鉅子所補續，未作肯定的論斷。當時我的看法認爲，〈經上〉出於墨子自著，全是墨家的要旨，把墨家學說分別作了概括的說明，內容著重於「立」而不在「破」，所以所有文句都寫成「定義」式的，這就是原始的《墨經》。〈經下〉出於後期墨家之手，這是因爲名家開始質疑挑戰墨家，墨家起來反駁和答辯，因此所有文句寫成「辯論」式的。因爲〈經下〉出於後期墨家的一派領袖，用作與名家辯論的標準，也被尊爲「經」，爲了區別於原始《墨經》，把原始《墨經》稱爲〈經上〉，而把這一篇稱爲〈經下〉。

我開始研究《墨經》，首先進行的工作是認眞校勘，要糾正當時校釋者隨意校改字句的流弊。爲了做好這一工作，曾對校勘這門學問進行探索，學習了乾嘉學派校勘古書的方法，認爲當時許多學者對《墨經》隨意校改，不但違反校勘學的基本原則，而且這種惡劣風氣對於學術界造成的損害是嚴重的。一般讀者看到他們的解釋新奇，甚至符合現代的自然科學原理，往往容易信從。《墨經》在兩千多年流傳過程中，缺乏注釋，少人閱讀，不免有錯脫的字，這是很自然的。《墨子》的古本不多，又不見引用者，缺少比勘的資料，使校勘發生困難。如果毫無依據和原則，只憑個人一時的領會和推想，隨意校改而作出新解釋，這就不是墨家的《墨經》，成爲校釋者竄改的《墨經》。如果過於審愼，一概不作校勘，也不是科學的研究方法。

我認爲《墨經》校勘必須出之以正確的原則。《墨經》全篇是一有組織有系統的文章，首先必須認清全篇文章的體例和結構，依據上下文義劃分成若干章節，然後在每章之內，根據上下文義加以正確斷句，然後再根據上下文義和體例，用墨家學說以及相互辯論的名家說作比較，從而認眞進行校勘，改正少數錯字。我於一九二九年和三〇年春天，首先把〈經上〉和〈經說上〉分成十五章，分別確定每章的主旨，然後進行了認眞的校勘，寫成了一篇長文，題爲〈墨經校勘研究〉，文中評論到當時許多校釋《墨經》的著作，自認爲這樣做法可以糾正當時任意校改的流弊，從而把《墨經》研究引上正途。

當一九三〇年春天這篇論文寫成後，就投寄燕京大學的《燕京學報》，因爲看到這個學報常發表水平較高的長篇論文，同時聽說錢穆因受到邀約而將文章投寄這個學報，說明這個學報很歡迎新進的學者。文章寄出不久，就接到學報主編容庚（一八九四—一九八三）親筆回信，大意是：這篇論文很有見解，切中時弊，準備採用，只是學報從下一期起改由顧頡剛先生主編，已將論文轉交，請今後直接與顧先生聯繫。我接信後十分高興，認爲燕京大學教授們確有胸襟與眼光。接著就考慮到，既然回信明言準備採用，我自己畢竟是個中學生，學術的根基還差，對於校勘訓詁之學沒有經過專家的指導和訓練，可能其中有不妥之處，因而立即寫信給顧頡剛，誠懇地說明接到容庚先生覆信，十分高興，但我是一個高中二年級的學生，發表時如見有不妥之處，請即刪削改正。

顧頡剛遲疑扣壓高中生論文

此信發出後，許久未見回信。我認爲顧頡剛工作忙無暇回信。等到新的一期《燕京學報》出版，不見我的文章，我還認爲可能收到文稿太多，要推遲發表。但是爲了鄭重起見，我再寫掛號信給顧頡剛催問何時可以發表，並且說，如果不能發表，請把原稿退還，因爲我沒有留下底稿。又是長期得不到回信，這是我第一次投稿，也是我第一次和學者通信，使我感到很失望，我第一次寫成的論文就如石沉大海那樣消失了。我從此沒有對這事作進一步的追問，我想顧頡剛將來會對這件事感到後悔的。

直到七年之後，一九三七年春天，我在上海市博物館工作時期，忽然接到童書業（字丕繩，一九〇八—六八）從北平（即今北京）來信，爲顧頡剛主編的《禹貢》半月刊〈古代地理專號〉（七卷六、七期）約稿，我當即寄去〈說夏〉一文，發表時，顧頡剛先生特別加上編者按：「頡剛按，楊寬正先生用研究神話之態度以觀察古史傳說，立說創闢，久所企仰……」我就感到，顧頡剛該是因爲七年前扣壓我投寄《燕京學報》那篇文章的事感到後悔了。直到抗日戰爭初期童書業從北平來到上海，論及這件事，他說：顧頡剛先生一直爲扣壓我投寄《燕京學報》文章的事感到抱歉，當委託他編輯〈古代地理專號〉時，曾談到這點，要他出面寫信給我約稿，並且說有機會請代爲表示歉意。我推想，一九三〇年春天顧頡剛剛接手主編《燕京學報》，可能他顧慮到發表一篇中學生的論文評論不少名家的失誤，怕出什麼問題，因而就遲疑拖延下來。三十年代中，顧頡剛向來以能夠提拔青年學者和沒有學歷的人才著稱的。

三〇年夏天以後，我進一步對《墨子》全書作探索。我認爲，《墨子》一書是墨家著作和墨子言行錄的匯編，其中包容墨子本人早期和晚期作品以及這個學派各個時期的著作，應該用發展的觀點，對墨學進行分期的研究。我不同意當時有些學者認爲《墨子》一書中混入有後人僞作之說。例如〈親士篇〉該是墨子本人早期作品，〈備城門〉以下講究守城防禦戰術的該是晚期墨家著作。三一年我寫成〈墨學分期研究〉一文，投寄《學衡》雜誌。我之所以投寄《學衡》，因爲投寄給《燕京學報》一文未能發表，看到《學衡》雜誌第五十四期曾刊登黃健中〈墨子書分經辯論三部考辨〉一文，與我文性質相類；《學衡》雜誌主編吳宓（一八九四—一九七八）曾是清華大學國學研究院的主任，常刊登王國維的論著。文稿寄出不久，就得到吳宓親筆回信，表示即將採用刊登。但是《學衡》雜誌延期出版，一直拖到我中學畢業還未出版。當我讀光華大學一年級時，曾寫信給吳宓教授催促，吳宓很客氣的回信，表示一定刊登。這是《學衡》第七十九期，拖延到三三年七月才出版。原來這個雜誌正準備結束，這就是最後一期了。

我對墨學作分期研究，目的在於探明墨學的整個發展過程，從中理解墨學的主旨，以便對《墨經》作出正確的解釋，我當時把這種治學方法，稱爲「以墨治墨」，認爲只有這樣才能使得《墨經》的校釋符合作者本意，絕不能像當時校釋者那樣以自身的想法強加到《墨經》中去。關於這點，陳寅恪在〈馮友蘭《中國哲學史》上冊審查報告〉中，曾一針見血地說：「今日之談中國哲學史者，大抵即談其今日自身之哲學者也。所著之中國哲學史者，即其今日自身之哲學者也，其言論愈有條理統系，則去古人學說之眞相愈遠。」這種情況在當時校釋《墨經》的著作中最爲顯著。我認爲校釋《墨經》首先應該把《墨經》看作有系統的著作，同時必須依據墨學的主旨進行解釋，不可以別出心裁，更應該根據當時學術發展的大勢，從而作出符合當時學術思想潮流的解說。我當時根據這幾個原則，對《墨子》的〈經上〉和〈經說上〉作了校釋，稱爲《墨經義疏》。卷首有〈通說〉一卷，三五年十二月曾發表於《制言》半月刊第七期。全稿後來經過修訂，改題爲《墨經哲學》，到四二年才由重慶正中書局出版。現在台灣正中書局仍繼續發行。

第三章　思潮的衝擊與啓蒙

古史大辯論的啓示和新學派興起的影響

一九二〇年井田制度有無的辯論與啓示

我向來看重學術上的辯論，認爲辯論是促進學術發展的動力。戰國時代的「百家爭鳴」，創造了燦爛的古代學術文化，這是很明顯的例子。同樣的，五四運動以後，從一九二〇年到三三年，有關古代史的三次令人矚目的大辯論，無疑推動了史學研究的新發展。二〇年井田制度有無的辯論，二三年古史傳說眞僞的辯論，三十年代初期中國社會史分期的辯論，我雖然都沒有直接參與，但是從中受到了十分有益的啓示，對於我此後的歷史研究工作有著直接的影響。

二〇年那場井田制度有無的辯論，發生在我不懂事的童年時期，直到我高中時讀到了上海華通書局出版的《井田制度有無之研究》（一九三〇）一書才知道。我爲了明辨這場辯論的是非，曾經細讀雙方所發表的文章，比較他們所提的理由與證據，還想從中學習到論證的方法，從而加強自己研究古史的能力。

井田制非出於僞造虛構

這場辯論是在《建設雜誌》上展開的。《建設雜誌》是孫中山創辦的，目的在於宣傳民主革命，闡釋孫中山學說，由廖仲愷（一八七七—一九二五）、朱執信（一八八五—一九二〇）等人主編。這場關於井田制的辯論，是由胡適挑起來的，他針對的是胡漢民（一八七九—一九三六）〈中國哲學史之唯物的研究〉一文中所談到的井田制度。胡漢民認爲井田制度是自古相沿的一個共產制度，計口授田，土地公有。這時胡適繼續推廣他〈諸子不出王官論〉中諸子學說出於救世的觀點，認爲井田制度是孟子理想的烏托邦。胡適這一看法受到胡漢民、廖仲愷、朱執信的反駁，接著胡適又作進一步駁辯，提出了「井田論沿革史」，認爲這是有心救世的學者從孟子一直到漢代學者的「託古改制」，是逐漸補添而成的烏托邦理論。廖仲愷則主張井田制是土地公有制轉變爲私有制以後一種殘餘形態。參與這場辯論的還有呂思勉和季融五。呂思勉發表給廖仲愷和朱執信的長信，支持廖仲愷的主張，季融五則完全贊同胡適的意見。

胡漢民在辯論中，把井田制看作從原始時代相沿下來的土地公有制度，直到春秋時代沒有發生變化，卿大夫的采地食邑中依然保留有這種土地公有制度，卿大夫只是從中取得「什一之徵」的收入，只有部分收益權，無處分權；農夫就是於一定時期內對於土地有收益權，無處分權。他的缺點是沒有把井田制的形式和實質分辨清楚。關於這點，胡適駁得很對，他引用《詩經》〈大雅・瞻卬〉「人有土田，女（汝）反有之；人有民人，女（汝）反奪之」，證明西周時代不但土地是被占有的，連人民都是被占有的。他還舉出《左傳》上許多卿大夫爭奪采邑和用采邑賞賜、賄賂的例子，指出春秋時代土地是私有的，因而可以奪來奪去，可以拿來賞人，可以用作賄賂，這就是處分權。

胡適不承認井田是一種制度，只承認是一種理想，認爲古代不可能出現豆腐乾般的井田制，只能是孟子爲了救世而杜撰的烏托邦。等到廖仲愷提出許多史料加以反駁之後，胡適就引用許多史料，提出了「井田論的沿革史的假設」，分成七個階段：《孟子》的井田論很不清楚，很不完全；《公羊傳》只有「什一而籍」一句，也不清楚；《穀梁傳》全是望文生義的注解；《禮記》〈王制〉並無分明的井田制；到

《韓詩外傳》才有清楚的井田論，接著西漢末年出來的《周禮》才說得很詳細，很繁複，很整齊，構成大烏托邦的計畫，然後《漢書》〈食貨志〉和何休（一二九—一八二）《公羊解詁》就有比較精密的井田制記載。胡適這個井田論出於逐漸添補而成的說法，顯然是依據康有爲所鼓吹的託古改制說和新學僞經說而來。胡適認爲，揚雄（前五三—後一八）、劉歆和王莽等都是想做一番大改革的人，不能不用盡心思去埋下改革的伏筆，因此劉歆僞造《周禮》，造出井田論；王莽得政之後，更名天下田爲「王田」，便是井田論的實行。

當時我早已看到康有爲《新學僞經考》的武斷，並不可信，《周禮》並非出於劉歆僞造，而且王莽並沒有實行井田制度，王莽的王田制根本不同於《周禮》的井田制。王莽雖然規定無田農民一夫一婦授田一百畝，但是還規定「男口不盈八，而田過一井（九百畝）者，分餘田於九族鄰里鄉黨」，就是允許地主保留合法田地的限額爲每戶九百畝。只能說王莽想要在做好「限田制」的基礎上推行「均田制」，這和《周禮》上的井田制是根本不同的，怎能說劉歆爲了王莽要實行井田制而僞造《周禮》呢？新學僞經說原是今文經學家的偏見，胡適的說法，顯然是沿用這種今文經學家的偏見。我很讚賞胡適的《中國哲學史大綱》卷上使用了新方法和新觀點，看到他在這次辯論中依然沒有擺脫經學家的成見，不免感到失望。

不能把眞實歷史事件當作民間故事

在這次辯論中，只有廖仲愷的論證是可取的。廖仲愷提出的直接證據，是《春秋》魯宣公十五年（前五九四）「初稅畝」以及三傳對「初稅畝」的解說：《左傳》說「初稅畝」之前，

「穀出不過籍」，《公羊傳》說「古者什一而籍」，《穀梁傳》也說「古者什一，籍而不稅」，三傳所講的「籍」，就是井田制的助法，《孟子》說：「助者籍也。」他還舉出《國語》〈魯語下〉孔子所說「先王制土，籍田以力……，則有周公之籍矣」，確認西周實行「籍田以力」的籍法。他根據這些史料，證明魯國到宣公時開始破壞井田制，因此不能認爲井田制出於孟子的「託古改制」。他還舉出日耳曼在封建制度下保存有「均田授地」的組織，俄國在農奴制度下也保存有同樣的組織作爲旁證。

胡適對廖仲愷的反駁，是缺乏堅強根據的。胡適認爲《公羊傳》和《穀梁傳》都是西漢初年寫定的，因而都拿孟子的井田論來解釋「初稅畝」。其實，孟子所談井田制，並未述及「初稅畝」與井田制的關係。胡適把《左傳》所說「穀出不過籍」的「籍」，解釋爲「賦」，又把《國語》上孔子所說「籍田以力」，解釋爲「賦是地力所出」，把「力」說成「地力」，都是憑空杜撰的。從來沒有見過先秦古書上的「籍」就是「賦」的證據，也從未見過有人把先秦古書上的「力」字訓釋爲「地力」的。

呂思勉特別著重批駁胡適這個「逐漸增補」而成「井田論沿革史」的假說，認爲《公羊傳》、《穀梁傳》和《公羊解詁》，雖然詞有詳略，而義無同異，正可見同祖一說，絕無增補之跡。又認爲戰國時代對於古書的解釋，多靠師徒口說流傳，孟子說「文王之囿方七十里」，「於傳有之」，就是依據這種相傳的口說，《孟子》和《公羊傳》、《尙書》〈大傳〉所講井田制有相同之處，也是由於口語相傳的結果。這一解說是很有見地的。

從這一辯論中可以得到不少有益的啓示，使我認識到，論證的方法必須是實事求是的。

廖仲愷提出的論證方法，既要有直接證據，又有外國相類似制度作爲旁證，是可取的。胡適那樣採用今文經學家的託古改制說和新學僞經說作爲論證的依據，是不可能得到正確結論的。顧頡剛在《古史辨》第一冊〈自序〉中說：「適之先生在《建設》上發表辯論井田的文章，方法正和《水滸》的考證一樣，可見研究古史也儘可以應用研究故事的方法。」我認爲，分析古史傳說或許可以如此，因爲古史傳說原來出於神話，具有民間故事傳說性質；至於辯論井田就不能這樣，因爲井田是一種土地制度。我們如果把一個眞實的歷史事件或一個典章制度，當作民間故事那樣去考證，其結果是不堪設想的。胡適對於《水滸》之類舊小說所作的考證，是很有成績的，但是他用考證《水滸》的方法去探討井田制，就得到相反的結果了。加上他又採用今文經學家的託古改制說和新學僞經說，於是井田制就成了層累地虛構而成的一種烏托邦。

當我看到這次辯論的資料時，還不是呂思勉的學生，但是在這個問題上，已經贊同他所支持的廖仲愷的見解和論證方法，並且贊同他的《白話本國史》中述及這個問題的觀點，認爲春秋戰國之際社會大變遷，「共有財產的組織全壞，自由競爭的風氣大開」。所謂「共有財產的組織全壞」，包括貴族的宗族共有財產制度以及井田制度的破壞。後來在一九五九年，我發表〈試論井田制度與村社組織〉一文（《學術月刊》五九年第六期），就是在廖仲愷所作論證的基礎上作了進一步的詳細闡釋。

經學家彼此門戶之見很深

我曾把日耳曼稱爲「馬爾克」的村社制度 (markgenossenschaft) 和井田制作比較。「馬爾克」最初是一年重新把耕地分配一次，接著改為三年、六年、十二年分配一次，為的是要平均彼此的勞動條件，因為土壤有好壞差別。同樣的，井田制也要「三年一換土易居」，為的是使「財均力平」（《公羊解詁》）。

我也曾把雲南西雙版納傣族原有的村社制度和井田制作比較：傣族的村社制度規定，結婚前可以分得「份地」的四分之一到二分之一，結婚後可分得一份「份地」，出一戶負擔，五十以後可以卸卻負擔，歸還「份地」。井田制同樣有「份地」的受田和歸田的規定，「民至二十受田，六十歸田」（《漢書》〈食貨志〉），「一夫一婦受田百畝」，「男年六十、女年五十無子者，官衣食之」（《公羊解詁》）。

如果說井田制度像胡適所說是有心救世的學者為了「託古改制」而偽造的，怎麼可能造得和日耳曼以及傣族的村社制度相仿呢？廖仲愷在二十年代提出的相同歷史階段中類似制度作為旁證的方法，確是有先見之明。

我仔細通讀了雙方辯論的文章，使我進一步認識到當時歷史學家不擺脫過去經學界家派成見的束縛，將會嚴重妨礙歷史研究的發展；如果不擯棄今文經學家康有為的新學偽經說，不可能把歷史學納入正確的前進軌道。當時經學家中「今文經學」和「古文經學」之間，依然門戶之見很深。古文經學家偏重於訓詁、名物和典章制度的探討，重視古文經《左傳》、《周禮》等書的研究。今文經學家偏重於今文經《公羊傳》等書的微言大義的闡釋，認為《周禮》等書出於劉歆幫助王莽改制而偽造。當時史學界有革新和保守兩派，大體上革新派史學家信從今文經學家的說法，以北平的大學為其據點；保守派史學家信從古文經學家的說法，以南京等地的大學為其據點。胡適、錢玄同、顧頡剛等人是革新派中的佼佼者，他們都信從新學僞經說。

當時北平革新派學者信從今文經學家的說法，與曾經擔任北京大學教授的崔適（一八五二—一九二四）和錢玄同（一八八七—一九三九）是今文經學家有密切關係，特別是錢玄同。崔適原來受業於俞樾（一八二一—一九〇六），治經學兼採今文、古文兩派之說，後來讀到康有爲《新學僞經考》，認爲「字字精確，古今無比」，從此成爲今文經學家，不僅信從康氏之說，認爲漢代「古文經」出於劉歆僞作，而且認爲《穀梁傳》亦是「古文經」。崔適著有《春秋復始》（北京大學，一九一八）、《史記探源》（北京大學，一九二七）、《五經釋要》等書。錢玄同早年留學日本，曾師事古文經學家章太炎，一九一一年向崔適請教，開始信從今文經學之說，認爲康、崔兩君推翻漢代僞古文經，在考證學上的價值，較閻若璩（一六三六—一七〇四）推翻東晉的《僞古文尚書》猶遠過之，到一九一四年開始師事崔適，自稱弟子。雖然他不信公羊學派的「微言大義」之說，但始終以今文經學家自居。

錢玄同是當時革新派中的激進份子，不但主張文學革命而使用白話文，主張史學革命而提倡疑古，主張思想革命而反對禮教的束縛，而且主張文字改革，廢除漢文而改用羅馬字拼音，但是他始終沒有擺脫今文經學家的成見而盡力加以鼓吹。在我所熟悉的朋友中，張西堂（一九〇一—六〇）同樣信從崔適之說，所著《穀梁眞僞考》（自刊本，一九三〇）一書就認爲《穀梁傳》是古文，並以今文經學家自居。顧頡剛同樣是信奉新學僞經說的，其代表作就是〈五德終始下的政治和歷史〉（《清華學報》六卷一期，一九三〇），對史學界造成了不良的影響。我感到這是革新派學者走上了歧路，是必須加以糾正的。因此我十分贊同錢穆的〈劉向歆父子年譜〉對康有爲《新學僞經考》駁斥，並且在這個基礎上寫了一篇〈劉歆冤詞〉，目的不在於替劉歆辯白，而在於對顧頡剛在其所著中所發揮新學僞經說有所糾正。

影響深遠卻被長期忽視的一場辯論

顧頡剛《古史辨》第一冊〈自序〉具有「自傳」的性質，據他說，他原先聽了章太炎的話，信從古文家，想當古文家，後來看到章太炎「只是一個從經師改裝的學者」，就與古文經學決裂，等讀到康有爲的《孔子改制考》和《新學僞經考》，又轉而信從今文經學，用來作爲考辨古代歷史的一種手段。看來這是受到胡適、錢玄同的影響。錢玄同先是古文經學大師章太炎的學生，繼而又是今文經學大師崔適的學生，後來他始終是個今文經學的信徒和鼓吹者。

儘管錢穆在一九三〇年發表了〈劉向歆父子年譜〉，對康有爲的《新學僞經考》作了有力的駁斥，但是錢玄同依然在三二年發表〈重論經今古文學問題〉（《國學季刊》三卷二號），竭力爲今文經學辯護。顧頡剛在二九年和三〇年編寫的《中國上古史研究講義》甲編仍在進一步發揮今文經學家這種謬論，例如他以爲《呂氏春秋》〈十二紀〉的首篇所講「月令」，都出於後人增添。顧頡剛接著依據這部講義擴充而成〈五德終始下的政治和歷史〉，繼續發揮康有爲的新學僞經說，把《國語》、《左傳》和《史記》〈封禪書〉中談到的少皞都說是「必出僞竄」，並且認爲載有大皞、炎帝、黃帝、少皞等五帝的《呂氏春秋》〈十二紀〉和《淮南子》〈天文篇〉，「此系統決不能出現於秦及漢初」。

這都說明錢玄同和顧頡剛雖是當時史學界改革的先鋒，但是由於他們在經學上今文學家的成見太深，不免阻礙了他們進行革新的前程，且在古史研究領域內造成不必要的混亂，這是很可惜的。同時顧頡剛把章太炎說成是從古文經師改裝而成的學者，也還有一種家派的成見。章太炎和劉師培等人固然是古文經學的經師，他們有很大的缺點，例如章太炎力主甲骨文出於僞造，如同康有爲堅持青銅器銘文出於僞造一樣。但是應該看到，他們所講究的訓詁、名物和典章制度，還有他們的長處，不能一概加以抹煞。

這場井田制度有無的辯論，對此後中國古代社會歷史的研究有著極其深遠的影響，可以說這是中國社會經濟史，特別是古代經濟制度新探討的開端，包括古代土地制度史、租稅制度史以及財政制度史在內。因爲這場辯論與當時政治的關係，沒有像三十年代社會史論戰那樣密切，後來論述學術研究討論發展的人們往往沒有給與重視。後來以陶希聖（一八九九－一九八八）爲中心的「食貨學派」，就是以秦漢以後的土地制度、租稅制度以及財政制度作爲研究討論中心的。與此同時，日本史學界也展開了這方面的研究，其中以東京大學的加藤繁（一八八〇－一九四六）研究成績最爲突出，包括他在一九一六年發表的〈中國古代田制研究〉、一八年發表的〈漢代國家財政和帝室財政的區別以及帝室財政的一斑〉和二〇年發表的〈關於算賦的小研究〉等，至今仍有其學術價值。在三十年代的社會史論戰中，仍然十分重視土地制度包括井田制在內的討論。新興的社會史學派也還以此爲討論的中心問題之一，並且結合古代村社制度，作爲具有亞細亞生產方式的特點加以研究。

二　一九二三年中國古史傳說眞僞大辯論的觀察

這次關於中國古史傳說的辯論，聲名很大，當我在初中求學的時候，老師們已經談到，說討論的是顧頡剛提出的「大禹是蟲」的問題，知道顧頡剛出有《古史辨》第一冊（北平，樸社，一九二六），但是我沒有從圖書館中找到。一九三〇年當我讀高中二年級時，有一天走過一條大巷，見一所大住宅門前貼張小條子，上面寫著「本宅代售《古史辨》第一冊與第二冊」，我當即敲門，見一位長者出來，就從他手裡買到兩冊《古史辨》，才了解到這次辯論的眞實情況。這位長者是誰，我沒有探問過。

這場辯論原是在胡適主編的《努力周報》的附刊《讀書雜誌》上展開的。一二三年五月顧頡剛在《讀書雜誌》上發表〈與錢玄同先生論古史書〉，提出了「層累地造成」的中國古史觀，共有三點：第一，時代愈後，傳說的古史期愈長；第二，時代愈後，傳說的中心人物愈放愈大；第三，我們即使不能知道某一件事的眞確狀況，但可以知道某一件事在傳說中最早的樣貌。對於第一點有比較詳細的說明。他指出西周時禹以前還沒有堯、舜，到春秋末年《論語》中出現堯、舜，接著就有《尚書》中的〈堯典〉、〈皐陶謨〉、〈禹貢〉等篇的出現；自從秦靈公在吳陽作上時，祭黃帝，於是黃帝立在堯舜之前；自從許行抬出神農，於是神農又立在黃帝之前；自從《易》〈繫辭傳〉抬出了庖犧氏，於是又有個庖犧氏被放在神農之前；自從李斯說到三皇，於是又有三皇早於庖犧氏。時代愈後，知道的古史愈前，「譬如積薪，後來居上」，這是層累地造成的古史的最好比喻。

「大禹是蟲，難道舜是一種植物？」

顧頡剛在這篇〈論古史書〉中，特別著重討論了禹的問題，指出著作於西周中葉宋國的《詩經》〈商頌·長發〉(從王國維說)，講到「洪水茫茫，禹敷下土方，……帝立子生商」，是說商的國家是上帝所立的，是在洪水茫茫之中，上帝叫禹下來布土，而後建立商國。因此禹是上帝派下來的神而不是人。但是到春秋時代，魯僖公時著作的《詩經》〈魯頌．閟宮〉，說禹是先「奄有下土」的人，是后稷以前的一個國王，禹就變成人了。亦即商族認爲禹是下凡的天神，周族則以禹爲最古的人王。他而且作出進一步推斷：「禹，《說文》云：蟲也，從禸，象形。禸，《說文》云：獸足蹂地也。以蟲而有足蹂地，大約是蜥蜴之類。我以爲禹或是九鼎上鑄的一種動物，當時鑄鼎象物奇怪的形狀一定很多，禹是鼎上動物的最有力者，或者有敷土的樣子，所以就算他是開天闢地的人，流傳到後來，就成了眞的人王了。」

顧頡剛這番議論，極大地震動當時的學術界，因爲在當時許多知識分子的心目中，堯、舜、禹的時代正是中國古代歷史上的黃金時代，堯、舜、禹都是聖賢，所謂哲王，正代表著封建時代累世相傳的道統，因此不少人看到這樣的議論不禁嘩然，特別是「大禹是蟲」成爲話柄，在社會上轟傳開來，一時毀譽交加。

首先讚揚這番議論的，就是錢玄同。他在〈答顧頡剛先生書〉中，認爲顧說眞是精當絕倫，並且希望用這一方法常常考查，多多發明，廓清雲霧，斬盡葛藤，使後來學子不再被一切僞史所蒙。他後來爲了表示決心支持這種疑古方法，把自己的姓名改成「疑古玄同」，於是「疑古派」這個稱號就成立了。但是錢玄同懂得古文字學，對於顧頡剛根據《說文》所作的進一步推斷不以爲然，因爲《說文》中從「禸」的字，甲骨文和金文中均不從「禸」，如禽、萬、獸諸字；他認爲《說文》中的「禸」字大概是漢代據訛文而杜撰的，因此不應據以推斷。

首先起來反駁這番議論的，是劉掞藜和胡適的族叔胡堇人。他們集中反駁的就是禹的問題，而且措辭十分尖銳而激烈。劉掞藜的〈讀顧頡剛君「與錢玄同先生論古史書」的疑問〉，指責「這種《說文》迷，想入非非，任情臆造底附會，眞是奇得駭人了」。他反對禹是上帝派下來的神而不是人，也反對西周時在禹以前還沒有黃帝、堯、舜，更反對禹和夏無關係，主張禹是「治水甸山盡力乎溝洫」的人，后稷是開始種植的人，《詩經》〈閟宮〉所說后稷「纘禹之緒」是因爲禹治好了水，后稷得以種植。胡堇人的〈讀顧頡剛先生論古史書以後〉，指責這樣因《說文》「禹」字訓「蟲」便以爲禹不是人類，是九鼎上鑄的一種動物，「望文生義」，同樣《說文》訓「舜」爲「蔓草」，「難道帝舜就是一種植物嗎？」

顧頡剛隨即發表〈答劉胡兩先生書〉的長文，文中聲明：「我上文疑禹爲動物，出於九鼎，這最引起兩先生的反對，我於此並不抗辯，因爲這原是一個假定。」全文仍然環繞著禹的問題進行討論，推定禹是南方民族神話中的傳說人物，禹在西周中期爲山川之神，後來有了社祭，又爲社神（后土），其神職全在土地上，由敷土，陳列山川，治洪水，到治溝洫，事耕稼，因而〈閟宮〉說后稷「纘禹之緒」。又因爲當時傳說中人和神的界線不甚分明，禹又與周的祖先並稱，禹的傳說逐漸與神話脫離而傾向爲人王。還認爲禹是西周中期起來的，堯、舜是春秋後期起來的，他們本來沒有關係，他們的關係是起於禪讓之說，而禪讓之說乃戰國學者虛構的烏托邦。

疑古派瓦解了整個虛構的上古史系統

顧頡剛這篇答覆的長文，還提出了必須打破四個傳統觀念，就是打破民族出於一元的觀念，打破地域向來一統的觀念，打破古史「人化」的觀念，打破古代爲黃金世界的觀念。在談到打破古史「人化」觀念時，指出古人對於神和人原沒有界限，所謂歷史差不多全是神話，有人和神混的，有人和獸混的，有獸和神混的，此類之事舉不勝舉。自從春秋末期以後，諸子奮起，人性發達，於是把神話中的諸神都「人化」了，在歷史上又多了一層的作僞。在談到打破古代爲黃金世界的觀念時，又指出「古代的神話中人物『人化』之極，於是古代成了黃金世界」，自從戰國時一班政論家出來，要依託古王去壓服今王，極力把「王政」和「聖道」合在一起，於是大家看古王的道德功業都是高到極頂。

顧頡剛這篇答覆的長文沒有全部寫完，發表後，劉掞藜接著就發表〈討論古史再質顧先生〉，同意顧頡剛打破民族出於一元觀念，不同意打破向來地域一統的觀念，並認爲古史中的人物並非出於神話，同意打破古代是黃金世界觀念，但仍然主張堯、舜、禹是古代努力盡職的帝王。在劉掞藜這篇再質文章發表後，顧頡剛就在《努力周報》的《讀書雜誌》上刊登一則啓事，表示對再質文章感到非常欣喜，準備仍按上次提出擬討論各點的原來主意繼續寫文章，然後再回答劉掞藜文所提各點。於是這場關於古史傳說眞僞的辯論暫告一段落，計費時九個多月，發表了八萬多字的爭辯文章。

一九二四年二月胡適在《讀書雜誌》上發表

表〈古史討論的讀後感〉，認爲這回的論爭是一個眞僞問題，去僞存眞，絕不會有害人心，並推崇顧頡剛的「層累地造成的古史」的見解，乃對史學界的一大貢獻，是顚撲不破的。胡適在這篇〈讀後感〉中還指出顧頡剛所用的「剝皮」方法，是著重研究傳說故事逐步演進的方法：由簡單變爲複雜，由陋野變爲雅馴，由地方的、局部的變爲全國的，由神變爲人，由神話變爲史事，由寓言變爲事實。其實顧頡剛所用的主要方法，就是要把古史傳說還原爲神話，他認爲古史傳說差不多全是出於神話的演變，並且以禹傳說的演變作爲主要例證。這是顧頡剛在這次大辯論中最突出的貢獻，胡適卻沒有能夠明確地指出。

顧頡剛後來在答覆劉掞藜的老師、東南大學「文史地部」教授柳詒徵（字翼謀，一八八〇—一九五六）質疑的文章中放棄了「禹爲動物」的假說；其實，顧頡剛引用《說文》「禹，蟲也」，用來推斷禹出於神話傳說，確是一種很有銳利眼光的推斷，根本與《說文》的誼例無關。在原始神話傳說中，禹和句龍同是社神的分化，後來顧頡剛和童書業的〈鯀禹的傳說〉和我的《中國上古史導論》（《古史辨》第七冊）中〈禹、句龍與夏后、后土〉一節，都有詳細的論證。句龍和應龍又是一神的分化，我在《導論》序文中也已說明。《楚辭》〈天問〉說：「應龍何畫？河海何歷？」也就是在說應龍的治水。依我看來，禹和句龍、應龍原是同樣的神物，推其原始，禹和句龍、應龍一樣是一條「大蟲」。

顧頡剛編著的《古史辨》第一冊出版後，胡適爲文大加肯定，認爲「這是中國史學界的一部革命的書，又是一部討論史學方法的書，此書可以解放人的思想，可以指示做學問的途徑，可以提倡那深澈猛烈的眞實的精神」（〈介紹幾部新出的史學書〉，《現代評論》四卷九一、九二期）。其實顧頡剛所說的層累地造成的中國古史，只限於古史傳說，因爲只有古史傳說有層累地造成的過程。使用研究故事演變的方法，可以進行「剝皮」的也只限於古史傳說；只有古史傳說可以還原爲神話。這種把古史傳說還原爲神話的方法，屬於神話學的範圍，不屬於史學方法。而且嚴格說來，這樣對古史傳說進行「辨僞」，是屬於史料學的審查範圍。但是我們應該看到，這不同於一般史料的辨僞工作，經過這樣一場衆人矚目的辯論，使得整個虛構的上古史系統瓦解了，把堯、舜、禹等聖賢帝王的偶像推翻了，把堯、舜、禹所代表的黃金時代從古史系統中掃除了，從此三皇五帝被看作神話傳說了，確實爲此後的歷史研究開創了一個新紀元。

以民俗學和神話學方法建構古史傳說的眞實面貌

顧頡剛的古史觀中，我最讚賞的是古史傳說出於神話演變的見解，認爲這是摧毀僞古史系統這個迷宮的銳利武器。他得到國內外許多有見識的學者的贊同，不是偶然的。這樣破壞上古的僞古史系統，正是爲了建設眞古史系統；破壞僞古史上的黃金時代，正是爲了進一步闡明眞正的古代燦爛文化。事實也正如此，自從一九二六年《古史辨》第一冊出版以後，古史領域的辨僞工作有著蓬勃的發展，到四一年一共出版了七冊《古史辨》，一共匯編了三百五十篇文章，合計三百二十五萬字。與此相應的，建設古史的工作也有很大的進展，整個古史領域並沒有因爲疑古派的破壞僞古史而衰落下去。

我們當然還必須看到疑古派有著內在的局

限性。這個局限性，就是辨僞不免有過頭的地方，有些不免以眞爲僞，這就對古史研究帶來消極影響。顧頡剛的層累地造成的古史觀，就帶有「今文經學」託古改制說的缺點，他把僞古史系統的構成，看作全是什麼人在那裡層累地爲了某種目的而有意的作僞。他又把神話的演變爲古史，就是所謂神話的「人化」，也看作出於春秋末期以後諸子之手。例如他說：「自從許行輩抬出了神農，於是神農又立在黃帝之前了。」許行確實有抬出神農的託古言行，孟子就說「有爲神農之言者許行」。《淮南子》〈修務篇〉說得更清楚：「世俗之人多尊古而賤今，故爲道者必託之於神農黃帝而後能入說，亂世闇王，高遠其所從來，因而貴之，爲學者蔽於論而尊其所聞，相與危坐而稱之，正領而誦之。」

農家把自己學說託之於神農，必然當時早有神農的傳說存在，才能使人「高遠其所從來」，「尊其所聞」，神農的傳說絕不可能出於他們的作僞，僞古史系統把神農立在黃帝之前也不必出於他們的僞造。《漢書》〈藝文志〉農家類，有〈神農〉二十篇，顏師古（五八一—六四五）注說是「道耕農事，託之神農」。《呂氏春秋》有〈上農〉、〈任地〉、〈辯土〉、〈審時〉四篇，採自農家，《任地》篇一開頭就假託后稷名義，提出耕作方面的十個問題來加以說明。農家無論假託神農，或者假託后稷，就是因爲原有古史傳說中，他們和農耕有關，不是出於他們憑空的僞造。

顧頡剛的層累地造成的古史觀，雖然這種觀察古史傳說的方法是從民俗學和神話學中學習來的，但是目的在於辨僞，是爲了推翻僞古史系統而涉及神話的探索，又是爲了辨僞而追溯古史傳說出於神話的演變。所用的考訂方法依然停留在辨僞這個目的上，沒有把所有古史傳說中的神話全部還原過來，更沒有正式運用神話學的方法對古史傳說作出全面的、系統的剖析，這是他的不足之處。因此我想利用神話學的方法對古史傳說作全面的、系統的剖析。

還值得注意的是，在一九二三年中國史學界展開這場古史傳說大辯論的前後，日本史學界也出現了一場歷時較久的中國古史傳說大辯論。東京大學著名的東洋史教授白鳥庫吉（一八六五—一九四二）在一九〇九年發表了〈中國古代傳說之研究〉一文（《東洋時報》一三一號），創言堯、舜、禹是儒家理想的君王，是根據天、地、人三才之說而創作者。《尚書》〈堯典〉著重敍述天文曆日之事，〈舜典〉著重敍述巡狩、祭祀以及人君統治人民之事，〈禹貢〉講治洪水、定地域，著重敍述有關地的事。此論一出，同樣震驚了日本研究中國古史的學者，被稱爲「堯、舜、禹抹煞論」，引起了後藤朝太郎（一八八一—一九四五）、井上哲次郎（一八五五—一九四四）和林泰輔（一八五四—一九二二）等人反駁。一九一二年白鳥庫吉又發表〈儒教之源流〉和《尚書》之高等批判〉一文，提出答辯並作進一步闡釋，同時林泰輔也先後發表〈再談堯舜禹之抹煞論〉和〈讀儒教之源流〉重加駁難。三〇年白鳥庫吉又發表〈中國古代史之批判〉進行答辯和闡釋。這場大辯論歷時二十年之久，不僅時間上和中國史學界的大辯論相當，而且集中討論的古史傳說中的人物也相同，只是顧頡剛著重於指出這些傳說中君王原來出於神話，而白鳥庫吉著重於指出這些君王出於儒家按理想而創作。

中外學界所見略同

辯論雙方在研究方法和學風上，都受到崔述《考信錄》的影響，在日本翻印崔述《考信錄》的就是白鳥庫吉的老師那珂通世（一八五一—一九〇八）。白鳥繼承了老師的學風，他的「堯、舜、禹抹煞論」，是從傳統的考據方法發展而來，受到清代中葉以來懷疑經書學風的影響，也受到了近代今文經學家託古改制說的影響，更受到西洋史學方法的影響。白鳥庫吉在《東洋史概說》中，認爲三皇爲三才思想的反映，五帝爲陰陽五行家學說思想的反映，三皇五帝都是架空的理想人物，不必實有其人。通過這場辯論，日本史學界把中國古史傳說還原爲神話的論證文章也逐漸出現，如小川琢治（一八七〇—一九四一）的〈中國上古的天地開闢及洪水傳說〉（弘文堂《中國歷史地理研究》，一九二八），就認爲堯、舜全是天上之神，禹、啓、羿爲降自天上以治下土之后，亦即地神。這種從古史傳說探索古代神話的治學方法，從此就成爲一種風氣。

然而中日兩國史學界的古史傳說大辯論，在當時卻沒有發生顯著的相互影響。中國史學界長期沒有人提及日本關於「堯、舜、禹抹煞論」的辯論，直到我發表〈中國上古史導論〉，主張兼收中外各家研究中國古史傳說的長處，才系統地述及日本史學界這次大辯論以及這方面的研究成果。兩國學術界所以會產生這種長期彼此隔絕的情況，實乃當時日本軍閥長期進行對中國的侵略所造成的。白鳥庫吉就是日本南滿洲鐵道株式會式（簡稱滿鐵）所屬「滿鮮歷史地理調查部」的主持人，曾四次奉命前往中國東北、華北、內蒙等地作實地調查；這個機構前後出版的研究成果，顯然應合當時日本侵略的需要，因此中國史學界多數認爲白鳥的「堯、舜、禹抹煞論」不是純正的學術討論，帶有抹煞中國古代傳統文化的意圖。直到最近，中國學者論述一九二三年古史傳說大辯論的著作，仍然認定這個「堯、舜、禹抹煞論」別有用心，與科學研究不可同日而語。

我認爲，對於白鳥庫吉這個討論，應從三方面加以考察。第一，對於白鳥庫吉所主持的滿洲、朝鮮的歷史地理研究，其目的無可否認是配合當時日本對外侵略的需要；他所主持的「滿鮮歷史地理調查部」成立於一九〇八年，日本併呑朝鮮即在一九一〇年。第二，應該肯定白鳥對古史傳說和《尙書》研究方面的所有貢獻，他確定〈堯典〉、〈禹貢〉出於儒家按理想而創作，很有先見之明。白鳥庫吉可以說是日本學者究中國古史及神話傳說的開山人物，至今對日本史學界還很有影響。第三，從整個世界對中國古史傳說研究發展的趨勢來看，推翻原來的系統，從中探索古代神話的演變，是一個進步的潮流，不但中國和日本史學界掀起這個潮流，同時西方史學界也出現這個潮流，如馬伯樂（Henri Maspéuro, 1883-1945）的〈尙書中的神話〉（Légendes mythologiques dans le Chou King, Journal Asiatique 214, 1924），葛蘭言（Marcel Granet, 1884-1941）的《古代中國的舞蹈與傳說》（Danses et légendes de la Chine ancienne, 2t. Travaux de l'Annué Sociologique, Paris, Librairie Felix Alcan, 1926），福開森（John C. Ferguson, 1866-1945）的〈中國神話〉（Chinese Mythology, in The Mythology of All Races, Vol. 8, Boston, 1928）。

三　三十年代初期中國社會史論戰之我見

三十年代初期展開的一場規模較大的中國社會史論戰，完全由於政治目的而掀起的，郭沫若（一八九二—一九七八）是個先鋒。一九二七年中國共產黨領導的南昌起義失敗，參與起義的郭沫若被通緝，他幾經周折，於二八年二月東渡日本，從此住在東京附近的千葉縣市川市，在這裡開始爲期十年的寫作生活，首先對中國古代社會進行研究，目的在闡明中國社會歷史的發展過程符合於唯物史觀的歷史發展規律，從而證明進行社會主義革命是歷史發展的必由之路。他寫成了他的第一部史學名著《中國古代社會研究》，三〇年在上海出版（聯合書店），引起極大反響。他引用可信的先秦典籍《詩經》、《尚書》、《周易》結合甲骨文、金文加以論證，以其文學家的特長，寫來很是生動活潑，贏得了廣大讀者愛好。我就是當時愛讀者之一。但是我不贊成他的論證方法，也不同意他所作的結論，認爲他的論證方法有不少「附會」的地方，還是不免找尋一些不可靠的史料加以比附，把唯物史觀的公式往上套。

中國社會史論戰只是各黨派在思想戰線上的一場政治鬥爭

這部書考定原始社會到奴隸制的轉變在殷周之際，奴隸制到封建制的交替在西周東周之交。他主張原始社會過渡到奴隸制發生於殷周之際的論據之一，就是《史記》〈殷本紀〉所說夏、殷二代天子原來稱「帝」，到周武王時一律貶稱爲「王」，他因此說：「這可見古人把第一次社會革命的時期也看在殷周之際的時候的」。其實，夏、殷二代自古無稱帝之說，貶號之說出於漢人增飾。後來我在〈中國上古史導論〉中曾批評他這點很是附會（《古史辨》第七冊第一四三頁）。他後來自己也認識到早年研究中國古代社會的教訓：「我初期的研究方法，毫無諱言，是犯了公式主義的毛病的。我是差不多死死地把唯物史觀的公式，往古代的資料上套，而我所據的資料，又是那麼有問題的東西。」《海濤集》〈我是中國人〉，上海新文藝出版社，一九五一）這眞是他《中國古代社會研究》的致命傷，日後也成爲中國社會史論戰中的通病；後來郭沫若有關這方面的論著依然沒有擺脫這個毛病。

大規模的中國社會史論戰，是三一年由上海神州國光社出版的《讀書雜誌》發起的。神州國光社原是一九一〇年創辦的一個提倡國學和保存國粹的出版社，它的名稱就代表這個特點。三〇年由陳銘樞（一八八九—一九六五）出資接辦，王禮錫（一九〇一—三九）任主編，一變而爲出版左傾社會科學譯著和新文學作品的書店。一九三一年六月創辦的《讀書雜誌》，是一本篇幅較多的期刊，每期約四十萬字。創刊號上強調不拒絕任何思想，要打破一個「幫口」的獨佔，歡迎任何派別及一切無「幫口」的人投稿，並設有「中國社會性質之討論」一欄，首先發表的是朱其華（一九〇七—四五，著有《中國近代社會史解剖》，新新出版社，一九三三）、陶希聖「關於中國封建社會制度」的來往討論信件和朱伯康（一九〇七—，後爲復旦大學經濟系第一任系主任）的〈中國社會之分析〉一文。緊接著，就發起展開中國社會史論戰，編者預告提出，要討論下列四個問題：㈠中國封建社會是不是在春秋時已經崩潰？㈡士大夫階級是不是應當重視？㈢殷周時到底是什麼社會？㈣現在中國到底是一個什麼社會？同時號召廣大的研究者都來參加這個論戰，還宣稱：「至於結論如何，我們暫且不管，要的是打出來的結論，不要主觀的圖譜式的結論。」

《讀書雜誌》主編提出上述四個問題來討論，是有其來歷和目的的。因爲當時文化學術界人士對於封建社會制度還是一知半解，常常把西周、春秋時代分封諸侯的「封建制」，和歐洲中世紀的封建社會制度混爲一談，誤認爲春秋戰國之際由「封建制」變爲「郡縣制」，封建社會就崩潰了。如果封建社會在春秋時早已崩潰，當時的中國社會就不可能帶有封建社會的性質，所要進行的革命就不必帶有反封建的目標。「殷周時到底是什麼社會？」這個問題所以重要，就是要看中國社會歷史的發展過程是否符合唯物史觀的歷史發展規律，即由原始社會經歷奴隸社會轉變到封建社會，因爲當時有人主張中國社會史的發展有特殊的途徑，沒有像古代希臘、羅馬那樣的奴隸制。如果中國社會史的發展確有特殊途徑，必然影響到當時中國社會的性質，這就需要革命工作者考慮特殊的方式進行革命了。

所謂士大夫階級，包括知識分子在內，究竟在社會變革中起什麼作用？是否應當重視？這個問題也是可以通過社會發展史來分析的，値得革命工作者注意的。至於「現在中國到底是一個什麼社會？」的問題，當然是討論社會發展史的根本目的，因爲由此才能決定當時革命的性質和方針政策。編者在《中國社會史論戰特輯》的第一輯中，發表了〈中國社會史論戰序幕〉一文，對此說得十分清楚，最終目的在於討論兩個問題：㈠中國現在社會究竟是封建社會還是資本主義社會？㈡經過一九二七年的失敗以後，中國革命究竟是資本主義革命，還是無產階級革命？編者明確地指出：中國社會史的討論是爲了解決當前中國社會的性質問題，也就是爲了解決當前革命的性質問題，爲此「逐逼著各黨派的學者爲著它們要以鬥爭的姿態在思想戰線上出現」。這場中國社會史論戰的性質，代表著各黨派在思想戰線上的一場政治鬥爭。

社會史論戰唯一成果是帶動了中國社會經濟史的研究

當《讀書雜誌》這一論戰的第一次《特輯》出版之前，編者曾發出挑戰的聲明，向顧孟餘、陶希聖、梅思平（一八九六—一九四六）、陳獨秀、郭沫若等五人挑戰，可能因爲這五人已發表有對上述要討論的四個問題的見解，早已引人注目。後來除陶希聖參加外，其餘四人都未參與。這場論戰持續兩年之久，《讀書雜誌》出版了四輯《中國社會史論戰特輯》，參加論戰的人很多，大多數是新進的學者，代表著不同的政治派別。多數人自稱運用了唯物的辯證法來進行分析，實際上都是引用一些自己需要的史料，往往自以爲正確的社會發展的公式上套，因而得出各式各樣的結論。當時很少著名學者和教授參加到這場論戰中去，不外乎兩個原因：一是因爲這是一場政治上黨派性很強的思想戰線鬥爭，從事專門學術研究的學者感到不適宜在這個場合發表這方面的見解；二是因爲關於中國社會經濟史的研究剛開始，各個階段這方面的資料錯綜複雜，沒有作過系統的整理，很難全面掌握而作出概括的論斷。

在這場論戰中，他們依據原始社會的形態，對於古史傳說作了各種不同的解釋，或者說神農以前是「原始共產社會」，神農至陶唐氏是「村落共產社會」；或者說五帝是新石器時代「初期氏族社會」；或者說五帝是「血族群婚的母系氏族社會」。關於殷周社會又有種種不同的解釋，有的反對郭沫若把西周以前（包括殷商在內）看成原始社會階段，有的反對郭沫若把西周看作奴隸制而認爲已進入封建制。關於春秋、戰國之際的社會變革，有人認爲是從封建制轉變爲商業資本主義社會，也有人認爲只是土地制度發生了劇烈的變化。至於秦漢以後的社會，有人認爲是封建制，有人認爲是商業資本主義社會，也有人認爲西漢是「奴隸經濟佔主要地位的社會」，到西晉變成「封建莊園時期」，到宋代變成「前資本主義時期」。此外還有其他不同的主張。

參加論戰的許多論文，我都曾看過，感到收穫不大。由於他們依據的社會歷史發展的公式不同，得出的結論也各不相同，而且採用的史料既不充分，還有不少錯誤，論證的方法也很多牽強附會，經不起科學的考驗，也沒有什麼學術價值可言。通過這場社會史的論戰，主要的影響是帶動了之後中國社會經濟史方面的研究工作，造成了歷史學界重視社會經濟史研究的風氣，糾正了過去史學工作者偏重政治史和文化史的傾向，開始把社會經濟史看作政治文化史的基礎而加以重視。

通過對這場論戰的全面考察，使我認識到鑽研社會經濟發展史的重要性，確是解決歷史演變過程的關鍵所在，但是想以個人的力量來解決幾千年中國社會經濟發展史上的關鍵問題，是不可能的，只有各自挑選其中的關鍵問題，分別進行踏實的探索，彼此分工合作，齊頭並進，才有可能逐步解決一系列的問題。也是通過這場論戰，使我感到呂思勉《白話本國史》上所說，春秋戰國之際社會有大變遷，是三代以前和秦漢以後的一大界線，是不錯的，確是必須首先解決的關鍵問題，我今後應該挑選這一個問題進行深入的探索。

四　三個新學派興起的巨大影響

「五四運動」前後，由於西方的新史觀和治學新方法的引入，使得當時的國學研究出現了蓬勃的氣象，試圖用科學的方法來研究國學成爲一時風尚，尤其史學方面表現得很是突出，引起了對於古史上重要問題的各種不同看法，上述三次古史問題的大辯論就是這樣產生的。與此同時，由於史學工作者採用不同的觀點和方法來從事各種重要問題的探索，逐漸形成不同的新學派，特別通過上述三次大辯論之後，新興學派有著進一步的發展，紛紛創辦新刊物，推動學術研究的進展。正當我開始從事學術研究之際，不僅受到三次大辯論的啓示，而且受到三個新學派興起的巨大影響。我一向主張兼採並納，擷長去短，從而充實和提高自己的研究能力。

從一九二〇年到四〇年的二十年中，正是古史研究的新學派蓬勃成長的時期，對當時學術界的影響很大。這些學派的觀點和方法，幾乎影響到整個人文科學的各個領域，因而成爲這個時期人文科學的研究核心。

以王國維爲首的釋古派人才輩出

當時首先在史學界發生重大影響的新學派，當推王國維爲首的「釋古派」。王國維的學術成就是和羅振玉的幫助合作分不開的。羅振玉原爲清朝末年主管教育和考試的「學部」官員，長期從事收藏與研究古文物的工作；王國維向來和羅振玉一起工作。辛亥革命以後，王國維隨同羅振玉移居日本東京，大規模進行刊布、考釋文物的工作，羅振玉在殷墟甲骨方面的重要著作如《殷墟書契》、《殷墟書契精華》都是這時刊印的，王國維自此也全力投入甲骨文、金文考釋以及古史的研究。王國維自稱：在日本四年「生活最爲簡單而學問變化滋甚，成書之多爲一生之冠」（趙萬里〈王靜安先生年譜〉，《國學論叢》一卷三號）。

王國維一九一六年回到上海，在靜安寺附近猶太實業家哈同（Silas Aaron Hardoon, 1851-1931）所建愛儷園（即哈同花園）附設的倉聖明智大學短期任教，學問有進一步成就；二五年由胡適推薦爲清華大學國學研究院的導師，從此成爲一代史學大師。二七年他投湖昆明湖自殺。他任導師的時間不長，但培養出不少優秀人才，後來擔任各地大學的教授和研究所的研究員，形成一個很有影響的新學派。因爲他們講學或著作中常常引用「先師王國維」的見解，當時有人稱之爲「先師派」。

王國維的治學方法，遠承宋代到清代的金石學傳統和清代「漢學」中考證名物、制度的傳統，同時採取了近代西方和東方學者重視地下考古資料進行考釋的新方法。陳寅恪曾概括王氏的治學方法爲三點：㈠取地下之實物與紙上之遺文互相釋證，㈡取異族之故事與我國之舊籍互相補正，㈢取外來之觀念與固有之材料互相參證（陳寅恪〈王靜安先生遺書序〉，商務印書館，一九三四）。當年清華大學國學研究院的宗旨，就是以現代科學方法整理研究國故，共有五位導師，王國維講古史與《尚書》等古籍，梁啓超講歷史研究法，陳寅恪講佛經翻譯文學，趙元任（一八九二—一九八二）講語言學與音韻學，李濟講考古學，都是當時學術界第一流名家，而王國維尤爲此中佼佼者。這個研究院到二九年夏天就停辦，只收了四班學生，共七十多人，但是在這裡面人才輩出，特別是繼承王國維古史研究的學生成就更大。

釋古派的長處就是王國維自稱的二重證據法：「取地下之實物與紙上之遺文互相釋證」，也就是以考古資料結合文獻而進行探索，從而進一步闡明歷史的眞相及其發展過程。他們對於甲骨文與金文的考釋，依甲文、金文對殷周史進行的闡釋，曾作出很大的貢獻。王國維的學生徐中舒（一八九八—一九九一）採用這種方法探索殷周史，從文化的發展進一步討論到農具和灌溉工程的起源等問題，取得了很大的成就。徐中舒的〈耒耜考〉、〈殷人服象及象之南遷〉、〈殷周文化之蠡測〉、〈殷周之際史跡之檢討〉等文（皆刊載於《中央研究院歷史語言研究所集刊》），都是很有見解的。

王國維爲首的釋古派也還不免有缺點，就是依據少數的地下實物否定文獻上所載典章制度，例如王國維依據少數西周金文，斷言「周初諸王若文、武、成、康、昭、穆皆號而非謚」，「謚法之作其在宗周共、懿諸王之後」（《觀堂集林》卷十八〈遹敦跋〉）；又如王國維依據少數金文，斷言「古者天澤之分未嚴，諸侯在其國有稱王之俗」（《觀堂別集補遺》〈古諸侯稱王說〉）。這些論點並不正確，也對此後古史研究造成不少影響。

「疑古學派幾乎籠罩了全中國的歷史界」

第二個在三十、四十年代史學界發生重大影響的新學派，就是前文提及以顧頡剛爲首的「疑古派」，或者稱爲「古史辨派」。《古史辨》是一部匯集當時古史方面辯論文章的總集。第一和第二兩冊主要是古史傳說的辯論；第二冊的中編有孔子和儒家問題的討論。第三冊討論《易經》和《詩經》，第四和第六冊考辨先秦諸子。第五冊上編討論經學今古文的問題，下編討論陰陽五行說的起源以及五德終始說下的政治和歷史，這一冊很明顯的仍在發揮康有爲的新學僞經之說。第七冊是十年多來對於古史傳說考辨的總集；我的〈中國上古史導論〉就發表在這冊的上編中（六五—四〇四頁）。

這個學派遠承唐宋到清的「辨僞」學風，

兼取西方的治學方法，主要貢獻在於古代史料的辨僞，從古史傳說的辨僞到經書、子書以及歷史地理方面的考證。顧頡剛後來研究的重點在於《今文尙書》逐篇考訂校釋，以及對中國歷史地理的考訂。一九三四年他在北平創辦《禹貢》半月刊，發表研究歷史地理的文章，次年創立「禹貢學會」，直到抗日戰爭開始才結束。這個刊物辦得很有成績，從此培養出一批這方面的人才，日後中國史學界上知名的歷史地理學家如譚其驤（一九一一—九二）、侯仁之（一九一一—）、史念海（一九一二—二〇〇一），都是當年禹貢學會的骨幹分子。

顧頡剛對古史傳說的「辨僞」，長處是指出了古史傳說出於神話演變，我很是贊同；他的短處就是過於信從今文經學家的託古改制說和新學僞經說，特別是他用新學僞經說來解釋古史傳說的演變，我竭力反對。我認爲，《古史辨》第五冊把古史傳說的辯論引入了歧途，尤其對顧頡剛的〈五德終始下的政治和歷史〉這篇長文很有意見，曾經爲此寫了一篇〈劉歆冤詞〉。到三六年我和鄭師許合編上海《大美晚報》的《歷史周刊》時，曾經把〈劉歆冤詞〉中辯駁顧頡剛所發揮的新學僞經說部分，標了一個題目（題目已忘卻），在這個周刊上發表，據說當時上海有個剪報的新聞工作單位，把我這篇評論顧頡剛的文章寄給顧頡剛；後來我從童書業那裡聽說，顧頡剛看了之後感到這個批評是很有分量的。當時錢穆發表〈評顧頡剛五德終始下的政治和歷史〉一文（見《古文辨》第五冊）只講到了「文中引用淸以來今文家之說有過於輕信之處」，我覺得沒有切中要害，因此我的批評就很直截了當。我很高興後來就不再看到顧頡剛像那樣發揮今文家之說，到晚年更完全拋棄今文家之說，認定《周禮》是戰國時代的著作了。

通過《古史辨》的討論，不但把堯、舜、禹以前的古史系統劃進神話傳說的範圍，而且把《尚書》中〈堯典〉、〈皋陶謨〉、〈禹貢〉三篇判定出於戰國時代寫定，這對於此後古史研究的影響是巨大的。古史辨派培養出來的古史研究人才之多，不下於釋古派，包括研究歷史地理的禹貢派在內，這一派的學風在當時史學界造成了很大的聲勢。後來對《古史辨》持反對意見的古史家徐旭生（字炳昶，一八八八－一九七六）就曾爲此感到不平，他指出：「近三十餘年（大約自一九一七年蔡元培長北京大學起至四九年爲止），疑古學派幾乎籠罩了全中國的歷史界，可是它的大本營卻在《古史辨》及其周圍。……當日在各大學的勢力幾乎全爲疑古派所把持。」（《中國古史的傳說時代》第一章）這個說法不免誇大了。

關於奴隸制與「亞細亞生產方式」的討論

第三個在三十、四十年代史學界發生重大影響的新學派，就是重點討論社會史分期，並以社會史分期爲綱的「社會史派」。這派主張以馬克思主義作爲指導思想，研究社會史的目的是爲了社會主義革命的需要，他們在當時是分散進行研究的，沒有出現公開活動的屬於這一學派的學術團體。

郭沫若是第一個研究中國古代社會的名家，三〇年出版的《中國古代社會研究》曾風行一時。作爲一個社會史專家，要系統地、全面地掌握自古到今社會發展的史料，從中概括出社會發展的規律，從而劃分時期，這是十分艱鉅的一項研究工作，不是個人在短期內所能成功的，即使僅僅研究先秦的社會史分期也不容易。郭沫若就曾爲此下苦功，從事殷代甲骨文和周代金文的系統整理和考釋。他認爲，「這種工作看起來很迂闊的，但捨此即無由洞察古代的眞相」（《殷周青銅器銘文研究》〈重印弁言〉）。這是他比一般社會史派學者高明的地方。

要對甲骨文、金文作系統的整理和考釋，就必須脚踏實地的把羅振玉、王國維在這方面已取得的成績作爲基礎，因而他一開始就十分推崇羅、王二氏，聲稱：「自有羅、王二氏考釋甲骨之業而另闢一新紀元，決非過論。」（《中國古代社會研究》〈卜辭出土之歷史〉）由於郭沫若掌握了這個正確的治學途徑，在日本經過十年勤奮的努力，先後著成了十種這方面的專著，其中重要的當推《卜辭通纂》（文求堂，一九三三）與《兩周金文辭大系考釋》（文求堂，一九三五）兩書，是首次對甲骨文與金文作了有系統的研究。郭沫若和王國維的思想方法根本不同，可是郭沫若在日本十年同樣是「生活最爲簡單而學問變化滋甚，成書之多爲一生之冠」。這是他在學業上最勤奮也最有成就的時期。

郭沫若以王國維的治學成果作爲出發點而取得了進一步成就，但他也把王氏不正確的判斷作了進一步發揮。例如他依據王國維的「謚法起於共懿諸王以後」之說，進一步斷定謚法起於春秋中期以後（《金文叢考》〈謚法之起源〉）；又如他依據王國維「古諸侯在其國稱王」之說，進一步確認王、公、侯、伯、子、男是古國君的通稱，並非爵位名稱，斷言古代並無五等爵制（《金文叢考》〈金文所無考〉的「五等爵祿」）。這種說法曾經爲許多古史學者所信從。

郭沫若在日本十年系統地整理研究甲骨文和金文是有突出成績的，他的最終目的在於判斷殷周社會的性質。三〇年郭沫若發表的《中國古代社會研究》，首次將甲骨文、金文與儒家經典結合，探索中國古代社會的性質，認爲殷代是氏族制的原始社會末期，從原始社會到奴隸制的轉變在殷、周之際。他這種觀點該是繼承王國維的「殷周制度論」而作了進一步闡釋。他又否定了井田制的存在，該是受到過去井田制度有無辯論的影響。他又認定從奴隸制到封建制的轉變在西周、東周之交。這些說法引起了人們對殷周社會性質進一步的討論。

繼郭沫若對古代社會研究而寫出專著的，當推呂振羽（一九〇〇—八〇）。他先後發表《史前期中國社會研究》（北平人文書店，一九三四）和《殷周時代的中國社會》（南京文心印刷社，一九三六），前書依據古史傳說劃分原始社會的各個發展階段，後書提出了與郭沫若不同的見解，他確認殷代是奴隸制；而且他認爲中國古代社會是馬克思所說的「亞細亞生產方式」，這是指古代東方國家的奴隸制的特殊性，不同意郭沫若所說中國古代的奴隸制與希臘、羅馬的古典奴隸制相同。他又認爲西周是封建制，井田制具有領主的莊園性質，實行著勞役地租；等到春秋後期井田制破壞，領主莊園制便爲「新興地主的土地占有形態」所代替。呂振羽這個見解在四十年代成爲社會史派的主流，得到了多數人的贊同，甚至到五十年代以後，仍然是一種流行的見解。

社會史派學者無法擺脫教條主義

呂振羽這個見解所以能夠成爲社會史派的主流，因爲在理論上講究人類歷史發展普遍規律的同時，兼顧到古代東方社會發展的共同特點，井田制的解釋又符合於古代文獻；其缺點是引用史料不夠充分，還引用有不可靠的史料，甚至引用東晉僞造的《僞古文尚書》。郭沫若在《十批判書》（重慶群益出版社，一九四五）中批評有些「新史學家」沒有注意到清代乾嘉學派直到當時古史辨派在文獻上辨僞的成績，並且把原爲天神的黃帝、堯、舜「點化成了現實人物」，主要是指呂振羽而言。

郭沫若在四五年發表的《十批判書》上，對十五年前的舊著做了自我批判，他重新肯定井田制的存在，認爲這是營建都邑時用以區劃田野經界的一種耕地制度，用作榨取奴隸勞動和酬報臣下的計算單位，不是領主莊園制的性質。他重新認定殷代是奴隸制，認爲甲骨文中的「衆」就是從事生產的奴隸。西周是同樣的奴隸制，而且認爲奴隸制一直延續到秦代。他把秦始皇的暴政看作奴隸制統治的結果，把陳勝、吳廣、劉邦、項羽的起義看作奴隸大暴動，因而把奴隸制到封建制的轉變定在秦、漢之際，並且把秦始皇的驅逐和逼殺呂不韋，看作奴隸主思想和封建思想之間的鬥爭結果，認爲「呂不韋是封建思想的代表，秦始皇則依然站在奴隸主的立場」。

郭沫若在五二年又發表《奴隸制時代》（新文藝出版社），進一步確認殷、周都是奴隸制，但是他糾正了四十年代他主張奴隸制下限在秦代之說，把奴隸制到封建制的轉變定在春秋、戰國之交。因爲他既確認井田制是奴隸制時代的土地制度，而井田制是春秋末期瓦解的，魯宣公十五年（前五九四）「初稅畝」是井田制瓦解的標誌，奴隸制的下限就該在春秋末年。直到七二年他發表最後一篇學術論文〈中國古代史的分期問題〉，對於春秋、戰國之際奴隸制向封建制的轉變作了進一步的分析，認爲這是一種自上而下的變革，秦國的商鞅變法就是這樣一個變革。

社會史派學者最大的弊病，就是教條主義，死死地把社會史發展公式往古代資料上套，甚至不免曲解資料。郭沫若是很講究引用資料的，也還存在這個弊病。他把殷、周社會比附希臘、羅馬的古典奴隸制，因而把甲骨文中的「衆」解釋爲農奴，把西周金文中「庶人」、「庶民」解釋爲下等奴隸，都不免牽強附會。他最後把春秋、戰國之際之的社會變革，看作自上而下的變革，也是不能成立的。我曾寫一篇〈自上而下變革說的商榷──關於中國古代史分期問題的討論〉（《文匯報》一九七二年八月九日）提出了商榷的意見。

在社會史派根據社會經濟發展討論中國社會史分期的同時，中、日歷史學界興起了中國經濟史研究的風潮。陶希聖主編的《食貨半月刊》，就是專門發表經濟史研究成果的刊物。食貨學派著重討論的，就是秦、漢以後的土地制度和租稅制度以及國家財政制度，延伸討論到豪族對土地的兼併、商業高利貸資本對農民的剝削壓迫等。日本東京大學的加藤繁在中國經濟史研究方面也有開拓之功，曾發表許多研究成果，並培養出不少這方面的研究人才。他著重實事求是地探明經濟史各種問題，從一九一六年發表〈中國古代田制研究〉起，直到他身後編成的論文集《中國經濟史考證》上、下兩卷（東洋文庫，一九五二），爲日本史學界這方面的研究奠定了基礎。他沒有急於把研究成果系統化，生前只發表了通論性質的《中國經濟史概說》（弘文堂，一九四四）。他的重要著作都曾被譯成中文（吳傑譯《中國經濟史考證》，商務印書館，一九五九），對中國史學界發生很大影響。

第四章　走向成熟與豐饒

學術生活和博物館工作的開端（一九三二—三七）

一七篇墨學論文的發表

一九三二年夏天我從蘇州中學畢業，考進上海私立光華大學中國文學系求學。光華大學成立於一九二五年，創校師生都來自美國教會所辦的聖約翰大學及其附屬中學。那年因上海的日本紗廠槍殺中國工人，引起罷工抗議行動；五月三十那天兩千多名學生在公共租界集會聲援罷工，英國巡捕房向學生及群衆開槍，造成數十人死傷，史稱「五卅慘案」。聖約翰大學及附屬中學師生因聲援行動受到校方壓制，五百多名師生乃於六月三日憤而離校，經學生家長、熱心人士齊心協力善後，三個月後即創辦了光華大學。

我在光華大學的四年中，每學期大約選讀六、七門課程，每星期要聽二十小時的課，其餘大部分時間用在讀書、研究和寫作上，我想利用大學的圖書館作進一步學術研究。當時所讀的書不外兩種，一種是上述三個新學派的名著，另一種是研究中需要的原始資料。研究和寫作是有計畫進行的。實質上，我在光華大學求學的四年，等於進了研究院。

我之所以考進光華大學求學，是有因緣的。因爲我的堂兄（名安）早在這裏求學，得知這裏有幾位講授中國文學和中國歷史的著名教授，他們除了講授有系統的必修課以外，常開設指導學生讀一部專書的課。這樣的課比較切實，對於今後進行研究工作大有好處。錢基博（一八八七—一九五七）是中國文學系主任，講授中國現代文學史等課，還講《論語》、《孟子》等書。他講究古文的寫作，他所著《中國現代文學史》（上海世界書局），推崇當代古文的作家，而貶低新文學的作家，很不合時代潮流；

但是，他上課指導學生很認眞，要學生經常拿沒有句讀的古文加上新式標點，送給他批閱，從而提高閱讀能力。他有一個兒子，就是著名的才子錢鍾書（一九一〇—一九八）。呂思勉是歷史系主任，除講授中國通史、歷史研究法等必修課外，還開設中國社會史、中國民族史、《史通》與《文史通義》、《說文解字》等選修課。蔣維喬主講思想史，除中國哲學史、老莊哲學、佛學概論以外，還開《周易》、《尙書》、《禮記》、《墨子》、《呂氏春秋》、《楞嚴經》等專書。

第一次在學術刊物上發表文章

我剛進大學的第一個學期，把研究和寫作的重點放在《墨子》這本書上，想把讀高中時期已寫成的初稿作進一步的修改，並抽出其中重要部分寫成論文發表。正在這個時候，讀到了胡懷琛（一八八六—一九三八）的《墨子學辨》（一九二九年自印本），他主張墨子是印度人，因面孔黧黑而得名；他說正因爲墨子的學說來自印度，因而與中國傳統學說不同。我感到當時對《墨子》的研究學風越來越不成話，有些人爭奇鬥勝，隨便校改《墨經》的字句，用現代科學比附，作出種種新的解釋。我爲了想糾正這一不良的學風，曾寫〈墨經校勘研究〉一文，被壓著而沒有發表，這時有人進一步把墨子說成外國人了，更加需要起而駁斥，因而寫成〈墨學非本於印度辨〉一文，投寄上海南京書店出版的《大陸雜誌》，因爲我見到這本雜誌常發表教授們有關哲學史的文章。《大陸雜誌》當即於一卷六期刊出，成爲我第一次在學術刊物上發表的文章。因爲我在高中時期投稿的兩篇文章，一篇被扣壓，一篇要延期發表，這時看到自己的長篇論文能夠很快發表，刊登在教授們的論文中間，就格外喜悅，成爲鼓勵我進一步作研究的動力。

接著我接連快速地寫成兩篇論文，〈墨經宇宙論考釋〉和〈先秦的論戰〉，連續刊登在《大陸雜誌》一卷七期和八期。這兩篇文章是相關的，〈先秦的論戰〉講的就是墨家和名家關於「宇宙論」方面的大辯論。我認爲，戰國時代「百家爭鳴」中，主要爭辯的是治國平天下的道理，只有名、墨兩家之間的爭論是屬於自然界的，討論到了物質的構成和運動，與古代希臘的哲學有相似之處，值得特別重視。但是所有中國哲學史的著作都沒有正確地、詳細地闡明這次大辯論的眞相及其重要性。

《墨經》是一部系統的著作，所講宇宙論有完整體系，我很贊成梁啓超在《墨經校釋》中把「端」解釋爲物質粒子，因爲只有這種解釋，才能符合《墨經》中關於宇宙論的意旨，符合於當時名家和墨家爭辯的思潮。而且這樣的解釋只有在戰國時代的哲學界可能出現。墨家主張世上萬物乃由許多物質粒子以不同的組織結合方式而構成的，這種物質粒子具有不可分割性，和古代希臘哲學家德謨克利特（Demo-critus，約活動於西元前四二〇年）的物質粒子學說差不多。墨家提出了五種不同物質粒子的組合方式，其中以「盈」（相互充滿）的組合方式最爲重要，並且舉出了一個著名的例子，認爲「石」是以有「堅」的屬性的物質粒子和有「白」的屬性的物質粒子相「盈」而構成的。名家反對這種物質構成的學說，認爲「堅」和「白」在「石」中不是相「盈」而是相「離」的，因而引起了「盈堅白」和「離堅白」的激烈的爭論。這一場關於物質構成學說的「宇宙論」爭議，成爲當時學術界的重大事件。著名的名家惠施即是「以堅白鳴」（《莊子》〈德充符〉），莊子則批評惠施「非所明而明之，故以堅白之昧終」（《莊子》〈齊物論〉），另一位名家公孫龍更著有〈堅白論〉一篇，爭辯的也是這個宇宙論方面的大問題。

我始終認爲，許多哲學史的論著中，對名、墨兩家之間這場辯論的性質沒有分析清楚，因而曾經一再加以申說。後來我在六二年發表的〈後期墨家的世界觀及其與名家的爭論〉（《文史》第一輯）、七五年發表的〈墨經選注——關於自然觀部分〉（《自然辯證法》七五年三期）以及八〇年發表的新版《戰國史》第十一章第三節和第五節，都是闡明我這個見解的。

從來解釋《墨經》的，對於《墨經》中的「端」字有兩種不同的解釋，一種解釋爲幾何學上的「點」，一種解釋爲物質構成學說中的「原子」，即物質微粒。過去梁啓超、章士釗、章太炎都主張解釋爲「原子」。從來學者們解釋《黑經下篇》「非半，弗斮則不動，說在端」，都是把「端」解釋爲不可以再分割成爲兩半的物質粒子（見拙作《戰國史》第四六四—四六六頁），因爲只有這樣解釋才能把這段文字解釋通。但是，我所指的《墨經》「宇宙論」一章，我所作五種不同物質粒子的組織結合方式的解釋，近人還是有不同的解釋，例如方孝博《墨經中的數學和物理學》（中國社會科學出版社，一九八三），就把這一章解釋爲數學的內容，但是他無法解釋其中講到「石」由「堅」與「白」相「盈」而構成的學說，認爲其中「突然插入論『堅白不相外也』，這是論『質』，與前後諸條不相稱，何以如此，不得其解」。依我看來，他所作的數學的解釋完全出於他的猜想。我向來主張，分辨各家校釋《墨經》是否確當，要看「是否能分段把上下文連貫起來講通」，斷章取義和穿鑿附會的解釋爲現代科學，都是不足取的。最近看到洪震寰〈《墨經》端之研究〉一文

《自然科學史研究》第八卷第四期），實際上就是闡明了我向來一貫的主張，和我在新版《戰國史》中所作解釋基本相同。

成爲家鄉父老心目中的新秀才

這時我在《大陸雜誌》連續發表了三篇講墨學的文章，引起了研究墨學的人注意，更引起了參與辯論墨子是否印度人的學者注意。當時撰文駁斥胡懷琛所謂墨子是印度人說法的，除我以外，還有吳進修、鄭師許，接著進行批評的還有鍾泰（字鍾山，一八八七—一九七九）、馮友蘭（一八九五—一九九〇）、方授楚等。同時也還有衛聚賢（一八九八—　）和太虛法師（一八九〇—一九四七）等人支持胡氏之說；衛聚賢主張墨子是阿拉伯人。當時鄭師許是交通大學教授，他寫信給我表示讚賞我的看法，後來我們也成爲相與問學的朋友；衛聚賢是暨南大學教授，曾專程到光華大學來找我。他們原來都誤認我是光華大學的教師，不知道是一個剛進大學的學生。

當時蔣維喬正爲光華大學中國文學系的四年級開了《墨子》研究一門選修課，當他看到我接連在《大陸雜誌》上發表的三篇論文之後，就在講堂上加以推薦。當時我跟堂兄楊安一起住在一間學生宿舍裡，安哥正是四級的學生，只是他沒有選修這門課，有一個和安哥很親近的姓嚴的學生常來這間宿舍，因而也認識我，他選修這門課程。當他聽到蔣教授推薦我的論文後，下課時就對蔣教授說，我是一年級的新年。蔣教授當即要求他在下一堂的課後，把我帶到教授休息室去見他。因此我被帶去見蔣教授，蔣教授對我很勉勵，希望我今後有計畫的進行研究工作，並且說：如果研究上有什麼困難的話，要找什麼難得的資料，都可以幫助。

這件事，很快在教師和同學中傳播開來。

後來蔣維喬爲我的《墨經哲學》一書寫序文，曾特別提到這件事，並且謙虛地說：「楊君雖從余遊，實余之所畏也。」從此蔣維喬、呂思勉、錢基博等老師對我很是關心。蔣維喬還設計了師生合作進行《呂氏春秋》校勘和注釋工作，作爲進一步培養學力的方法。同時《光華大學半月刊》的主編也常來向我約稿了。我在這一年中接連發表了談論墨學的文章七篇，引起了家鄉老知識分子的注意。當時白鶴江鎮新創設一個白鶴江圖書館，主持人汪貽蓀是我父親的朋友，他要求我把發表有我文章的雜誌全部送去陳列，因爲家鄉父老們認爲出了一個新秀才，要看看這個年剛十八、九歲的孩子所寫的文章究竟講些什麼。

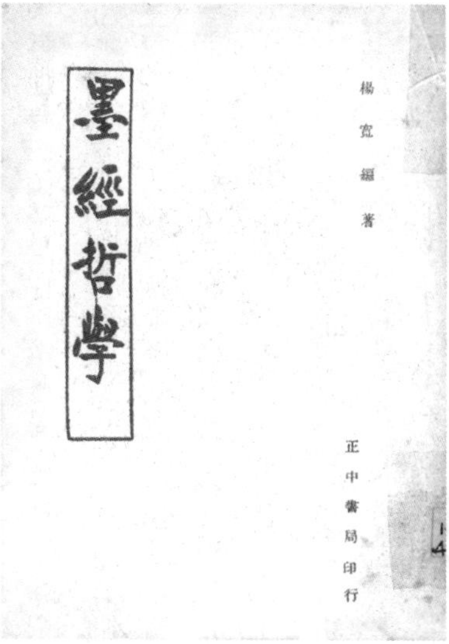

一九四七年滬三版《墨經哲學》封面，作者名字已經訂正爲「楊寬」，而非「楊霓」

由於從一九三二年十二月起，短短一年內連續發表了七篇墨學論文，學術界認爲我是研究《墨子》的專家，紛紛向我約稿；武漢大學教授譚戒甫（一八八七—一九七四），當時以研究《墨經》著稱，也和我開始通信了。其實我從一九三三年起，研究工作的重點已經轉到了古史傳說方面去。當時所有墨學的論文，都是依據我在讀高中時期已有的成果寫出來的。此後我還曾發表多篇有關《墨經》和名家的論文，直到我在光華大學畢業，才把早已寫成的《墨經哲學》一書，送請蔣維喬寫序並介紹出版。因爲他有一個學生在正中書局當編輯，介紹給正中書局在四川重慶出版（一九四二），從此對墨學的研究告一段落。不過此書出版於抗日戰爭期間，作者又誤作「楊霓」，侯外廬（一九〇三—八七）的《中國思想通史》和詹劍峰（一九〇二—八二）的《墨家的形式邏輯》因此都引作「楊霓」，導致許多人都不知道我曾著此書。抗日戰爭勝利後上海正中書局再版此書仍作「楊霓」，經我寫信去更正，才把「霓」字貼改成「寬」字；後來台北正中書局也繼續發行此書。

二　對古史傳說作系統的探索

我從進光華大學的第二個學期（一九三三年春天）起，在原有研究《墨子》的基礎上寫成上述論文的同時，開始對中國古史傳說進行有系統的探索，目的是想在《古史辨》討論的基礎上，發揮他們的長處，改正他們的短處，進一步對古史傳說作一次全面的、有系統的考察，從而徹底解決這個爭論的重大問題。因爲我感到，過去《古史辨》對古史傳說的辨僞雖然已取得很大成績，但是在治學方法上還有很大的局限性，因而沒有能夠徹底地解決這個問題。他們只是爲了推翻僞的古史傳說系統而推行辨僞的工作，只是爲了辨僞而揭發這個古史傳說系統出於層累地造成，只是爲了辨僞而進一步揭發若干古史傳說出於神話的演變，因而沒有能夠把所有古史傳說全部還原爲神話，更沒能把古史傳說中的主要人物全面地恢復他們在原來神話中所扮演的角色。而且他們不免受到過去今文經學家的家派成見束縛，特別是康有爲的影響，把某些古史傳說說成是有人爲了託古改制而有意作僞，甚至把某些古史傳說系統說成出於劉歆幫助王莽篡權而僞造，這樣就很容易把古史傳說的探討引入歧途。

批評顧頡剛與胡適古史觀點的穿鑿附會

我首先從古書中搜集古史傳說的資料，以傳說中的人物爲中心，按傳說系統的時代分類編輯，從中察看各種古書所載傳說的異同及其演變的痕跡，然後把察看所得寫成讀書筆記。如此日積月累，觀察逐步深入，逐漸瞭解到各類不同的古書上所載古史傳說有其不同的特點，每個人物在傳說中的演變也各有其特點，整個古史傳說的來源及其演變具有一定的規律性。

三三年五月我發表了〈禹治水傳說之推測〉（《民俗》一一六、一一七、一一八合併號），認爲這傳說起於陸渾戎所居的九州（河南洛陽一帶）。同年十月又發表〈盤古傳說試探〉一文（《光華大學半月刊》二卷二期）。三四、三五兩年我與兩位同學沈延國、趙善詒在蔣維喬教授教導下，師生合作從事《呂氏春秋》的校勘和注釋的工作，但並沒有中斷古史傳說的研究工作，我還是抽出時間來繼續寫作讀書筆記，常常在星期日以及寒、暑假中，專注於這方面的探索工作。

三五年冬，鄭師許邀我和他一起主編華文《大美晚報》的《歷史周刊》，我一時無暇寫長篇論文，曾把關於古史傳說的筆記陸續在這個周刊上發表，究竟發表了多少篇已記不清楚，其中如〈略論鯀與共工之傳說〉和〈再論鯀與共工之傳說〉二文，曾引起人們注意；其中談論堯、舜和五帝是上帝神話的文章，也引起了學者們的重視。顧頡剛、童書業三七年合寫的〈鯀禹的傳說〉中說：「近人錢玄同、郭沫若、楊寬正諸先生都以爲堯舜就是上帝，我們也相當的贊同。」（《古史辨》第七冊，下編一八〇頁）就是指我在這個《歷史周刊》上發表的文章；「寬正」是我當時用的「字」。同時我在這個周刊上發表了批評顧頡剛〈五德終始下的政治和歷史〉中所發揮康有爲《新學僞經考》的說法；此外還曾發表〈孔子與耶穌〉一文，是批評當時胡適〈說儒〉一文的，我認爲胡適把孔子比附耶穌，把孔子看作殷商亡國遺民中的教士，被當時人認作「五百年必有王者興」的預言中應運而生的聖者，完全出於穿鑿附會。

我認爲古史辨派對於古史傳說的批判，所以還沒有得到最後勝利，是由於治學方法上依舊存在著問題，一是沒有完全脫出今文經學家的成見束縛，二是沒有充分運用神話學這個武器，應該善用這新武器作一次全面的突擊，才可能把這方面的研究向前推進，從而取得最後勝利。正好這時著名人類學家林惠祥（一九〇一—五八）接連由重慶商務印書館出版了《民俗學》、《神話論》、《文化人類學》三本著作，除了介紹有關這方面的各派學說之外，還提供了許多這方面資料，使我得益匪淺。後來林惠祥成爲我的同行和朋友，不幸他活到五十八歲就去世，才華沒有充發展。

當時我不但想吸收國內各個新學派的長處，還想吸取國外新學派的長處，因而儘可能找尋國外有關中國古代神話傳說的論著。的確，有些外國學者的見解和我們有不少相似之點，例如我讀到小川琢治〈中國上古的天地開闢及洪水傳說〉一文，我就高興萬分，所以後來在〈中國上古史導論〉中特別指出：「小川氏謂禹、啓、羿本爲降自上天以治下土之后，可謂先得吾心。……可知考據之學，無論中外，苟能旁證博討，究必歸於一是也。」（《古史辨》第七冊，上編二九四頁）。

當時我不但認爲要打破中外的界線，該兼收並蓄，而且要切實掃除家派的成見，博採衆長。郭沫若說：原先「多少以感情的作用」，不曾讀過夏禹問題的辯論，「耳食之餘不免還加以譏笑」，後來看了才覺得有先見之明。同樣的，古史辨派學者也很少引用郭沫治若的見解，其實郭沫若《中國古代社會研究》和《卜辭通纂》引用卜辭與古文獻對比，用來證明帝嚳、帝舜即是卜辭的高祖夋，並且推定殷商祖先傳說中從上甲（王亥之子，湯王六世祖）以上到高祖夋都屬於神話範圍，帝嚳、帝舜是神話中的上帝，這眞是古史辨派所需要的有力的證據，爲什麼不引用呢？我後來在〈中國上古史導論〉中就指出這點。

〈天問〉常根據殷人—東夷系統的神話對周人—西戎的傳說提出質問

從一九三三年到三五年，經過三年對古史傳說所作有系統的探索，產生了下列四點主要的看法：

第一，夏以前的古史傳說全部來自殷周時代的神話，其中少數是出於虛構，例如泰皇、天皇和地皇（三皇）出於「太一」和天地陰陽的哲理，黃帝出於皇帝（即上帝）的同音的演變；絕大多數原是殷人—東夷和周人—西戎的天神和祖先的神話，例如帝俊、帝嚳、大皞、帝舜原是殷人—東夷的上帝及祖先神話，它的來源可以追溯到甲骨文中的高祖夋；鯀、共工、玄冥、馮夷是殷人—東夷的河伯和祖先神話，它的來源可以追溯到甲骨文中對河的祭祀以及殷商的祖先玄冥傳說。這種神話可能有原始社會意識的反映，但是它只能用作殷周時代的史料，不能用來解釋殷商以前的歷史。有人把這些神話傳說看作夏、商以前的史料，把夏、商以前稱爲「傳說時代」，用這些傳說來重新建立一段原始社會的歷史，或用來解釋原始社會的若干階段、劃分成若干集團，以說明原始社會中部族的分布及其相互鬥爭、融合的過程，都難以令人信服。近年看到張光直（一九三一—二○○一）〈商周神話之分類〉一文（《中國青銅時代》，香港中文大學，一九八二，台北聯經出版，一九八三），有著和我同樣的看法。

第二，古史傳說可以區分爲殷人—東夷和周人—西戎兩大系統，因爲所有古書記載的古史傳說，排比起來明顯有兩大不同的系統。殷有玄鳥降生的神話，東北民族亦有鳥卵所生的祖先朱蒙（高句驪始祖神）、朱明（同朱蒙），朱蒙、朱明與殷人祖先昭明原是一人的分化。秦趙原來也是東夷而西遷的，秦也有玄鳥降生的神話，而且祖先傳說中多與鳥有關。近人有楚起於東方之說（現在看來此說不可信），楚地流傳的神話傳說多屬殷人—東夷系統。不僅《楚辭》〈天問〉的神話如此，戰國時代楚人寫作的《山海經》以及漢初《淮南子》中的神話也是如此，和周人—西戎的神話大相矛盾。例如鯀在周人—西戎神話中爲罪大惡極者，因造成洪水而被上帝處死；傳說中鯀被處死在羽山，羽山就是不見天日的委羽之山，亦稱幽都，就是地獄。但是《山海經》的〈海內經〉卻說鯀、禹是同樣有「布土」之功而「均定九州」的，《楚辭》〈天問〉又爲此提出質問，鯀「順欲成功，帝何刑焉?」就是說鯀是成功的，爲什麼上帝還要處刑呢?

又如羿在周人傳說中是個生活荒唐、篡奪君位，終於被人殺死的惡人，但在東夷傳說中他是爲民除害的英雄，《山海經》的〈海內經〉說帝俊派他從天下降，「以扶下國」，「是始去恤下地之百艱」；《山海經》的〈海內西經〉又說羿住在上帝的「下都」昆侖之虛，《淮南子》更是詳細敘述了羿如何上射天上的十日、剷除爲害人間的禽獸，從此天下「始有道里」。《楚辭》〈天問〉也說：「帝降夷羿，革孽夏民（下民）。」〈天問〉常常根據殷人—東夷的神話，對周人—西戎的傳說提出質問。羿在東夷神話中是個平治「下土」、扶助「下民」的傑出英雄，又尊稱爲「后羿」，更稱爲「夷羿」，以善射著稱，很明顯是東夷的「下土」之神，也即社神，但是在周人傳說中成爲篡奪君位而被殺死的惡人。殷、周時代神話中存在著兩個不同的體系，直到春秋、戰國時代仍可見其遺緒，鄒魯地區所傳多爲周人—西戎的神話傳說，淮楚與秦地區所傳多保存東夷的神話傳說。因而《楚辭》、《山海經》和《淮南子》等書的神話都屬於東夷系統。

神話傳說乃起源於「語言的疾病」

第三，古史傳說的複雜內容是出於殷、周時代東西兩大系統神話的分化演變。大衆在神話傳說的傳述中，很自然地隨著時代潮流和群體意識的轉變，把一人分化成兩人以至多人，把一件事分化成兩件以至幾件事。例如五帝傳說中的帝嚳、大皞、帝舜以及《山海經》上的帝俊，都是從殷代祖先傳說中高祖夋分化出來。又如傳說中造成洪水災難的鯀和共工，原是一人的分化，鯀與共工的讀音相同，只是發音有緩急之分；他們都是從殷人祖先傳說中的玄冥分化出來。「鯀」字古或作「鮌」，從「玄」得聲；玄冥原是河伯、水神，所以《國語》〈魯語〉說「冥勤其官而水死」，是在治水的辛勞中死去的。在神話中玄冥又是地下冥國的主宰。原來在神話中，河伯水神既有治水之功，也能作祟而造成水災，甚至還會害人生病，因而從殷代以來很重視對河伯的祭祀，直到戰國初期西門豹做鄴縣（今河北臨漳縣西南）縣令時，那裡還沿襲「河伯娶婦」的禮俗。正因爲如此，玄冥在殷人傳說中治水有功，鯀與共工在周人傳說中被說成造成水災而被打入地獄的惡神；春秋時代晉平公生病，子產說是出於鯀的作祟。

又如殷人祖先傳說中的昭明，東北民族祖先傳說中的朱蒙、朱明，楚人祖先傳說中的祝融，包括五帝傳說中作爲炎帝輔佐之臣的祝融（《呂氏春秋》〈孟夏紀〉）——祝融或作朱明（《淮南子》〈天文篇〉）——都該是一人的分化，「昭」、「朱」、「祝」是一聲之轉，「明」、「蒙」、「融」又是一聲之轉，祝融在傳說中居於火正的職司，又有光照天下的神力，實際上原是日神、火神。祝融亦即重黎，原有開天闢地的神話。早期神話中，天和地是相通的，由於上帝派重、黎「絕地天通」，才把天地隔絕（見於《尚書》〈呂刑〉與《國語》〈楚語〉）。

這種神話傳說的分化例子很多。我發現這些分化的例子有個共同的特點，就是語言的訛傳是其分化演變的一個關鍵。因爲神話傳說在大衆的傳播中，多憑口說，古人記錄口說，名辭常常應用同音通假的字，對於神名和人名亦常如此，因爲相傳既久，傳者已不清楚這種同音通假的人名來歷，就很容易把一人誤認爲兩人，把一事誤分爲兩事。近代神話學的語言學派認爲神話傳說乃起源於「語言的疾病」，意思是說神話常常出於對語言的訛傳誤解。這一說法，我認爲用來解釋神話傳說的分化是有一定道理的。

第四，認爲古史傳說系統的形成，主要是長期經過分化演變的東西兩大系複雜神話傳說逐漸混合重組的結果。當時顧頡剛主張原來各民族都有其祖先傳說以及奉祀著不同的神靈，如大皞與有濟（濟水之神）是任、宿諸國祖先，顓頊是陳國的祖先，到了戰國時代，許多小國被幾個大國併呑，於是有人把各國祖先和神靈的橫的系統改成了縱的系統（《古史辨》第四冊〈自序〉，一九三三）。接著徐中舒又認爲黃帝是鑄民族的祖先傳說，舜是陳民族的祖先傳說，少皞和大皞是郯和風姓民族的祖先傳說，禹是夏民族的祖先傳說，由於這些鄰近民族漸次同化，乃隨其同化的先後而滲入中國文化中，使之漸次構成一荒遠古史系統（〈陳侯四器考釋〉，《中央研究院史語所集刊》三本四分）。

我當時不同意這種看法，因爲我相信郭沫若的考證，認定舜即是帝嚳、高祖夋，又相信陳夢家（一九一一—六六）的考證，認定少皞即契，大皞亦即帝嚳、高祖夋，這是殷人—東夷共有的神話傳說。我認爲，古史傳說的系統，是由於殷人—東夷和周人—西戎兩大神話系統分化重組而成的；兩個不同的五帝傳說，無非是東西兩大系的上帝神話混合而成。傳說中堯舜的臣屬，無非是東西兩大系神話中的社神、稷神、水神、火神、嶽神以及鳥獸之神混合而成。例如鯀爲東方河伯水神，而禹爲西方社神，鯀、禹的父子關係是後起的。又如丹朱原出於朱明的分化，而堯爲西方上帝，堯與丹朱的父子關係也是後起的。

上述四點看法，我認爲可以系統地說明古史傳說的來源、演變以及整個體系形成的過程，從而解決這個曾經爭論了二、三十年的重大中國古史傳說問題，由此可以開闢一個探討中國古神話的園地。到三五年下半年，我已經分別以古史傳說中的人物爲中心，對他們的來源及其分化演變，寫成了少不筆記，結合我已經編排好的以人物爲中心的史料，已有把握可以寫成一部討論古史傳說的專著。但是，我的工作很忙，無暇及此。

我這時正讀到大學四年級，正要踏進社會參加工作，需要作好這方面的打算。當時光華大學的主管希望我畢業後留下，先在附屬中學做教師，加以鍛鍊。同時正在籌備中的上海市博物館負責人邀請我參加藝術部的籌備工作。我決定選擇後一工作，因爲我認爲博物館工作對我的學術研究前途較有幫助，歷史研究工作必須與考古、文物工作相結合，才能取得進步。當時鄭師許正擔任藝術部主任，我被聘爲藝術部研究幹事。藝術部主要工作是陳列古代青銅器，繪畫和瓷器，我需要加強這一方面的學習，爲此作好準備。從這年冬天起，鄭師許又邀請我一起合編華文《大美晚報》的《歷史周刊》，這個周刊的篇幅不大，每期不過幾千字，但是有時外面投來的稿不夠用或者不合適，就需要編者臨時寫作補充；有時爲了配合學術界的討論，需要編者趕寫短文。因此我只能暫時把打算寫一部系統地探討古史傳說的專著計畫推遲一步。

三　師生合作《呂氏春秋》的校勘和注釋工作

當我讀大學二年級的時候，我和兩位蘇州中學畢業同學沈延國、趙善詒住在同一間寢室。他們兩位是蘇州中學高中部普通科畢業的，因爲我在蘇州中學讀師範科，和他們原來不相識，後來因爲在大學同讀中國文學系，常常選讀同樣的課程，認爲志同道合，彼此可以互相幫助，就同住一個寢室。從此我們三人就開始了在大學三年共同學習和研究的生活。

三四年上半年，蔣維喬開設《呂氏春秋》的選修課，我們三人都選了這門課程。蔣教授指出，《呂氏春秋》被稱爲「雜家」，是博採各家學說，有計畫有系統編輯而成的，雖然限於呂不韋及其賓客的眼光，選取的不一定都是各家的長處，但是此中確實保存有各個學派的精萃，可以說是一部戰國時代「百家爭鳴」思潮中集大成的作品。可惜長期以來，學者們討厭這個投機商人出身的呂不韋，沒有人很好的研究它，清代學者熱心校釋先秦典籍，可是對於《呂氏春秋》沒有下很深的功夫，畢沅的校本（《呂氏春秋新校正》）疏誤很多，近來也還沒有一部總結前人這方面校釋成果的著作。他對我們三人說：「你們既然對此很感興趣，爲何不合撰一部集解，既便於檢討，又益來學。」他認爲，這項工作雖然十分費力，但是可以加強治學的能力，由此可以增長校勘、訓詁以及古音韻學的知識，同時可以觀察某些已經失傳學派的學說以及彼此相互批評和相互融合的情況，從而進一步瞭解到戰國時代「百家爭鳴」的動態。我們請蔣老師帶頭一起工作，作爲師生合作的一項研究工作來進行。

我們開始這項工作後，逐漸發現畢沅校本自稱取〈元人大字本〉以下八種版本悉心校勘，實際上，此次校勘由盧文弨（一七一七—九五）主持，以明代〈宋邦義本〉爲底本，略爲參校明代〈李瀚本〉、〈許宗魯本〉等，同時約請多人分別校勘，由盧文弨加以彙編而成。因此覺得要做好集解，必須重新做好校勘工作。這時上海還沒有一個藏有古代善本書的圖書館，善本書只能到藏書家那裡去借閱，藏書家是不可能出借善本書的。好在蔣維喬曾任江蘇教育廳廳長和東南大學校長，和江蘇及上海的藏書家都很熟悉，以他的聲望，可以介紹我們前去借閱。我們從瞿氏鐵琴銅劍樓和南洋中學圖書館中借閱到許多我們需要的善本書。鐵琴銅劍樓原是清代嘉慶、道光年間江蘇常熟的著名藏書家，以收藏宋、元刻本以及金石的書著稱。這時因常熟治安不好，還客居在上海的租界內，經蔣維喬事先與鐵琴銅劍樓主人聯繫，我們帶了介紹信就能進去，在一間特闢的閱書室內校閱善本書。當時上海私立南洋中學王姓校長原是個藏書家，他在學校旁邊建了一個圖書館，其中藏有善本書，也是經蔣維喬的聯繫和介紹而得以進入借閱的。在這些藏書家那裡，我們看到了不少校勘用和參考用的善本書，得以大開眼界，增長了我們版本學、目錄學方面的見識。

一部書與一個人的曲折命運

爲了做好這個校釋工作，我們學習了乾嘉學派以後的校釋古書方法，讀了不少名著，如王念孫（一七四四—一八三二）《讀書雜志》、王引之（一七六六—一八三四）《經義述聞》、俞樾《群經平議》、《諸子平議》和孫詒讓《周禮正義》、《籀廎述林》等，認識到要做好古書的校勘工作，不僅需要廣泛地用善本比勘，而且應該用唐、宋時代的類書以及古注中所引用的字句來作進一步對勘，要做好這點，工作量很大。我們見到了當時所能見到的自《元刊本》以下十四種《呂氏春秋》刊本，作了詳細的對勘，又從二十種類書以及古注中找出引用《呂氏春秋》的字句作了對勘。在校勘古書的工作中，這樣廣泛地、全面地從類書、古注中找出字句來對勘，是從來沒有人這樣做過的。同時在比勘異同之後，對應該校正的字作出了案斷，在所作案斷中引用了前人涉及到這些校勘的著作，並評論其是非。每篇校勘完成之後，都經蔣維喬最後審定修正，定名爲《呂氏春秋彙校》，經光華大學校方列爲《光華大學叢書》的一種。

這書到三五年五月已經全部完成。全書的〈敍例〉，是由我起草而經蔣維喬改定的，曾發表於《制言》半月刊創刊號（一九三五年九月），附錄有〈呂氏春秋佚文輯校〉，是校勘工作的成果之一，曾發表於《制言》第三期。另外有〈今月令考〉一文，亦是因校勘而得出的結論，也是我起草的，發表於《制言》第五期。當時如果沒有蔣維喬的帶頭領導工作，不可能借閱到所有的善本書，如果沒有師生的集體合作，也不可能做好這樣廣泛的校勘工作而得到這個成果。蔣維喬認爲在光華大學執教二十年中，這一工作的成功是最大的收穫。陳秉仁〈蔣維喬傳略〉（《中國現代社會科學家傳略》第六輯）曾談到這點。蔣維喬的《因是齋日記》（稿本，現藏上海圖書館）對這事曾有記載。現在看到陳奇猷（一九一七—）《呂氏春秋校釋》（學林出版社，一九八四）開列的所據舊刻本十二種，就是我們曾經比勘的元明刻本以及一種日本刻本，他在書中注明的版本上文字的異同都是依據我們的《彙校》。

《呂氏春秋彙校》的編寫，原是爲了用作《呂氏春秋集解》的底本的，因此《集解》的工作是和《彙校》的工作同時進行的。原來我們的分工是：我擔任「十二紀」部分，趙善詒擔任「八覽」部分，沈延國擔任「六論」部分，由蔣維喬總其成。後來趙善詒自己另有研究計畫，只擔任了「八覽」的彙校工作，因此「八覽」的集解工作，前四覽劃歸給我，後四覽歸沈延國，進度因而拖延下來。《呂氏春秋集解》由我和沈延國兩人完成，已是抗日戰爭爆發之後，出版發生困難。四四年顧頡剛在四川擔任齊魯大學國學研究所主任，由他列爲研究所的專著，送到上海開明書店準備出版，由於通貨膨脹，紙張和印刷費飛漲，這部書稿的分量很大，估計銷售會有困難，乃長期壓著沒有出版。五十年代初期，開明書店合併到青年出版社，這部書稿被轉送到了北京中華書局。接著因爲沈延國個人在政治上受到衝擊，這部書稿自然不能出版。

沈延國大學畢業後到蘇州章氏國學會工作，抗日戰爭期間他在蔣維喬主持的誠正文學社（由光華大學文學院改名）工作和教書。抗日戰爭勝利之後，光華大學復校，他擔任副訓導長兼教授。五十年代初期在鎮壓反革命的運動中，他被告發「參與破壞學生運動」，於是被作爲歷史反革命分子管制起來，降級調到市東中學做圖書館管理員，直到退休爲止。他退休後回到了蘇州家中。這部《呂氏春秋集解》因此

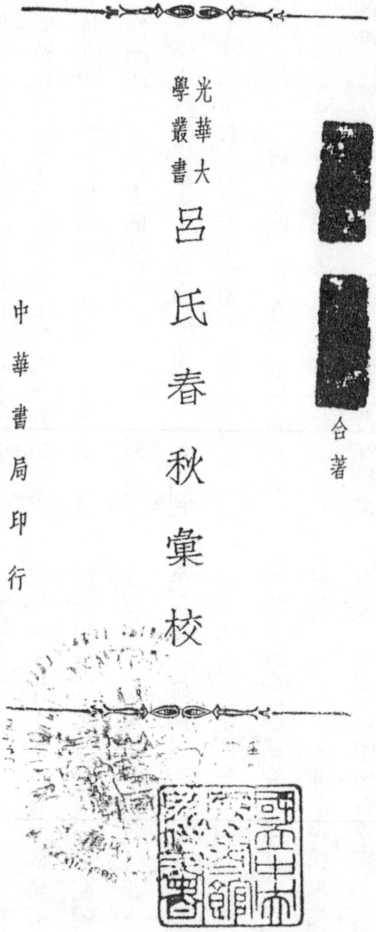

蔣維喬、楊寬、沈延國、趙善詒共著的《呂氏春秋彙校》作爲「光華大學叢書」之一於一九三七年由中華書局出版。圖爲該書扉頁，作者名早年因政治因素被台北的中央圖書館（現國家圖書館）塗黑

擱在中華書局不能出版，顧頡剛曾寫了一張便條，希望我到中華書局領回，我怕會引起麻煩，沒去領回；後來由沈延國領回蘇州家中。

到了「文化大革命」沈延國也沒能倖免，這部書稿被人抄去帶走，幸而不久又找回來，但已有些散失，由沈延國重新補全。「文化大革命」結束之後，沈延國的「反革命罪行」得到平反，書稿重新被中華書局要回，列入一套新的諸子校釋叢書中。這部字數達一百萬左右的合作寫成的稿件，是半個多世紀前早已完成的，因爲多災多難，長期不得出版，幸而還能保全，由中華書局於八九年六月付印，可惜沈延國已經因病去世，見不到它的出版了。

回想我們一起在光華大學同學的時期，曾經長期共同學習和研究，當時我還曾建議合作編著《逸周書集釋》一書，還一起搜集資料，後來我因爲工作忙，由沈延國單獨進行，他等到退休回到蘇州以後，總算把這部書編著完成了，並且交給上海古籍出版社準備出版，可惜他臨終也沒有能夠見到出版。這位章太炎晚年的得意弟子，被章太炎認作乾兒子的學者，才華沒有得到發揮，結局竟是如此悲慘！

繼母陪嫁「良田二十八畝田」

一九三三年當我在上海光華大學讀二年級的時候，有一天我正在課堂上課，突然一位教導處辦公室的職員走進教室，上前和講台上的教授說了幾句，即轉身向我走來，然後對著我輕輕地說：「你的母親病了，有人來接你回去，他在教導處辦公室裡等你。」我和他走到教導處，看到我家老鄰居，幫我帶了一封父親寫給我的信，大意說：你母病危，我請鄰居某某雇一艘小船來接你返家，見你母最後一面。我登時心慌意亂，和老鄰居趕到碼頭，一起登上他雇來的小船。第二天天色尚未大亮時分小船搖到了白鶴江鎮，我跳下船直奔回家，登上樓梯到父母親的睡房，看見母親安詳地在睡覺，我大聲喚她，搖她的肩膀，卻無法將她喚醒。在樓下的父親聽見我的聲音，上樓走進臥室，勸我說：「你的母親已經昏睡三天了，趕緊下樓去吃早飯，幫我一起料理她的後事吧。」

我的母親體質素健，扶養四個孩子，操勞家務，是一個能幹的女子。外曾祖母過世之後，家產都歸母親的名下，除了住宅之外，還有兩處出租房屋，一處租給一所小學，一處租給茶館，還有一些田地可以收租米，一家生活寬裕，不料四十二歲上就病故了；當時我的幼弟年僅十歲。

辦完母親的喪事，我返回上海繼續讀書，到了年底，父親來信催促，家中需要人照顧，要我回家鄉完婚。我已學業未成而拖著，直到大學畢業才回去做了一個現成的新郎。不久父親續弦，和我的繼母又生了兩個兒子。繼母出生在白鶴江鎮附近章堰鎮的地主家庭，她的父母看到女兒年屆二十八（當時已被稱爲老小姐），尚待字閨中，宣稱願以二十八畝田作爲陪嫁，覓一位乘龍佳婿。我父親聞訊親自登門自薦，立即被地主一家所歡迎，繼而訂婚，選定吉日結婚前夕，女家自章堰鎮上送發嫁妝到白鶴江鎮，一路上一擔擔陪嫁中，有一只擔子上放了一副用紅綢布結扎著的一塊匾額，上面寫著「良田二十八畝」，當時傳爲美談。

在五十年代的土改運動中，繼母因爲擁有二十八畝田，被評爲「地主」。一般是丈夫擁有田產被劃爲地主，妻子稱爲「地主婆」；我們家則是父親、繼母雙雙變成地主，兩個人都被管制勞動。父親病故之後，繼母戴著她的地主帽子，直到雙目失明，病臥床上溘然長逝。

四　參加「上海市博物館」草創工作

法國人和英國人在上海租界內很早就創設了博物館。一八六五年法國人在徐家匯天主堂旁邊創設「自然歷史博物館」，主要保存從長江流域採集來的生物標本；一九三〇年在呂班路（Avenue Dubail，今重慶南路）震旦大學西邊建成博物館大廈，改名「震旦博物院」。英國人在上海創建博物館稍遲。一八七四年皇家亞洲文會（Royal Asiatic Society）在博物院路（今虎丘路）設立「上海博物院」，也以收藏生物標本爲主，附設有圖書館。儘管如此，上海卻長期沒有一所代表中國傳統文化藝術的博物館。我們眼見當時全國各地盜掘出土的許多重要文物，作爲商品運到上海，再從上海出口運到國外，成爲各國著名大博物館或大收藏家的藏品，印成各種精美的圖錄出版，我們反而要從這些國外出版的圖錄中尋求研究資料，這是當時愛國的學者特別是歷史學者和考古學者十分痛心的。由於有識者的呼籲和努力，到一九三五年，上海才開始創設代表中國文化的博物館，這比外國人在上海創設博物館，已經遲七十年了。然而在這個多災多難的國度，這個新創立的上海市博物館，還是經歷著極其曲折艱苦的道路。

三五年選擇在江灣的大上海計畫「市中心區」，建設上海市博物館的館舍，當年十一月開始成立籌備處，翌年四月館舍落成，即進行各項開幕的準備工作，並決定於三七年元旦正式開幕。這個博物館具有綜合的性質，分設歷史、藝術兩部，歷史部主要陳列上海市及周圍地區的歷史文獻和文物，藝術部主要陳列中國古代青銅器、繪畫和陶瓷等藝術品，前者屬於地方誌博物館性質，後者屬於藝術博物館性質。我被聘爲藝術部研究幹事，負責陳列布置以及編寫說明的工作。我當時大學尚未畢業，但是由於任務緊迫，人才缺乏，要求我提前參加工作，經我與蔣維喬、呂思勉兩位教授商量後，即遷居到博物館附近的職員宿舍，參加博物館的開館籌備工作。

上海市博物館只開放了半年多即被日軍密集炮火轟擊

當時博物館設立有董事會，爭取收藏家的支持，採取收購、鼓勵捐獻和寄展三種辦法，徵集所需要的陳列品，還曾舉辦一次規模較大的上海市歷史文獻展覽會，包括上海市及周圍十個縣的文獻，並出版有展覽品的詳細目錄。當時的董事長是葉恭綽（一八八一—一九六八），館長是胡肇椿（一九〇四—　），藝術部主任是鄭師許，歷史部主任是徐蔚南（一九〇〇—五二）。所有人事的安排、文物的徵集和陳列布置，都是由董事長作出決定的。由於董事會和收藏家的支持，在短期內徵集到的陳列品略具系統。殷、周青銅器中很少精品，但是各種形制的銅器大致齊備。漢、唐的銅鏡和漢代的瓦當也有很多品類。瓷器中也很少精品，但是各個時代的瓷器大體具備。繪畫大多是清代和近代的作品，名家的作品不多。以當時經費不充裕、人才缺乏的狀況下，能夠短期內憑空創立這樣一個規模粗具的博物館已經很不容易了。特別是在這個稱爲「十里洋場」的上海，多數人缺乏對中國古代燦爛文化的認識，不少人民族的自尊心不強，創設這樣一個能夠代表祖國傳統文化的博物館，對人民大衆的愛國教育是有重大作用的。

一九三七年元旦開幕的江灣上海市博物館（長海路一七四號），現任第二軍醫大學附屬長海醫院影像樓──高木智見氏提供

這項博物館工作與我想要發揚祖國傳統文化的志願相合，也有助於我想從事的以考古文物資料結合古文獻的研究工作；這樣的博物館不但是對大衆進行文化、藝術教育的場所，而且是培養考古文物工作人員的基地，更是歷史學家和考古學家重要的研究機構。上海是中國最大的國際性城市，爲中外觀瞻所繫，創設一個具有中國文化代表性的博物館是刻不容緩的。因此我在這項開館籌備工作中，加倍作出努力，爲每一件文物的定名、考定年代、寫作說明，常常忙到深夜。我爲此查閱了許多圖書，加強了對於殷周青銅器、中國陶瓷史和中國繪畫史的認識。〈評吳仁敬、辛安潮《中國陶器史》〉（《制言》三十九期）和〈評江恩淸《景德鎭瓷業史》〉（《制言》四十三期），就是在這時寫成的。

當時上海市博物館的館舍是飛機形的兩層

樓大廈，底層的兩翼主要用作內部工作的場所，包括文物的庫房、圖書資料室、研究室及辦公室。後面大廳的底層和二樓作爲歷史部陳列室。二樓的兩翼面積較大，用作藝術部陳列室。底層兩翼前端有突出的長方形大陳列室，則作爲舉行各種臨時展覽會的地方。藝術部的陳列室由我一個人負責布置，所有陳列品的說明也都是我起草的，沒有經過別人的修改就用上了。我當時寫的說明有多種，除了每一件文物的簡要說明以外，還有對每一種類文物的總說明，以及對每個時代某種文物特點的說明。我覺得，寫好說明對於來館參觀者是十分重要的，這是給群衆教育的一種方式。從此以後我在博物館工作中，特別重視這點，直到五二年重新創立的上海博物館開館時，全部陳列室說明印成一冊提供來館者參考，也是我親自動筆寫成的。

由於所有工作人員的努力，這個博物館照預定計畫在一九三七年元旦正式開幕。當時還有出版《上海市博物館叢書》計畫，曾由中華書局出版多種；也曾在上海當時的《民報》上創設了《上海市博物館周刊》，由我負責編輯。我當時工作很忙，既要編輯這個周刊，又要幫鄭師許編輯華文《大美晚報》的《歷史周刊》。在博物館開幕之後不久，鄭師許離開上海應聘到廣東省立勷勤大學教育學院任教，《歷史周刊》就由我一個人主編了。這是當時上海唯一的歷史方面的刊物，可惜我那時年紀還輕，能力有限，沒有能夠辦得有聲有色。

當時博物館的主管希望我寫一本書，作爲《上海市博物館叢書》的一種，我當即寫成《中國歷代尺度考》一書，由館長親自送交商務印書館。這部書的開始起草，還在我讀高中的時期，因爲聽說王國維在清華大學國學研究院提出要研究生作研究的論文題目中，就有歷代度量衡的研究，同時看到《觀堂集林》中有討論歷代尺度的文章；又看到劉復根據「新莽嘉量」的校量從而推算《隋書》所記歷代尺度長短的文章，很想把實物和文獻結合起來，對歷代尺度作詳細的考訂。後來經過搜集資料作初步考訂，發現王國維所考定的宋代尺度有很大錯誤，更感到有寫成專著的必要。這部書稿交到商務印書館以後，不久抗日戰爭爆發，到一九三八年才出版，由於當時上海市博物館已停辦，改收入《史地小叢書》。

一九三八年長沙商務印書館出版的《中國歷代尺度考》書影

這個上海市博物館只開放了半年多時間，就遇到日本的侵略。就在三七年「八一三」淞滬會戰爆發的前夕，由我挑選比較重要的文物裝箱，事前經過聯繫接洽，由館長和我一起送到震旦博物院寄存。幸而及時把重要文物移走，當戰爭爆發後，這座博物館大廈即遭受日軍密集炮火的轟擊，不少炮彈破牆而入，當時曾拍照留下記錄。抗戰勝利之後，在上海市博物館舉辦的「上海抗戰文獻展覽會」中，就曾展出這些照片。

第五章　戰爭中的流離與傷逝

風雨家國（一九三七—四五）

一　追敘所參加的愛國抗日的學生運動

在敘述我於抗日戰爭八年中經歷之前，先要略談我在此前參加學生愛國抗日運動的經歷。日本軍隊侵略中國早在一九三一年已經開始，由於他們步步進逼，激起了全國廣大人民的抗日救國運動，特別是學生運動更是開展得轟轟烈烈。當我讀高中和大學的期間，是十分用功而專心從事學習和研究的，但是每當學生運動的關鍵時刻，我總是挺身參與運動的前列。

三一年九月十八日日本駐在中國東北的關東軍發動侵略戰爭，就是「九一八事變」，因爲中國軍隊採取不抵抗政策，到三二年一月東北全境被日本佔領。這期間，東北愛國的軍民組成抗日義勇軍進行抗抗，全國各地人民廣泛地發起抗日救國運動，各地學生更紛紛組織遊行示威並向政府請願。當時我在蘇州中學高中部求學，學生們先是發起抵制日貨運動，勸導商店不出售日貨，我曾經和同學一起進入各大商店勸導，並調查商店是否出售日貨。三一年冬，在各地大學生發動前往南京向政府請願運動之後，我們這班高三學生跟著發起組織蘇州全城所有高中學生進京請願。經協商選定日期，集中出發，由我們蘇州中學高三學生帶頭集合，於淸晨步行到蘇州火車站，攔住開往南京的客車，按學校、分班級、有秩序的登上火車。

蔣介石親手接下「歡送蔣委員長北上領導抗日」布條

那是十二月十七日，到達南京後，我們才知道從北平、天津、武漢、上海等地也來了不少學生。我們排列成整齊的遊行隊伍，共約二千多人，手執旗子，高呼口號，一路遊行到總統府前面，要求蔣委員長（蔣介石）接見。經過與政府代表的協商，安排在一所軍官學校的大禮堂接見，遊行隊伍因而轉往軍官學校，排列整齊地在大禮堂等候。我的位置正好排在講台之下。蔣介石來到後，在講台上發表即席演說，開口第一句就說：「我要做岳飛，不做秦檜。」演說的語調有他的特點，發音尖而高，整篇演說表示將堅決領導抵抗日本侵略。等他演說完畢，我們把預先寫好大幅長布條「歡送蔣委員長北上領導抗日」送呈給他，由他親手接受。當晚學生們就借宿在軍官學校宿舍，第二天再列隊一路遊行，乘火車回到各自的學校。我們不知道的是，後來不少比較激動的學生遊行之餘，還搗毀中央日報社，遭到軍警鎮壓。

三二年一月二十八日駐在上海的日軍又向閘北發動進攻，即「一二八事變」。當時十九路軍奮起抗戰，接著日軍又從太倉瀏河登陸包圍十九路軍，十九路軍英勇戰鬥了一個多月。使我特感痛心的是，日軍在大規模的進攻中，不僅破壞了大量生命財產，而且對中國文化進行了大破壞。當時商務印書館在閘北寶山路上創設的「東方圖書館」，是當時上海最大的代表中國文化精粹的圖書館，藏書有四十六萬八千冊，當時北平的「京師圖書館」（北京圖書館的前身）在圖書的數量和質量上未必能超過它。可是這個圖書館就在日軍這次進攻中，全部藏書化爲灰燼，僅只古籍善本五百四十七種因事前移藏金城銀行保險庫，得以保全。這事激起我們很大的義憤，我與蘇州中學其他四位同學，根據各種報紙上的報導和特寫，彙編成《淞滬抗戰紀實》小冊，由當時玄妙觀前的「小說林書店」出版發行，想由此喚起大衆的抗日愛國熱情。這本小書與報刊一起發行，現在已很難找到。

三五年日軍進一步向華北發動侵略，十二月九日北平六千大學生組織遊行示威，就是「一二九運動」。接著各地大學生起來響應，紛紛組織示威遊行和請願。當時我正是光華大學四年級學生，隨同全體學生在一個夜晚集合出發，一路聯合各大學的學生，清早步行到當時江灣市中心區的市政府大廈前面，要求市長接見。這時正當嚴冬，空曠的廣場上風吹得很大，學生們經過通宵遊行，只感到寒冷澈骨，眼看著市府大廈中爐火融融地燒著，煙囪中濃煙滾滾吹向前來，隊伍中不少人就高呼趕快熄滅爐火，不久市府工作人員關掉火爐，並用電話請市長趕來接見。等到吳鐵城（一八八八—一九五三）市長趕到，發表了接受請願的演說，同學們才又遊行回校。

戰前「大上海計畫」江灣市中心區的市政府新廈（清源環路六五〇號），現爲上海體育學院教師辦公樓—高木智見氏提供

我當時因爲工作很忙，除了參加大規模的遊行示威以外，不參加其他方面的政治活動。因爲我經常在報紙和雜誌上發表文章，成爲同學中大家熟悉的人，當學生會選舉時，我被選爲學生會的「監事」，只是個掛名的頭銜，我從來不過問學生會的事，但是重要的愛國運動我是一定參加的，而且是首先簽名的發起人之一。當時同學之中有不同黨派的各種政治活動，我一概不參與，大家都知道我正忙於做研究，也沒有人來拉我參與什麼政治活動。我進入社會和擔任文化學術界的工作以後，仍然抱持著這個宗旨。

一九三七年七月七日日軍向北平西南的蘆溝橋發動進攻，八月十三日又向上海發動進攻，中國軍隊開始奮勇抵抗，於是八年長期的抗日戰爭開始，我原來工作的上海市博物館解散，於是改變了我的工作計畫，我很想在抗日戰爭中盡我應盡的責任。「天下興亡，匹夫有責」，這句成語是我八年抗日戰爭中的座右銘。不過這時我已經結婚，還有責任照顧我的小家庭。

做了個現成新郎

我在三七年上海市博物館開幕後不久就結婚了。我的結婚是當時鄉間盛行的一種舊式婚姻。當我十歲光景，有個親戚來作媒，送來了「庚帖」，俗稱「八字」，這是同住在鎮上朱家一個比我小兩歲的女孩的「八字帖」，包括出生的年、月、日和時辰的天干地支。接著，我的雙親把一位天天經過門口、拿著根拐杖彈著弦子，一路叫喊「算命」的瞎子先生請了進來「合八字」，把我的八字和媒人送來的八字講給他聽，請他推算這兩個小孩的命運是否合得來。他口中念念有詞，推算好久，作出論斷：「這兩個孩子，雖然一個生肖屬虎（指我），一個生肖屬龍，龍虎有相鬥的說法，但是從命理看來，兩個人是合得來的，可以白頭偕老。」雙親就依據這一論斷，通過媒人送去聘禮，把我的婚姻定下來了。那時我們所讀的鶴溪小學是男女生分開兩處上課的，因而我們見不到面；小學畢業後我就出遠門專心求學，早已忘卻這事。

當我讀大學一年級暑假回家，帶回了當時所有發表的論文，講了蔣維喬教授召見我的情況。蔣維喬做過江蘇教育廳長和東南大學校長，母親是知道的。母親向來對我很是瞭解而體貼入微的，不久她就對我勸導說：「我們在你童年替你訂了婚約，看來對方和你在文化思想上差得太遠了，可能對你的前程不能有什麼幫助。現在時代不同了，你如果自己找到看得中意的、志同道合的女同學，我們可以設法解除童年的婚約。」當時大學裡談自由戀愛之風很盛行，但是我讀書、寫文章天天忙到深夜，埋頭於學問之中還嫌時間不夠，哪有心思去找女同學交朋友和談戀愛。當時女方家屬怕婚約吹掉，託媒人和朋友常常催促我父親早日主辦這個婚事。因此等到我在博物館工作，父親就選定吉日，爲我作主，由父親出面發出請帖，舉行婚禮，擺酒席，我就這樣做了一個現成的新郎，和一個思想上不瞭解、興趣不相同的女子結婚了，婚後當然談不到彼此有共同的理想和事業。但是，我認爲從此成家了，應該負起這個家庭的經濟責任。從此她一生沒有出去工作，我把所有的薪水和稿費交給她管理支配，這樣我就可以專心從事我愛好的事業和研究工作。

當時正當社會上婚姻發生新舊轉變的情形，在我們三個同時在光華大學求學的老同學身上，就有三種不同的婚姻結果。我是依照舊式婚姻而成家的；沈延國同樣是聽從父母作主而結婚，結果卻因感情不合而終身分居了；趙善詒在學校中和英文系一位女同學談戀愛而結婚，婚姻是美滿的。

二　一年在廣西梧州的教學工作（一九三七—三八年）

日軍本來在上海虹口駐紮有大兵營。一九三七年八月十三日日軍發動進攻，首先沿四川北路、軍工路一線出擊，接著就大舉向閘北和南市進攻，中國軍隊奮起抵抗，廣大人民紛紛支援。上海是個人口密集之區，工商業集中之地，所受到生命財產的損失是難以估計的。中國是一個多災多難的國家，不斷發生內亂和外患，在近代歷次外患中以這次所受到的損害最爲沉重，因而民衆抵抗的決心也最爲堅定。

當我出發南下時，上海的南市正大火熊熊

這時由於鄭師許的推薦，廣東省立勷勤大學教育學院文史系聘我爲講師，九月初就要開課，時間很緊迫。因爲我初次到大學教書，又遠在廣西（這時學院已臨時遷到廣西梧州，借廣西大學上課），不知我是否能夠適應這一工作，不便把妻子一同帶去，因此把她留在她的哥哥處。我原擬從上海乘火車到杭州，繞道武漢，再由武漢南下廣州，從那裡進入廣西。當我帶著輕便行李出發時，上海的南市正大火熊熊，上空有飛機的轟炸聲，同時可以聽到大炮怒吼聲，但是我爲了掌握時機，到大後方接受新工作，決定冒險出發。當我乘火車經嘉善車站時，前面鐵橋已被日軍飛機炸斷，不能前進，只能折回上海，改乘外國商人的海輪，或許可從海道經香港轉往廣東和廣西；正好這時有一艘荷蘭船將開往香港。我在船上巧遇張栗原，他也是應勷勤大學教育學院的邀請前往廣西的。這是一位很踏實的學者，我讀過他和楊東蓴（一九〇〇—七五）合譯美國摩爾根（Lewis Henry Morgan, 1818-81）的《古代社會》一書，因此我就有了旅行的同伴，一起到香港，一起借住旅館，再一起乘輪船直達廣西梧州。一路上我看到他健康很差，照理他應該好好地療養以後再出遠門接受新的工作。可是他同我一樣因爲遇到日軍侵略，急於掌握時機到大後方接受新工作。十分不幸，他到梧州以後，在學校開課教書不久，就一病不起了。

我到達梧州時，勷勤大學文史系早已經公布我所開的課程：上學期的兩門課程是一年級的「中國通史」和四年級的「古器物學概論」，下學期兩門課程是四年級的「歷史研究法」和「中國上古史」。「中國通史」用呂思勉的《白話本國史》作教本，其餘都沒有教本。這是鄭師許和系主任洽商決定的，他認爲這四門課程我都可以勝任。他之所以爲我開設「古器物學」這門課，因爲他看到我在上海市博物館所寫的各類古器物說明比較有系統，內容具體而充實，可以從這個基礎上加以擴大補充，創立「古器物學」這門新課程。

他認爲，過去羅振玉主張擴大金石學的範圍而創立「古器物學」這門學問是正確的；二十年代馬衡（一八八一—一九五五）在北京大學講授的金石學，曾編成講義出版油印本，範圍還太狹窄，我們還儘可以吸收近人研究青銅器形態學以及歷代銅鏡發展變化的成果，例如當時日本學者對歷代銅鏡的分析研究是很有成績的。鄭師許所以主張爲我開設「歷史研究法」，因爲我和他曾經合編華文《大美晚報》的《歷史周刊》，他聽到我常常談論當時各個學派的名著得失，特別是談論到他們治學方法的得失。我認爲一篇歷史和考古的研究論文，其質量的高低，首先取決作者的治學方法和研究的功力。鄭師許之所以主張爲我開設「中國上古史」這門課，因爲他知道我對古史傳說已有一套系統的見解，正有待於寫成一部著作。

根據讀書筆記寫成了《中國上古史導論》作爲講義

當時學校的教師宿舍臨時借用梧州市區的一所樓房，我和張西堂合住一間寢室，寢室並列有兩個窗戶，正好放兩隻小桌，用作我們的寫字檯。旁邊放兩張小床，用作我們的臥舖，沒有其他東西。張西堂是今文經學家出身，著有《穀梁眞僞考》，也是古史辨派的健將。他當時爲二、三年級開「《尙書》研究」和「《詩經》研究」兩門課。我們除了上課以外，經常整天坐在那裡編寫講稿，兩人的交情很好，常常相互討論學術上的問題，待彼此編寫的講稿油印出來就交換閱讀。因爲我反對今文經學家的說法，多次與他發生爭辯。他很尊重錢玄同，信從康有爲主張西漢發現的《古文尙書》出於劉歆僞造。

一九三八年攝於梧州，時執教廣東省立勷勤大學教育學院文史系

王國維〈桐鄉徐氏印譜序〉（《觀堂集林》卷六）考定古文經的古文與殷周文字不合，與戰國時代六國的兵器、陶器、璽印、貨幣上文字屬

於同一體系，「譌別簡率」而不符合「六書」條例。錢玄同就根據這點，認為「更可證實孔子用古文寫六經之說之確為偽造」。張西堂在講義上引用錢玄同之說，我就同他爭辯，我認為王國維這個考定，正足以證明西漢發現的《古文尚書》是真的，因為這種《古文尚書》就是戰國時代的寫本，當然用戰國時代文字，如果出於劉歆偽造，就不可能造得和戰國時代「不合六書」的文字一模一樣。但是他不願採納我這個意見。

勷勤大學搬到此地來的圖書不多，張西堂編寫《尚書》和《詩經》的講義，主要參考書是《皇清經解》和《續經解》，這裏倒是齊備的。我編寫「古器物學」和「歷史研究法」所需要的圖書，這裏就很缺乏，因此編寫講義很是困難。這時我最主要的收穫，就是根據我已發表的文章和所有讀書筆記，寫成了《中國上古史導論》一書，作為中國上古史這門課的講義。因為很快寫成，所有引文多數依據原來讀書筆記，沒有核對原文，其中有些錯誤。

我在勷勤大學只教了一年，三八年暑假我從海道經香港回到上海，因為我的妻子已生下孩子，需要照顧。後來我同張西堂沒有聯繫，只聽說五十年代張西堂在西安西北大學執教，他健康欠佳。他在勷勤大學所編的《尚書》講義，直到五八年才由陝西人民出版社出版；他在〈自序〉只說這些稿子寫在二十年前，沒有說明原是在勷勤大學所編講義。另外他還有一本《王船山學譜》是抗日戰爭期間出版的（長沙商務印書館，一九三八）。

鄭師許原是廣東東莞人，在上海閘北有一所新買的三層樓住宅，日軍進攻上海時燒燬，抗日戰爭勝利後他寄來證件要我代他實地調查，我去看過，早已成為廢墟，因此他沒有再來上海。我們從此沒有再見面，但是經常通信直到他去世。抗戰勝利後他長期擔任廣州中山大學教授；五十年代初期知識分子思想改造運動中，據說因爲他認爲「士可殺，不可辱」，不肯檢討，因而不能過關，寧願離職，後來由他的妻子開設小雜貨店度日，不久就病死了。這些情況是當年勷勤大學一個學生來到上海時當面告訴我的。鄭師許所藏甲骨文、金文和考古圖書很多，做學問很用功，可是他只留下兩本在上海匆促寫成的小冊子《漆器考》和《銅鼓考略》（收入《上海市博物館叢書》），該是由於他長期生活不安定的緣故吧！我很爲他可惜。

三　四年在上海「孤島」的教學和研究工作（一九三八—四一年）

三八年暑假我回到上海租界內。當時中國沿海地帶，僅上海租界有居住和出入的自由，有言論和出版的自由，此地有不少家掛洋商牌子的中文報紙正積極宣傳對日抗戰，成爲中國人民的喉舌。但是四周早已被日軍佔領，所有要道上都有日軍站崗看守，出入要憑日軍所核發的所謂「良民證」，要脫帽表示尊敬，還要經過嚴密的檢查。這時只有掛洋商旗子的輪船可以出入海道，因而有「孤島」之稱。正因爲如此，這座「孤島」成爲中國東南地區有錢人避難集中之地，一時人口遽增，日用的工商業特別繁榮，新創立的工商業機構不少。避難來此的人許多要改就新職，需要補習各種業務知識，因而新設的補習學校猶如雨後春筍，許多大學和中學也集中到「孤島」來上課。

曾經擔任上海市博物館總務部主任的舊識陳端志，這時創辦的湘姚補習學校規模較大，他聘我爲歷史教師，我想藉此作爲立足點，就答應了。他爲了招徠學生，常在報紙上刊登大幅廣告，我的名字也被登了上去。我本來已與上海的朋友們失去聯繫，由於這個廣告，我的不少老朋友因此知道我回到上海，都陸續來找我了。首先出現的是原上海市博物館藝術部的老同事蔣大沂（字煥章）。蔣大沂是張鳳（字天方，一八八七－一九六六）的得意門生。張鳳原爲暨南大學文學院院長兼歷史系主任，這時在租界內擔任持志學院教授，著有《漢晉西陲木簡彙編》（有正書局，一九三一）等書。

「明日即將有天目之行」說的就是要去浙西游擊區

這時蔣大沂也是持志學院教授，同時爲《文匯報》編輯《史地周刊》和《俗文學周刊》，主要宗旨是要藉此鼓勵民衆堅持長期抗日。《史地周刊》常刊登描寫英勇抵抗外來侵略的歷史事件短文，用來證明中華民族是不可侮的，必然能擊退侵略者而得到最後勝利。《俗文學周刊》主要刊登新編的歌頌抗日英雄事跡的民間謠曲以及簡短的劇本。我經常爲《史地周刊》寫短文並幫他約稿。創作抗日的俗文學，要有熟練的俗文學技巧，不是一般作家都能寫的。這時戲劇史的專家周貽白（一九〇〇－七七）幫了大忙，曾提供長篇鼓詞和評彈、開篇等；他也很認眞幫忙寫稿。這兩個周刊維持了很長時間，直到四〇年春天，蔣大沂隨從張鳳一起到浙江省西部游擊區天目山中，創辦天目書院，由張鳳擔任院長；張鳳在那裡連續工作到抗戰勝利，蔣大沂不久就離開天目山，到成都華西大學任教。

這時童書業也來找我了。他原是浙江省立圖書館附設校印所的校對員，因在館刊上發表文章，被顧頡剛賞識而請到北平「禹貢學會」

做他的助手，三年中曾幫顧頡剛編寫《春秋史》講義和寫成多篇有分量的論文；他曾爲《禹貢》半月刊約稿而寫信給我，因而通過幾次信。一九三七年蘆溝橋事變後，他回到安徽大渡口的老家，這時來到上海租界的住處，見到湘姚補習學校的廣告就來找我。他說受顧頡剛的委託，將編輯《古史辨》第七冊，要找許多這方面已發表的文章；我因爲過去長期留意搜集這方面的資料，他所需要的，大多數我可以提供。同時我把已寫成的講義《中國上古史導論》也交給他，請他決定是否採用。他通讀了這篇長達二十多萬字的長文，有些地方還加上了按語。當時衛聚賢正在創刊《說文月刊》，他就從中選出〈鯀、共工與玄冥、馮夷〉和〈丹朱、驩兜與朱明、祝融〉兩篇，代爲送登該刊，發表在該刊創刊號上（一九三九年二月）。

當時研究古史的學者，在任教光華大學的呂思勉師倡議下，每逢星期日上午，常常在霞飛路（Avenue Joffre，今淮海中路）的一家茶室中集會，在這個集會上我又認識了劉節（一九〇一—七七）；劉節是王國維和梁啓超的高足，這時他在大夏大學執教。我曾把我的《中國上古史導論》原稿送請他指正，他讀了以後很是讚賞，只提了一個意見，認爲此中評論別人的地方太多，只要評論當今幾個名家就夠了。我沒有聽他的話作任何刪改。讀過我《中國上古史導論》校樣的，還有我的老師呂思勉和友人蔣大沂。蔣大沂是即將離開上海的時候讀的，臨行前寫給我一封較長的信，就是發表在《古史辨》第七冊下編的〈與楊寬正書〉（一九四〇年三月四日），末段說「明日即將有天目之行」，就是說他明天就要去浙江西部游擊區天目山。

我在三八年暑假回到上海孤島後，在湘姚補習學校只工作了一年。我之所以離開，因爲校長陳端志再次結婚，已和一個文化漢奸攀上了親家，認爲他免不了走上文化漢奸這條路，還是早些脫離爲妙。陳端志曾做過上海市博物館總務部主任，編著有《博物館學通論》一書，列爲《上海市博物館叢書》的一種。這部書是依據一本日本學者的著作，再加上中國博物館歷史的內容而編成的，是中國第一部博物館學的專著，至今還有人在談博物館學時提到他。我離開這個補習學校不久，陳端志果然上南京去當文化漢奸了。

孤島上的文化香火不絕如縷

從三九年八月起，到四一年十二月太平洋戰爭爆發爲止，我在上海孤島上擔任兩所大學的教職，以維持生活。

當時光華大學的文學院已遷到租界內證券大樓上課，由蔣維喬師主持，歷史系仍由呂思勉師主持。我請呂思勉爲我輪流安排開設兩門課程，一門是「先秦史」，一門是「明清史」。那時童書業經過我的介紹，認識了呂思勉，因而請童書業擔任講師，開設「中國歷史地理」課。當時我和童書業約定，每個星期六晚上到呂思勉家中會面，共同討論一些學術上的問題以及當前的戰爭形勢。

與此同時，蔣維喬兼任正風文學院的院長。原來正風文學院院長王西神（一八八四—一九四二）於一九三七年跑到南京僞政府任職，因學生群起反對，由該校董事會改聘蔣維喬出任院長。我請蔣維喬安排在正風文學院開設「中國通史」。一九四〇年九月蔣維喬把正風文學院改名爲誠明文學院。當時蔣維喬以七十高齡於處境極端困難的條件下，在孤島上維持著光華大學文學院、誠明文學院以及鴻英圖書館等三方面的工作。

當時我在光華大學講先秦史，是結合我長期以來所做的學術研究工作。我講明清史，重點在於闡明中華民族有長期抵抗外來侵略和壓迫的傳統，從而鼓勵大家積極參與抗日活動。我曾經詳細講述元代末年南方人民起義推翻蒙古貴族壓迫的戰爭，著重講述明英宗（一四三六—四九）時兵部尚書于謙（一三九八—一四五七）在北京城外擊退瓦剌侵略的事蹟，以及明朝末年東南地區如揚州、嘉定等地人民英勇抵抗清兵南侵的戰爭。我曾對這些方面作過一些研究，例如後來我在五一年發表的〈一六四五年嘉定人民的抗清鬥爭〉（《歷史教學》二卷二期），就是在那時所做的讀書筆記基礎上寫成。那時我在誠明文學院所講中國通史，同樣著重講述歷代抵抗外來侵略的歷史。

我和童書業在這時和史學界人士接觸中，又認識了一位化學家兼化學史家黃素封。因爲他愛好科學技術史，很喜歡同歷史家交友；又因經常出版著作，和出版界人士很熟悉。當時新成立的一個小書店，稱爲科學書店，出版一本小雜誌《知識與趣味》，刊登知識性的小品文，由他主編，我和童書業都參加了這一雜誌的編寫和審稿工作。在三九年十二月的一次科學書店宴會上，討論到古代神話，童書業提出伯益爲鳥神的見解，我進一步認爲益是《呂氏春秋》〈音初篇〉所說「鳴若嗌嗌」的燕子，因而寫成〈伯益考〉一文；我在此文的附記中提到這事。後來此文發表在齊魯大學國學研究所的《齊魯學報》第一期，後來又編入《中國上古史導論》中。接著我就進一步探索古史傳說中的鳥獸神話。四〇年三月童書業邀約我爲《古史辨》第七冊寫序文，我就系統地論述這個問題。

狼群環伺的暗夜

一九三九年到四〇年間，上海孤島上文化學術界的空氣越來越緊張。汪精衛等人於三八年十二月逃出重慶，在河內發出〈艷電〉投靠日本侵略者以後，就以上海爲基地展開所謂和平運動，積極準備到南京成立傀儡政府。他們一方面有計畫地殺害揭發漢奸陰謀的愛國人士，如掛洋商牌子的華文《大美晚報》等處發生的炸彈案，另一方面又極力設法拖人下水，從而擴大漢奸隊伍。四〇年汪馥泉（一八九九—一九五九）創辦《學術月刊》，童書業曾從我的《中國上古史導論》中選出〈三皇傳說之起源及其演變〉一篇，連同我爲《古史辨》第七冊所寫序文送去發表，登載於該刊第三期和第四期；同時童書業又從《春秋史》講義中摘出一篇，用顧頡剛的名字在這個《學術月刊》上發表。這事正發生在汪精衛於四〇年三月成立南京僞政府之後，當時外間傳說這個《學術月刊》與漢奸有關，是童書業上了汪馥泉的當。後來這個消息傳到四川重慶，顧頡剛爲此在報上發表聲明，說明他並未向該刊投稿，是別人從他的舊講義中摘出送去，未經他同意。當這個《學術月刊》發表我的兩篇文章時，我已和黃素封一起進入江蘇北部游擊區，正在「江蘇文化社」工作。汪馥泉果然不久之後到南京當文化漢奸去了。

我從四〇年四月和黃素封一起到江蘇北部游擊區的江蘇文化社工作，十二月底回來；接著四一年二月我和童書業又一起去江蘇文化社工作到四月。四月回返上海以後，我恢復了光華大學和誠明文學院的教學工作。自從三九年顧頡剛擔任播遷四川成都的齊魯大學國學研究所主任之後，呂思勉開始爲這個研究所寫作斷代史，我也開始爲這個研究所編輯戰國史料，從事戰國史的研究，首先做的是戰國時代各國內政變遷的資料考證。四〇年以後錢穆接續主持這個研究所，我們也繼續擔任這個研究工作。

還要特別指出的，以呂思勉爲首的星期日茶室聚會，直到抗戰期間上海成爲「孤島」的時候也從未間斷，這是他推進學術研究和誘掖後進的一個主要方法。呂先生對人們提出的各種學術問題，總是侃侃而談，循循善誘，不少後輩常常從這裏得到切實的教益。所談的問題涉獵較廣，或者綜論某個問題的研究方法和門徑，或者追溯一條史料的來源及其價值，或者交流自己研究中的某些心得，或者評論某些著作的缺點錯誤，或者探討一些有爭論和疑難的問題。在抗日戰爭期間，大家自然也會論及戰爭的發展、國際形勢的變化以及應對之策。

四　兩度進入江蘇北部游擊工作（一九四〇—四一年）

當我在上海「孤島」的工作期間，我還是想找機會爲抗日戰爭盡一份力量。從一九四〇年四月到四一年四月，一年之內，由於黃素封的關係，我曾兩次進入江蘇北部游擊區做宣傳抗日的工作。

江蘇北部游擊區，是當時距離上海最近的一個抗日游擊隊根據地，以水澤地帶的興化縣爲中心，包括周圍的泰州、泰縣、東台、海安等縣。行政上的最高組織是江蘇省政府，設在興化，代理省主席是韓德勤（一八九二—一九八八）。軍事上主要有兩個系統，一個是屬於中央系統，叫做魯蘇戰區總司令部，總司令由省主席兼職，所屬有正規軍第八十九軍和獨立第六旅，還有財政部所屬的稅警總隊、地方保安團以及多支游擊隊。另一個軍事組織屬於地方系統，叫做魯蘇皖邊區游擊總指揮部，總指揮是李明揚（一八九一—一九七八），他是當地著名的國民黨的老軍官；所屬有李長江統率的游擊縱隊等，駐屯在這個游擊區的東南部泰州、泰縣、黃橋等地，總指揮部設在泰州。

這個游擊區的主要經費以及短缺的軍事物資，依靠後方某地派出飛機空投。我們在那裡每月可以目睹一次飛機空投的情景。興化有一張每天出版的報紙，名爲《戰報》，詳細刊登戰爭消息以及地方新聞。同時當地人募集捐款，辦了一個江蘇文化社，用來招待愛國人士特別是愛國的文化界人士，並且準備創辦印刷所和成立編輯部，編印圖書和定期刊物，用來鼓勵民衆的抗戰熱情。

扮商人渡江北上游擊區

黃素封是江蘇徐州人，原是個化學家，因在商務、開明等書店出版過多種自然科學的著作，在他的家鄉很有聲望。這個游擊區中不少工作人員來到上海接洽工作和採購需要物資，常來找他一起策劃和幫助。當時江蘇文化社要創辦印刷所和成立編輯部，也派人來到《知識和趣味》的編輯部找他。他不但幫助這個文化社採辦了印刷機及其他設備運走，還勸說有經驗的排字工人進入游擊區指導訓練一班新的排字工人。我很佩服他們能夠設法把印刷機通過日軍佔領地帶而運進游擊區。

黃素封還找我和他一起邀請著名學者爲這個文化社寫幾本通俗讀物出版，目的是替這個游擊區所辦的文化社營造聲譽。我們因此去約請呂思勉寫一本《三國史話》，又去約請著名生物學家秉志（字農山，一八八九—一九六五）寫一本通俗讀物《競存論略》，闡明生存競爭的學說。秉志用筆名「伏櫪」發表，取「老驥伏櫪，志在千里」之意。所以寫《競存論略》，因爲他把抗日戰爭看作中華民族爭生存的關鍵。當時秉志和另一個生物學家劉咸（字重熙，一九〇一—）每天仍在亞爾培路（Avenue du Roi Albert，今陝西南路）中國科學社的圖書館中忙於科學研究，我們常去拜訪並談論戰爭形勢。呂思勉和秉志本來不寫通俗讀物的，聽到我們說是遊擊區的文化社邀請他們，都慨然應允，很快寫成。爲了加快出版，立即請上海開明書店付印，標明是文化社叢書之一，就在一九四〇年出版。秉志這部書到抗戰勝利後重印，就恢復了秉志的眞姓名。

四〇年三月，江蘇文化社的印刷所已經辦成，可以出版定期刊物了，黃素封就約我一同前往創立編輯部並編輯出版刊物。這是義不容辭的，我請老師呂思勉幫我找人，代我去教光華大學歷史系的「明清史」；由於同事金松岑（中國文學的教授，一八七三—一九四七）的介紹，找到了唐長孺（一九一一—九四）代課，我認爲很合適。從此唐長孺成爲光華大學的教師，不久又因呂思勉的介紹，進入大後方湖南，在廖世承（一八九二—一九七〇）主持的師範學院當教授。當時我在誠明文學院所教的「中國通史」，由蔣維喬找我的老同學沈延國代教。

四月初，我和黃素封辦了一張化名的「良民證」，扮作商人模樣，隨著游擊區派來的人帶路從上海出發；我們都不戴帽子，免得遇到站崗的日兵要脫帽。先是乘火車到鎭江，找旅館住了一夜，一路上未碰到日軍檢查。清早在食堂吃了鎭江著名的硝肉麵（硝肉是鎭江特產，用硝酸鹽醃製的豬肉），就到長江邊碼頭乘輪船，沿長江向東，到達海門以東的青龍港，準備由此登岸，繞道向西北行，進入游擊區。青龍港是日軍看守的重要關口，檢查通過的行人和行李很嚴，好在帶路人早已把我們隨身的行李託別人帶走，日軍忙於查檢行李多的旅客，輕裝的我們很快就通過了。

走到一條鄉間小路，雇到三輛手推的木製獨輪車（俗名小車），坐在車架上，沿著田塍而行，我說：我們乘了諸葛亮創造的「木牛流馬」了。一路上都沒有碰見一個日兵，經過很長而曲折的小道到達泰興東北的黃橋鎮。進入市區，我們就下車步行，看到街旁有賣唱的民間藝人，正拉著胡琴唱著抗日的流行歌曲，聽唱的群衆熙熙攘攘，一顆心就定下來了，知道這裡已是游擊區。我原來以爲游擊區的邊界上常常發生戰鬥，形勢一定十分緊張，想不到這裡竟沒感受到一點戰爭的氣息。帶路的人說，我們的軍隊不到鎮上，而是在鄉間都分散駐防。

希特勒在西線發動閃電戰，世局進入艱困階段

我們在黃橋的飯館裡吃飯休息，再乘小船經姜堰到達泰州，上岸步行前往總指揮部，因爲預先約定了時間，李明揚很快接見了我們。我們想藉此機會說明創辦刊物的宗旨，徵得他的同意。我說：「我們希望會集一切力量，團結合作，一致對日抗戰，爭取最後勝利。如果捲進任何派系糾紛，將會抵消抗日的力量。」黃素封接著說：「抗戰要注意天時、地利、人和，而人和最是重要，這是取得勝利的關鍵。」因爲據我們瞭解，當時這個游擊區就有兩個派系，如果辦刊物捲進派系的糾紛，比不辦更壞。李明揚理解我們的想法，表示贊同，於是「人和」就成爲我們創辦刊物的一個宗旨。後來黃素封在上海創辦一所製藥廠，就取名爲「人和化學製藥廠」。這個決定是很重要的，我們原來

是無黨無派的，如果爲了抗日而捲進黨派的糾紛，不僅自討苦吃，且將成爲歷史的罪人。

江蘇文化社的編輯部原來設在東台。我們在泰州住了一夜，就乘小船到東台。那裡只住著一個朝鮮的愛國人士柳樹人，他青年時期即來到中國求學，立志要抵抗日本的侵略和壓迫，他也是學歷史的，沒有參加任何黨派。後來也成爲我的知己之一。

不久我們爲了便於展開工作，把編輯部遷到了興化的江蘇文化社總部。魯蘇戰區總司令部和省政府辦公廳主任鮑殊明等約見，我們講了對李明揚所說同樣的話，徵得他們的同意。因此我們所編《文化周刊》上的稿件，都不必送審，可由我們決定發表與否。他們也同意我們在這裡不參加任何政治活動和各種會議，尊重我們的主張。二十年代初期做過江蘇省長的韓國鈞（字紫石，一八五七—一九四二）到這裡來，他也竭力主張各黨各派一致抗日，和我們看法相同。

我們在這裡創辦的《文化周刊》，名爲「文化」，實際上講的是「武化」，主要是鼓勵軍民堅持長期抗戰。這時汪精衛在南京剛成立附日傀儡政府，大肆宣傳「和平運動」的漢奸理論，妄圖破壞民衆抗戰到底的決心，從而瓦解抗戰的組織。因此在靠近南京的這個游擊區，駁斥這種漢奸理論，堅定群衆長期禦侮的信念，是十分必要的。我們依靠從上海寄來的報刊上資料，分析評論抗戰形勢，從而鼓舞讀者抗日的決心。同時，世界大戰正進入形勢緊張階段，希特勒在西線發動閃電戰，一九四〇年四月佔領丹麥和挪威，五用橫掃荷蘭、比利時和盧森堡，進而侵攻法國。六月法國投降，英軍被迫從西歐撤出，德軍一時的進攻，勢如破竹。因此有必要分析國際形勢，指出世界大戰將持續一個較長的艱苦歲月，因而抗日戰爭的勝利也要經歷更長的戰鬥過程。

黃素封不久就回上海，從事創辦人和化學製藥廠的工作，我一個人留在興化主編《文化周刊》，每期刊登十篇左右文章，篇幅約二十頁。由於稿源不足，常常改出雙周刊。除了柳樹人長期供稿外，還派來了一個宋大鶴幫助編輯和撰稿。我在這裡工作近九個月，到十二月底，我回上海休假。回去是從興化搭小船到泰州，經口岸，然後渡長江到鎮江，再乘火車回上海的，因爲我們來的時候所經過的黃橋那條路已經不通。

戰局吃緊，但蘇北國、共內鬥的規模已超過抗日

四〇年十月由於江南的共產黨新四軍進軍蘇北，與魯蘇戰區的主力軍在黃橋發生大戰，魯蘇戰區的第八十九軍和獨立第六旅一萬五千人被新四軍分割包圍，全部戰死或被俘，軍長李守惟在騎馬渡河時淹死，旅長翁達自殺。接著海安、東台等地亦被新四軍佔領，從此這個游擊區的東半部成爲新四軍的蘇北根據地，因而興化、泰州一帶的工作人員就不能再經黃橋這條路進出了。

我在文化社臨行時，委託宋大鶴依照原定宗旨把《文化周刊》繼續編下去。回到上海之後，感到這個游擊區內兩黨軍隊衝突的激烈已超過對日抗戰，今後還會繼續擴展，在那裡宣傳抗戰已不起作用；同時編輯人員太少，刊物不容易辦好，因此不想再去，我已請光華大學和誠明文學院爲我開課。但是文化社多次向黃素封提出懇求，希望我再繼續辦下去，黃素封因此找童書業陪同我一起去。於是我同童書業在四一年二月再次前去，這就是呂思勉《古史辨》第七冊〈自序〉中所說：「童君丕繩撰次《古史辨》第七冊既竟，而于役淮南。」這次「于役淮南」，不到兩個月就回來了，因爲不出所料，那裡內戰的規模已超過抗日，出版宣傳抗戰的刊物已無關宏旨，我們感到不值得丟了原來的教學和研究工作，捲到內戰中去。當此大敵當前、民族死生存亡的關鍵時刻，在這樣一個游擊區內還發生如此激烈的內鬨，死亡人數以萬計，這是多麼令人痛心的事啊！

經過兩次進入江蘇北部游擊區做宣傳抗日工作，增強了我對抗日戰爭必然取得最後勝利的信心。因爲親眼看到了日軍在佔領區實際上只有效佔領重要城市和交通線，其勢力既不及於小鎮和廣大的農村，也不可能清除游擊區和流動的游擊隊。日軍屢次發動的「清鄉掃蕩」，並不能消滅游擊隊，結果是造成大破壞，許多人民被殺害，大批民房被燒燬，使得廣大群衆進一步看清日軍是深仇大敵，更多地去參加游擊隊。當時分散駐防在各地的日軍處於這樣的局勢下，只能聽任游擊區繼續存在和不斷擴展，但求確保重要交通線的暢通。因此江蘇北部這個游擊區長期沒有與日軍交戰，反而在游擊區內發生了國、共兩黨軍隊激烈的爭奪戰。

我也看到無論游擊區和淪陷區，廣大中國民衆都是熱忱愛國的，都是積極支援抗日戰爭的，因而游擊隊能夠到處得到地方上人力、物力支援，如魚得水地到處活躍著，游擊區乃得以長期維持且不斷擴展。因此當時我相信，抗日戰爭的最後勝利是必然的，只是個時間問題，而抗日戰爭勝利之後大規模的內戰將是不可避免的。因爲間隔著一條日軍所佔領的大城市和重要交通線，一方面是正不斷壯大、配備有現代化武器的國民黨的抗日大軍，另一方面是日漸得到人民支持而發展的共產黨的八路軍和新四軍。

五　三年隱居在家鄉繼續進行研究工作（一九四二—四五年）

一九四一年十二月太平洋戰爭爆發，日軍侵入上海租界，「孤島」淪陷。原來的許多報館、出版社和大學紛紛停辦，設法隱蔽起來轉入地下。光華大學表面上宣布停辦，實際上改頭換面，繼續上課。原在證券大樓上課的光華大學文學院改稱誠正文學社，由蔣維喬擔任主任委員繼續主持。呂思勉、童書業和我曾商討對策，認爲此後上海文化界的附日勢力將越來越大，不適宜在此繼續工作，都決定離開上海。呂思勉回到常州的舊居，在附近游擊區牛塘橋的青雲中學和武進縣坂上的輔華中學擔任教學工作；一年後，因來往游擊區不方便，就長期隱居在常州繼續斷代史的研究。童書業先到江蘇宜興張渚鎮的念劬中學教書，因不能維持生活而回到安徽大渡口老家，後來又到常州橫林鎮的惠林中學教學，直到抗戰勝利。當時呂思勉、童書業和我三人之間是經常互通消息的。

我在當時所以決定迅速離開上海，因爲四個月前，發生了一件南京大漢奸向我進逼的事。我應當時掛洋商招牌、宣傳抗戰的《正言報》副刊《史地周刊》編者要求，寫了一篇〈中國圖騰文化的探討〉刊登。不久南京僞政府出版的《政治月刊》二卷二期，就竊取我這篇文章，刊登在汪精衛、陳公博等大漢奸的文章後面，很明顯是他們的政治陰謀，一方面想逼迫我就此充當漢奸，另一方面是要引起文化學術界對我的猜疑，對我造成壓力。因此我準備在《正言報》上發表聲明，揭穿他們的陰謀。《正言報》的編輯認爲我發表聲明，有被暗殺的危險，上海已經發生因此而被暗殺的例子，只能用《正言報》編輯部的名義發表聲明，指出此文是《政治月刊》未經作者同意，從《正言報》上竊取去發表的。《正言報》編輯部刊登了聲明後，我考慮到漢奸們早已在策劃對我進逼，如今這個孤島淪陷，落入他們勢力範圍，如果不及時離開將是凶多吉少。

戰火下的殤逝

這時我父親住在家鄉。父親自從安排我結婚之後，又安排我的妹妹畹蘭出嫁，接著就續娶，當時我的繼母已生下兩個男孩。我爲了回鄉，事先向父親請求安排我的小家庭住處。因爲原來新建在白鶴江鎮中市的住宅，在戰爭中受到大破壞，剩下的三大間樓房，前面門窗以及所有樓板已被全部拆去，只留存屋頂和周圍的牆壁，不能居住，父母親改住在北市原來租給人家開設茶館的房屋裡；父親決定把這所房屋的北半部讓給我的小家庭住。四一年一月我就帶著妻子和孩子，乘內河小輪船從上海回到了久別的家鄉。我們居住的房屋正面朝東，對著大盈港。

這個久別的家鄉在日軍長期佔領之下，已經面目全非，成爲侵華日軍一個重要的糧食供應基地。在白鶴江鎮南北向的大街南端，靠近大盈港旁邊，日軍築有一個鋼骨水泥的堡壘，駐防有日兵，控制著水陸交通要道。所有周圍地區的農民，不論自耕農或佃農，每年秋收之後，必須按照日軍規定，按耕種的田畝多少，繳納一定數量的「軍米」，運送到指定的米行收購，礱成白米後裝到預先準備的大船上，排成一長串船隊，以駁船經吳淞江拖往上海。青浦縣各地所徵收的軍米，都要經由這條大河運往上海，所以每年秋冬之際，經常可以看到許多載運軍米的船隊經過我書房的窗口，想到日軍吃著我們同胞供應的糧食，同時又殘殺著我們的同胞，心情慘澹不可言喻！

根據日軍規定，此地農民耕種一畝田，每年就必須繳納軍米一石（一百二十市斤左右），名爲收購，實際上只合市價的五分之一或六分之一，而且給的還是當時南京僞政權中央儲備銀行發行的「儲備票」（或稱「中儲券」）。而且爲了保證軍米的徵收，所有徵收軍米地區所產稻米不准運到境外銷售，所有對外交通的陸上和水上通道，都築有籬笆加以封鎖，駐有日軍和漢奸部隊防守和檢查，因而封鎖線內的市場米價低於封鎖線外很多；相應地，當時封鎖線內田地價格也低於封鎖線外很多。由於日軍在此地按田畝多少徵收軍米，實質上已成爲此地最大的地主和糧食掠奪者，因此封鎖線以內的田地即使價格低落也沒有人要買。

我的老家在這場戰爭中變得殘破不堪，父親把這座高大的破屋交給我和我的小弟弟，希望我們將來有錢能夠加以修復，但是直到如今沒能修復。從五十年代起，這所破屋已由當地房屋管理處代爲管理，並代爲租給人家居住。

最使我悲痛的是，就是抗日戰爭初期，我的妹妹和我的大弟弟（名容），都因病而去世。

我妹妹的死，是受老式婚姻的害。她是幼年由父母作主許配給附近杜村（白鶴江鎮以南三里的農村）一家大地主的兒子；當父親安排她出嫁時，她很不願意，由於伯父的勸說才勉強同意。她原在附近的一所小學教書，因日軍侵佔家鄉，她回到家中躲避，不再教書。因爲這是個老式大家庭，一切由她的公婆作主，她聽命做家中一切勞動，包括在懷孕之後還去脚踏石臼舂米，結果流產而死。我內心很感到不安，因爲當她不願出嫁時，我沒能幫她解除這個不合理婚約。

當抗戰第一年我離開上海到廣西梧州教書的時候，容弟正在上海法租界的一所中等技術學校求學，每月的費用是他到我的妻子那裡去取的。因為他生活很節約而求學很用功，致營養不良染上肺病，等到我從廣西回來，他的肺病已重，父親接到家鄉用中藥治療無效，不久就病死了。我對此更感到內心不安，我沒有盡我做兄長的責任，應該留他在上海送醫治療。

隱居故里編輯戰國二百四十年史料

我原來放在家鄉的圖書，在這次戰爭中已全部散失，我靠著從上海帶來的圖書在此地繼續做研究。我在這裡一共隱居了兩年九個月，直到抗戰勝利為止。所做的研究工作，主要是編輯戰國時代二百四十年的史料，考定每年發生的歷史事件以及相關的人物活動。春秋時代的歷史，因為有《左傳》和《國語》兩書，許多重要歷史事件都按年代有詳細明確的記載，整個歷史發展變化的脈絡很是清楚。戰國時代的史料就大不相同，作為戰國時代主要史料的《史記》和《戰國策》兩書，對於戰國史事的敍述都很紊亂，許多重要歷史事件連年代也紊亂不清，甚至有些歷史人物生存年代也有分歧的記載。《史記》中所載魏、齊、趙等國君王在位的年代很不可靠，前人根據《古本竹書紀年》所作的考訂，還不夠完善，有待於作進一步細密的比較和考證。而且《戰國策》並不是一部歷史記載，是當時縱橫家所輯錄的權變故事和游說辭的彙編，原是供戰國末期縱橫家學習之用，其中有些長篇游說辭是出於戰國末年縱橫家所編造，如張儀、蘇秦的許多游說辭就全不可信。其中述及許多歷史事件的前因後果，有的可信，有的部分可信，有的根本不可信。

同時先秦諸子如《韓非子》、《呂氏春秋》等以及漢代著作如《說苑》、《新序》、《韓詩外傳》等，常述及戰國史事以及權變故事，都是應該注意的戰國史料。《漢書》、《後漢書》和《水經注》、《華陽國志》等書都有重要的戰國史料可補《史記》的不足。南宋呂祖謙（一一三七—八一）的《大事記》對於戰國大事作過一些解說或考證，但過於簡略；清末黃式三（一七八九—一八六二）《周季編略》綜合所見史料加以編年排比，注有出處，較爲完備，但還不夠縝密，尚不足以適應我們今天作研究的需要。近人錢穆的《先秦諸子繫年》是一部名著，不僅對先秦諸子有關史事的年代作了考訂，而且對戰國時代各國君王在位年代作出了新的考訂與編排，糾正了《史記》上所載戰國史事的年代的紊亂。但是他依據《古本竹書紀年》所編排的戰國時代魏、齊等國君王的年代，還有不夠完善之處；同時由於他著眼於考辨諸子有關史事的年代，未曾對戰國時代各國重要史事作全面的、系統的考訂和編排。因此我要趁此長期隱居家鄉的時機，編著《戰國史料編年輯證》一書，使與《左傳》銜接，作爲研究春秋戰國史的依據。

我雖然長期隱居家鄉，閉戶從事讀書和寫作，還是十分關心當時戰爭形勢的推移。我雖然確信抗日戰爭必然會取得最後勝利，也還希望勝利能夠早日到來。鄉間畢竟是比較偏僻的地方，只能看到漢奸所辦的報紙，因此我每隔幾個月要到上海親戚家中住一兩天，到親近的老師和朋友那裡去走走。四二年冬天我到上海，前開明書店編輯部拜訪王伯祥（一八九〇—一九七五），他告訴我：上海的文化漢奸放出謠言，說我離開上海之後，已到南京投靠他們去了。我又去拜訪老師蔣維喬，他告訴我：夏天日軍和漢奸舉辦暑期講習所，日軍特務機關的思想部長長峰崇仁到他家中，逼他擔任中國文化史的講師，被他拒絕，但是發布的新聞上仍然列有他的名字，因此他請申報記者發表一篇他提倡「靜坐法」的報導（蔣氏曾著《因是子靜坐法》，爲氣功療法之書），藉此闢謠。秋天長峰又來逼他擔任上海特別市教育會副會長，他又嚴辭拒絕。接著漢奸特工總部（極司菲爾路［Jessfield Rd.］七十六號，即今萬航渡路四三五號）主任丁默邨多次要求見面，他都置之不理。他說：「我已是七十老翁還怕什麼。」我因此更感到，我離開上海是正確的，是及時的。

我隱居在家鄉兩年九個月編著《戰國史料編年輯證》，的確取得了很大收穫。可惜最後六十年的史料沒有編成，沒有能夠全部定稿。後來我所寫有關戰國史事的論文，編寫《戰國史》一書，主要就是依據這部《戰國史料編年輯證》以及所作的考訂。可惜此後因爲工作忙，一直沒有全部編成和定稿，直到半個多世紀之後才完成，是我所有著作中歷時最久也費工最鉅的一部（二〇〇一年上海人民出版社、次年台灣商務印書館分別印行簡體和繁體字版）。

一九四三年起，世界大戰的形勢逐步有利於反侵略陣營，這年二月蘇聯軍隊在史達林格勒反攻勝利，九月義大利在美、英軍隊進攻下投降，都很振奮人心。四四年六月英美軍隊在法國諾曼地登陸，向德軍反攻，在歐洲開闢第二戰線；到四五年初，蘇聯和英美軍隊從東西兩面攻入德軍本土，被戰火荼毒多年的鄉親知道了都很欣慰，家鄉許多知識分子都說：「天快要亮了。」鄉間游擊隊的活動逐漸加強，常常出擊那些防守在水陸交通要道上的日軍。四五年二、三月間白鶴江鎮南端堡壘中的日軍撤退，此地成爲沒有任何軍隊駐防的地帶。附近鄉間雖有游擊隊，但是沒有進駐到鎮上來。聽說附近既有國民黨的游擊隊如忠義救國軍等，又有共產黨的顧復生領導的游擊隊。與此同時，附近還有土匪結成的隊伍乘機進入鎮上來掠奪。有一天晚上，有一幫土匪來到鎮上，沿著街道向每家住戶敲門，勒索錢財，那次我家倒是沒有受到驚擾。此後鎮上居民團結一致，防範盜賊，治安得以穩定。到四五年八月日本投降，我立刻就準備回上海去工作。漫漫長夜過去，天終於亮了！

第六章　短暫和平歲月的希望之火

從戰爭廢墟中恢復上海市博物館（一九四五—四九）

一　三個月在「鴻英圖書館」工作和找尋失落的文物

一九四五年八月抗戰勝利，十月我就從家鄉來到上海，主要目的在於找尋抗戰以前我經手的上海市博物館寄存在震旦博物院的文物，準備恢復上海市博物館。因爲聽說這批寄存文物在日軍侵佔租界以後，落到了漢奸手中，被搬進一個倉庫，並且成立了一個上海市文物處理委員會準備盜走變賣，但是不清楚眞實的下落，需要進行調查。我爲此先和蔣維喬商量如何進行調查。他這時擔任鴻英圖書館館長，正忙於參與光華大學的恢復工作。他決定請我臨時擔任鴻英圖書館史料部主任，作爲進行調查工作的立足點。

找尋失落的博物館文物

鴻英圖書館原名「人文圖書館」，原設在辣斐德路（Route Lafayette，今復興中路），由黃炎培（一八七八—一九六五）創辦。黃炎培字任之，原是教育家，在上海創辦中華職業教育社，後來成爲傾向共產黨的文化人。他創辦人文圖書館，藏有辛亥革命以來各種重要的中文報紙和期刊，包括各個黨派的出版物，並且做好分類剪報和卡片索引，很便於查檢，是爲了展開中國現代史的研究工作；同時出版《人文月刊》。後來因爲葉鴻英出資建設館舍於霞飛路，並維持其常年經費，改稱鴻英圖書館。四一年以後，蔣維喬受黃炎培的委託而兼任館長，直到五十年代改稱上海市報刊圖書館爲止（後來又併入上海圖書館）。

我向來研究古代史，很少接觸現代史料。這時我單身來到上海，就住在鴻英圖書館內，隨身並沒有帶什麼書來；雖然主要目的在於找尋失落的博物館文物，但是擔任這個現代史料部的主任，不能不主管這方面的事，無論白天或晚上所看到的全是現代史料。引起我最大興趣的，就是關於中國共產黨的史料，其中就有不少是中共已經作出結論的歷史資料，這關係到中國今後的政局變化和中華民族的前途。抗日戰爭取得勝利之後，外患已經解除，共同一致對外的目標已不存在，國內國民黨和共產黨之間的矛盾將成爲主要矛盾，這是有目共睹的。經過這樣一場長達八年的抗日戰爭，不但鍛鍊了全國人民的戰鬥意志，同時兩黨所有的軍隊無論在數量上和質量上都有很大的提高，武器裝備也正在逐步現代化，一旦發生內戰，其劇烈程度將遠遠超過抗日戰爭，這是可以預料的。

在這樣一個長期多災多難的國家裡，許多愛國人士都在找尋光明的出路，共產黨提出的社會主義革命就無可避免地成爲許多人嚮往的目標，特別是共產黨在農村裡實行的土地改革，更符合貧苦農民的需要。不少愛國的知識分子，包括老一輩的知識分子，這時也開始嚮往社會主義。我的老師呂思勉，就是從信仰過去儒家所說「世界大同」的理想，轉而嚮往社會主義的。他在抗日戰爭期間，在上海孤島上所發表的《呂著中國通史》（開明書店，一九四〇），就認爲只有社會主義才能完成有利於人民的社會改革；而且認爲「中國歷代社會上的思想，都是主張均富貧的，這是在近代所以易於接受社會主義的一個原因」。所以當時童書業在《古史辨》第七冊〈自序〉上稱呂思勉「在思想方面，更是一位傾向社會主義的前進者」。但是呂思勉所主張的社會主義，是通過改變生產方法來完成社會改革，他並不主張用階級鬥爭的手段來達到社會主義。可能不僅是呂思勉一個人如此，不少嚮往社會主義的知識分子都有這種想法。因此當我鑽研中國共產黨的史料時，十分注意他們採取何種方法、手段來進行社會改革和完成革命。

我經過三個月對中國共產黨史料的閱讀，得來最深刻的印象是：在抗日戰爭以前，中國共產黨的歷史上一再發生領導者個人專斷的路線錯誤，有些領導者一經主持中央政治局，往往以個人的主見制定一條政治路線，強制貫徹執行，於是造成某人的右傾或左傾錯誤路線；領導者爲了推行其政策，常常採取「宗派主義」的組織手段，對不同意的人「殘酷鬥爭，無情打擊」，手段十分激烈。這種做法常常造成很大的損害，甚至到達失敗的邊緣，才得到糾正。過去李立三（一八九九－一九六七）的左傾錯誤路線是這樣，後來王明（一九〇四－七四）的左傾錯誤路線仍然是這樣，這是中國共產黨在糾正之後自己所作的明確結論。爲什麼會一再發生領導者個人專斷的路線錯誤呢？爲什麼會一再發生用「殘酷鬥爭，無情打擊」的手段來推行錯誤路線呢？爲什麼這種用劇烈方式所推行的錯誤路線，要等到造成很大損害甚至瀕臨失敗的邊緣才得到糾正呢？如果將來共產黨取得政權，還是繼續走這樣的路，後果是十分令人擔心的。

「天上飛過來的人」和「地下鑽出來的人」

我在抗戰勝利之後，高興是暫短的，對國家的前途還是感到憂慮重重，當時重慶派出乘飛機來上海的接收大員，和原來的地下工作人員，在接收日軍和漢奸財產的過程中，出現不少監守自盜和隱漏私吞的情況，因而社會上對這種「天上飛過來的人」和「地下鑽出來的人」

議論紛紛。當時有不少人因此而發大財，例如虹口地區，在遣送了日本和朝鮮僑民之後，遺留下來的房屋很多，有權勢的人就可以先搶佔再轉讓給商人，收取大額的「頂費」（轉讓費）。

我在江蘇北部游擊區認識的朝鮮人柳樹人，這時來到上海，和許多朝鮮僑民住在一起；朝鮮僑民大多被遣送回國後，他仍然住在那裡。這座大樓被人搶佔並準備轉讓給商人，他們見到柳樹人仍住在那裡，就指使一個軍人來打他，逼他遷走。幸而我前往見到，趕忙跑到附近的憲兵司令部，請求派憲兵開來汽車，把這個打人的軍人捉走，才使他能夠繼續居住。當時上海市博物館老同事徐蔚南，擔任《民國日報》副刊《覺悟》的編輯，他拉我寫稿，我曾寫過多篇小品文發表，如〈天上飛來的人和地下鑽出來的人〉和〈論清代吏治〉等，藉此評論這種不正之風，但是根本不起什麼作用。

這時我工作重點在找尋上海市博物館原有文物。上海市博物館在抗戰前是直屬上海市政府的，這時這方面的事改歸新成立的上海市教育局主管。這個教育局中，新設立有社會教育處，主管圖書館、博物館、民衆教育館等事業。這個處的主管有個特點，都是愛國的女教育家，都是民主人士。處長俞慶棠（一八九七—一九四九），是唐文治（一八六五—一九五四）兒子唐慶增的夫人，五十年代初期曾到北京教育部短暫工作；科長是高君珊和雷潔瓊（一九〇五—，現任中國社會學會名譽會長），她們都很支持我去找尋失落的文物。這時原上海市博物館董事長葉恭綽也已來到上海，住在舊居，他也指望我找到文物的下落。在他們的支持和幫助之下，我經過兩個多月的奔走，跑遍了所有從日軍和漢奸手中接收來的倉庫，我急的是，怕這批文物落到貪心的接收大員手中，事情就不好辦了。我終於在愚園路一條衖內的倉庫中，發現了一塊上海市文物處理委員會的牌子，得到了線索，在倉庫裡找到了這批原來寄存在震旦博物院的文物。我當即把所有存藏文物的木箱貼上簽字的封條，約定日期，編造清冊，再運回整理。

二 三年半的恢復「上海市博物館」的工作

自從我找到所有寄存文物之後，就離開鴻英圖書館，負責主持博物館的恢復工作。四六年一月成立「復館籌備處」，我被上海市教育局任命爲「上海市博物館」館長，從此我長期擔任博物館主管工作，包括五十年代參與創建中華人民共和國成立後的「上海博物館」，直到到六〇年一月離開爲止。

當「復館籌備處」成立時，考慮到江灣新市中心區的上海市博物館館舍曾受到炮火的損害，而且地點太偏僻，不適宜再在原址恢復，需要在舊市區內另找合適房屋加以改建來用。經上海市教育局的安排，決定暫時將四川北路橫濱橋原日本居留民團第一小學校的二樓改建權充館舍。這座大樓共三層，經接管後，底層做爲市北中學校舍，三樓用作上海市立實驗劇戲學校的校舍（校長是戲劇家熊佛西），二層用作上海市博物館的館舍。二樓原來共有十三間教室，除當中有一間教室以外，東西兩部的南北兩側，都各有並列的三間教室。我們保留當中那間教室和西部南側的三間教室，用作辦公室、庫房和圖書室，其餘東部南北兩側和西部北側的並列三間教室，都打通成爲一個陳列室，布置成石器、青銅器陳列室、陶瓷器陳列室和明器（墓葬陶器）陳列室。

橫濱橋的上海市博物館(四川北路一八三八號)；現爲上海市虹口區教育學院實驗中學—高木智見氏提供

童書業，一個患了「強迫觀念症」的天才

這個博物館的人員編制，仍然分歷史和藝術兩部，我聘童書業爲歷史部主任，蔣大沂爲藝術部主任。因爲物價飛漲，生活困難，我同時也在光華大學教書，童書業兼任光華大學和無錫國學專修學校上海校區教職，蔣大沂則在同濟大學兼課。童書業爲了節省開支，讓妻、子借住在蘇州顧頡剛的老家中，自己住在博物館內。他原來就有神經質傾向，這時進而變成「強迫觀念症」，害怕別人竄改他已發表的文章和未發表的文稿，必須把這些文章、文稿用幾層紙包封好，要我在上面簽字和蓋章，他才放心。我說：「這是相信康有爲等今文經學家所說劉歆竄改群經之說著了迷。已經發表的文章別人怎能竄改？未發表的文章別人改了也看得出，沒有這樣做的必要。」但是他無法不這樣做。他臨睡前還要用繩子把脚綁在床上，說

是爲了防止自己夜間從夢中起來做壞事。他常去拜訪精神病專家粟宗華（一九〇四—七〇）和中華書局編輯所所長舒新城（一八九三—一九六〇）討論他的病，後來居然寫成一部治這種精神疾患的專者，用筆名在中華書局出版。

他雖然患有精神病，但是當他教書和寫文章時，頭腦是很清楚的，他常常出口成章，下筆成文。他寫文章時，常請人代爲執筆，他口中一句一句的講，代筆者一句一句的記，即成定稿。我認爲他多才多藝，聰明絕頂，但是猜疑太過了，就產生精神問題。他學過中國畫，研究過中國繪畫史，曾在上海美術專科學校教過中國繪畫史。來到博物館以後，就寫考釋金文的文章，從事中國瓷器史研究，經常爲博物館主編的《文物周刊》撰稿。他竭力反對王國維以來「謚法晚起」之說，他後來在《春秋左傳研究》（上海人民出版社，一九八〇）附錄〈周代謚法〉中所談的，這時早已在考釋金文中提出了。他把在光華大學講中國歷史地理時學生張芝聯的聽課筆記，整理成《中國疆域沿革略》一書，他又把以前代替顧頡剛編寫的《春秋史》講義，重加修訂整理，正式署上他的名字出版，都是剛進入博物館工作時完成的，四六年先後由開明書店出版。

蔣大沂忙於布置陳列室和撰寫說明，還經常和我一起出去採購文物、籌備各種展覽會。由於經費不足，不可能經常採購重要文物，但是我們也買到一些重要古物，如一件「邾公牼鐘」是從一家舊書店中買到的，顧頡剛曾作考釋，邾公牼即邾宣公，《左傳》的經文作「牼」，而《公羊傳》和《穀梁傳》作「瞯」。出土的邾公牼鐘共有四器，都作「牼」，足以證明《左傳》經文確有根據，絕非如今文經學家那樣說成出於漢儒僞造的（顧頡剛〈讀春秋牼國彝銘因論牼之盛衰〉，《文物周刊》四十六期，）。我們還曾從一家專營古錢、鈔版的古玩鋪中，買到一塊宋代「濟南劉家功夫針鋪」廣告印刷用銅版，這塊銅版的圖版見拙作《中國古代冶鐵技術發展史》，是一件難得的珍品，後來併到上海博物館時，成爲該館的藏品。當中國歷史博物館成立時，又由我經手和不少重要古物一起轉送給他們，成爲中國歷史博物館的藏品，所以在我所著冶鐵史的舊版中稱爲上海博物館藏品，新版中又改稱爲中國歷史博物館藏品。我們只替博物館收購古物，從來沒有爲自己購買一件古物，家中也沒收藏過任何一件古物，直到如今依然如此。我們認爲只有這樣才能保持一個古物工作者的優良品德，只有這樣才能創建成一個代表國家優秀文化傳統的博物館。我和蔣大沂志同道合，對他也十分敬佩。

宋代濟南劉家功夫針鋪廣告銅版（12.5×13 公分）：中雕兔子搗藥圖，旁有「認門前白兔兒爲記」，下刻「收買上等鋼條，造功夫細針」等字（收於《中國古代冶鐵技術發展史》書中）

錢化佛雨夜出動家人揭下日軍張貼上海市街的布告

我們爲了增進廣大民衆對中國璀璨文明的認識，曾不斷舉辦專題的展覽會。一九四七年元旦舉辦的「上海抗戰文獻展覽會」，是一次規模較大的展覽會，曾把陳列室所有陳列品全部歸庫，用來布置這個展覽會。這個展覽會共分兩大部分，一部分用照片和文獻，不僅表現「八一三事變後」上海軍民抗戰的經過，還表現上海成爲「孤島」時期人民堅持的抗日鬥爭，以及日軍侵佔租界以後上海的地下抗日活動和周圍地區的游擊隊活動。另一部分也是以照片和文獻，表現八年抗戰時期日軍和漢奸對人民的迫害。我和蔣大沂爲了搜集這方面材料與線索，深入到民間去採訪。曾找到一個曾參加過辛亥革命、專畫佛像的畫家錢化佛（一八八四—一九六四），他依靠畫佛賣給信奉佛教的人士維持生活，家中貼著六個大字：「錢化佛，佛化錢」，四周牆壁掛著所畫各色各樣的佛像供人選購。

他有不少特別收藏品，抗戰期間日軍在上海張貼的布告就是一種。據他說，見到日軍在上海市街張貼的重要大幅布告，常常出動全家人，在下雨的深夜，幫他四周把風，趁沒人路過的時候，他張著傘，揭下完整的布告；因爲天雨紙潮，很方便就可以從牆上完整地揭下，帶回家中密藏。他認爲這是日軍侵略的罪證，也是別人所不會有的珍貴藏品。經他同意，借給我們以大畫框裝裱展出。由於這是他冒險得來的珍藏，要留作紀念，不願出讓，展覽會結束後我們就全部歸還。此後我們沒有再和他聯繫，不知這份珍藏是否還完整地保存？

十分遺憾，上海始終沒有創建一個地方誌性質的博物館，把許多重要的地方文獻保藏起來。因此我還想到，我們抗戰以前在江灣新市中心區上海市博物館中，曾舉辦過大規模的上海一市十縣歷史文獻展覽會，展覽品都是各地居民從家藏文獻中提供的，出版有一本展覽會的詳細目錄。經歷了八年的抗戰，還經歷了歷次大的政治運動，特別是經過了「文化大革命」中「破四舊」的運動，不知這份目錄上的文獻至今還有多少保存著。

我們爲了提倡對文物的研究，從一九四六年九月起，用「上海市博物館研究室」的名義，借用上海《中央日報》的篇幅，每星期編輯出版一期《文物周刊》，直到四九年三、四月間，沒有間斷，共出版一百十多期。這個《文物周刊》雖然作爲《中央日報》的副刊，但是編輯宗旨以及內容，全部由我們作主，《中央日報》的總編輯從未干預，每期都是由我最後作出決定而發稿的。這是我國第一個以「文物」爲主題的期刊，也是當時唯一探討文物的刊物。所發表的文章，除了館內工作人員所寫以外，也收外稿，常常特約專家爲此寫稿，如顧頡剛、丁山（一九〇一—五二）、夏鼐（一九一〇—八五）、胡厚宣（一九一一—九五）等，都曾在這裡發表專門論文。

初會顧頡剛，與郭沫若論學，登船送幾近全盲的陳寅恪

這個時期我們和學術界各方面的交往是比較多的。四六年顧頡剛從四川來到上海，帶來他在四川主編的一套《文史雜誌》，特別到橫濱橋博物館來送給我，作爲他的見面禮，這是我們初次見面，相談甚歡。我就把這套《文史雜誌》存放在博物館的圖書室內（略有殘缺，現爲上海博物館圖書室的藏書），因爲上海的學者們還是第一次見到這本長期在大後方出版的雜誌，極爲難得。當時他熱情地約我一起合編這本《文史雜誌》，準備繼續在上海出版，我欣然接受。我們兩人一起曾多次和上海出版界聯繫，惜因物價不穩定，出版要賠錢，沒有人肯接受。接著他到北平找禹貢學會舊友，準備在北平出版這本雜誌，名義上由翁獨健（一九〇六—八六）和我兩人主編；但是顧頡剛這個計畫也沒有成

功，出了一期就停刊了。後來他回到蘇州，兼任文通書局編輯所所長時《文史雜誌》才復刊。不過這個時期許多知識分子生活困難，多數人沒有心緒做學問，這本雜誌發生的作用不大。四六年七月顧頡剛兼任上海大中國圖書局總經理，經常到博物館來。

當時郭沫若住在虹口，他的住宅門口上掛有一個小木製門牌，親筆寫個「郭」字作爲記號，那裡離博物館很近（即今日溧陽路一二六九號），他曾多次來到博物館交談或借書。當時他正在編校《聞一多全集》（開明書店，一九四八），見聞一多（一八九九—一九四六）討論伏羲神話的文章中引用到我的〈中國上古史導論〉，他專程前來，要借《古史辨》第七冊一讀。我和童書業也曾多次到他家中訪問，談論考古和文物方面的問題。有一次他拿出剛寫成的〈秦詛楚文考釋〉底稿來徵求意見。我們談論的只是學術上的問題，他很健談，但是聽力很差。

當時丁山在上海暨南大學執教，也常來博物館談論考古和古史方面的問題。胡厚宣在上海復旦大學執教，則是常來談甲骨文的問題。張鳳因爲是蔣大沂的老師，也常來談論考古上的問題。

四七年十月陳夢家從美國回到清華大學工作以後，爲了籌辦一個文物陳列室，常來上海訪購文物，每次來到上海必到博物館來。有一次他談到向一位甲骨學專家買一批甲骨而受騙的事，感到很氣憤。據說原先看定一盒甲骨共多少片，其中有多塊大片，因而要價較高。後來講定價值，等他上飛機前，在飛機場一手交錢、一手交貨，豈知帶到北平打開一看，大片都不見了，全是小片。我勸他事情已過去，再說也無用，反而要造成矛盾；這批甲骨經著錄之後再出售，原是爲了牟利，不必去計較。

我們還常迎送路過上海的學者。當陳寅恪於四九年一月從北平南下，路過上海，在黃浦江上轉乘輪船，準備經香港前往廣州，我和蔣大沂曾到黃浦江邊登上輪船送行。這時他兩眼的病情已很嚴重，只剩下微弱的光感，我們希望這位史學大師能夠保重健康；從此一別就沒有再見面，直到他在「文化大革命」中辭世。

上海市教育局長想派他的阿舅取代我出任博物館長

我和蔣大沂曾兩次前往南京中央研究院歷史語言研究所和中央博物院籌備處，目的在參觀河南安陽殷墟出土物。到史語所參觀時，承蒙李濟和夏鼐出來接待，他們很讚許我們為恢復上海市博物館所作的努力，認為在當時內戰爆發、社會動盪和經濟困難的情況下，能夠長期出版《文物周刊》並對上海周圍地區作考古調查，是難能可貴的。承蒙他們開放所有保藏出土文物的倉庫，詳細介紹了出土的情況，又送給我們已經發表的相關論文。到中央博物院籌備處參觀時，見到了曾昭燏（一八九九—一九六四）、王振鐸（一九一一—一九二）、向達（一九〇〇—六六）等學者。

我在這個時期工作十分繁忙，也還繼續做我的研究工作，主要有兩個方面：一方面是在編撰《戰國史料編年輯證》的基礎上，對戰國時代重要歷史事件和人物作必要的考證，作為進一步編寫《戰國史》的依據，稱為《戰國史事叢考》。我在新版《戰國史》〈後記〉說：「在一九四六、四七年間，先後發表十八篇文章。這些文章大多數發表於當時上海《東南日報》副刊《文史》上，少數發表於當時《益世報》副刊《史苑》上。」當時《文史》周刊是由魏建猷（光華大學教授，一九〇九—八八）主編的，

《史苑》周刊由顧頡剛主編，方詩銘（一九一九—）幫助編輯。其實當時發表的《戰國史事叢考》共有二十七篇，另一方面還曾寫二十三篇探討文物的文章，目錄皆見於《中國皇帝陵的起源與變遷》日文譯本（學生社，一九八一）的〈著者紹介〉。

當時全館任用工作人員不到二十人，全是文物考古的專業人員，政治上都是無黨無派；這是我和政府主管早就談定的。當時物價飛漲，生活困難，每次領到薪資（鈔票）立刻要上街向銀元販子調換銀幣，以保持幣值。所有工作人員雖然待遇很低，但是工作仍然非常努力，因而博得學術界人士和社會各界的稱許，所辦的一個《文物周刊》，雖篇幅不多，在文物界也很有聲望。

正因爲這個小博物館辦得有成績，社會上口碑不差，工作已上正軌，就有人想要摘取這個成果了。作爲頂頭上司的上海市教育局長就想派他的阿舅（妻子的哥哥）出任博物館館長。據說因爲他怕免我的職，改用一個不學無術的阿舅當館長，會引起學術界人士和社會名流反對，於是使喚社會教育處處長俞慶棠前來勸說我自動辭職。俞慶棠曾爲了這件事專程到博物館來找我，她說這完全出於局長的私心，她很不贊成，希望我仔細考慮一下。

我估計這位局長不敢貿然把我這個老資格的文物工作者免職，於是就到俞慶棠家中去回覆，我推說這個博物館在創建時設有董事會，是由全國的社會名流、著名學者和收藏家組成的，像這樣的改換館長人選的大事，應該徵求一下董事們的意見，我不便自動辭職，如果局長行使職權而作出決定，可以下令把我免職。這樣一來局長的計畫自然沒有成功。到一九四七年底，俞慶棠又到博物館來看我，她說她這個處長已幹不下去，馬上要離開上海了。不久，局長的阿舅就接任社會教育處處長，並且成立了一個美術館籌備處，由這位處長兼任籌備處主任。明眼人都說：內戰方酣，怎麼可能在上海創建一個新的美術館，這個美術館籌備處就是要等待適當時機來接管上海市博物館的。我們不管這些猜測的話，仍然堅持我們的工作。

三　扣住一批出口珍貴文物而引起的風波

一九四八年春，內戰益形激烈，物價飛漲，社會動盪，人心惶惶之際，我們從上海的古玩市場上得到消息，上海大古董商正要把大批珍貴文物盜運到美國。當時南京國民政府的內政部頒布有文物保護條例，海關有檢查出口文物的規定，不准古代文物出口；但是當時作爲上海主要文物工作單位的上海市博物館，始終沒有取得檢查上海海關出口文物的權力。知道古董商的圖謀後，我先在《文物周刊》上發表文章，呼籲嚴禁文物出口；古董商認爲我們是在那裡虛張聲勢。接著我們得到了正確消息，有一大批珍貴文物已運到上海海關，有關人士正在和古董商談納賄條件，條件談定就放行出口。我們要做的，就是馬上取得去海關倉庫檢查等待出口文物的權力，及時扣住這一大批珍貴文物。

收到一本厚書，中間挖孔，夾著一粒子彈

依照正常程序，我們要取得檢查出口文物的權力，必須先打報告給上海市教育局，請轉呈市長，然後由上海市政府特別爲此下一個命令；這樣做很可能在教育局拖延下來，消息還會走漏出去，古董商說不定製造個案件來陷害

我。如果作爲公事要去晉見市長，必須由市府辦公廳安排日期，也一樣會拖延而壞事。當時上海市長是吳國楨（一九〇三—八四）定期接見一般民衆，只要預先申請登記，可以較快見到吳國楨。因此我決定先寫一個請求批准的報告，然後作爲一般民衆申請接見。

吳國楨在一個特定的房間單獨接見有事來訪的民衆。當我見到吳國楨，就直截了當地說明我的身分和我的來意。我說：「聽到正確消息，有十多大箱的珍貴文物放在海關倉庫，將要被盜運出口，因此我很著急，特來請求接見，但望市長立即下一道命令，由我帶一個三人小組到那裡檢查，按照國家法令規定加以扣留，並隨即編造清冊呈報。」他很爽直，當即表示可以辦到，我就把寫好的報告呈上，他接著說：「我原以爲你當博物館館長，一定是個上年紀的人，看來你還很年輕，你幾歲？」我說：「三十四歲。」他馬上說：「祝你的前程遠大。」我立即起身，向他道謝告辭。隔了兩天，上海市政府就送來這道檢查海關的命令，我就帶同蔣大沂和張子祺（藝術部幹事）拿著命令，前往海關檢查出口文物。這是我們當時唯一的一次到海關檢查出口文物。

我們檢查到共十七大箱、近千件文物，因爲需要逐件清點，編造清冊，重新裝箱加貼封條，很是費時。除了開箱和裝箱由海關人員幫助外，我們三人整整忙了三天。其中有不少珍貴文物，包括一批一九二三年山西省渾源縣李峪村出土的著名青銅器如「犧尊」等，這是我們早在商承祚（一九〇二—一九一）《渾源彝器圖》（金陵大學中國文化研究所，一九三六）中見到過照片的，想不到會在這裡邂逅原物。我們編造的清冊，一式兩份，都由我簽字並注明扣留，一份留海關保管，一份由我們帶回，以便再呈報

犧尊。山西省渾源縣李峪村戰國墓葬出土，高三二・九公分，爲溫酒之器，現藏上海博物館

上級。當我們在第三天清點造冊工作結束，走出海關倉庫門口時，有一個熟悉的古董商已經等在那裡；他聲稱不是這批被扣文物的貨主，而是這個貨主委託他來找我們的，希望我們協商解決，任何條件都可談。我們當即回絕，三人分別乘了三輛三輪車趕回博物館，向大家報告我們扣留這批出口文物的經過。

這個大古董商看到對我們利誘沒有效果，就採取威脅手段，一方面在古玩市場上放出謠傳，說以前有人爲了爭奪這批渾源出土銅器，曾發生過一件殺人案，另一方面寄恐嚇信給我，白信箋中心有一大灘紅墨水，上面有中文打字，命令我見信立即辭職離館，否則請看顏色。顏色是指鮮血，就是說要暗殺。另外還寄來一本厚書，中間挖有一孔，夾有一粒子彈。我沒理睬，只是自己往來博物館時多加注意。

我們曾將扣留這批珍貴文物的經過和數目

呈報給上海市政府和南京的內政部備案。隔了好久，忽然接到內政部公文，要我們再派員前往海關重作檢查，放行其中的仿製品，我們爲了堅持原則，沒再前往檢查。一天，明器陳列室的第一部分，中間一個陳列櫥的鎖被撬開，一件漢代的綠釉陶井忽然不見了。這個櫥子

原來結構不牢固，有人趁管理員不注意把這件陶井偷走了。這種陶井的市場價格不很貴，偷去這件文物的顯然另有目的。到第二天，上海《中央日報》的「讀者來信」一欄中就登出一封來信，說他參觀明器陳列室時發現有貴重文物失竊，必須對這一案件作認眞的調查和處理。很清楚，這是有計畫的一個陷害行動。

有驚無險解決文物失竊風波

我們估計必然是被扣文物的古董商，出錢買通壞人前來作案並設計進行陷害的。我們因此立即到古玩市場，找我們多年來熟悉的職工和小古董商，說明失竊情況，請他們分頭去找尋這件失竊的陶井下落。我向他們提出保證，我只希望找回這件失物，如果竊賊賣給哪一家古玩鋪或者哪一個小地攤上，我個人願意按需要的價格來贖回失物，不追究任何責任，也不追究作案的人。我說我們交往多年，你們可以相信我的話是算數的。

隔了兩天，果然有一個熟悉的小古董商前來告訴我，發現了這件陶井的下落。原來竊賊偷到以後，就賣給了離博物館不遠的虬江路一個地攤，這個地攤小販知道來路不正，不敢公開出售，藏在家裡。他說：他已和這個小販講定，保證不追究任何責任，並且已經講定多少價格可以由我贖回，只要隔天我親自前去，說明由他介紹前來購買陶井，這個小販就會拿出來，一手交錢，一手交貨。次日清早我帶了我

自己的錢，找到這個擺地攤的小販，就照做了，立即把這件失物用布袋裝好帶回博物館。館內工作人員看到我帶回這件文物，都很高興，尤其明器陳列室的管理員特別開心，說：「我們的館長神通廣大。」我說：「我沒有什麼神通，只是靠衆人的幫忙。」

當天我就把這件陶井照原樣再陳列出來，並且通知保管庫房的人員找出這件陶井原來拍攝的照片，準備有人來調查時用作證明。隔天忽然來了一個市政府的處長，要瞭解報上揭發的失竊文物的事。我當即出來接待，陪他到這個陳列櫥旁，指出這件陶井沒有遺失，並且找保管人員拿出原來所拍照片對證。我解釋說：「這件陶井，前幾天因爲清潔陳列櫥臨時收回庫房保管，那個投書報館的參觀者是出於誤會。」這位處長看了陶井，對了照片，無話可說就走了。那位陳列室保管員說：「好險，如果他早兩天來就糟了！」於是我立即寫好一則更正啓事，當天晚上親自去找《中央日報》總編輯，請在「讀者來信」一欄中刊登博物館的更正。這位總編輯把負責的編輯找來；這位編輯原是光華大學的老同學，他說由此看來是有人搗鬼，可以幫你追查這位投書者，我說沒有必要。從此我們特別警惕，以防展覽室陳列品失竊，也防止發生別人製造陷害我們的案件。

由於扣住這一批珍貴文物而接連發生風波，弄得我精神很是緊張，又要損失不少的錢，幸而沒有受到陷害。但是這批扣留在海關的珍貴文物，南京的內政部長期拖延著未作處理；直到四九年五月共產黨領導的人民解放軍攻克上海，這批扣留文物就成爲新成立的「上海文物保管委員會」首批接管文物，後來成爲上海博物館的藏品。當五二年上海博物館在南京西路原跑馬廳舊址開幕的時候，由我編寫的《上海博物館陳列室說明》，封面上就印有這批扣留文物中渾源出土青銅器「牛尊」的大幅圖像。這張鋼筆畫的牛尊圖像，是我請當時在陳列部工作的日本友人阿部先生（忘卻其名）所畫的（他在五三年返日），這張畫還曾刊布於我的第一版《戰國史》的卷首插圖中和第二版《戰國史》第五七頁。因為這是我們冒著生命危險而扣留下來的珍貴文物，對它有著極特別的情感。

太湖遇搶匪，身無分文走到蘇州

四九年四月中旬，正當解放軍準備橫渡長江之際，駐防在常州的國民黨軍隊在車站附近修築防禦工事，發現了一個有銅器的漢墓，沒有任何考古工作隊前往發掘清理。我們認為義不容辭，應該前往完成發掘工作，搶救出這批漢代文物。我為了避開那些古董商趁上海附近戰事爆發對我做什麼小動作，就和蔣大沂一起帶領一個考古隊前往常州發掘漢墓，臨行前，我託《大公報》記者發出消息，說我帶領考古隊前往常州一帶從事考古發掘。當我們把這個漢墓發掘清理完畢，解放軍已在二十一日橫渡長江，很快就攻佔常州。我們商量決定，由蔣大沂帶領這個考古隊留在常州，把這批出土漢代文物造冊，在適當時候送交常州新成立的機構保管，我自己則先回上海，以便處理博物館在戰亂中遇到的問題。

我準備先到蘇州暫住一下，再設法回到上海。當時常州往蘇州的火車已經不通，只有內河輪船還航行。我搭船沿江南運河到無錫附近，突然被太湖裡出來搶劫的一幫土匪攔住，對每個旅客搜索財物，並查問旅客身分企圖留作人質。我幸而擠在後面，看到情況不妙，先把一方刻有「上海市博物館」六字的小圖章以及筆記本丟入河中，混在逃難的人群裡，未被發現眞實身分，但所帶的十個銀元全被搜去。土匪們對每一個旅客搜刮一空後，就把我們趕著上岸，這隻船就被土匪奪去使用了。

我被土匪搶去銀元以後，身邊沒有錢可另外雇船，只能沿著運河步行，經望亭走向蘇州，一路上正遇到大隊解放軍也沿著運河前進。上空時常有國民黨的飛機來往偵查，有時飛得很低，用機關槍向下掃射，解放軍有時用步槍和高射機關槍還擊，一路上槍聲不斷。解放軍因爲急著推進，一路上對於我並不查問，好容易入夜後步行到蘇州，就到博物館的老同事曹鋆家裡借宿。雖然曹鋆在上海工作，他的家人仍然熱忱地招待我。我在蘇州住了三天，研究如何越過兩軍交戰的火線回到上海。當時滬寧鐵路上的戰事相持於崑山附近，有兩條路可以通往上海，一條是水路，經太湖繞道到上海，不需要經過火線；但是太湖裡土匪很多，隨時可能遇搶；另一條是陸路，沿鐵路走，經過兩軍交戰的火線附近，可以繞道附近的農村，而且一路上有經常來往的商人可以領路。我選定這條陸路，繞道農村而越過火線，到天福庵搭上了火車，回到上海。

這時上海市博物館已經停止開放，所有陳列品已歸藏庫房。這是我出發前委託童書業主持的，如果遇到緊急情況，陳列品必須歸藏庫房。我先到館中向大家報告在常州發掘漢墓的情況，接著又到教育局去報告博物館的現狀；從此我們就在博物館等待接管。蔣大沂和考古隊是等上海戰事結束後才回來的。解放軍橫渡長江之後，一路勢如破竹，但上海是必爭之地，估計要經過一場激烈的戰鬥，不過從總的形勢來看，上海要不了多久就會被解放軍攻下。

第七章　惡浪淘天

上海博物館的創建與連串政治運動的翻弄

（一九四九—五九）

一　創建「上海博物館」的準備和參加「三反五反」運動

四九年五月解放軍攻下上海，成立新的上海市政府以及新的上海市教育局，設在橫濱橋的上海市博物館仍然屬教育局的社會教育處領導，只是名稱改爲「上海市立歷史博物館」。館長仍由我擔任，所有工作人員一仍其舊，無黨無派，既沒有國民黨員，也沒有共產黨員。教育局始終沒有派共產黨的幹部到博物館來主持工作，一切維持原狀，與其他文化機關被徹底改組的情況不同。五〇年二月六日國民黨空軍飛機到上海大學轟炸發電廠和水電公司，接著常有空襲的警報，童書業因而精神病發，感到十分恐懼，因而應邀前往山東大學歷史系任教。同時，博物館爲了展開民衆的教育工作，改變組織編制，分設陳列和群衆工作兩個部，由我聘請蔣大沂爲陳列部主任，另聘蔣天格（原同濟大學教授）爲群衆工作部主任。

這時上海市政府創設「文物保管委員會」主管文物工作，由李亞農（一九〇二—六二）做主任，徐森玉（一八八一—一九七一）爲副主任。李亞農一名旦丘，四川江津人，早年留學日本，曾任由法國創設的上海孔德研究所研究員，從事甲骨文和金文的考釋，出版有《鐵雲藏龜零拾》、《殷契摭佚》等著作。一九四一年到蘇北游擊區，歷任新四軍政治部的對日「敵工部」副部長、培養共黨革命幹部的華中建設大學校長和華東研究院院長。他隨著解放軍進入上海，負責接管中央研究院所屬上海各自然科學研究所，成爲中國科學院上海辦事處主任；同時負責接管文物工作，出任上海市文物保管委員會主任。徐森玉名鴻寶，原是故宮博物院的古物館館長，抗戰勝利後在上海擔任「敵僞逆文物處理委員會」主任。

太平天國百年展作爲創設新博物館序幕

上海文物保管委員會共有委員十多人，聘請一些年老學者擔任，不需要辦公，每月只參加一次會議，領取全工資，帶有「統戰」工作的性質。其中著名委員有沈尹默（原北京大學教授，曾任北平大學校長，一八八三—一九七一）、汪東（東南大學文學院院長，一八九〇—一九六三）、顧頡剛、柳詒徵等。這個委員會的具體工作由主任秘書主持，分設古物整理處和圖書整理處，分別負責搜集和採購流散的古物和圖書，準備用來創設大規模的上海博物館和上海圖書館。

五〇年夏李亞農親自到橫濱橋博物館來找我，他希望這個博物館合併到文物保管委員會，由我擔任這個會的主任秘書兼古物整理處處長職務，主管整個會的工作，並著手創辦一個大規模的上海博物館；當時已經決定利用原來南京西路三二五號跑馬總會的房舍成立新的博物館和圖書館。並且說：他在科學院的工作很忙，文物保管委員會的工作只能主管方針原則，無論人事的安排和經費的使用，都需要我負責辦理。我和李亞農原來不相識，但是他讀過我的著作，知道我很熱心創辦博物館的事業，認爲我可以勝任這件事，於是就這樣決定了。我向來認爲上海這樣一個國際大都會，我們有責任在這裡創建一個具有規模的代表中國優秀文化傳統的博物館，因此我很願意爲此作出應有的努力，所有博物館的老同事和我懷著同樣的願望。

這時新政府開始建立管理全國文化機構包括文物機構的行政管理系統。北京創設文化部，文化部之下設有文物局，局長鄭振鐸，他原是作家兼文學史專家，近年著重研究文物。文物局下設有博物館、圖書館、文物三個科，博物館科科長是從南京博物院調去的王振鐸。同時上海的華東文化部之下，也設有文物處，處長由徐森玉兼任，副處長唐弢（一九一三－一九二）也是作家兼文學史家，我們博物館的蔣大沂被借調去做博物館科科長。

一九五一年一月是太平天國建國一百周年，上海文化界發起舉辦一個大規模展覽會來紀念，這件事決定由華東文化部文物處和我們博物館合作籌備主持，實際上這個工作就落到我的肩上。因此五〇年下半年我們就忙於籌備太平天國革命起義百年紀念展覽會。我們把太平天國重要領袖的圖像放大，複製了各種太平軍的旗子和服裝，複印了重要的文獻，還把歷次重要事件畫成大幅圖片，其中最重要的事件則製作蠟像呈現出來，使得太平天國十四年歷史，從開創一直到失敗，具象地羅列在觀衆面前。

這可以說是準備創建上海博物館的序幕。這個展覽會於五一年春借南京西路跑馬廳的屋舍舉行，轟動了整個上海，每天觀衆人山人海，擁擠不堪，原定展出一個月，後來再延長了一個多月，觀衆還是十分踴躍。後來這個展覽轉移到南京、蘇州等地繼續展出，仍然受到民衆熱烈歡迎。這次展覽會的成功，鍛鍊了我們的工作人員，加強了我們迅速創建一個大博物館的信心。

五一年十月，上海市文物保管委員會已遷進南京西路跑馬廳大樓，橫濱橋的博物館就合併到這裡。當時跑馬廳大樓屬於英國人所有，是經過簽約而租借的。十一月上海全市開展「三反五反」運動，這是我們第一次參加共產黨幹部主持的政治運動。這裡的運動由李亞農主

南京西路的上海博物館（南京西路三二五號）；原爲跑馬廳大樓，現爲上海美術館新館—高木智見氏提供

持，具體由秘書處的人事科和保衛科的負責幹部發動。「三反」是在各個機構內部反官僚主義、反貪污和反浪費，「五反」是清查商人的投機倒把、納賄、盜竊國家財產、竊取國家機密以及逃稅、漏稅等不法行爲。運動進行的方式，是發動群衆揭發和追查，並經過認眞的「內查」和「外調」，對於本單位的主管人員則由上級派下工作組來檢查。「內查」是清查每個人經手的帳目和發票，並鼓勵群衆檢舉揭發；「外調」是派人前往商店核對帳目，或者把店主找來調查，同時發動店員檢舉店主的不法行爲。

一　打三反，面對面，背靠背

「三反」和「五反」常有聯繫，因爲這種不法行爲往往是幹部或工作人員和商人勾結進行的，因而需要在全市各政府機構和商店同時發動這場政治運動。在文物保管委員會和博物館發動這個運動，重點在於清查收購文物、圖書的過程中的「三反」「五反」問題，清查的對象是主管和經手收購的工作人員和出售文物的收藏家、古玩鋪和舊書店。博物館和華東文化部合辦的紀念太平天國百年展覽會，曾花用很多經費，也是要重點清查的問題。

運動進行的方式是很激烈的，對於發現有

問題的對象，採取發動群衆來圍攻的方法，稱爲「打老虎」。貪污一千元以上人民幣的稱爲「小老虎」，貪污一萬以上的爲「大老虎」。因而這個運動又稱爲「一打三反運動」。群衆組成的打虎隊，常常根據發現的問題窮追猛打，甚至通宵達旦地進行審問，有些單位出現了逼迫對象供認從而定罪的偏差作爲，有些單位出現了審查對象畏罪自殺的事故。博物館中一個保管員因受不了連續查問，感到委屈而吞下金戒指自殺，幸而及時搶救。當時文物保管委員會中有個職員叫金祖同（一九一二—五二），在跑馬廳大門外轉角上開設一家飲食小店，在小店的五反運動中自殺而死。他當時還很年輕，曾從事考古調查和甲骨文研究。郭沫若在日本出版的《殷契粹篇》（文求堂，一九三七）一書，就是根據他送到日本的劉體智（一八七八—一九六二）所藏甲骨文拓本而編成的。他也編有《殷契遺珠》、《龜卜百二十五片》、《流沙遺珍考釋》等書。他原是上海著名舊書店中國書店店主的兒子，早年曾跟衛聚賢從事考古調查；我在大學求學時就和他認識而通信。沒想到他會在這場風波中過早地辭世。

文物保管委員會經歷這次運動，前後共三個月。這個運動對於上海博物館的創辦是大有幫助的，因爲此後在創設過程中，要陸續大量收購社會上流散的名貴文物，如果不清除社會上長期流傳下來的貪污、納賄惡習，將成爲我們收購名貴文物大障礙。當時古玩商在出售名貴文物的過程中，常常以古物作爲納賄的禮品，送給爲公家買進古物的經手人，而這些經手人還常常自己做買賣古物的生意。當時文物保管委員會中就有這樣的工作人員，經過這次運動，打出了幾隻小老虎和一隻大老虎。一個著名畫家在歷次買進古畫的過程中，接受古玩商納賄的古畫，價值在一萬元左右，成爲大老虎。大小老虎要根據罪行的輕重處罰，或者加以管制；貪汚所得必須立即歸還，稱爲「退賠」。

這次運動是文物保管委員會和博物館合併進行的。我在博物館是個主要審查對象，同時在文物保管委員會又負有協助領導進行審查的責任。華東文化部派來一個科長領導的小組，專門審查我所經管的經費開支。因爲我從未到古玩鋪爲自己買一件古物，也從未接受任何人所送的禮品，因而這個工作組發動館員進行內查和外調兩個月，沒有查出任何疑問，沒有對我「面對面」的審問，只是進行了稱爲「背靠背」的審查，說明這個上級派下來的工作組是很審愼進行的。同時我在幫助領導審查文物保管委員會工作時，建議對出售古物的收藏家進行調查要與古董商區別開來，採取協商的態度，講究禮貌，免得傷害他們的尊嚴，因爲今後創辦新的博物館，非常需要他們的合作和幫助。

在被稱之爲「染缸」的上海十里洋場，不少人染上社會惡習而腐化墮落，因此在這時進行這樣一次「三反五反」運動，對改變社會風氣和澄淸幹部隊伍是十分必要的，也取得了很大成效。在各個機關推展這個運動的流弊還不算大，因爲這是防止貪汚腐化的運動，對審查對象所作的結論，必須建立在數字帳目的基礎上，即使運動中一時因逼供手段而造成錯誤結論，也很快可以得到糾正。這和後來歷次的政治運動是不同的。

「忠誠老實」運動，全民檔案入櫃

通過這次運動，使我認識到上海文物工作者的隊伍中還存在著一個嚴重的問題，就是有些掌握大權的高級幹部正企圖利用文物工作者為他們謀求古畫，企圖由此而成為古畫的收藏家，而某些文物工作者也樂於為他們效命，企圖由此得到提拔和重用。我們在調查中發現了兩個案件：

㈠華東文化部文物處收購的一本古畫的冊頁，是徐森玉經手買進的。經調查，這本冊頁是華東文教委員會秘書長徐平羽（一九〇九—八六）委託徐森玉賣給文物處的，此中很有問題。這個問題，因牽涉到高級幹部，文物處在運動中沒有作進一步的追查。

㈡上海市文物保管委員會在調查中，發現一個多次出售古畫的賣主，姓名、地址以及用領取支票的圖章都是假的，經派人前往實地調查，確定並無其人。據會計科職員的回憶，每次這個賣主領取支票，都是由徐森玉帶來賣主圖章代為領取。經向徐森玉查詢，他承認這是他的弄虛作偽，多次把自己所有的古畫，假託這個賣主的姓名和地址，由他經手賣給了文物保管委員會。當時會中主持運動的幹部，為了保全徐森玉的體面，未把這件事向大家公開宣布，只是要求徐森玉在一次會議上籠統地承認犯有經濟方面的錯誤，保證以後不再犯，就未作進一步的追查。

當時我不敢追問這兩個案件的內情，只是為上海文物事業的前途擔憂。作為文化工作的領導，特別是文物工作的主管，怎麼可以兼做文物的買賣呢？而且當時無論高級幹部和文物工作者，工資都不高，如無其他收入，怎麼可能用高價來買進古畫呢？近代中國研究古物的學者，往往兼做古物的收藏家，甚至兼做古物買賣，這是學術界的一種病態。如果主管文化和文物工作的高級幹部也兼做收藏家，也兼做買賣，此中弊病是不堪設想的。經過這場運動，我想文物工作者這種不正之風可能暫時收斂，正是我們大規模收購社會上流散文物，從而創建一個大規模博物館的好時機。但我還是很擔憂，因爲曾聽到文物保管委員會的職員沈劍知告訴我，徐平羽十分喜愛收藏古畫，他託徐森玉替他多方設法尋求，沈劍知原有一張清代名家的畫，被拿去鑒賞，長期沒有歸還。詳細的經過，我不便多問。

「三反五反」運動之後，緊接著大學裡開展知識分子「思想改造」運動，行政機關開展「忠誠老實」運動，性質是差不多的，都要求交代一生的歷史，包括所有政治活動以及與黨派的關係，要在小組會上或大會上檢討批判自己一生的行爲和思想，還要相互提意見並檢舉揭發批判。最後要每個人根據一定的要求，寫成一篇詳盡的自傳，經過小組討論和通過，才能定稿上交，包括出身、個人成分、工作經歷、政治歷史問題、社會關係和海外關係等等。從此任何工作單位的任何工作人員，都有一袋保密的個人檔案，藏在本單位人事部門的機要櫃內，單位領導的檔案則藏在上級單位人事部門，其中包括本人所寫的自傳，別人檢舉揭發的材料，自己所作檢討的記錄，每次運動中所作的結論，本單位共產黨組織所作的鑑定，也還包括每個時期的思想動態，所有歷史上以及當前政治上和思想上存在的問題。這是一種特有的人事檔案制度，用來嚴密地控管人事工作，常常被用作歷次政治運動中進一步審查的重要依據。

文物保管委員會在「忠誠老實」運動中，是由人事科主持的。這時我已擔任這個機關的主任秘書，人事科在我的管轄之下，但是因爲我是黨外人士，不能過問政治運動，也不能查閱保密的人事檔案。每當新的工作人員調來，有關單位必須同時送來這個人的人事檔案，如果送到我的手中，我也只能原封轉送到人事科去。看來在這次「忠誠老實」運動中，原博物館我的「老部下」中，沒有查出什麼政治歷史問題，因爲他們向來是無黨無派的人。同時由於上次「三反五反運動」對我「背靠背」的審查，沒有查出什麼問題，再因爲我剛擔任主任秘書，人事科對我特別寬待，沒有要求我到群衆中去交代一生的歷史，也沒有要求我寫詳細的自傳，只要我寫一張簡單的工作經歷表上交。

二 「上海博物館」的創建

從一九五二年一月起，上海市文物保管委員會一方面在結束「三反」「五反」運動，另一方面就積極準備創辦上海圖書館和上海博物館。圖書館的閱覽室準備設在跑馬廳大樓的基層，包括原來看台以內的大廳，決定在這年七月開放，並宣布上海圖書館的創立。博物館的陳列室準備設在大樓的二層和三層，決定這年十二月開放，並宣布上海博物館的創立。我因爲擔任主任秘書又兼古物整理處處長，既要總管全局，又要負責創建新的博物館，工作很是繁忙，甚至連星期日也要上班。

當時李亞農認爲，目前上海的領導人員中還多不瞭解創辦這樣一個代表中國傳統文化博物館的重要性，有些人還認爲這是玩古董，這是「發思古之幽情」，不合今天人民大衆的需要，因此我們先要做好對領導人員的接待工作，使他們瞭解這個工作的重要性，能夠積極支持這項創辦工作。因此每個星期日上午，我們邀請中共上海市委的領導人員來到我們的接待室，預先根據他們的要求，從庫房中提出古物請他們鑒賞，由我們說明這些古物的來歷以及文化上的價値，並解答他們提出來的問題，從而使得他們瞭解博物館工作的重要性。這項工作做了一年之久。

創立新中國第一個大型博物館

當時上海每年文化事業經費共三百萬元，用作創辦上海博物館和上海圖書館的經費佔三分之一，是比較充裕的。上海博物館被定位爲綜合性藝術博物館，因爲上海爲國際觀瞻所繫，博物館應該陳列代表中國優秀文化藝術傳統的精品。同時爲了對民衆進行愛國教育，決定採用按時代順序陳列的方式。原跑馬廳大樓的二層和三層，每層都有一排十五個房間，我們把三間房間打通作爲一個陳列室，兩層共九個陳列室。九個陳列室的順序是：㈠原始社會、殷商，㈡西周、春秋、戰國，㈢秦、漢，㈣魏、晉、南北朝，㈤隋、唐、五代，㈥宋元，㈦明代，㈧清代，㈨近代工藝品。

爲了完成創建上海博物館的工作，我們設立了陳列部、保管部和群衆工作部，這就需要大量具有考古文物工作經驗的人員。博物館和文管會的工作人員本來不多，同時學校裡也沒有培養出這方面的人才，因此我們只能登報招考學生，通過考試來挑選一批有專業潛力的青年，幫助他們一面工作一面學習。這樣一來我們這些有文物工作經驗的人忙上加忙，經常要幫助他們進行學習，做各類文物的學習輔導報告，並且在陳列室的布置過程中，向學員作系統的說明。我們還常常邀請有文物鑑定經驗的專家學者向他們傳授各類知識。我們的陳列品中，青銅器、陶瓷器和繪畫最多，因而需要特別加強對這些方面的學習。我們在學習中，不但重視各種門類的專家研究成果，也重視過去古董商們長期累積的鑑識經驗。古董商在鑒別古物時特別注意市場價格的高低，對於我們收購文物工作也是很有用處的。當時我們會中有一位瓷器專家馬澤溥，原是古董商出身，對於鑒別明、清兩代各個時期的景德鎭瓷器有豐富的經驗，我們就請他選出其中的代表作品，明確指出鑑識的特點以及市場價格；我自己也常去認眞聽講。

要完成九個時代的陳列布置工作，有一系列的工作要認眞做好：要挑選出各個時代各類文物有代表性的陳列品，要按陳列品設計製作陳列櫥以及陳列用座子，要確定每件陳列品的正確名稱，要寫出每個時代陳列室的總說明、各類陳列品的說明以及重要陳列品的詳明說明。爲了做好挑選陳列品的工作，要對庫房所有文物認眞地清點和查察；爲了使所有說明書寫得系統化，需要通盤加以考慮，我爲此親自草擬，印成陳列品說明一冊，供觀衆閱讀。原來陳列品的名稱很不統一，我們爲此分別制定了各類重要文物定名的條例，這就便於進行陳列、保管和研究。經過所有工作人員十一個月的努力，九個陳列室終於布置完成如期對外開放，成爲當時國內第一個新創建的大型博物館，當我們的陳列品說明書寄到北京的文物局時，鄭振鐸特別爲此召集北京的故宮博物院和歷史博物館負責人開會，對這份陳列品說明書加以討論，希望他們也能早日對外開放。

這個博物館所以能很快建成，在短短幾年中不斷充實內容，首先應該歸功於收藏家的支援。不少收藏家既不願把名貴文物賣給古董商出口到外國去，又要千方百計地防止外來侵略者的侵奪和盜賊的偷搶，得經歷許多周折才能保全。這時他們看到上海將要創建一個代表祖國優秀文化傳統的大博物館，就很樂意把這些國之重寶貢獻出來。最突出的例子就是潘達于女士捐獻兩件西周時代的大銅器「盂鼎」和「克鼎」。前者清道光年間（一八二一—五〇）出土於陝西岐山的禮村，後者則是在光緒十六年（一八九〇）出土於陝西扶風的任家村，原來都是蘇州潘祖蔭攀古樓所藏的著名大銅器。

上海向來是各地盜掘出土文物集中交易的地方

當日軍侵占蘇州時，日軍在漢奸引導下多次到潘家搜查，追究兩件大銅器的下落，因爲預先深藏在地下，未被發現。這時女主人潘達于把這兩件國寶級藏品捐獻給上海市文管會，由我們前往蘇州潘宅受贈；五九年一月我們特爲出版《盂鼎克鼎》一書作爲紀念，這書的序言是我起草的。當北京中國歷史博物館成立時，我們爲了支援這個新博物館的開幕，把盂鼎轉送到過去，於是成爲該館的藏品。潘達于女士不僅捐獻了這兩件稀世之珍、無價之寶，接著她又把保藏在上海寓所的文物全部出讓給上海博物館。她爲此打電話來找我，要我到她的寓所去挑選。當我同博物館兩個同事一起到她的寓所時，她親自打開兩個保藏文物的箱子，讓我們仔細鑒別和挑選。待我們選出所需要的文物，當場寫了一張臨時收據給她，她沒有提出要求的價格，說價格由我們開會討論決定，一定公平合理。她對我們的信任令人感動。

同樣的愛國熱忱，又見於蘇州顧氏過雲樓的一位女主人。過雲樓是清代末年蘇州收藏古代字畫的大名家，原主人顧文彬著有《過雲樓書畫記》六卷（光緒八年刊本）。這時過雲樓的後裔分爲兩支，其中一支的女主人沈同樾親自把所有收藏的名貴古代字畫，從蘇州送到上海博物館來捐獻。我們特別爲她舉辦了一個展覽

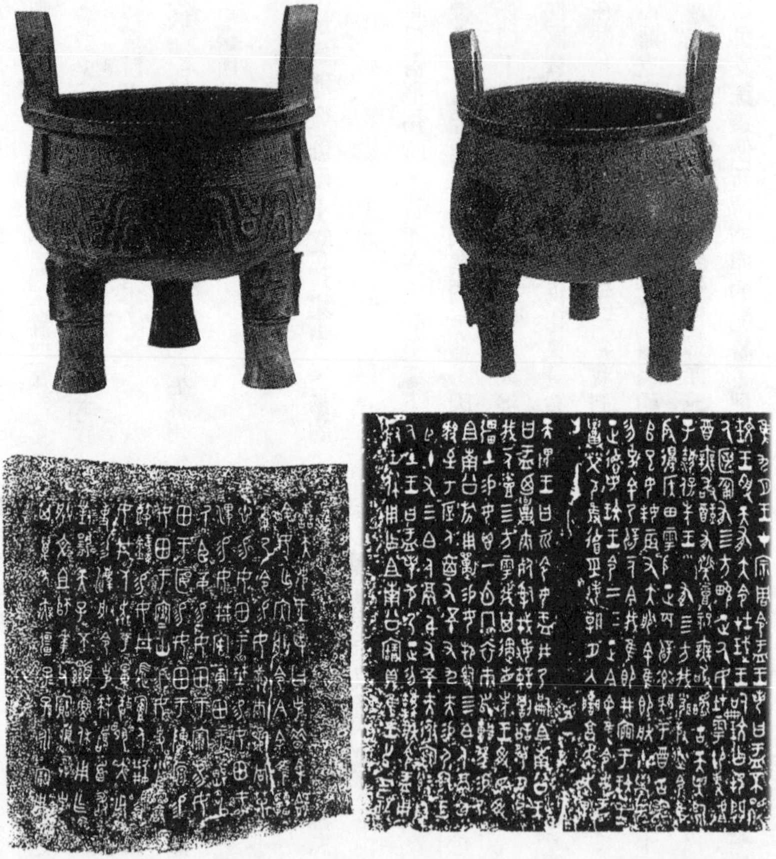

潘祖蔭舊藏大盂鼎、大克鼎及銘文。一九五一年潘氏後人潘達于捐贈上海博物館；大盂鼎後轉藏北京中國歷史博物館

會，同時召開一次文管會大會，舉行授獎的儀式。過雲樓另一支的主人顧公碩，也是熱情支援我們工作的。我曾率領一個五人小組，前往蘇州專程拜訪他，承蒙熱忱接待，把所藏名貴字畫提供鑒賞。我們訪問的目的，是請求他出讓著名的蘇東坡所作「祭黃幾道文卷」；我們依照他提出的價格購藏，使這件著名的作品成爲上海博物館名貴藏品之一。使我感到十分不安的，在「文化大革命」中聽說顧公碩的家被抄，他被迫害而自殺了。寫到這裡，不禁回想到上海博物館的創建階段，能夠把許多名貴文物收藏到博物館中，是十分重要的事，否則的話，「文革」中文物遭到的損害將更爲嚴重。

特別令人不能忘懷的，是上海瓷器收藏家顧麗江。他原是資本家，愛蒐集小件的各種瓷器，歷年收藏有好幾百件，原在上海南市建有一座房屋，準備創辦一個麗江瓷器博物館，曾邀我去參觀；抗戰勝利後他來找我，想委託我幫助他創辦。後來因內戰爆發，這個計畫沒有實行。自從上海博物館開放以後，他常來參觀瓷器，每次都會來看我，對陳列的瓷器提出商討的意見。後來他把所有收藏的瓷器全部捐獻給我們，他認爲這些瓷器是他一生心血所在，如今終於有了很好的歸宿；我們也爲他舉辦了一個特展。他在捐獻這批瓷器之後不久就去世了。

短短幾年之內，上海博物館之所以能夠成爲藝術精品集中的博物館，除了來自收藏家的大批捐獻之外，主要依靠陸續收購大小收藏家的藏品以及流散的文物。當時上海的大小收藏家有兩種，一種是當地的資本家而兼收藏家，他們的藏品都是近年來收購的；另一種是從內地移居上海的老收藏家，他們的藏品大多數是祖傳的。上海向來是各地盜掘出土文物集中交易的地方，不但大小古玩鋪很多，而且有規模較大的古玩市場。資本家中有不少雅好收藏文物的，主要是收購書畫、瓷器和銅器，作為他們私人的一種資產。其中有些收藏家經過長期對文物的鑒賞，已成爲這方面的內行，收藏有很多藝術精品。也有一些收藏家自己是外行，依靠別人經手收購文物，所藏就充斥許多贗品。抗戰開始以後，各地老收藏家爲了逃避戰亂，紛紛移居上海租界，這個時期我們嚴格檢查海關出口文物，盜運出口的路途已經斷絕，因而古物的市場價格大爲低落。許多商人認爲今後古物的行情還會降低，因而有些收藏家在經濟上發生困難時，都自願出售藏品。「三反五反」運動之後，有不少小收藏家急於求售；同時內地由於進行「土地改革」，地主所藏的文物也有流散到上海來的。

上窮碧落蒐購文物

我們爲了做好收購文物工作，由文管會和博物館的專家們組成一個「收購文物委員會」，專門負責鑑定與估價工作，除了每月定期開會以外，如有重要文物的收購，也會召開臨時會議討論。例如畫家吳湖帆（一八九四—一九六八）原是愙齋吳大澂的後裔，他在上海寓所保存有一批愙齋舊藏的青銅器，向我們請求收購，經我們前往鑑定、商量好價格後，就臨時召集收購委員會來處理解決。對於大收藏家的大批文物收購，都是經過詳細研究才討論決定的。例如浙江吳興龐元濟虛齋（一八六四—一九四九），原是清末書畫大收藏家，著有《虛齋名畫錄》十六卷。這時龐家已遷居上海，虛齋主人龐秉禮經常出售字畫給我們；在「三反五反」中由我對他進行調查，過程很是尊重他。虛齋最後出售的大批字畫，因爲數量多，價值大，是由上海博物館和北京故宮博物院聯合收購的，並由文物局局長王冶秋（一九〇九—八七）親自到上海來主持而定案的。

由於我們收購文物的名聲很大，外地收藏家有專程來洽談的，也有帶來文物當場商定價格而讓渡的。遇到重要文物的收購，我都會親自參與。記得有一天，有人從安徽山區來到博物館，請求收購四張保存狀況完好的唐寅（一四七〇—一五二三）所作絹本大幅山水屏條。我感到奇怪，絹本的畫不容易長期保存得完好的，經瞭解才知道原來這四幅畫收藏在山區的一所祠堂裡，有人長期妥善保管。

我們爲了補充古代藝術品的不足，還曾到福建、安徽等地去進行調查和收購。我們曾派人到福建去蒐集近代漆器，到洞庭東山收購蘇州早期的木刻年畫，到北京琉璃廠搜集古老的佛像等雕塑。當時各地破除迷信，佛像等雕塑多有被拆除出售的。此外，爲了保護容易損壞的名貴字畫，我們開始製作複製品，既可用來陳列，又可出售給愛好者和國外的博物館。首先複製的是卷首有宋徽宗題字的唐末孫位所作「高逸圖卷」（竹林七賢圖）。

複製的方法是印刷和手工描繪相結合，先是利用機器在絹上印刷與原畫相同的線條，然後由手工描繪上色。爲了複製古代書畫，我們特別聘請了製作分色版和珂羅版（collotype，一種照相製版）的技術人員，並且從國外引進了一台彩色印刷機。這時製作珂羅版的技術已經後繼無人了，我們只找到了一位年近六十的老技術人員，請他來傳授製版技術。但是上級批不准，認爲將近退休的人不能再任用，經我們力爭，指出了傳授這種製版技術的重要性，才得到批准。爲了保存和發展裱畫的技術，我們吸收了過去裱畫店中高水平的裱畫技術人員；爲了保存和發展修補古銅器和其他古物的技術，我們又吸收了過去爲古董商修補古物的技術人員。逐漸地我們將博物館也發展成一個文物修復與複製工場。

我們爲了提供研究的資料，一九五八年曾編《盂鼎克鼎》和《齊量》各一冊，於次年由館方印刷出版。《齊量》記載的就是一八五七年山東膠縣靈山衛古城出土的齊國量器子禾子釜、陳純釜和左關鉚三器。子禾子釜已與盂鼎同時轉送給北京中國歷史博物館。五九年我們編輯了《上海博物館藏青銅器》和《上海博物館藏畫》兩書，交給上海美術出版社印行，因製版印刷費時，延至六四年才出版。

從來不爲自己買一件古物，也不替別人代買

上海博物館與上海圖書館從五三年起歸上海市文化局領導，脫離與文物保管委員會的關係，李亞農從此不再兼管文物工作，我也不再兼管文管會的事，專門負責上海博物館的領導工作。上海市文管會從南京西路遷到天平路，由徐森玉升爲主任。但是文物收購委員會仍然由文管會和博物館合作組成，徐森玉是主任，我爲副主任。所有兩處收購的文物，均須經收購委員會開會討論決定。

自從上海博物館劃歸文化局轄下後，雖然收購委員會是合作的，但博物館因爲需要不斷地充實陳列室內容，收購的經費比較充足。在我們收購文物的過程中，我所擔心的事終於發生了。當五三年博物館開始歸文化局領導後，徐平羽就打一個電話給我，明白地說，他愛好收藏古畫，希望在收購文物時爲他留意。我接到這個電話大吃一驚，我只爲博物館收購文物，他身爲華東文教委員會的秘書長，怎麼可能從中提出什麼個人的企求呢？這是明目張膽地要我幫他一起做貪污的事。我雖然愛好精美的古代文物，爲了避免嫌疑，自從三六年參加文物工作以來，從來不爲自己買一件古物，也不替別人代買一件古物，更不接受收藏家和古董商送來任何禮品，不請當代名家爲我畫一幅畫或者題一幅字。

我堅持我的原則，對徐平羽的要求不予理會，但是徐平羽等人還是進一步緊迫地進逼。一天，畫家吳湖帆打電話給我，請求收購留在上海寓所的祖傳愙齋所藏一批青銅器，希望我前去挑選並商定價值。我同保管部一位工作人員一起到他的寓所，選定準備收購的銅器，並初步協商了價碼，把銅器運到博物館。接著我就打電話向徐森玉說明收購的經過，請求立即召開收購委員會討論決定；我並且告訴他初步商定的價值是一萬多元。隔了一天，徐平羽就打電話給我，說他已知道我從吳湖帆那裡收購了一批銅器，價值在一萬元以上，希望我替他向吳湖帆買一張名家古畫，並且說吳湖帆是著名畫家，精於鑒別古畫，據瞭解，他收藏有不少精彩的名家古畫。徐平羽這個要求提得很具體，而且在他看來，是提得很及時而容易辦到的，只要我能爲他幫忙的話。我接電話後，就意識到這一定是徐森玉向徐平羽獻的妙計。

我不禁要問：爲什麼那些愛國收藏家如潘達于等人要化私爲公，把私有的國寶捐獻給博物館作陳列品，反而號稱無產階級代表的高級幹部要這樣熱衷於佔有名貴古畫，甚至採用結黨營私的手段呢？爲什麼一面在獎勵收藏家捐獻名貴文物，一面又有高級幹部想成爲新的收藏家呢？當然我很清楚，如果我同他們同流合污，就可以得到進一步提拔，如果我堅持原則，不理睬他們，將來遇到什麼政治運動的時機，就會受到打擊甚至陷害。我決心要爲闡揚中國古代燦爛的文化而努力，我從事學術研究工作和博物館工作都是爲了這個目標，我不是爲了做官而參加文物工作的，幹不好我就專心做我的學術研究工作，於是抱定主意堅決不理睬他們。不過我也必須愼防在運動中受到別人的打擊和陷害，否則的話，就連自己的學術研究也無法進行了。

三 參加了一連串的政治運動

五十年代毛澤東（一八九三—一九七六）不斷地掀起政治運動，首先著重於文藝方面特別是電影的批判。一九五一年電影《武訓傳》上映，五月《人民日報》就發表毛澤東寫的社論〈應當重視電影《武訓傳》的討論〉，認爲《武訓傳》是一部宣傳「改良主義」的反動影片。接著江青（一九一五—九一）就率領「武訓歷史調查團」，前往武訓家鄉山東堂邑（今聊城縣西）一帶調查了一個多月，七月《人民日報》就連續刊載經毛澤東修改、由江青等人執筆的〈武訓歷史調查記〉，由此進一步開展對教育界「改良主義」的大批判，一方面對清末武訓（一八三八—九六）由乞丐而興辦「義學」得到清朝政府的嘉獎大肆抨擊，另一方面，對同時同地宋景詩（一八四二—？）利用白蓮教組織黑旗軍進行抗清鬥爭，轉戰於直隸（今河北）、山東的邊界，大爲表揚。我們學習之後，感到今後不但對歷史劇的創作要小心，對歷史人物的評價更要謹愼。武訓不過是近代史上的一個小人物，上級尙且要依照當今政治上的需要來進行批判，對於歷史上的大人物更不用說了；如此一來歷史的研究工作將走上歪曲之途。

五四年九月山東大學的《文史哲雜誌》發表了兩個學生李希凡、藍翎〈關於紅樓夢簡論及其他〉，批評了俞平伯（一九〇〇—九〇）的《紅樓夢》觀點，得到毛澤東的讚賞，由江青到《人民日報》編輯部要求轉載。編輯部未即照辦，十月毛澤東就寫信給中央政治局和其他有關同志，即「關於《紅樓夢》研究問題的信」，批評「大人物」不支持「小人物的文章」，從此就掀起對俞平伯的批判。緊接著就擴大到對胡適的實用主義的批判，並重新印出胡適有關實用主義的文章作爲批判材料，要求所有老知識分子在批判中和胡適「劃清思想界線」。頓時報刊上大量發表批判胡適和俞平伯的文章。因爲山東大學是批判俞平伯的發源地，那裡的批判更爲激烈，《文史哲》上不僅有評俞平伯的文章，批胡適的文章，而且出現了楊向奎（一九一〇—二〇〇〇）和童書業批判《古史辨》而作自我檢討的文章，認爲《古史辨》受到胡適實用主義的影響。他們兩人當時是山東大學歷史系的正副主任，原來都是古史辨派的歷史學者，看來在重大壓力下非檢討一番不可了。

胡風向毛澤東提出「三十萬言書」辯誣反而成爲罪證

我在這個時期的批判運動中，所有的學習會、座談會和批判會，都是被指定去參加的，但始終沒有什麼批判的意見，更沒有寫過批判別人或自我檢討的文章。我認爲我對古史傳說的分析研究方法，自信是正確的，我所寫《中國上古史導論》一書的基本結論是可信的，把古史傳說還原爲神話的「神話學的方法」是無可非議的，儘管其中個別的結論有待於進一步的修正。當時有人問我對楊向奎和童書業的自我檢討有什麼看法，我說彼此治學方法不一樣，我用的是神話學的方法，我在《古史辨》第七冊序文中已指出：「我這部導論，目的也就在利用新的武器——神話學——對西漢、戰國這最後兩道防線，作一次突擊，好讓《古史辨》的勝利再進展一程的。」我認爲把古史傳說全面地、系統地還原爲神話是正確的。我在《中國上古史導論》的結尾中，曾說「得暇擬別爲《中國古神話研究》一書以細論之」。當然在這種形勢下，我不適宜再繼續寫出這方面的著作來，只能讓專門從事神話研究的學者在這個基礎上作進一步的闡釋了。

經過這樣多次思想批判運動，我感到這種批判運動不可能取得良好效果。因爲這是一種自上而下的批判方式，既出自毛澤東親自發動，並由江青直接參與，而且對所要批判的思想早已由毛澤東親自「定性」，明確這種思想的錯誤性質，批判者奉命按這個「定性」深入批判，被批判者也奉命按這個「定性」認眞檢討，同時大小幹部爲了在批判中立功，要發動群衆按這個「定性」加以圍攻，批判者的調子越批越高，檢討者在圍攻中往往無法得到批判者的諒解，被說成不接受批判而抗拒思想改造。

緊接著批判俞平伯的運動之後，就是清查「胡風反革命集團」的運動。胡風（一九〇二—八五）原名張光人，早年留學日本，因參加左翼文化團體活動而被驅逐回國。回國後曾出任中國左翼作家聯盟（簡稱「左聯」）的書記，與魯迅（一八八一—一九三六）關係密切，成爲魯迅門下一員大將，和當時作爲共產黨、共產主義青年團黨團書記的周揚意見不合，從一九三五年起，逐漸形成對立。特別是關於宣傳對日抗戰文學的口號上意見分歧，魯迅和胡風提出「民族革命戰爭的大衆文學」口號，反對周揚等人提出的「國防文學」口號，因此發生了激烈的論戰，周揚等四人指責「胡風是內奸，官方派來的」，魯迅對「四條漢子」加以駁斥，從此在左翼作家內部出現激烈的宗派鬥爭。

抗日戰爭期間，胡風主辦一本名爲《七月》的文學雜誌，在這裡發表文章的作家被稱爲「七月派」。四九年中共建政之後這個文藝界的宗派之爭，變成另一種形式出現，成爲「在朝派」與「在野派」作家之爭。由於周揚在宣傳工作上當權，主管文藝工作，七月派作家常常因發表文章而招來批判，到五三年這種批判升級，《文藝報》上連續發表了「批判胡風反馬克思主義的文藝思想」的文章，並且認定胡風等人的文藝思想是一種實質上屬於資產階級、小資產階級的個人主義文藝思想。到五四年，胡風爲了反駁這些批判，於是向毛澤東提出了「三十萬言書」，即《關於解放以來的文藝實踐情況的報告》。這個三十萬言書，不但沒有起反駁作用，反而成爲反革命集團的罪證，於是引發了一場肅清胡風反革命集團的運動。

胡風的三十萬言書中，揭發了當時文藝界阻礙創作發展的教條主義的毛病。他認爲，從對他的批判中所看到的，「在讀者和作家頭上就被放下了五把理論刀子」，批判者提出㈠作家要從事創作實踐，首先得具有完美無缺的共產主義世界觀；㈡只有工農兵底生活才是生活，日常生活不是生活；㈢只有思想改造好了才能創作；㈣只有過去的形式才算民族形式；㈤題材有重要與否之分，題材能決定作品價值。他這樣把五條理論看作放在作家頭上的刀子，被視爲向共產黨猖狂進攻的罪證。

清查「胡風反革命集團」的運動一開始我的秘書忽然不見了

五五年五、六月間，《人民日報》先後公布了「胡風反黨集團」的三批材料，這是從一九四三年到五五年胡風與二十六人之間一百六十九封私人通信以及日記中摘錄出來的。原來各條材料上的「按語」是由《文藝報》的編者所加，作爲反動文藝觀、反動學術思想來批的；當送呈毛澤東審批的時候，全部「按語」由毛澤東親自重寫，作爲現行反革命集團來批判，指出這個集團是「策劃於密室、點火於基層」的最兇惡的敵人。這是當時第一次大規模公開清查反革命集團的大案件。當我們學習這三批材料時，上級特別傳達，指出此中按語都是毛澤東親筆所寫，因此反革命的性質已經確定，著重追查的是有多少人屬於這個反革命集團。

胡風被判定爲多年來不斷拉攏黨羽而組成反革命集團的頭子，凡是與他接觸、聯繫較多的人，包括「七月派」的許多作家在內，都被定爲「胡風分子」，有的被逮捕，有的被隔離審查，有的被停職反省，一時被牽連的人很多。上海博物館不屬於文藝界卻也有人被牽連。五五年年初由文化局派來博物館做我秘書的沈子球，運動開展不久就不見他來上班了，只聽說他是上海市委的宣傳部長彭柏山（一九一〇—六八）介紹來此工作的，彭柏山早已確定爲「胡風分子」，沈子球同樣屬於這個性質，該是已被逮捕了。但是這個作爲我秘書的人忽然不見了，下落不明，卻沒有任何人對我作過交代，我只是心裡明白，也不便向上級主管追問，而且追問也不會給我答覆，從此就沒有再見到他。

從這次運動中清查出來的「胡風分子」很多，到一九五六年底才定案，絕大部分人都做爲受胡風思思影響而沒有判罪，稱爲「影響分子」。正式定案爲「胡風分子」的共七十八人，其中共產黨員三十二人。結果有些自殺而死，有些死在監獄和勞動改造的農場，也有些受開除黨籍、撤職、降級等處分。胡風本人因此關進監獄二十四年，長期患精神病。彭柏山原來與魯迅關係較密，只因與胡風接觸較多，被定爲「胡風分子」，受到開除黨籍、撤職、降四級處分，直到一九八〇年八月，這個胡風反革命集團的案件，全部得到平反，原有法院的判決一律撤消，所有株連的人一律糾正，原來被定爲胡風「影響分子」的人也全糾正。因爲整個案件的原來判決內容未公布，撤消後處理情況也未公布，我們並不清楚案件的一些細節。

這種依據所寫文字來定罪的運動是無從捉摸的，全憑在上位者對文字的解釋和猜測，同樣是胡風集團的三批材料，原來「按語」只看作思想問題，而毛澤東所寫「按語」就定爲反革命性質。而且這三批材料，都是從追查多年來私人之間未發表的通信和日記中得來的，此例一開將貽害無窮，今後不但人們與朋友通信得非常小心謹慎，甚至自己寫筆記也得注意遣詞造句，免得在運動中被人抄去用作什麼罪證。由此我就想到了清代初期的「文字獄」，這是一個新王朝建立初期爲了防止「秀才造反」採取的一種措施，故意揑造出不少文字上的冤案，株連一大批親友，藉此可以威脅所有知識分子服從新的王法，從而對新王朝效忠。然而從來文字獄只查已經刊布的文字，沒有這樣搜查私人通信和日記而用作罪證的，更沒有這樣調查相互接觸關係而定爲同黨的。回想到文化局派沈子球來擔任我的秘書以後，他多次邀約我一起起見彭柏山，我一直很怕見這些做宣傳和思想工作的高級幹部，一直拖延敷衍著，否則彼此如果見多了，一起談論到什麼文藝工作，天曉得在這次運動中會發生什麼麻煩。

在這次案件中，所有三批材料中提到的人幾乎都被定爲「胡風分子」，但是也有個別高級幹部被提到而沒有被劃進去，如華東文教委員會秘書長徐平羽，就是三批材料中提到的白丁其人，在發表的第三批材料中對白丁已經不稱「同志」了，當時不少人擔心徐平羽會被劃進去，結果沒有。據說當三十年代中期胡風和周揚在左聯內部鬧對立時，共產黨的中央在上海的工作部門爲了加強左聯內部團結，曾派徐平羽找周揚調解，派吳奚如（一九〇六—八五）找胡風調解，結果沒有成功。這次肅清胡風反革命集團，由毛澤東親自發動，實際工作是由周揚主持的，可能徐平羽既與胡風有關係，又和周揚也有較好關係，因而未被周揚劃進去。

童書業承認和我組成一個「反革命集團」

運動是一個接著一個，都是針對文化界開展的，從清查思想到清查文藝界的反革命集團，緊接著的是全面的鎮壓反革命運動。在這場鎮壓反革命運動中，對知識分子主要追查過去和政黨的關係，追查與國外親友或外國人的關係問題，從而挖出一批所謂「歷史反革命分子」。我們博物館在這場運動中，沒有查出一個歷史反革命分子，只是查出一些人曾加入過國民黨或三民主義青年團，有些人早年曾加入共產黨後來脫黨。我在這場運動中，常常以主管的身分去參加各部門的小組學習。有一個時期我接連到群衆工作部的一個小組中參加學習，大概這裡有人誤認爲我這個主管掌握有什麼調查得來的材料，才會連續到這個組來參加學習而觀察動向，於是就有人向我交出一份交代政治歷史的報告，我當即轉交人事部門處理。看來這個人並不瞭解，我雖是博物館行政上和業務上的主管，只因爲是黨外人士，遇到運動我是不能過問的；這種鎮壓反革命的事，是由主管人事的黨員負責的。至於我個人的人事檔案，是由上級文化局主管人事的黨員所保管，我的問題是由文化局追查的。

我向來是個無黨無派的人，從未參與黨派有關的政治組織以及活動，沒有什麼政治歷史問題。在一九五一年和五二年間進行「思想改造」運動和「忠誠老實」運動中，沒有要求我交代一生的歷史，也不用寫自傳上交，因此我對這場鎮壓反革命運動感到很輕鬆。沒有料到，一天忽然接到童書業從山東大學寄來一封信，只有寥寥幾句話，說什麼他和我組成了有一個反革命集團，敦促我在運動中立即向上級坦白交代。我接信以後，一時感到很緊張，不知此中究竟怎麼一回事。鎮靜下來仔細一想，看來患有「強迫觀念症」的童書業在一些幹部發動群衆的逼問之下，驚慌失措致精神病發作，承認自己組織了反革命集團。有人知道他和我原是知交，進一步追問他是否我也在這個集團之內，他又承認了，於是他被迫寫信給我，敦促我向領導交代。我估計山東大學歷史系主持運動的幹部還會向上海市文化局聯繫，要上級對我進行查詢。

果然不出所料，次日文化局的文物處處長來到我的辦公室，我知道他的來意，不等他開口，我先說已接到童書業的來信，發表了我對這個問題的看法。我指出童書業患有精神病，該是在運動中驚慌失措時承認他有反革命集團，才會寫出這種信來，待他恢復平靜，頭腦清醒時肯定會自己更正。我說：「事情一定會很快弄清楚，可以請上級作調查。我過去由於上級主管的信任，沒有寫過自傳上交，我的檔案中只有一張簡單的工作經歷，爲了便於上級的瞭解和調查，我準備寫一篇自傳上交。」這位處長當即表示同意，估計他的來意也不過如此，不便僅憑這一點馬上對我進行圍攻的。過了幾天，我寫了一篇自傳上交，此後就沒有來查詢，估計不久童書業已經作了更正。這件事博物館中沒有人知道，但是在山東大學裡已鬧得大家都知曉。我事後瞭解到，當時童書業在緊張失控中，曾經作了書面交代，編造出了一套組成反革命集團的故事來應付，如同寫小說一般，不久又作出更正的交代，聲稱這全是在群衆追逼下編造出來的假話。

儘管童書業事件事後迅速得到更正，但是在我的檔案中就留有這份反革命分子嫌疑的材料，成爲不可信任的一個疑問。本來無論外賓中的國家元首還是共產黨中央的首長前來參觀這個博物館，都是由我單獨出來接待的，比方我就接待過印度總理尼赫魯（Jawaharlal Nehru, 1889-1964）及其女兒英吉拉（Indira Gandhi, 1917-84，即後來也曾任總理的甘地夫人）。自從這次運動之後，情況就有些不同了。有一天上午文化局文物處處長來館，說由於特殊原因，下午博物館對外停止開放，只留少數共產黨員管理陳列室，我因此也離開了。事後才知道，這是爲了接待周恩來（一八九八—一九七六）到博物館中參觀一圈。

這場肅清反革命分子的運動，是由各單位分別保密進行的，整個結果不清楚，看來知識分子中被判爲「歷史反革命分子」而受到鎮壓和處分的人是很多的；在我們的同學、朋友和鄰居就看到不少。前面談到我的老同學沈延國，就是在這次運動中，因被人告發「參與破壞學生運動」，被定爲歷史反革命分子而受到管制，降級調到中學做圖書館管理員，從此就虛度一生，受到低人一等的待遇，直到退休，我們在青年時代合著的書受到牽連而不能出版。直到文化大革命結束之後，他才得平反，才得完成《逸周書集釋》一書的著作，同時參與《章太炎全集》的編輯和標點工作，可惜不久就去世了。

四　參加「向科學進軍」的行列

一九五六年上級發出「向科學進軍」的號召，在這一年中，我三次到北京去參加全國性的學術工作會議：年初前去參加了全國考古工作會議，四月又去參加全國博物館工作會議；這時中國科學院準備在上海創設上海歷史研究所和上海經濟研究所，內部決定我參與負責籌備歷史研究所的工作，將擔任副所長，經濟學家吳承禧（一九〇九—五八）參與負責籌備經濟研究所，也將擔任副所長。因此我們兩人一起代表上海的歷史學家和經濟學家前往北京參加制定「社會科學工作十二年遠景規劃」會議。這三次全國性的學術工作會議，都是爲了貫徹「向科學進軍」的號召而召開的，全國著名專家學者集中到北京來開會，大家非常興高采烈，認爲科學的春天來到。當我和吳承禧參加遠景規劃會議回來，上海電台邀請我們兩人向上海社會科學界發表演說，呼籲大家響應這個「向科學進軍」的號召。同時上海的領導爲了改善著名科學家的生活條件，開始把上等的公寓分配給科學家居住。

我每次前往北京開會，陳夢家總是非常熱忱地招待，邀約到飯店餐敍。但是我很爲他擔心，因爲他心直口快，很容易招怨。在考古工作會議上，我們在會場裡舉行全體大會，就聽到南京博物院院長曾昭燏在對面的房間裡對陳夢家大聲提出種種責問，我們可以聽得很清

作者五十年代留影

楚。據說陳夢家曾對郭沫若談到，當一九五四年江蘇丹徒烟墩山西周墓葬被當地民衆掘到時，「宜侯夨簋」的底部破碎，由於前去接管的考古工作人員沒有及時把碎片全部找到，以致後來修補的底部銘文有殘缺。曾昭燏認爲陳夢家這種說法破壞他們考古工作者的聲譽，因而嚴厲地追問，要陳夢家交代這一說法的來源。

其實，這一說法並非出於陳夢家的揑造，我們早先在蘇州看到這件銅器時，就聽到這種說法。這年夏天以後，陳夢家的巨著《殷墟卜辭綜述》（科學出版社）出版，有七十多萬字，據說他拿稿費到蘇州洞庭東山的古宅裡買了明代家具，運回北京的寓所。有些人對此議論紛紛，大爲不滿，甚至說：甲骨文的材料很多，排比大量材料而寫成厚厚的一本，無非是爲了多拿稿費。照理說來，他發表這樣一部具有總結性質的甲骨文研究著作，眞是考古和歷史方面的重大貢獻，在此號召「向科學進軍」的時機，應該大加表揚的，爲什麼不表揚，反而要加以誣蔑呢？可見他不久被打成右派，不是偶然的。

有人認爲我「狡兎三窟」，但是他們不清楚我將逃避什麼災禍

我之所以樂於接受籌備上海歷史研究所的工作，願意兼管歷史研究方面的事，因爲早已看到這裡的文物工作存在著一個陰暗面，越來越難應付了。前面提到當肅清胡風反革命集團的運動中，所公布的胡風材料牽連到一個人叫白丁，據說就是徐平羽的別名，但是在運動中沒有追查到他，等到運動結束，他就調任上海市政府的秘書長，成爲文化局的上司。他曾打電話來約我到他的辦公室去談話，雖然沒有像以前那樣明目張膽地要我幫他買古畫，但是他

的意圖還是很清楚；我繼續堅持我的原則，沒有幫他買什麼古物。後來他到博物館來參觀，態度就與過去大不相同，對我表示各種不滿。我所怕的就是他藉運動的機會來打擊我，這是防不勝防的。當時運動是由當權的領導所指揮，人事調動也全由當權者控制，如果下屬怕上級打擊，自己想調動工作來逃避是不可能的。因此我這時很願意兼任上海歷史研究所的工作，另外開創一個新的工作單位，而且歷史研究本是我所要做的事，如果遇到必須離開博物館以逃避打擊，也許可以由歷史研究所方面設法把我調走；何況在「向科學進軍」的號召下，這是名正言順的。當時學術界人士多數認爲我很得到重用，因而身兼兩個領導的職務；也有人認爲我是採用「狡兔三窟」的辦法，但是他們不清楚我將逃避什麼災禍。

我與吳承禧本來不相識，因爲一起到北京開會才彼此熟悉的。當時他的情況和我差不多，他告訴我，他回去以後將大幹一番，把入黨申請書送上，爭取立即加入共產黨，並將遷進分配給科學家的那所十八層樓大公寓中（在錦江飯店後面）。我告訴他，我還不寫入黨申請書，因爲我的政治思想還比較落後；我雖也分配到十八層樓的一套公寓，但沒有接受，因爲房租太貴，每個月要公家給很大的房租津貼，我不想拿房租津貼；同時不少名流學者住在一座大樓裡，熟人太多，彼此經常來往交談，將不便靜下來研究學問。想不到他回去大幹一番的結果，走向反面，變成右派，不久就病死了。

我從北京參加科學規劃會議回到上海，許多黨外領導人都派熟人來爭取我加入民主黨派。「民主同盟」派周予同（一八九八—一九八一）專程到博物館來遊說我，我說我仍然保持無黨無派，如果要入黨，我早就可以申請加入共產黨。周予同並不勉強我。接著「九三學社」派劉咸來找我，「農工民主黨」的周谷城（一八九八—一九九七）也派人來，我都謝絕了。他們說如果參加他們的黨派活動，可以爲我安排什麼政治職位。我說我不想參加政治活動，因爲缺乏政治活動的才能。

上級在號召「向科學進軍」中，提出了著名的「雙百方針」。首先是由主管文化科學的副總理陸定一（一九〇六—一九九六）在中南海懷仁堂作了「百家爭鳴，百花齊放」的報告。當時我正好在北京參加會議，被安排到懷仁堂去聽這個報告。這個報告是鼓勵文化藝術和各門科學上各種不同的流派，發展他們的專長，發表他們不同的意見，從而達到繁榮並促進文化學術發展的目的。當時文化學術界的人士無不感到振奮，對於這個方針都很擁護。我上電台發表演說，強調的也是這個方針，因爲這個方針符合我原來的主張。我在五五年三月寫成的初版《戰國史》序文中就主張「學術上的不同意見，是需要經過爭論來取得一致的」。所以我就在上海博物館的門口裡面，製作了一塊大標語牌，黑底八個木雕金黃色立體大字「百家爭鳴，百花齊放」。我記得，當日本考古家代表團來參觀時，我就曾和日本考古家水野清一（一九〇五—一九七一）在這塊標語牌前一起拍過照。

可是時隔不久，毛澤東對此作出解釋，認爲「百家爭鳴」其實只有兩家，就是無產階級和資產階級。這樣一來「百家爭鳴」就不過是階級鬥爭在思想領域裡的表現了，這就使得人們望而生畏。然而「鳴」「放」這兩個字，仍然對人們富有吸引力，所以後來一九五六、五七年間中國共產黨開始整風運動，鼓勵黨外人士對各級的黨組織提出整頓改革意見，稱爲「大鳴」「大放」。直到後來發動「文化大革命」，仍然把「大鳴」「大放」和「大字報」、「大辯論」合稱爲「四大」，用作鼓勵人們提出不同意見的方法手段。

五　「上海博物館」中反右派鬥爭的大風波

五七年早春，中國共產黨開始「整風運動」，廣泛發動黨外人士提出幫助整風的意見，鼓勵大家「大鳴大放」，許多人提出了尖銳的批評意見。六月八日《人民日報》突然發表震撼全國社會的〈這是爲什麼？〉，說要從「大鳴大放」的言論中挖出右派分子來。這場大規模的反右派鬥爭進行了半年以上，有些地方到五八年還在「補課」。上海是反右派鬥爭的中心之一，被劃進右派的知名人士很多。左派或右派原是指一些人的思想傾向，並不存在著什麼派系的組織，但是從這次運動之後，被劃定的右派分子，就和地主、富農、反革命分子、壞分子合稱爲「五類分子」，同樣作爲專政對象，甚至連家屬也被看作低人一等的「賤民」。

當上海發動黨外人士大鳴大放時，除了由各個事業系統、各個民主黨派、各個工作單位各自舉辦「鳴放」的會以外，在高級知識分子中，特別由上海政協（政治協商會議上海市委員會）分別組織各方面的專家學者，舉辦半個月左右的「鳴放」座談會，更由上海市委召開了「上海宣傳工作會議」，把知名的高級知識分子集中一起開大會，讓大家在會上大鳴大放，直到大家談完爲止。後來上海的大右派多數就是由於上述兩個會上的發言而被劃進去的。

陪自北京來上海找我的沈從文旁聽「鳴放」座談會

當三、四月間上海政協召開分組的鳴放座談會時，我被編入社會科學小組內。這個小組共有二十多人，大家發言很是踴躍。在第一天會上，我向出版部門提了一條意見，希望改進發行圖書的辦法。各地出版社所出圖書，統一由新華書店發行，只憑各地書店門市部職員所提出需要的冊數來定印數，因爲對圖書內容不瞭解，僅憑書名推測而提出所需要的冊數，有的預定太少而讀者不容易買到，有的預定太多而賣不出去。我舉了一個例子，原來吳承恩的《西遊記》銷售量很大，當明代小說《四遊記》(即《東遊記》、《南遊記》、《西遊記》、《北遊記》總稱)要徵訂時，門市部就照《西遊記》的四倍銷售量預定，他們不知道《四遊記》的作者不是吳承恩，結果預定的書大量積壓。這個意見，後來新華書店有答覆，承認徵訂的方法有缺點。看來要改革這個系統很有困難，直到如今依然用這個方法。

接著，小說家沈從文（一九〇二—一八八）從北京來到上海找我，要我陪他一起到上海政協旁聽這個「鳴放」的座談會。沈從文原是「新月派」的著名小說家，當時他早已成爲批判對象，因而久已擱筆，不再寫小說，而在中國歷史博物館工作，改行研究古代服飾，成爲我的同行了。我陪他一起去旁聽，他只是旁聽，不發表任何意見，我也跟著只聽不說。他和我一起旁聽了好多天才回北京。沈從文這次前來上海，事先沒有約定，是突然來的，可能他是爲了避免參加北京的「鳴放」會。據他說，他還要到上海提藍橋監獄去探望一個朋友，看看是否可能營救出獄。我看他接連好幾天在「鳴放」會上旁聽，一言不發，修養的功夫很好，很是值得我學習。我認爲他年紀比我大十二歲，畢竟社會經驗比我豐富得多。

他回去後，我忙於照料博物館內的運動，沒有再去過這小組。當時我看到吳承禧在這個小組會上非常積極，眞是要大幹一番。他在「鳴放」中，常常對每一個問題帶頭發言。他說：「我剛入黨，黨要整風，需要大家幫助，不要怕，言者無罪，聞者足戒，我要帶頭提意見。」等到後來反右派鬥爭開始，這個社會科學小組上發言的人大多數被劃進右派，包括吳承禧在內。

這時博物館內，我沒有積極發動大家起來「鳴放」，但是有不少人正躍躍欲試，我想保持館內工作的正常秩序，希望大家不要捲進這場運動中去。當有人要提意見時，我就找來勸導，我說：「我是這裡的領導，我並非黨員，請大家向我提意見，不必向這裡的黨組織提什麼意見。」當時博物館內很少民主黨派的成員，有個農工民主黨的成員正在拉攏一些人加入他們的黨派，在博物館裡設立一個支部，發動大家「鳴放」。我聽到這個消息後，一面把她請到我的辦公室來談話，一面我打電話給該黨領導人周谷城，請他勸導不要在博物館裡設立支部。我又進一步勸阻一些想要大鳴大放的人，館內有問題可以盡量提意見給我，對館外有什麼意見的話，一定要多多調查瞭解再提出批評。由於我的多方勸阻，館內那些原來躍躍欲試的人都不說話了，有人背後說我壓制館員提意見，我也不管。

五月間大規模的「上海宣傳工作會議」召開，由市委書記柯慶施（一九〇二—六五）親自主持，他坐在講台的旁邊主持會議，並用筆記本記錄每個人的發言。第一天的大會上，徐森玉起來發言，藉向黨提意見的機會，造謠說我們博物館在複製古畫的時候，損壞了那幅名貴的絹本「高逸圖卷」，圖卷的絹已裂開有一絲一絲的條紋，並說我要負起破壞國寶的主要責任，應該請領導查究。他還說，因爲有人包庇，不但沒有查究我，反而「加官進爵」了（指我兼管上海歷史研究所的籌備工作）。他說的時候表現得非常氣憤，當時會場上有錄音，隔天電台就加以廣播，報紙也作爲重要新聞而刊登。

反右派鬥爭中博物館全部工作停頓

文化局當然對此很瞭解，局長陳虞孫（一九○四—九四）親自趕來博物館，勸我不必生氣，不必在會上和徐森玉爭辯，反正事實俱在；但是我堅決主張在會上加以反駁，以正視聽。第三天我就在大會上作出答覆，並且當場宣布，從這天起這張名貴圖卷在隋唐五代陳列室中展出三天，希望關心這件事的人們都前去看一下，原畫是否完好無損，而且指出我們製作複製品正是爲了保護原畫，今後就可用複製品陳列了。次日電台廣播了我的答覆，報紙也刊登我的辯白，因此這三天內有不少觀衆前來察看這幅畫作，「高逸圖卷」的知名度大增。

然而這場風波並沒有因爲我的答覆而結束。徐森玉有個兒子叫夏玉琛，在博物館保管部工作。他原是徐森玉的妻子與姓夏的前夫所生，原是文物保管委員會工作人員。夏玉琛趁上海《新民晚報》記者來訪問保管部的時機，發表長篇談話，指責博物館沒有做好保管工作，以致有不少陶瓷器破碎。《新民晚報》作爲重要新聞，加上大標題，發表了他的談話全文。當時博物館內工作人員都知道他和徐森玉的關係，清楚地看到這是一場預謀的行動，企圖把我打倒，由徐森玉取而代之。因此整個博物館中沒有一個人附從他的。到這個時候，我就不再作任何答覆，也沒有要求《新民晚報》刊登更正的消息。我一點也不怕他們，因爲他們沒有什麼可以攻擊我的藉口，只能無中生有地造謠。

等到反右派鬥爭開始，由於人事的變動，事情發生了變化。上海的《文匯報》總編輯徐鑄成（一九〇七—九一）被劃爲右派，編輯部改組，原文化局局長陳虞孫調去當總編輯，徐平羽調任文化局局長，成爲我的頂頭上司。徐平羽派來一個幹部當副館長主持博物館的反右派鬥爭，於是博物館除了維持對外開放以外，全部工作停頓，全體工作人員捲進這場鬥爭。這個幹部發動大家揭發館中主要工作人員包括我在內的問題，天天開會，發動大家貼大字報，企圖從中挖出一批右派分子來。好在我沒有在任何「大鳴大放」的場合發表什麼意見，因而沒法對我下手，群衆也揭發不出什麼材料。他們很想在館內主要工作人員中挖出右派分子來，我竭力防止發生這樣不幸的事。我認爲，這裡的主要工作人員盡心盡力爲創建這個博物館而努力，今天這座博物館在國際上很有聲譽，他們都有一份功勞在內，正應該論功行賞，怎麼可以把他們打成右派呢？因此凡是群衆揭發有涉及他們的問題，我總是根據實際情況加以解釋，竭力爲之辯護。因而運動開展很久，大會小會開了不少，大字報也貼了許多，在博物館內一百幾十個知識分子中卻沒有打出一個右派分子來，這在當時上海的大文化機構中是罕見的。

博物館沒有打出右派分子來，這是徐平羽不願罷休的，徐森玉等人早就造謠說，我有一個小集團控制著博物館的一切，館中所有上層工作人員都屬於這個小集團，因而互相包庇，不肯揭發出我的問題來；他還把這個小集團稱爲「楊家將」。因爲長期揭不出我的右派言論來，就擴大範圍，動員揭發我在行政和業務工作上所有的問題，因此博物館的運動實際上已從反右派鬥爭，變成集中對我揭發批判的運動。運動發展到這個地步，大家心中已經很清楚，就是文化局的領導想藉這個運動把我推倒。但是揭了許久，還是揭發不出大問題。例如有人貼大字報指出，我帶同小組到蘇州購買過雲樓所藏蘇東坡字卷，按一萬二千元的價格收購，太貴了，應該可以節省二千元，指責我浪費公帑。事實上，這個價格初步是我和收藏家講定的，最後經過收購委員會討論通過之後付款，因此不能作爲我的過失。

按照當時整個文物界反右派鬥爭發展情況看來，在我們這個博物館中有材料可以定爲右派分子的，只有夏玉琛這個人，因爲他捏造博物館破壞古物的事。當時《文物參考資料》上發表了北京大學歷史系主任翦伯贊（一八九八—一九六八）所寫的號召文物界揭發右派分子的文章，其中就舉出了夏玉琛在《新民晚報》上誣蔑上海博物館的事做爲例子。當時文化局派來主持運動的幹部，因爲徐森玉的關係，裝聾作啞，不想把他挖出來。我也不願再提這件事，如果因爲他被人利用而把他打成右派，他將永世不得翻身，而且要連累家屬。但是大家看到翦伯贊的文章後議論紛紛，看來夏玉琛也因此感到非常緊張，受到自己良心上的責備；當他看到我的時候尤其顯得緊張，怕我拿出翦伯贊的文章來。因爲翦伯贊這篇文章刊登在《文物參考資料》的第一篇，具有社論的性質，在當時文物界的運動中，具有權威性。

被利用參與構陷的人突然跳樓自殺

夏玉琛在惶亂了許多天之後，終於在一天的全體大會上站出來勇敢地揭發這件事的眞相，指出徐森玉在宣傳工作會議上的發言，事先在徐森玉家中，經姓謝的畫家和姓潘的書法家一起商量起草的，並且得到了徐平羽的同意。這一「石破天驚」的揭發，使全館人員大吃一驚，當場使得文化局派來主持運動的幹部慌了手脚，會議無法再開下去，只能宣告散會。這時全館工作人員對這場運動的偏向都已看得更加清楚了，認爲不應該把矛頭指向我，但又不敢直說，於是有人貼出了一張諷刺的大字報，畫了一個不倒翁，意指我就是不倒翁，在這次運動中休想推倒這個人，希望大家認眞對待這次運動。那個文化局派來主持運動的幹部實際上已完全失去威信。後來在「文化大革命」中，博物館的「造反派」抄徐森玉的家，就抄到了那張發言稿；這是文化大革命結束後，有幾個博物館老同事告訴我的。

夏玉琛在揭發之後隔了兩天，突然跳樓自殺了。他從二樓陳列室的陽台上往下跳，跌在原來跑馬廳看台的棚頂上，再滾到地上，震驚了博物館全體人員。我馬上跑下去察看，發現他只是跌壞了背脊，我們立即把他護送到附近醫院去搶救。看來由於他揭發了徐森玉和徐平羽勾結的陰謀，遭到了徐森玉等人嚴厲的訓斥，感到無路可走而走上了自殺之路。當天待他經過治療，神志比較淸醒時，我就到他的病房探望，希望他安心在醫院治療。我去探望，無非表示我不希望追究過去的事。夏玉琛跳樓事件發生後，文化局派來主持運動的幹部家更加威信掃地，不久她就草草收兵，臨走也沒有和我說明什麼，於是這裡的反右派鬥爭就在這樣一場大風浪後結束了。

這場「反右派鬥爭」運動，上海是個重點，上海《文匯報》被看作右派發動進攻的基地，六月十四日《人民日報》發表毛澤東寫的社論〈《文匯報》在一個時間內的資產階級方向〉就指出這點。當時上海市委書記柯慶施人稱「毛澤東的好學生」，他有兩句名言到處被人傳誦：「相信毛主席要相信到迷信的程度，服從毛主席要服從到盲從的程度!」因而他深得毛澤東的器重，官職步步高升。據說他早就對上級領導準備「反右派」的意圖心領神會，因而在宣傳工作會議上就親自摘錄許多尖銳的發言，準備以後算帳。等到《人民日報》號召開展反右派門爭，作爲柯慶施智囊的張春橋（一九一八—二〇〇五），就用種種不同的化名，在上海《解放日報》接連發表揭發批駁右派分子的文章。

和上海歷史研究所籌備處同時成立的上海經濟研究所籌備處中，原定將要出任所長的沈志遠（一九〇二—一九六五）和副所長吳承禧都被打成右派。沈志遠是留學蘇聯的著名左派經濟學家，著作很多，這時擔任上海民主同盟的主委，在「大鳴大放」中他帶頭對共產黨幹部提出幫助整風意見，因而被打成右派。他在《文匯報》上發表的一篇文章中，配有一張畫出名的漫畫家三毛（張樂平，一九一〇—一九九二）的漫畫，幸而三毛在上海市政協所召開的第一次學習反右派門爭文件的會上作了檢討，沒有劃進右派。經濟學吳承禧在小組會上帶頭鳴放，結果從一個新黨員變成了一個右派分子，經過大批大門之後，不久就英年早逝。沈志遠雖然在五九年九月摘去右派帽子，研究工作仍然受到種種限制；六二年八月他針對當時上海的極左思潮，準備寫一系列文章來探討，當他第一篇文章〈關於按勞分配的幾個問題〉剛發表，就觸怒了柯慶施和張春橋，因而遭到一系列的批判，到六四年對他的批判更加猛烈。隔年一月他就因心臟病發作，坐在沙發上突然倒下而去世。

新成立的上海歷史研究所籌備處，只有十多個人，當「大鳴大放」時我沒有去參加會議，等到反右派鬥爭中，他們把一位用功整理清代史料工作的學者趙泉澄（著有《清代地理沿革表》，開明書店，一九四一）打成了右派。原來他在一所中學教書，他的妻子陳懋恆（著有《倭寇考》，人民出版社，一九五七）正在謀職，我們把他們夫婦兩人都請到歷史研究所來，原是希望發展他們的專長，寫出一些專門著作來。趙泉澄打成右派以後，夫婦都被調到別處，不但不能再做研究工作，而且受到低人一等的待遇，後來都很不得意而去世。

陳夢家受到無情打擊

當時我接觸的民主黨派人員中，突然被打成右派分子的很多。九三學社成員、生物學家劉咸，是我在參加博物館籌備工作期間就認識的，抗日戰爭期間來往較密。這時他因參與「從猿到人展覽會」工作，在這方面對上級主管提了不少意見，被打成右派分子，從此就不見他參與學術工作了。復旦大學內同時被打成右派的著名生物學家還有張孟聞等人。

還有民主同盟成員，研究中國科學技術史的年輕學者燕羽（一名義權），曾任群聯出版社編輯，曾邀約歷史學家分別編寫斷代史，準備出一套斷代史叢書；他曾來博物館向我邀約編寫《春秋戰國史》，因而相熟。後來這個出版社合併到新知識出版社，我寫成的《戰國史》因而轉交給上海人民出版社出版。這時他剛寫成一本綜合性的《先秦科學技術史》，由我介紹給上海人民出版社準備出版，卻因參加民主同盟的鳴放會發言而被劃成右派，這部書因此退稿，不久他就憂愁而病死。他的妻子寫信給李光璧（天津《歷史教學》雜誌編輯），希望設法幫助出版這部書稿，李光璧又寫信給我，我也無能爲力，因爲任何出版社不可能爲右派分子出書。等到近年右派分子平反，這本綜合性的舊稿已經過時，又沒有出版的價值了。

當時在我交往的朋友中突然被打成右派分子的不少。當「大鳴大放」之前，我的光華大學老同學李稚甫從廣州來到上海，帶來他的父親、著名寫古文的作家李詳（字審言，一八五八—一九三一）所藏當時許多著名文學家的來信，要捐獻給上海博物館，我請館內主管圖書資料室的龍榆生（名沐勛，一九〇二—六六）負責接洽與整理。龍榆生原是詞曲專家，因當過汪精衛政權下的中央大學文學院長，被降級調派到博物館中管理圖書資料。不久他離開博物館到上海音樂學院去教授詞曲，因爲在宣傳工作會議上的發言，被柯慶施定爲右派。同時從廣州也傳來李稚甫被打成右派的消息，從此不能再從事研究工作和寫作，只能從事搜集整理他父親的著作，編成全集（《李審言文集》，江蘇古籍出版社，一九八九）出版。

正當「大鳴大放」之時，山東大學歷史系教授趙儷生（一九一七—　）寫信來，希望我能把他的一個剛分配到上海文化局工作的學生，調到上海博物館來工作，使適合他所學的專業。這個學生曾來看我，可是不久這個學生因在文化局的鳴放會上的發言而劃成右派，不可能再調來工作；沒想到山東大學也傳來消息，研究農民戰爭史的趙儷生也被打成右派了，後來就被調到蘭州大學歷史系；近年來改行研究中國土地制度史了。

在歷史學界和考古學界中，當時被打成右派分子的不少。一經打成右派，原來的研究工作就不能繼續進行，不但個人的遭遇很悲慘，在學術上造成的損失也十分巨大。在北京許多朋友中，陳夢家的遭遇最是悲慘。當時我看到北京的報紙上發表批判他的文章〈陳夢家你是哪一家〉的時候，知道他蒙不白之冤了。從此他的研究工作被迫中斷，在《考古學報》上正連載的巨著《西周銅器斷代》，剛剛刊登了一半就被腰斬。令人十分痛心的是，《考古學報》於五七年中斷發表他的《西周銅器斷代》，卻發表了李學勤（一九三三— ）的〈評陳夢家《殷墟卜辭綜述》〉一文，貶低他學術著作的價值。

一九六〇年陳夢家被考古研究所調派到蘭州，協助整理武威出土的漢簡。難得的是，他能夠忍受重大的打擊，放下原來正在進行的重要研究工作，跑到西北地區重新開始他的研究工作，由於他的努力，先後寫成《武威漢簡》（文物出版社，一九六四）和《漢簡綴述》（中華書局，一九八〇）兩書。直到六四年初，他才得以重開中斷五年之久的《西周銅器斷代》研究工作。他曾到上海來，在我雁蕩路的寓所重敍舊情，他說這項工作是郭沫若希望他做的，預定六六年完成，不幸文化大革命運動開始，像他那樣的「摘帽右派」肯定要受到惡浪的衝擊，終於被迫自殺，終年僅五十五歲。一代考古的大師英年早逝，學術上的損失是無法彌補的。一九八三年我爲了探索西周史，曾寫信給中國社科院考古所所長夏鼐，詢問陳夢家《西周銅器斷代》的續稿完成狀況，他回信說寫成的續稿不多，沒有完成。

任何單位的黨領導可以對下屬判定罪名，逐出「人民」的範圍

這次反右派鬥爭，究竟打出了多少右派分子，沒有詳確的統計，多數人估計是四十萬到五十萬人，約占當時所有知識分子的十分之一。而且這個十分之一，主要是「高級知識分子」，裡面有許多社會科學和自然科學方面著名的專家學者，而受害者包括他們的家屬。對右派分子的處分，如同對反革命分子一樣，包括撤職、降級、減薪、調動工作、罰作體力勞動、集中勞動改造等等。這對於知識分子是一次非常沉重的打擊，對於文化學術界是一次嚴重的損害。許多所謂右派分子，並沒有發表什麼右派言論，卻被挾怨報復打壓，因而全是冤案。我所認識的右派分子，沒有一個後來不被「平反」的，可惜為時已晚。一些較早被摘去右派帽子而被稱為「摘帽右派」的，到文化大革命時都不免再次成為衝擊的對象。

通過這次反右派鬥爭，使大家進一步認清了這個共產黨領導的無產階級專政的本質。這個政權，不僅黨政合一，各級黨組織實際上主管各級政權，各單位黨組織實際上主管各單位的一切，而且權力集中，各級當權者兼管行政、

作者在雁蕩路永業大樓舊居（蘆灣區淮海中路、雁蕩路口，淮海中路四八一號）──高木智見氏提供

業務甚至司法，因而形成一個從上而下的家長制統治體制。無論小單位的「黨支部書記」、中等單位的「黨總支書記」、大單位的「黨委書記」，對本單位的工作人員都操有生殺之權。各單位打出來的右派分子，都由本單位的黨領導人定罪並決定處分辦法向上級匯報。越是高級的黨組織領導人所能定罪的範圍越大，比方上海市委書記柯慶施就能判定全市右派分子的罪名和處分辦法。

運動是一個接連一個，打擊面是越來越廣，判罪的手法是越來越方便。肅清胡風反革命集團運動，根據私人通信以及日記來定罪；這次反右派鬥爭，根據「大鳴大放」會上的發言以及平時的言論定罪，而且可以根據別人的檢舉、揭發、批判來定罪。這次運動的打擊面，不僅遍及整個文化學術界，而且波及整個教育界，把許多中、小學教師和大學生打成了右派分子，從此終身受累。儘管一九五四年已經公布憲法，確認人民有言論自由，但是政治運動一開始，任何單位的黨領導可以對下屬工作人員判定罪名，逐出「人民」的範圍，從而剝奪其基本人權。

特別要指出的，當時北京大學校長、著名經濟學者馬寅初（一八八二—一九八二），雖然未被劃為右派，也因人口問題被捲進這場批判而打下去了。一九五七年三月馬寅初在最高國務會議上發表了「控制人口」的主張，忤逆了當局鼓勵生育的指導思想；四月他在北大發表了這個問題的公開演講，五月他在《大公報》上發表了〈我國人口問題與發展生產力的關係〉一文，認為「中國人口如繼續這樣無限制發展下去，就一定要成為生產力發展的障礙」。六、七月間他又寫成〈新人口論〉，提交人民代表大會作為提案，認為如不設法控制人口，將為農民帶來失望和不滿。在反右鬥爭中已有人對他這個論點提出批評，但沒有點出他的名字；到五八年五月以後，就公開指名並在全國範圍內展開對他的批判了。六〇年一月他在《新建設》發表《重申我的請求》，被指爲「借學術爲名，搞右派進攻」，於是北大掀起了批判他的高潮，不僅大字報貼遍全校，還連續召開面對面的批判，還批判他「國民經濟要綜合平衡」的理論，終於迫使他離開了北京大學。直到一九七九年，當他九十八歲的高齡，當局發現過去人口政策的重大失誤，要實行計畫生育，才對他宣布平反。

六　參加了失敗的「生產大躍進」運動

中國共產黨領導的政權有個特點，經常採用大規模發動群衆參加的運動方式來推行一切。由於各級政府的長官都是大小軍官出身，常常採用指揮軍隊進行大會戰的方式去完成一項「突擊」任務。五十年代後期，對社會經濟制度改革和促進「生產大躍進」的運動，就是採取這種方式。一九五六年的年初，對城市中私營工商業進行改造，實行了全面的、全行業的「公私合營」。五八年秋天，全國農村就全面開展「人民公社化」運動，每個人民公社實行黨、政、社、軍四位一體的制度，既是政治組織，又是生產組織，更是軍事組織，而由公社的「黨委」統一領導，就是要徹底改變一家一戶小農經濟的生產和生活方式。每個公社舉辦公共食堂，吃飯不要錢，集體出工，集體吃飯，集體飼養家畜，實行半軍事化的作息制度。

五八年五月政府公布了「鼓足幹勁，力爭上游，多快好省地建設社會主義總路線」，接著就發動生產大躍進運動，工業上提出「以鋼爲綱，全面帶動工業大躍進」的口號，農業上提出「以糧爲綱，全面帶動農業大躍進」的口號，宣稱十五年工業生產要超過英國、趕上美國，並且喊出了「一天等於二十年」的口號。由此進一步發動了大煉鋼鐵運動和糧食生產大放「衛星」的運動。我先後參加工業生產大躍進和大煉鋼鐵運動，並參觀了糧食生產大放「衛星」的運動。

當時總路線、大躍進、人民公社，合稱「三面紅旗」。毛澤東經常四出巡視，在報上不斷發表稱讚「三面紅旗」的談話，鼓勵大躍進。社會上廣泛流傳這樣一種宣傳：生產上的大躍進，將促使共產主義社會早日到來，到那時，吃飯不要錢，一切都可以「按需分配」，因而人民群衆對這個運動都感到歡欣鼓舞，積極參加。

研究古代冶鐵技術被當作土法煉鋼專家

上海是工業生產大躍進運動的重點之一。上海市委爲了推動全市大小工廠的大躍進，在五八年五、六月間就抽調各單位幹部，組成萬人檢查團，按地區分成小組，派進大小工廠企業，主持大躍進運動。因爲我是上海博物館的領導幹部，當時博物館在南京西路原來跑馬廳大廈，屬於新成區，我被抽調編入新成區檢查團的一個小組。這個小組是新成區的一個重要小組，組長是區委書記，我掛名爲副組長，全組共七人，被分配到北京路的新豐電機廠進行工作。新成區主要是商業中心地區，工廠都不大，這個電機廠只有幾百工人。

我們檢查組的主要工作，先幫助工廠制定每個戰役的大躍進計畫，並按計畫檢查生產的進度；計畫完成以後，要幫助進行總結經驗，從中發揚先進的經驗，並改正發現的缺點。當時把每一階段的突擊任務，稱爲一個戰役。一個戰役常常是一個星期或幾天。當每個戰役開始，每個工人都夜以繼日地積極勞動，感到疲倦就輪流地睡二、三小時，在上半夜和下半夜，廚房都預備了飯菜免費供應，因此一天要吃五餐。我們這個檢查組，除了區委書記因要管全區的運動，每天只能來一、二小時外，所有組員都必須和工人們打成一片，因此都留在廠內幫助工作，同樣地輪流睡一下，一天吃五餐。這樣依靠夜以繼日的勞動來增加生產，限於技術水平，既不能持久，也很難取得革新的成果。而且這樣夜以繼日地增加勞動時間，追求產品數量，必然影響到產品的質量，甚至生產出不合格的廢品，反而造成損失。

到八、九月間，大煉鋼鐵運動開始，新成區成立煉鋼指揮部，我就被調到這個煉鋼指揮部工作。因爲區委書記看到過我在五六年發表的《中國古代冶鐵技術的發明和發展》這本小書，認爲我懂得土法煉鐵煉鋼。這次大煉鋼鐵運動的目標是產量翻一番，五七年全國鋼產量五百三十五萬噸，五八年要增加到一千零七十萬噸。運動的總方針是，「書記掛帥，全黨動手，全民上陣，土洋結合，土法上馬，大煉鋼鐵」。要發動各行各業都來參加煉鋼運動，當然只能採用土法的「炒鋼爐」和「反射爐」煉鋼。

當時上海所有大小工廠、商店、文化教育單位，普遍都由黨的書記帶頭參加煉鋼。煉鋼指揮部的主要工作，就是要從少數已經學會土法煉鋼的單位中，選出比較成功的經驗，讓別人來學習和推廣。因此我們經常要到各個土法煉鋼的現場去觀察，請有成功經驗的單位當場演練讓大家觀摩學習，並印發有關這方面經驗的材料，加以講解並進行討論。我們把這種觀摹學習和討論的活動，稱爲「現場會議」。如果這種現場會議開得及時和比較成功，就可以使土法煉鋼的成果得到提高。同時我們搜集了不少各地出版土法煉鋼的材料，選出其中較好的經驗來加以推廣。

當時大多數參加煉鋼的單位，白天還有業務，都要等到夜晚才加班奮戰。因此一到晚上，就可以看到各地所建的煉鋼爐都是「熱火朝天」的景象。按規定，所有參加煉鋼的單位，每天半夜十二點鐘要用電話向各區煉鋼指揮部報告當天煉出的成果，再由各區指揮部匯報到全市的煉鋼指揮部，然後在報紙上公布全市每天的鋼產量。我們每天都要等到半夜十二點匯報出本區當天鋼產量以後，才能回家休息。

這場大煉鋼鐵運動直到年底才結束，結果是勞民傷財，得不償失，而且大大挫傷了人民群衆參加大躍進運動的積極性。用土法煉出來的鋼材，雜質很多，不能用來製造機件。關於這點，許多人早就看到了，但因爲正當反右鬥爭之後，誰也不敢對這面「大躍進」的紅旗提什麼意見。而且到這個運動的後階段，由於煉鋼用的生鐵缺乏來源，民衆爲了多煉鋼，紛紛把原來建築上的鐵門鐵窗拆下來，用作煉鋼材料，結果把原來很好的鋼材反而煉成質量很差的土鋼，造成了很大損失。

稻穀畝產量從七月份的七千多斤「大躍進」到九月份的六萬多斤

與此同時，農村裡「以糧爲綱」的大躍進運動也是鬧得風風火火。運動的口號是：「人有多大膽，地有多大產。」就是說，只要大膽提出生產的高指標，就能推動農業大躍進。推動的方法是，上級領導一層層地提出高指標，向下施加壓力，要求完成更高指標，樹立特級高產的標兵，叫做「放衛星上天」。下層幹部無可奈何，只能弄虛作假，捏造高產向上匯報，於是得到上級獎勵。下層幹部爲了爭取上級獎勵，高產指標越提越高，弄虛作假就越來越大膽，甚至捏造假象，召開虛假的「現場會議」，發布新聞，拍攝虛假的照片刊登畫報。好在領導高高在上，不瞭解下面的實際生產情況，而許多被邀請去參加「現場會議」的來賓，照例說些祝賀和稱讚的話，彼此心照不宣。我也曾被上海政協邀請下鄉參觀這種「現場會議」，看到一塊稱爲「放衛星」的高產田，田中成熟的稻穀擠得滿滿，很明顯是把別塊田中成熟的稻子集中到這一塊田的。稍有農業生產經驗的人一望而知，把稻子的種得如此密不通風，是不可能成長的。但是沒有人敢揭穿，因爲這是紅旗，誰反對紅旗誰就是反革命啊！

國營新華通訊社在五八年六月到九月間，不斷發布小麥和稻穀「大躍進」的高產記錄：小麥畝產量從六月份的二千多斤「大躍進」到七月份的七千多斤，稻穀畝產量從七月份的七千多斤「大躍進」到九月份的六萬多斤。九月九日的報導上說「廣東窮山出奇跡：北部山區連田縣北社稻穀畝產六萬零四百三十七斤」，並且公布照片，顯示「在金黃地氈樣的稻田上，十三人站在上面也壓不倒」。

頓時農村裡到處敲鑼打鼓，慶祝農業生產大躍進，五八年立刻成爲大躍進的一年。不少上層領導眞的認爲農業生產大躍進的形勢大好，共產主義社會的實現就在目前，就可以「按需分配、各取所需」了，於是提倡人民公社的食堂「吃飯不要錢」；上海近郊的許多人民公社都響應這個號召而實施了。當我下鄉去參觀「放衛星」的高產田時，也曾參觀過那裡的食堂，牆上用墨筆寫著「吃飯不要錢」五個大字。由於這樣弄虛作假的「大躍進」，大大增加了生產隊上交給政府的公糧，再加上食堂裡大家放肆地吃飯，又過多地消耗了大量的糧食，於是各個人民公社普遍感到存糧不定。而且突然從小農生產變爲集體勞動，吃「大鍋飯」，群衆的生產積極性不高，大家不負責任，無論耕種、收成、保管都沒有做好，因而糧食生產不升反降。

五九年春天，毛澤東已經發覺下級幹部虛報高產成績，使得前一年的大躍進受到挫折，因而四月在上海召集的工作會議上，批評這種浮誇風，提倡講眞話，提倡海瑞（一五一四—八七）那樣「直言敢諫」的精神。這年七、八月間，在廬山召開的中共八屆八中全會，原來宗旨是糾正人民公社和生產大躍進運動中左傾錯誤的，彭德懷（一八九八—一九七四）上萬言書，暢談這方面嚴重錯誤及其經驗教訓，很有海瑞精神，沒想到卻被毛澤東指爲「右傾機會主義的反黨綱領」，並指控彭德懷等四人爲「以彭德懷爲首的反黨集團」，一律免職。於是這次會議從「反左傾」一變而爲「反右傾」，而且作出決議，要在全國展開「反右傾」的鬥爭。因此在全國各地幹部中又揭發和打擊了一大批「右傾機會主義分子」，使得原來的左傾錯誤繼續擴大。

和許多人一樣因長期營養不足而兩腿浮腫

當時全國廣大的農村，雖然經過「合作化運動」，但仍然是落後的小農生產方式，維持著簡單的再生產，農耕技術長期停滯，過著自給或半自給的生活，處於只求解決一家一戶溫飽的低收入階段。由於生產技術的低下，大多數耕地聽憑自然擺布，靠天吃飯的狀態沒有根本改變，災荒經常發生。再加上農村人口過多，耕地不足，無計畫的開荒又多破壞自然生態環境，而且積累資金困難，資源普遍短缺。在這樣一個貧困的小農經濟基礎上，突然發動自上而下的運動，強迫全面推行「公社化」，緊接著發起「大躍進」，實行大塊田地的集體生產，集體吃飯，半軍事化的作息管理，結果是全國的小農經濟全部解體，而人民公社的集體經濟卻沒有能夠穩固地建立起來，造成了國民經濟的大崩潰。

公社化的失敗已經導致存糧不足，再遇到五九到六一年連續三年發生嚴重自然災害，立刻形成大饑荒，在農村裡餓死許多人，整個社會經濟更加陷入困境。當時城市中無論糧食和副食品的供應都很不足，上級要求節約糧食，動員大家主動減少自己每月糧食的定額，菜油、豆油和豬肉、雞蛋的供應也減少，無論農村或城市中，因營養不足而兩腿浮腫的人數很多，我也是其中之一。

當時大饑荒所以會如此嚴重而得不到很快的救濟和解決，是與當時在國際上的處境孤立無援有關。這時當局把西方國家看作深仇大敵，經常自稱「東風壓倒西風，我們一天天好起來，敵人一天天爛下去」，同時又把蘇聯看作修正主義，看成新的敵人，彼此翻臉，因此蘇聯不來支援，還要加緊追還舊債。得不到外來的救濟，只能自力更生緩慢地解決問題。六一年初中共八屆九中全會後制定了「農村人民公社工作條例」，這方面的錯誤才開始有所糾正；到六二年初，中共召開七千人大會，包括各縣的領導幹部在內，才初步糾正了「大躍進」和「反右傾」的錯誤，社會經濟逐漸得到恢復，但彭德懷等四人反黨集團仍然沒有平反。

這時林彪等人又把彭德懷在廬山會議上的活動，與他會前訪問東歐各國的事聯繫起來，進一步誣指彭德懷裡通外國，彭德懷又上八萬言書作進一步的辯白。等到六二年八、九月間中共八屆十中全會上，毛澤東發出「千萬不要忘記階級鬥爭」的號召，認爲彭德懷的八萬言書是爲「右傾翻案」。到文化大革命前夕，毛澤東又把吳晗（一九〇九—六九）新編歷史劇《海瑞罷宮》和彭德懷的爲右傾翻案聯繫起來，指出《海瑞罷官》是影射攻擊他在廬山會議上罷了彭德懷的官，以此做爲文化大革命的序幕。

一九五八年公社化和大躍進運動的惡果是國民經濟的大崩潰，帶來了三年大災荒和長期農村經濟不景氣。後來的調整工作，實際上就是逐步恢復過去小農經濟的生產方式。直到文化大革命結束以後，八十年代初期實行經濟改革，在農村實行「包產到戶」，實行「家庭聯產責任制」，才完全恢復到一家一戶的小農生產方式，使得農業生產重新有起色，但仍難以向現代化經濟轉變，以致農村發展仍長期處於停滯的境地。

七　關於初版《戰國史》和冶鐵史方面的寫作

在五十年代創建上海博物館的時期，我雖然在政治會議上受到毀謗，接著在反右派鬥爭中遭遇很大的風波，隨後在「生產大躍進」運動中又浪費了許多時間和精力，但是總的說來，我的努力還是有成果的。最高興的是上海博物館已經成爲全國性的大博物館之一，足以代表中國燦爛的文化藝術傳統，在國際上也贏得很好的聲譽。對於我個人來說，在這段時期內感到遺憾的是工作太忙，荒廢了我經常進行的研究工作。

從五三年一月起我在復旦大學歷史系兼任教授，主講「春秋戰國史」和「先秦史料學」兩門課程，「先秦史料學」的重點是《尙書》的研究。因爲白天工作忙，只能在晚上編寫「春秋戰國史」的講義。前面提到有出版社約我寫一部《春秋戰國史》，作爲斷代史叢書的一種，這部講義就是準備出版的。五四年夏天，文化局給我一個月休假，這是我在博物館工作時期唯一的一次休假。原來要我到外地去避暑休假的，我改變計畫，利用這一個月的時間，把戰國部分的講義作了修訂和補充，寫成爲一部《戰國史》，於五五年送交上海人民出版社出版。

至於春秋部分的講義，後來也曾加以修訂補充，但沒有準備發表。經過肅清胡風分子的運動和反右派鬥爭之後，我感到發表著作需要周密考慮，因爲春秋史中有些歷史人物和歷史事件的評價比較麻煩，特別是對孔子的評價，人們常常以此聯繫到當前的思想鬥爭，甚至聯繫到當前的政治路線鬥爭上去，很可能因此闖下大災禍。有人一直對我虎視眈眈，這是不可不防的。

按畝收稅的小農經濟成爲春秋、戰國之際政權的主要經濟基礎

我所以要寫一部《戰國史》，因爲在中國古代社會歷史進程中，春秋、戰國之際經濟上、政治上和文化上的一系列變革，是十分重要的關鍵，成爲秦、漢以後兩千多年經濟和政治制度的藍本，文化學術思想上各種流派的淵源。春秋、戰國之際的社會變革，首先是從經濟上開始的，由此引起政治上的變革，同時經濟上和政治上的變革又進一步引發文化學術上的變革，從而掀起「百家爭鳴」的思潮。我對這個社會變革的主要見解，有下列七點：

㈠春秋、戰國之際，由於鐵農具的逐漸廣泛使用，水利工程的發展，灌溉方法的改進，牛耕的推廣，耕作和施肥技術的進步，荒地的開墾，農業產量的提高，一年兩熟制的推行，使得「上農夫食九人，上次食八人，中食七人，中次食六人，下食五人」（《孟子》〈萬章下〉），從此小農經濟得到發展，五口之家到八口之家的小農成爲農業生產的主要擔當者。他們對於原來井田制上「公田」的集體勞動不肯盡力，而努力於耕作「私田」，因而原來「公田」上的「籍法」不得不廢除，改爲對「私田」按畝徵稅的辦法。

這個農業方面的重大變革，在各國的發展是不平衡的，公元前五九四年魯國「初稅畝」，到公元前四〇八年秦國「初租禾」，相距有一百八十六年之久。從此田畝的租稅成爲當時君主政權的主要財源，小農經濟成爲君主政權的主要經濟基礎。原來井田制中除了公田以外，每戶農民分配給份地一百畝，稱爲私田。所謂「初稅畝」和「初租禾」，就是對各戶所耕百畝私田開始徵收租稅。因此戰國時代典型的小農經濟，都是由五口到八口之家耕種百畝之田。戰國早期的李悝（前四五五—三九五）、戰國中期的孟子和戰國末期的荀子（前三一三—二三八）都是這麼說的。

㈡隨著農業生產的發展，社會分工的擴大，商品交換的發展，手工業跟著發展，既有與小農相結合的家內手工業，又有個體經營的小手工業，更有豪民所經營的鹽、鐵等大手工業，還有各種官營手工業。隨著山澤的開發，四方物產的交流，鑄造的貨幣的流通，手工業和商業集中的城市的興起，富商大賈因而出現。他們既使用雇傭勞動，又多使用奴隸勞動，累積著大量的財富。因此統治者可以開始徵收各種工商業方面的稅，包括開發山澤的稅、城市中手工業和商業的稅以及通過關塞的稅。統治者除了按田畝徵得賦稅外，工商稅也成爲另一個大財源。秦國自從商鞅變法以後，不但徵收山澤之稅包括鹽鐵的稅，還開始按戶徵收人口稅，稱爲戶賦或口賦。因而戰國時代的君主政權，既首先設立徵收田地租稅的機構，又創設徵收工商業稅和人口稅的機構，從此成爲君主政權的兩大財政機構。

㈢隨著小農經濟的發展，田畝租稅成爲君主政權的主要財源，隨著手工業和商業的發展，工商業稅成爲君主政權的另一主要財源，原來貴族用來統治人民和管理土地的家臣組織已失去效用，需要另外選拔人才來加以統治和管理，因而開始出現實行俸祿制度和年終考核的「上計」制度的官僚組織。官僚的俸祿制度，實質上就是從手工業和商業的雇傭勞動中發展出來的，「上計」制度實質上就是從買賣交易和借貸中「合契券」的辦法發展出來的。從此國君可以督責官僚按年度完成預定的賦稅收入，同時可以從匯報的各種統計數字中瞭解到實際情況，從而考核官僚的工作成績，使得中央集權的君主專制政體得以創立。

㈣隨著小農經濟成爲君主政權的經濟基礎，政權所屬軍隊的成分發生重大變化。原來貴族的軍隊是以都邑中的「國人」爲主力的，「國人」是貴族的下層「士」一級的，具有武士性質，在軍隊中充當「甲士」，是車戰的主力。這時由於經濟的變化，原有「國人」逐漸分化，貴族的軍隊逐漸瓦解，君主政權的軍隊開始以農民作爲主力，全國實行按年齡徵調入伍的制度，因而兵額大量增加；同時由於鐵兵器和遠射有力的弩的使用，大大增加了殺傷力，已不能排列車陣作戰，乃改用步兵和騎兵作爲戰鬥的主力。從此戰爭的規模擴大，開始講究兵法，產生了專門指揮作戰的將帥和軍事家，不再像過去那樣由世襲的諸侯和卿大夫來指揮作戰了。隨著官僚組織的出現，官僚就文、武分家，既有作爲「百官之長」的相國，又有統軍作戰的將軍。從此革除世襲貴族的兵權，改用聽從國君委任調遣的將軍指揮作戰，就使得中央集權的君主政體得以鞏固。

㈤隨著官僚組織的確立，軍隊改由國君委派的將軍統率，作爲徵兵單位和地方行政組織的郡縣制開始創立。春秋初期楚、晉、秦等國已設「縣」，是直屬於國君的「別都」性質，具有邊防重鎮的作用，縣尹或縣令都由國君派遣世族的大夫輪流擔任，成爲一縣軍隊的統帥。戰國時代各國的「郡」都設在邊區，同樣具有邊防重鎮的作用，郡守具有徵發全部壯丁出征的權力，成爲統率全郡軍隊防守和出征的統帥，因而有「守」和「太守」的尊稱。郡在春秋末年吳、晉等國已有設置，到戰國時代，各國在郡以下設縣，郡、縣成爲兩級的地方行政組織，同時由於徵兵制度的普遍推行，也成爲徵兵的兩級地區單位。由於官僚組織的確立，郡守和縣令都是國君所委派的官僚，郡守成爲一郡的武官之長而兼一郡的行政長官。由於官僚組織郡縣制的推行，全國統一的中央集權君主專制政體因此確立。

㈥上述經濟、政治和軍事制度的改革是逐步進行的，這種改革在各國的實施是不平衡的，因而此中有先進和落後的區別。大體上社會經濟發展較快的，改革也較快，就比較先進。戰國時代各國推行的變法運動就是順著這種改革的趨勢，按照各國的實際需要所作進一步的改革，並採用賞罰制度，達到富國強兵的目的。由於魏國比較先進，最早推行李悝的變法，使魏成爲最早的強國。接著齊國推行鄒忌的政治改革，使齊國強大起來。最後秦國推行商鞅的變法，由於變法措施全面而有效，終於「後來居上」，使秦成爲最強大的國家。

由於當時各國政權以小農經濟作爲其經濟基礎，又按郡縣徵發農民作爲軍隊的戰鬥主力，因而變法的有效措施，首先是獎勵農民的「耕戰」。李悝在魏國變法，獎勵和保護的對象，就是「一夫挾五口」，「治田百畝」而上交「十一之稅」的小農。由於魏國地少人多，他獎勵「盡地力之效」以增產。商鞅在秦國變法，用「復其身」（免除本身徭役）的辦法獎勵農民「耕織」。由於秦國地廣人稀，他獎勵墾荒，開立阡陌，擴大畝制（以二百四十步爲畝）。秦國原先比較落後，設置的縣不多，到商鞅變法才大規模設縣，實施「初爲縣，有秩史」（《史記》〈六國表〉），設置縣令以下有俸祿的小吏，接著又「初爲賦」，開始徵收人口稅，同時用賞賜官爵的辦法獎勵軍功，創立和推行二十等爵制。這一切都是爲了鞏固以小農經濟爲基礎的政權組織結構和增強經濟、軍事上的力量。

㈦由於經濟和政治的變革，文化學術相應地發生變革，學者紛紛提出各種不同「治國平天下」的主張，出現了「百家爭鳴」的思潮。正因爲當時各國政權以小農經濟爲基礎，學者們所關心的「人民」、「黎民」或「庶人」，都是指一家一戶的小農。墨子主張兼愛節用，解決人民的飢、寒、勞三患。老子認爲「民之飢，以其上食稅之多」。孟子主張「民爲貴」，要推行仁政，「薄稅斂」，使得耕作百畝之田的八口之家不飢不寒。商鞅主張獎勵耕戰，把耕織稱爲「本業」，並主張強本弱末（重農抑商）。荀子主張「強本節用」，認爲「君者舟也，庶人者水也，水則載舟，水則覆舟」（《荀子》〈王制篇〉）。

童書業在五七年發表〈略論戰國秦漢社會的性質〉一文（《新建設》五七年八期），對我的《戰國史》提出了兩點意見，一點認爲我不該把戰國時代的土地自由買賣和歐洲封建制度解體時出現的土地自由買賣相提並論，因爲這時出現的土地買賣是殘餘「村社」組織形式解體的結果，而當時歐洲的土地自由買賣是封建制度解體的結果。另一點認爲我把戰國時代奴隸很少被使用於農業生產，作爲不是奴隸制社會的證據，是不合適的。因爲秦漢以後，尤其魏晉南北朝，奴隸被用於農業生產是常事。我也認爲中國歷史發展的進程是和歐洲不同的，從農業生產來看，春秋以前主要生產者是村社農民，戰國時代由於村社解體，主要生產者是納稅的小農，因而統治者由貴族的政權變爲集權的君主政權；至於手工業生產，原來貴族經營手工業多數使用奴隸，到戰國時代官營手工業與豪民經營大手工業更大量使用奴隸。

郭沫若打我官腔，以後我就把他作爲上賓來接待了

《戰國史》發稿前，我感到明末董說（一六二〇—八六）《七國考》所引桓譚（前二三—後五六）《新論》中李悝《法經》的條文很可懷疑。爲了鄭重起見，我看到郭沫若《青銅時代》（重慶文治出版社，一九四五）上講到《法經》，沒有引用《七國考》，因而寫信給郭沫若提出這個疑問。等了好久，中國科學院人民來信組寄來了顧頡剛代郭沫若所作簡覆，斷定《七國考》所引桓譚《新論》中的《法經》條文可信。儘管我對此仍有懷疑，也還找不到明確的作僞證據，因此我在初版《戰國史》的注解中說：「董說這條引文當是轉引他書的。我們看內容可信其確爲桓譚《新論》的原文。」這裡不說「我」而說「我們」，就表示不是我一個人的見解。原來我寫信提出這個疑問，是希望展開學術討論的，誰知被作爲「人民來信」批交顧頡剛作爲公事來答覆，也就無法再進行討論了。從此我不再向郭沫若寫什麼信，當郭沫若到上海博物館參觀時，就作爲上賓來接待了。

我爲了這個疑問，曾遍查宋代所有類書，找不到《七國考》所引《法經》條文的蹤跡。五八年七月，捷克斯洛伐克的鮑格洛(Timoteus Pokora, 1928-85) 寄來〈李悝《法經》的一個雙重僞造問題〉的文稿（後來發表於 *Archiv Orientalni*，即《東方文獻》第二十七期），並寫信徵求我的意見。他認爲桓譚《新論》在明清時代已不存在，董說不可能引用，因而斷定《七國考》所引《法經》條文出於董說僞造。我因此回他一封信，說明我已放棄舊說，表示同意他的看法，因爲從宋代所有類書中找不到這條引文的蹤跡，確是可疑的。於是我在六一年初版《戰國史》第六次印刷本中，把原來那條注解作了修改，說「桓譚《新論》是南宋時散佚的，董說這條引文究竟從那裡轉引來的，無從查考，實不足信」。

六五年日本守屋美都雄（一九一五—六六）又發表〈關於李悝《法經》的一個問題〉一文（收入《中國古代史研究》第二，吉川弘文館），反駁鮑格洛的意見，認爲桓譚《新論》到明末還存在，董說可能看到並加以引用。守屋這個說法只是個推論，但也逼得我必須對此作比較深入的研究。最後我斷言《七國考》所載桓譚《新論》所引《法經》條文有許多可疑之點，確有出於董說僞造的可能，因爲所引條文中，所有丞相和犀首兩個官名，實際上魏文侯（前四四五—三九六）時並不存在，而董說在《七國考》中錯誤地列爲魏的官名。關於這點，我在新版《戰國史》的〈後記〉中已作詳細說明。

若干年前顧頡剛的女兒顧洪來信，說她在整理父親的日記，其中談到這件事，她希望我把原先給郭沫若信的底稿複印一份寄給她。我至今感到抱歉，我當時沒有答覆她，因爲在「文化大革命」運動開始時，爲了免得被作爲批判材料而長期糾纏不清，把所有友人來信以及我的信稿全部焚燬了，而且我也不便把這件事的經過細說。直到現在，還有歷史教科書依據《七國考》所引《法經》條文來解釋《法經》的，例如翦伯贊主編《中國史綱要》第一冊（第七三頁，人民出版社，一九七九）就是如此。

緊接著，我在五五年發表了一本小書《商鞅變法》，五六年又發表了《秦始皇》。在《秦始皇》這本書中，我肯定了秦的完成統一，初步奠定了中國現有領土的基本部分，不僅消除了諸侯割據稱雄的混亂局面，而且也消除了六國貴族在經濟上和政治上的勢力，統一的中央集權國家的創建可以強有力的鞏固國防，促進經濟和文化的發展。與此同時，我又指出秦始皇的暴政有三：㈠秦始皇在全中國建立了一個大刑獄的網，運用種種殘酷的刑罰，對人民進行了極其殘暴的統治，全國刑徒至少在百萬人以上，使農業生產遭受嚴重的破壞；㈡秦始皇猛烈推行了「讁發」的辦法，強使商人、罪犯、贅婿長期服兵役，使手工業和商業遭受到嚴重的打擊；㈢秦始皇爲了完成其帝業和滿足個人慾望，迷信方士，追求神仙，消耗大量人力和

一九五五年發表的《商鞅變法》封面，上海人民出版社

物力擴建宮殿、陵園，迫使農民家破人亡。此外他採用焚書的手段來禁絕私學，使文化遭到無可彌補的損失；「坑儒」的事件則是對知識分子的嚴重打擊。

李約瑟邀請我到倫敦去一起從事研究

五四年春天，有個煉鋼廠的工作人員參觀上海博物館陳列室，看到了古代鋼鐵鑄造的刀劍，寫信給我提出這樣一個問題：「煉鐵煉鋼需要較高的溫度和一定的技術，我國古代勞動人民是怎樣傑出地創造這種技術的？是掌握了怎樣出色的技術來煉成寶刀寶劍的？」這是一個難題，我沒有能力作出科學的答覆，從此意識到這個課題的科學研究重要性，於是開始向這方面探索。在五十年代，這個研究領域還是一塊荒地，一時不可能取得全面的、有系統的研究成果，只能採取逐步探索的辦法。我想先摸清中國古代煉鐵、煉鋼技術及其鑄造、鍛造技術發展的輪廓和線索，然後再從各方面作進一步深入的研究。我陸續寫成了四篇論文：〈戰國時代的冶鐵手工業〉、〈中國冶鐵鼓風爐和水力冶鐵鼓風爐的發明〉、〈試論中國古代冶鐵技術的發明和發展〉、〈論南北朝時期煉鋼技術上的重要發明〉。

上述第一篇論文著重說明了戰國時代新興的冶鐵手工業特點，第二篇論文著重探索了中國使用的「水排」（水力冶鐵鼓風爐）的發明及其結構，第三篇論文闡述中國冶鐵技術的發明和發展與歐洲的冶鐵史不同，特別是生鐵冶鑄技術要早於歐洲一千幾百年，因而鐵農具很早普遍使用。第四篇論文闡明了利用生鐵的鐵液灌入未經鍛打的熟鐵塊而煉成鋼鐵的「灌鋼」冶煉技術，糾正當時人們對灌鋼冶煉技術的誤解，我認爲這是鋼鐵冶煉技術還處於熟鐵低溫階段的一種獨特的煉鋼方法，成本較低、工藝簡便而比較能夠保證質量，是中國早期煉鋼技術上一種創造性的成就。

緊接著，我就寫成《中國古代冶鐵技術的發明和發展》一書，在五六年十月出版。這本書初步把中國冶鐵技術的發明和發展，理出一條線索，期望引起史學和考古工作者的重視，並希望研究冶金的學者參與這項研究工作，把這方面的研究向前推進。

我本來對冶鐵史是外行，缺乏這方面的科學知識，經過了兩年對中國冶鐵技術發展歷史的探索，能夠得到以上的成果，得力於多方面的比較研究。我曾經閱讀近年歐洲學者所著有關歐洲冶鐵技術發展史的著作（利用英、日文所翻譯的這方面著作），把歐洲和中國古代冶鐵技術發展途徑作了比較研究，很有助於對中國古代冶鐵技術的理解。

一九五六年由上海人民出版社印行的《中國古代冶鐵技術的發明和發展》封面

我又曾搜集流傳到近代的土法煉鐵、煉鋼技術資料，探索它的起源和流變，從而追溯古代的煉鐵、煉鋼技術。我認為南北朝的「宿鐵」冶煉法也就是一種「灌鋼」冶煉法，流傳到近代而起源於明、清兩代的「蘇鋼」冶煉技術是「灌鋼」冶煉法的進一步發展。當時有些學者認為「灌鋼」是把硬的生鐵嵌在柔鐵之中，後世演變爲「夾鋼」，顯然是錯誤的。

我的《中國古代冶鐵技術的發明和發展》一書出版後，引起了國內外學者特別是科學技術史學者的注意，英國李約瑟（Joseph Needham, 1900-95）看到這本小書，當他訪問中國時特別約我到錦江飯店見面，一起談論了半天。他很同意這本書的看法，特別著重談論了南北朝的綦母（亦作綦毋）懷文「宿鐵刀」的冶煉法和灌鋼冶煉法。他特別珍視這方面研究的成果，並且向我瞭解當時中國學術界對於科學技術史研究進展的情況。最後他拿出東亞科學圖書館的照片，說明他們在倫敦這方面的研究條件十分優越，希望像我這樣的學者到倫敦去一起從事研究，以便加快完成他的多卷本《中國科學技術史》巨著。

我告訴他，我是中國古代史研究者，並不是冶金史的專家，從事這方面的研究，目的在於引起各方面對這個研究課題的重視，特別希望考古工作者和冶金學者參與研究。我還告訴他，在中國很難找到能夠同他合作研究的學者，因爲必須熟悉中國這方面的史料，精通西方的科學技術史，還得有很好的英文基礎，這樣的人才很是難得。

通過這次談話，使我進一步認識到冶鐵技術史研究的重要性，而我在工作繁忙的兩年中抽出時間開闢這個研究的新領域，已經取得一定的成果，必須繼續把這方面研究進行到底。

五八年李約瑟發表〈中國古代鐵和鋼的工藝學的發展〉（The Development of Iron and Steel Technology in Ancient China, *Newcomen Society*）一文，其中論到宿鐵和灌鋼冶煉法，就是採用了我的分析。他進一步認爲歐洲的生鐵冶鑄技術是由中國傳去的。我經過參加五八年下半年的大煉鋼鐵運動，曾經搜集到近代各地流傳的土法煉鐵、煉鋼技術的資料，因而可以結合文獻對古代這方面的技術作進一步的研究，寫成了《中國土法冶鐵煉鋼技術發展簡史》（上海人民出版社，一九六〇）。

第八章　深淵回聲

崩潰邊緣的徬徨（一九五九—六五）

一 從「上海博物館」調到「上海歷史研究所」工作

一九五六年在「向科學進軍」的號召下，中國科學院開始籌備成立上海歷史研究所；五七年一月成立籌備處，我兼任籌備委員和研究員，參與創設的工作，並內定將來擔任副所長。我參與這項兼職的工作，本來就是打算要留一條退路，因爲上海博物館的工作中存在著一些麻煩，如果不適宜繼續在博物館工作時，就可以申請調到歷史研究所，在「向科學進軍」的號召下是名正言順的。五九年夏天，我決定設法調離上海博物館，轉往上海社科院的歷史研究所，從原來的兼職變爲專職；從五八年九月起，歷史研究所已合併到新成立的上海社科院了，而社科院正希望我去擔任專職的副所長，由他們提出申請，估計上海市委可以同意，文化局就不可能留難。

政治黑風迫近，不是黨員該懂得適時「功成身退」了

當時我要急於調離上海博物館，因爲我先後從文化局的熟人中得到兩個重要消息：一是文化局長徐平羽已通知文物處成立一個三人小組，由博物館科科長擔任組長，準備在上海博物館再發動一次改造思想和整頓工作的運動。很明顯，發動運動的矛頭是指向我的，因爲他們在「大鳴大放」時對我進攻卻沒有成功，接著徐平羽利用局長職權，藉反右派門爭的機會來打擊我也沒有成功。這時他準備在博物館再發起一次運動來打倒我，看來需要提出理由而經上海市委特別批准，因而先要成立一個小組來作調查研究。我得到消息之後，爲了防止立刻發生運動，就去找這位博物館科科長，當面請教運動的理由與步驟，並且公開反對無緣無故又發起運動，妨礙日常工作的進行。

另外一個秘密消息是，文化局的黨委在徐平羽主持下，檢定我的思想屬於「中右」。自從反右派鬥爭以後，各單位黨組織要定期對黨外人士的思想作出檢定，大體上分成四等，最好的定爲「左派」，其次是「中左」或「中等」，最差的定爲「中右」，就是說已經接近右派了。這種思想檢定大多是由單位的黨組織召開內部會議討論決定的，一般說來，定爲「左派」和「中右」的人都很少；如果被定爲「中右」，一旦發生運動就不免要被作爲審查批判的對象。我因此感覺到，應該及時設法脫身了。本來按照當時的人事制度，任何職位和工作都是由本單位的黨領導任命和分配的，調動職位和工作也是由領導決定和通知的，個人只能服從上級

上海社會科學院（淮海中路六二二弄七號）—高木智見氏提供

的決定，不能自己先選定職位而請求調動，因此絕大多數工作人員都是長期在一個單位中從一而終。我因為兼職而擔任兩處的領導工作，因而可以請上海社科院以準備正式成立歷史研究所的理由，申請上海市委把我從上海博物館調到這個研究所，從兼職變為專職的副所長。

本來黨外人士當領導的人很少能掌握實權，在反右派鬥爭以後掌實權的更是罕見。我以黨外專家而長期單獨主持上海博物館的工作，這是為了創建這個博物館的特殊需要；這時博物館已經創建成功，各種規章都已制定而推行，經常工作已上軌道，我又沒有加入共產黨，就應該「功成身退」了。即使我不離開這個博物館，文化局必然要派黨員來擔任主管行政的領導，我也只能專管業務工作。當時徐森玉很想來當博物館的領導，徐平羽是支持他的，目的就是想託他代為買到若干自己喜愛的古董。徐森玉也是黨外人士，而且已是七十多歲的高齡，不但不能主管行政工作，也不可能主管日常的業務工作，實際上只能主管收購文物工作。看來文化局必然要派一個黨員到博物館來擔任行政領導的；如果是這樣，上海社科院就更有理由把我調到歷史研究所去了。

在上海社科院向上海市委申請把我調去的同時，我也向文化局申請調離上海博物館。不久文化局派文物處處長沈之瑜到博物館出任副館長，主管行政工作。本來早已決定，為了擴展上海博物館和上海圖書館，博物館將從南京西路原跑馬廳大樓遷出，把房屋讓給圖書館，遷到延安東路、河南南路口早年杜月笙等人創辦的原中匯銀行大樓（一九三四年由法國建築師A. Leonard 設計）。中匯銀行大樓內部需要加以改建，以便開闢古代青銅器、古代陶瓷器和古代書畫三大陳列體系；同時也要有計畫地把博物館全部遷過去，預定在五九年年底以前完成。這項改建和遷移的工作，就歸沈之瑜主持。

離開博物館之後原工作夥伴長期和我保持良好關係

五九年九月，上海市委派高級幹部到博物館找我，說市委已同意上海社科院的申請，要

河南路的上海博物館（河南路十六號），現爲中匯大廈—高木智見氏提供

問我一下，是否自己決定離開博物館的。我當即表示決意離開。於是我把這個決定告訴沈之瑜，請他轉告文化局。接著我就到上海市委宣傳部接洽，把組織關係轉到上海社科院。六〇年一月起，我就任歷史研究所副所長。當我離開博物館時，全館人員曾舉行歡送大會，肯定我在創建這個博物館工作中的成績。這樣我可以冠冕堂皇地離開博物館，徐平羽也就可以悄悄地達到他的目的了。直到一九八二年冬天上海博物館舉行三十週年慶祝會，沈之瑜寄來所寫博物館三十年歷史的文稿，徵求意見，我才在回信中說明了我當時所以要離開博物館的眞正原因。

我離開上海博物館，既是爲了保全自己，也是爲避免與我一起創辦這個博物館的老同事連帶遭受災禍。既然他們準備在運動中打擊的主要目標離開了，這個正在醞釀的運動也就悄

悄地取消。但是徐平羽等人對我所作「中右」的思想檢定，裝在我的人事檔案袋中，隨著我工作的轉移送到了上海社科院人事檔案的機要櫃裡。後來在文化大革命中被造反派翻到，作爲對我批判的資料，但是在這個「中右」的思想檢定檔案中，並沒有什麼可以定罪的證據。由此可見我當時離開博物館的決定是正確的，能夠及時脫身是非常幸運的。

我擔任博物館的主管工作有十年之久，在歷次政治運動中，我一貫採取保護所有工作人員的宗旨，沒有打擊和傷害任何一個人，雖然在反右派鬥爭中發生了一場大風波，終沒打出一個右派來，這是我感到安慰的。在十一年文化大革命中，上海博物館的運動鬧得很厲害，對專家學者們的衝擊很兇狠，但是始終沒有對我主管博物館時期揭發出什麼大問題；歷史研究所的造反派多次去發動群衆對我揭發，還是沒有什麼問題牽連到我。我離開博物館之後，主要工作人員長期和我保持良好的關係，經常提供我研究工作和著作中所需的資料和照片，我前往找尋所需要的資料也常得到特殊的方便。

我離開博物館之後不久，上海市文物保管委員會又重新合併到了上海博物館，徐森玉由文管會主任兼上海博物館館長，並兼文物收購委員會主任。實際上他主管的只是文物收購工作。我雖然離開博物館，但仍然保留文物收購委員會副主任名義。每次收購委員會開會，仍寄來開會通知，我始終未去參加。

直到文化大革命結束，徐森玉早已因病去世，由沈之瑜升任上海博物館館長。他曾來信約我到館中一談，因爲他奉命要寫一篇文章表彰過去上海市長陳毅創建上海博物館的貢獻。他說：「聽說陳毅統率新四軍在江蘇北部作戰，掘戰壕挖出了許多古物，帶到上海來成爲上海博物館的藏品。你是第一任館長，應當經手過這件事。」我說：「我確實不知道這件事，我不記得博物館的藏品中有哪些是這樣來的。」接著我進一步說：「陳毅對創建這個博物館的主要貢獻，就是當時上海每年文化事業經費共三百萬元，他批准其中三分之一用作創辦上海博物館和上海圖書館的經費，其中多數用於開辦博物館，經費比較充裕，可以用來收購大量流散在上海的精美文物，加以妥善地陳列和保藏。那時正是一個極好時機，因而能夠爭取收藏家的支持和合作，創建這樣一個大規模收藏精品的博物館。」

如果說上海博物館的陳列品有許多是戰爭中從戰壕掘出的，我想誰也不會相信。我講的是老實話，當然不會被採納，因爲他們是奉命寫作的，是要按長官的意志來寫的。

二 參加運動方式的修訂《辭海》工作和學術討論

上海歷史研究所原屬中國科學院，分設有古史、近代史、現代史和工廠史等組，設有一個所長、四或五個副所長。我以副所長名義主管古史組業務，並兼管購買圖書的審核。五八年九月併入上海社科院，稱爲上海社科院歷史研究所。我原想從此可以專心從事有計畫的研究工作了，但是身爲主管，要負責參加有關古史方面的學術討論，要指導古史組年輕學者的學習和研究工作，要對全所工作人員作研究的輔導報告，還被上海市委提名爲新版《辭海》中國古代史相關條目的主編。

那時上海的話劇、越劇和京劇常有新編的歷史劇演出，公演之前也常被邀約去觀看或提修改意見，有時還要寫作評論歷史劇的文章。如果有歷史方面的批判運動，就要主持寫大批判的文章，而且這種文章必須按照大批判的要求來寫，送請上海市委的宣傳部長審閱，根據上級領導的意見進行修改，獲得批准才能發表。有個時期甚至規定所長級以上的人所寫文章，都要經市委宣傳部長審批。我還記得，我的〈歷史劇如何反映歷史眞實問題〉一文（發表於《上海戲劇》一九六〇年十二期），就是經宣傳部長楊永直（一九一七—一九九四）批准才發表的。

因此我在歷史研究所工作期間，能夠按自己計畫進行研究的時間仍然不多，許多時間都花費在政治運動性質的學術討論以及爲《辭海》編寫、校訂古史條目的任務上。

因嚴重神經衰弱住進杭州屏風山療養院

五七年中華書局原《辭海》主編舒新城向毛澤東當面建議重新修訂《辭海》，得到讚許，就在五九年成立《辭海》編輯委員會，發動上海以及各地一百多個大學和研究機構，調動二千六百多人參加《辭海》修訂工作，我就捲進這個以運動方式進行的工作中去。這樣大張旗鼓做下來的結果是完成修訂的條目很多，但質

一九五八年五月十九日中共中央致電上海市委，同意修改《辭海》問題的報告

量很低、錯誤百出，不能採用。於是改變方針，從五九年十二月起，集中各科專家到浦江飯店（外白渡橋附近）修訂，採用分科主編的責任制，規定到六〇年五月寫成初稿，我負責中國古代史方面六千條目的完稿工作。六二年出版的《辭海試行本》（全十六冊）歷史分冊中國古代史部分，就是出於我的主編。

六〇年五月以後，我因爲工作太過緊張壓力大而罹患嚴重的神經衰弱，弄得通宵不能成眠，頭上顳部的脈搏跳動異常劇烈，不能再做用腦的工作了。後來由上級領導決定邀請吳澤（一九一三—）和我一起分擔主編責任，繼續進行修訂，完成的條目收入六五年出版的《辭海未定稿》。文化大革命後我們又繼續參加修訂，七九年才正式印行了新版《辭海》。

六〇年五月《辭海》的中國古代史條目初稿寫成之後，我立刻被送到杭州的屏風山療養院去治療。在那裡一共待了五個月，直到十一月間，因爲社會科學學部擴大會議即將在北京召開，需要我前往出席，我才回到上海。期間我遵照醫生的指示，專心休息療養，不看書報，也不寫字，只能聽一些電台的廣播新聞節目。同時在這裡進行療養的人分爲兩部分：一部分是外地來療養的高級幹部，他們中多數是北京來的，屬於副部長級的，療養中經常看他們在練習寫字毛筆字。也有上海來的一個復旦大學副校長叫陳傳綱，是我認識的；後來他在「文化大革命」早期的大批大門中自殺。另一部分來此療養都是印度尼西亞共產黨的領導幹部，其中有人是因患肝炎在此隔離療養的。那裡的療養院長常常喜歡把高級幹部和外賓拉在一起打麻雀牌作爲消遣，我怕傳染肝炎，不敢同他們接觸。經過五個月的療養，我的健康明顯好轉。

在參加政治運動式的《辭海》修訂工作同時，還要經常參加運動式的學術討論。從五九年郭沫若發動替曹操翻案起，學術討論就開始採用運動方式，討論發起時，所有報紙刊物的編輯就積極邀稿，集中發表這方面討論的文章，所有知名史學家都必須對此發表意見，像我們這些擔任歷史研究所領導的人當然非寫文章不可了。郭沫若向來好替歷史人物翻案，三十年代他爲殷紂王翻案，說殷紂王征伐東夷是經營東南而有功於統一，又說周武王克商使得殷紂王的統一事業功敗垂成。我認爲這種翻案，不但違反了歷史事實，而且顛倒了是非。牧野之戰，殷之所以兵多而不堪一擊，首先由於殷貴族生活奢侈腐化，沉迷酒色，政治敗壞，對人民十分暴虐。我近年寫成〈論周武王克商〉一篇長文（收入王孝廉主編《神與神話》，聯經出版，一九八八），正是爲了正確闡明這一歷史事件的眞相。

所有採用宗教名目的農民起義都反映了農民的願望

郭沫若爲曹操翻案，認爲東漢黃巾起義是封建社會上行階段的農民起義，不曾提出土地問題，只是爲了「取而代之」，以保其衣食溫飽，曹操雖然打敗了黃巾起義，卻實現了黃巾起義的目的。我針對這個觀點，在《文匯報》寫了〈黃巾起義與曹操起家〉，認爲張角（?—一八四）創立太平道組織起義，以建立「黃天太平」來號召，「太平」是「極大公平」之意，代表了當時流亡農民的要求。曹操在鎭壓黃巾起義的過程中，分化和誘降了一支人數衆多的青州黃巾軍，編成了青州兵，他就以此起家，並未實現什麼黃巾起義的要求。

由此進一步引起討論的，是宗教和農民起

義的關係。當時許多人根據馬克思主義，認爲宗教是麻醉人民的鴉片煙，宗教思想不可能在農民起義中起革命的作用。我反對這種說法，認爲所有採用宗教名目的農民起義，其教義都反映了農民革命的願望，因而這種宗教的組織可以成爲農民起義的組織。組織黃巾起義的太平道主張「太平」；五代、宋、元用來組織農民起義的明教，主張光明戰勝黑暗，講究互助團結，稱爲「一家」。元、明、清三代用來組織農民起義的白蓮教，也有同樣主張；近代組織太平天國起義的上帝會，主張建立「太平」的天國也是如此。我曾先後發表〈論中國農民戰爭中革命思想的作用及其與宗教的關係〉和〈再論中國農民戰爭中革命思想的作用及其與宗教的關係〉兩文（均收入《中國封建社會農民戰爭問題討論集》，三聯書店，一九六二），闡明我的見解。後來我又寫了〈論太平經〉（《學術月刊》五九年第九期）、〈白蓮教經卷〉（《文匯報》六一年三月十日）和〈論白蓮教的特點〉（《光明日報》同三月十五日）等文。

六一年劉大年發表評價康熙皇帝的文章也引起討論，我被邀約發表了一篇〈試論康熙之治〉（《文匯報》同九月二十八日），認爲所謂「康熙之治」，主要由於康熙皇帝留意前朝歷史，認識了明朝滅亡的原因，在不斷農民起義的壓力下，採取了減輕人民負擔的措施，如康熙二十四年停止「圈地」，康熙五十一年固定人丁的稅額，從此「滋生人丁，永不加賦」等。這篇論文後來被收入《明清人物論集》（四川人民出版社出版，一九八四）。

六一年冬，《辭海》的編輯部爲了向全國學術界徵求新寫條目的修改意見，組織各科主編分路到各地大學徵求意見。我曾到過西安、蘭州、成都和武漢等地的大學，向歷史系教授們求教，見到了許多久違的歷史學界友人。這時正當三年大饑荒的最後一年，蘭州等地的食物供應還很差，住在高級的賓館裡，所供應的飯菜卻難以下嚥。從成都經武漢回上海，一路上乘長江的輪船，供應的飯裡夾有大量已經壞掉發出苦味的山芋乾。我在西安用高價買到一大包胡桃，帶到成都的旅館裡，就被人偷去不少，因爲胡桃在當時已成爲罕見的珍品了。

三　關於《古史新探》的寫作

我在五十年代把主要精力放在創建上海博物館上，因而在學術研究方面所取得的成績不大。那本初版《戰國史》，是在原有長期研究的基礎上寫成的；新開闢的冶鐵史研究領域困難重重，只能逐步推進，不可能短期內取得很大成就。《戰國史》出版之後，我打算對西周春秋的社會性質和結構進行探索，爲將來寫《西周史稿》作好準備。五七年先後表了〈論西周時代的農業生產〉（《學術月刊》二月號）和〈關於西周農業生產工具和生產技術的討論〉（《歷史研究》十月號）兩文。此後大運動一個接著一個，我忙於應付博物館的反右派鬥爭，非常緊張，只能擱筆。接著被調去參加生產大躍進運動，每天忙到半夜才回家，更談不上研究什麼學問，只有接受《文物》邀約，寫了一篇應時的文章〈中國人民在煉鋼技術上的成就〉（《文物》一九五九年第一期）。直到五九年夏天，我決定離開博物館，才得以繼續做研究工作。

對農耕的知識來自小時的仔細觀察

上述兩篇討論西周時代農業生產的文章，都是和徐中舒的研究進行商洽的。我在前一篇文章中，贊同清代學者徐灝和鄒漢勛（一七六九一一八三二）之說，認爲「耒」是歧頭尖刃的耕具，「耜」是平刃而如同鏟一樣的耕具，不同意徐中舒〈耒耜考〉（《歷史語言研究所集刊》第二本第一分）把「耜」看作安裝有尖刃的「犁錧」的耕具。同時我認爲西周文獻上的「菑田」是初開墾的荒田，因爲耕作的技術水平低，初墾當年不能播種，「新田」是第二年經過修治而開始能夠種植的新田，「畬田」是到第三年比較墾熟的田，不同意徐中舒〈試論周代田制及其社會性質〉（《四川大學學報〔社會科學〕》五五年第二期）把「菑田」、「新田」和「畬田」，解釋爲歐洲中世紀流行的三田制。接著，徐中舒發表〈論西周是封建社會——兼論殷代的社會性質〉（《歷史研究》五七年第五期），對我所說提出反批評，因此我再寫後一篇文章作了更詳細的論述，並作進一步的反駁。他反對我所說耜是平刃的耕具，認爲我完全沒有理解耕作實際上的需要，耕具要刺土深入必須是尖刃而具有鋒刃的，說我肯定耜是方刃如同鏟一樣伐地起土之器的論斷太輕率。

其實世界上從來所有耕具就有尖刃和平刃兩種，就是在犁發明之後，平刃的犁和尖刃的犁也是長期並存的。尖刃的耕具便於刺土深入，平刃的耕具便於把泥土翻動過來；翻土對於將來的收成是大有助益的。我之所以能夠理解兩種耕具在耕作上的實際需要，是因爲年輕時期仔細觀察過這兩種耕作方式。我指出西周的耕具中只有歧頭而尖刃的「耒」和平刃而如同鏟一樣的「耜」，還沒有犁錧那樣的耕具。我還指出阮福〈耒耜考〉（收入嚴傑《經義叢鈔》，《皇清經解》卷一三八四）中，記述其父阮元（一七六四—一八四九）在山東見到的木柄略爲彎曲、刃部如鏟、刃部上端有腳踏的小橫木的耕具，就是古代耜的遺制。我也指出，西周文獻上的「菑田」、「新田」和「畬田」不可能是中世紀的三田制，三田制在歐洲是十世紀和十一世紀逐漸推廣的，那時歐洲早已普遍使用犁耕，大都用六匹到八匹牛拖著有車輪的重犁來進行深耕的，耕作技術已相當進步，西周時代無論如何趕不上這樣的技術水平。把這種西周實行三田制的解釋，用來推論西周已是封建社會制度是站不住脚的。

我在上海歷史研究所擔任專職期間學術研究上的主要成果，就是六五年發表的《古史新探》（中華書局）一書。其中除了上述兩篇討論西周農業的文章以外，其他十二篇都是五九年到六四年間所寫的。這部論文集分前後兩部分，前半部討論西周的農業生產和生產關係、西周春秋的井田制和村社組織、鄉遂制度和社會結構、宗法制度和貴族組織以及學校制度等，還評論了對西周社會性質的三種不同看法；後半部分別討論了與上述制度相關的六種古代體制。

社會史的分期是當時歷史學界討論的中心問題，主要討論的是奴隸制和封建制的分期，流行的有三種見解：㈠主張殷代爲奴隸制，西周爲封建制，此說原來出於呂振羽，得到翦伯贊、范文瀾（一八九三—一九六九）贊同。這時主要堅持此說而加以伸說的是范文瀾。㈡主張春秋以前爲奴隸制，戰國開始爲封建制，由郭沫若提出，得到侯外廬（一九〇三—八七）的贊同；李亞農則主張西周以前爲奴隸制，春秋以後爲封建制。㈢主張漢代以前爲奴隸制，魏晉以後爲封建制，此說在三十年代社會史論戰中已有王宜昌等人倡言，這時王思治（一九二九—）等人寫文章再提，受到批評。其實，極力主張此說者乃是尙鉞（一九〇二—八二），見於他所著《先秦生產形態之探討》（《歷史研究》五六年七期）和他主編的《中國歷史綱要》（人民出版社，一九五四）。他主張「到戰國時代，由於舊氏族貴族的沒落，公社的秩序和習慣的破壞，奴隸佔有制的成長，就呈現出更爲複雜的現象」。他把戰國秦漢看作奴隸制成長時期。

深入辨明社會結構及其重要制度才能了解一個社會的性質

五七年范文瀾在北京大學的一次演講中提及尚鉞《中國歷史綱要》，認爲這是用西歐歷史作藍本，「有意無意地『依』西歐歷史的『樣』來『畫』中國歷史的『葫蘆』，是一件怪事」，接著就展開對尚鉞一系列猛烈的批判，到五九年批判進入高潮，指爲反馬克思主義或修正主義，內部發行的批判尚鉞的文章印成厚厚一冊。從此誰也不敢再講戰國、秦、漢的社會是奴隸制，只能從西周封建說和戰國封建說中加以選擇了。

西周社會的性質，是當時討論的中心問題之一，共有三種不同的主張：㈠西周封建領主制，㈡西周典型奴隸制，㈢西周「古代東方型」奴隸制。我認爲上述三種主張都有難以說通的地方。主張西周是封建領主制的，把井田制度中的公田和私田解釋爲封建莊園的土地制度，但是西周的生產工具落後，農業生產技術低下，是不可能出現封建莊園生產方式的。同時農田上出現成千成萬的集體勞動，所謂「十千維耦」、「千耦其私」，不像是封建主收取勞役地租的形態。主張西周是典型奴隸制的，否認井田制是村社的土地制度，把「民」和「庶人」解釋爲低於家內奴隸的下等奴隸，是和《尚書》、《詩經》、西周金文不符合的。《尚書》〈康誥〉主張對待「民」要「若保赤子」，〈酒誥〉引古人之言：「人無於水監，當於民監」，〈泰誓〉的佚文：「天視自我民視，天聽自我民聽」，「牧簋」銘文記載周王告誡不要「多虐庶民」，「毛公鼎」銘文記載周王告誡「勿壅律（累）庶民」，都足以證明「民」和「庶民」並非奴隸。所謂「古代東方型」奴隸制，也是一種十分勉強而不符合實際的解釋，只是限於當時高壓的政治空氣，不便有所辨正。

我之所以要寫《古史新探》一書，因爲我感到這樣公式主義地討論社會史分期，不可能解決實際問題，只有深入地辨明西周、春秋時代的社會結構，深入地探明那些維護當時社會結構的重要制度，如井田、鄉遂、宗法以及學校等制度，瞭解維護這些重要制度的各種禮制的作用，才可能解剖這個社會結構，從而分析它的社會性質。通過對於那些制度和禮制的探索，我認爲當時社會結構共有四等：㈠統治者是實行宗法制度的各級貴族，㈡居住於國都周圍的「鄉」中的「國人」，屬於公民性質，擁有政治權利和服兵役、納軍賦的責任，㈢耕種「井田」的「庶人」是村社農民，是主要農業生產者，㈣臣妾是奴隸，被使用於各方面的生產勞作。

一九二○年展開的井田制有無的辯論，對此後古史研究有著深遠影響。郭沫若原來是不承認有井田制的，後來承認有井田制，卻把井田制解釋爲奴隸耕作和賞賜臣下的兩種田地單位，仍然否認井田制是村社的土地制度。他說：「如太強調了村社，認爲中國奴隸社會的生產者都是村社成員，那中國就會沒有奴隸社會……，這樣，馬克思列寧主義關於人類社會發展階段的原理，也就成問題了。」（〈關於中國古代史研究中兩個問題〉，收入《文史論集》，人民出版社，一九六一）其實，井田制有公田和私田之分，私田有按年齡授予和收還的制度，還有定期平均分配的制度，既要「同養公田」，又要「出入相反，守望相助」，很明顯是村社的制度。

我們把井田制和歐洲中世紀的村社如「馬爾克」相比，和雲南西雙版納傣族地區遺留的村社制度相比，可以確信井田制是村社制度，絕不是戰國和漢代學者所能虛構的。值得注意的是，儘管春秋戰國之際井田制度開始瓦解，集體耕作的「公田」逐漸取消，對分配給每戶農民的「私田」改用按畝徵稅的辦法，但是直到東漢，耕作上相互協助和平均負擔徭役的村社組織也還存在，叫做「彈」或「衛彈」，常見於漢代碑刻中。

〈試論中國古代的井田制度和村社組織〉（《學術月刊》五九年六月號）是我探討西周春秋制度的第一篇，接著我就寫〈試論西周春秋間的鄉遂制度和社會結構〉，這是由于省吾根據西周金文提出西周已有軍事屯田制而引起的。

西周的學校兼有公共禮堂、會議室、俱樂部和運動場的性質

六四年于省吾發表〈略論西周金文中六𠂤和八𠂤及其屯田制〉一文（《考古》六四年第三期），根據西周金文中六師（𠂤乃師的初文）和八師有冢司土、司蓺、司牧、司佃事等官職，以掌土地和有關生產事務，認爲這是中國歷史上最初出現的軍事屯田制，屯田制可以從漢代昭帝、宣帝之世提早到西周時代。我當即寫〈論西周金文中六𠂤八𠂤和鄉遂制度的關係〉一文（《考古》同八期），指出當時社會結構的重要特徵之一，就是「國」（國都）中的「鄉」所居的「國人」，和「野」（郊外的農村）中的「遂」所居的「野人」（即庶人），在經濟上和政治上所處的地位根本不同。「國人」是具有公民權利的統治階層，分配有一份平均的耕地，有服役和納賦的義務，當時國家的軍隊主要是由成年的「國人」編制而成，因而軍隊的編制經常是和「國人」的鄉邑組織相結合的。六師和八師既是軍隊的編制，又與鄉邑組織相結合，所以設有掌握土地和有關生產事務的官員。

于省吾隨即發表〈關於論西周金文中六𠂤八𠂤和鄉遂制度的關係一文的意見〉（《考古》六五年第三期），作了答辯，於是我再寫〈再論西周金文中六𠂤和八𠂤的性質〉一文（《考古》同第十期），作進一步的辯駁和闡釋。其實，清代學者江永（一六八一—一七六二）在其所著《群經補義》和《周禮疑義舉要》中，早已指出齊國管仲所推行的「國」和「鄙」分治之法，三軍抽調國都中十五「鄉」的居民編成，就是沿襲西周以來的鄉遂制度，這種「鄉」和「軍」合一的制度類似後世的屯田制而實質不同。西周金文中六師和八師中設有掌管土地和有關生產的官員，正是西周確實存在鄉遂制度的證據。六四年冬陳夢家來我雁蕩路的寓所訪問時，就曾談到這個問題，他很贊成我的見解，並且提出了新發現的「師瘨簋」銘文「師氏」兼「邑人」的資料。

我在《古史新探》中發表關於鄉遂制度的論文，就是在上述討論的基礎上寫成的。原來鄉遂制度見於《周禮》，《周禮》是春秋戰國之際的著作，出於儒家所編定，是以西周春秋制度爲基礎，加以系統化和理想化而成，不能用來直接論證西周制度的。因此我採取了追溯法，先由《周禮》的鄉遂制度追溯到春秋時代齊、魯、鄭等國的鄉遂制度，再由此進一步追溯到西周金文中有關鄉遂制度的蹤跡。「師酉簋」和「詢簋」銘文記述，作爲師旅長官的「師氏」，所屬有作爲鄉邑長官的「邑人」，因爲師旅即抽調鄉邑的公民所組成。「師瘨簋」銘文記述，周王冊命師瘨的官職是「邑人」而兼「師氏」，是由於同樣的原因。「師晨鼎」銘文記述，周王命令師晨幫助師俗擔任「邑人」和「奠人」之官，「邑人」相當於《周禮》的鄉大夫，「奠人」當讀爲「甸人」，相當於《周禮》的遂人。由此可見西周雖然實行鄉遂制度，實際上並無鄉大夫和遂人之官，而有相當的「邑人」和「奠人」之官；只有魯國設有三郊三遂，並設有遂正。足見《周禮》所載鄉遂制度已非西周的本來面目，是儒家根據魯國的制度加以修訂而成。

我既從井田制度闡明當時村社的土地制度和作爲村社農民的「庶人」的組織，又從鄉遂制度闡明當時社會結構主要由居於「國」中的「國人」和居於「野」的「庶人」所組成，「國人」是具有公民權利的統治階層，接著就從宗法制度闡明當時的貴族組織及其統治機構。宗法制度是從原始的父系家長制的氏族組織變質和擴大而成，因而保留有一系列的父系氏族制的特徵。「宗法」是由於建立宗廟而得名，宗廟不僅用來祭祀祖先、舉行各種貴族內部禮儀，也用在政治、軍事的重要典禮上，藉此鞏固宗族的團結與君臣的紐帶，統一貴族的行動。族長是宗廟之主，主管本族的共同的財權、兵權和法權，並且設有各種家臣成爲統治的政權，建立有許多禮制用來維護其各種特權。我寫〈試論西周春秋的宗法制度和貴族組織〉就是討論以上所說的問題。

古代學校是貴族教育子弟的地方。西周已有小學和大學之分。大學稱爲「辟雍」或「學宮」。「辟雍」是個特殊的建築，四周有水池環繞，中間高地建有廳堂式的大草屋，稱爲「明堂」，附近還有廣大的園林。教學的內容以禮樂和射藝爲主，尤以射藝爲重，具有軍事訓練的性質，擔任教學原是稱爲「師」的軍官，教學者稱「師」就是由此而來；同時樂官在此擔任音樂的教學。這裡不僅是學校，而且作爲貴族成員舉行儀禮、集會、聚餐、練武、奏樂的場所，兼有公共禮堂、會議室、俱樂部和運動場的性質。清代學者阮元（《問字堂集》贈言）認爲明堂和辟雍起源於上古剛有宮室之時，四周必有溝瀼；我們結合考古資料，可以推定這是起源於原始氏族聚落中間作爲公共活動場所的大屋子，如我們在半坡村遺址中所見到的那樣。我因而寫成〈我國古代大學的特點及其起源〉一文。

我在探討中國古代制度中，既注意與西方古代社會中制度作比較，又注意與近代遺留的文化上落後的民族相比較，這種比較研究很有助於我們對古代制度的理解。

四　對於古禮的新探索

現存的中國古代禮書，主要有三種，即《周禮》、《儀禮》和《禮記》，合稱《三禮》。《周禮》是春秋戰國間學者編著的一部理想化的政典，《儀禮》是古代貴族特別是士一級貴族所用禮儀的匯編，《禮記》是漢代儒家有關「禮」的選集。歷代經學家很注意《三禮》的注釋考證，因爲此中述及許多名物制度。近人看到《三禮》的著作年代不一，內容複雜，就丟在一邊不予理睬，因而禮書的研究領域成爲一片荒地，無人墾耕。儘管近人對《周禮》著作年代作過不少考證，對有關「禮」的史料卻是無人問津，因而對於古代典章制度方面的研究成果不多。其實，要對古代制度作比較深入的探索，就無可避免地要進入「禮」的領域，因此我很注意搜集和閱讀前人有關「禮」和「名物制度」的著作以及有關「禮」的資料匯編。例如黃以周（一八二八—九九）所著《禮書通故》（光緒刊本，全百卷），原作者用朱筆親自校對、圈點和增補的校本，就保藏在我處多年，也是我經常查考的。

成年禮三次加冠之後，再由來賓給一個「字」

爲了配合做好對古代幾種經濟上和政治上重要制度的研究，我先後對籍禮、冠禮、大蒐禮、鄉飲酒禮與饗禮、射禮、贄見禮作了新的探索，因爲這些禮就是用來保證這些重要制度貫徹執行的。

我對每種古禮所作新的探索，目的是很明確的，就是要闡明古人推行這種禮儀的意圖及其在維護經濟、政治制度的作用，這樣可以幫助我們對各種重要制度的深入理解。首先我根據所有禮書上的資料，分析古禮的特點，從而認識當時貴族推行這種禮儀的意圖。因爲禮書的著作年代不一，內容複雜，曾經儒家的加工編寫，夾雜有不少系統化和理想化的成分，不可全信，這就需要依據可靠的史料，結合近人考古知識以及對落後民族調查所得資料作比較分析，從而追溯每種古禮的源流，釐清哪些是禮書作者所加。同時我也儘量利用前人，包括過去經學家和清代學者對每種禮制研究的成果。例如我探索籍禮的起源和演變，曾經以海南島黎族的「合畝制」來作比較分析，也曾利用文字學家對「籍」「租」「助」等字原始字義的解說，從而認識「租」原本作「且（「祖」的初文）」，原是指「籍田」上集體耕作生產的祭祖用的糧食。

如果不結合對「籍禮」的認識，只單純談井田制的性質和內容，可能不容易使人理解。

籍禮原是原始社會末期氏族聚落每年開始集體耕作時，由族長主持帶頭耕作的一種儀式。「籍」字原作「耤」，爲躬親耕作之意。「籍」又稱爲「助」，原是指互相協作的勞動。原來集體在籍田上耕作所生產的糧食，主要用來祭祖，因而稱爲「且」（祖），如同海南島黎人把共同生產出來的稻穀稱爲「稻公稻母」。等到「籍田」成爲貴族以及國家所有，這種集體生產的糧食就成爲租稅的「租」了，這就是井田制的「籍法」或「助法」的由來，於是籍禮的性質也跟著變了。井田制中既有平均分配給各家耕作的「私田」，又有集體耕作的「公田」，「公田」亦稱「籍田」，籍法或助法就是由此而來。籍禮就是用來維護井田制之推行的。

「冠禮」是用來鞏固宗族組織，維護宗法制度的。它是從氏族制的「成丁禮」（或稱入社式）演變而來，貴族男子到成年時，要在宗廟裡舉行由父親主持的加冠典禮，表示授予宗族的權利和義務。行禮時要三次加戴冠弁，初次加戴緇布（黑色麻布）冠，表示授予禮帽，從此有參加政治活動和重要典禮的權利。這是沿用古禮，緇布冠原是周族遠古時代戴的禮帽，春秋時代通常應用的禮帽已是玄冠（黑色絹布所作），稱爲「委貌」。再次加戴皮弁（白鹿皮冠），這是狩獵和戰鬥用的帽子，表示授予武裝，開始有服兵役的義務。第三次加戴爵弁（形似冕的平頂冠），表示授予祭服，從此有參與本族共同祭祀的責任。因爲當時貴族的大事，除了政治活動以外，就是軍事和祭祀，所謂「國之大事，在祀與戎」（《左傳》成公十三年）。經過三次加冠之後，再由來賓給與一個「字」，作爲成年的稱號。按禮，每個貴族男子，出生後由父親命名，到冠禮時由來賓賜「字」，字與名必須在字義上有聯繫。

西周春秋時代貴族男子「字」的全稱有三個字，第一個字是長幼行輩的稱呼如伯、仲、叔、季之類，第二字是和「名」有聯繫的某一個字，末一個字是「父」字（或借用「甫」字）。「父」本是成年男子的尊稱；「父」爲「斧」的初字，如手執斧形，斧原爲成年男子的象徵物品。很明顯，這種冠禮具有確立宗族組織，維護宗法制度，從而鞏固政權的作用。按禮，國君與卿大夫行「冠禮」後，才有執政之權。戰國時代秦國國君還沿用這種禮制，秦始皇也是二十二歲舉行冠禮之後才親理政務，先後消除了嫪毒和呂不韋二大勢力，才把政權集中到自己手中的。

國君主持的「鄉飲酒禮」具有元老會議性質

「大蒐禮」是借用田獵來進行的軍事檢閱和演習，而且具有軍事部署的作用和「國人」大會的性質，就在這裡決定國家在軍事、政治以及法律上的大事。春秋時代晉國先後舉行了四次大蒐禮，在大蒐禮上建置和變更軍隊的編制，選定和任命將帥和執政，制定和頒布法律，對違法者處刑，並且在這裡選拔人才，公布國家大事，統計壯丁人數，處理安撫人民的工作。

值得注意的是，在選任將帥和執政的過程中，具有元老性質的太師和太傅有較大的推薦權力，卿大夫之間彼此有相互推讓的傳統作風，從而使得「晉國之民是以大和」（《左傳》襄公十三年）。而且在大蒐禮上所任命的將帥名次，長期爲晉國貴族所尊重。例如「綿上之蒐」所選定的將帥名次，後來成爲依次選定遞補中軍元帥職位的依據。同時大蒐禮上制定、頒布的法律，不但用作戰時的軍法，也作爲平時統治用的「常法」。例如執政范宣子就曾根據「夷之蒐」所頒布的「夷之法」來制定《刑書》，後來趙鞅、荀寅就把《刑書》鑄在鐵鼎上，稱爲「刑鼎」，作爲成文法公布。最初大蒐禮是沿襲過去集體狩獵的習慣按季節舉行的，以冬季農隙時間舉行的較爲重要。到春秋時代，只是臨時爲了政治和軍事上的需要而舉行，隨著執政貴族權力的擴張，大蒐禮舉行的次數就越來越少。

從商代和西周金文看來，商和西周已舉行大蒐禮。周文王就曾把攻滅密須（今甘肅一帶）時奪得的鼓和車用在大蒐禮上。當周成王分封唐叔（晉始祖）時，又把文王在大蒐禮上應用的鼓和車，武王克商時應用的甲，授給唐叔（《左傳》昭公十五年），說明西周君王對於大蒐禮的重視。西周春秋之所以會出現這樣的大蒐禮，很明顯是建立在鄉遂制度的基礎上。居於國都周圍「鄉」中的「國人」是當時軍隊的主力，因而是貴族在政治和軍事上的支柱。「國人」雖然沒有像古代希臘、羅馬的公民那樣有權投票表決國家大事，但是遇到國家有危難、國家遷移、國君改立等大事，常常要召集「國人」來徵詢意見而作出決定（《周禮》〈小司寇〉）。在大蒐禮上決定軍事與律法等國家大事，無非表示對「國人」的尊重。至於將帥和執政的選定，元老有較大的推薦權，卿大夫之間相互推讓，無非表示貴族內部的民主。由此可見，把中國古代貴族的政權說是君主個人專制的體制，是不符歷史事實的。

「鄉飲酒禮」原是國都周圍的「鄉」的學校中舉行酒會的儀式。「鄉」這個字的結構，像兩人相向對坐共食一簋的樣子，本義是鄉人共食，也被用作共食的氏族聚落的稱謂，後來成爲一個地區的稱謂。古代「卿」和「鄉」原本是一個字，卿的稱呼即起源於鄉，卿就是鄉的長官。鄉飲酒禮由鄉大夫主持，鄉大夫實際上就是卿。這種禮用來招待來賓，尊敬長老，作爲維護統治的一種手段。這種禮如果由天子或諸侯主持，在辟雍或泮宮舉行，用來商定軍事上和政治上的大事，就具有議會的性質。

《禮記》〈王制〉說：「天子將出征，……受命於祖（宗廟），受成於學（辟雍）。」鄭玄注：「定兵謀也。」《詩經》〈魯頌・泮水〉講的就是魯侯召集「先生君子」，「在泮（泮宮）飲酒」，共同商議出征淮夷的事，也就是〈王制〉所說「受成於學」。中國古代雖然沒有像古代希臘羅馬那樣設有貴族的元老院，但是這種由國君主持、在辟雍或泮宮的食桌上舉行酒會，用來商議「定兵謀」等大事，就具有元老會議性質。這和大蒐禮具有「國人」的公民會議性質，是同樣的來源。這是起源於原始社會末期實行軍事民主制時期的元老議事會，這種議事會原是在公共場所的食桌上舉行，和酒會相結合的。

「賢」的本義是指勇力和武藝高強者

「鄉射禮」往往在鄉飲酒禮之後在「鄉」中學校裡舉行，這是通過行禮的方式把「鄉」中武士的軍事訓練和子弟的軍事學習結合了起來。當時軍隊以「鄉」中武士爲主力，「鄉」是鄉里組織而兼軍事組織的基層單位，因而軍事的訓練和教學也以「鄉」爲單位。射是當時主要的戰鬥技術，因而按比賽規則進行有組織的射箭比賽，成爲軍事訓練和教學的主要課程。舉行射禮的場所稱爲「豫」、「序」或「榭」，這是建築在土台上的廳堂式的大屋。比射以射中「侯」（布製箭靶）的標的而能貫穿者爲勝，稱爲「獲」，是說有所擒獲，這是沿用狩獵時的稱呼。根據《儀禮》，還有比鄉射禮高一級的大射禮，是由諸侯主持的，同樣在學校中舉行，禮儀的規模較大。從西周金文看來，既有「小子」

們根據王的命令在「學宮」中「學射」，同時宮中還建築有「射盧（廬）」以供王的習射。

射禮之所以重要，因爲射禮具有考選人才的作用。古時執政者於「鄉」中選拔有勇力和武藝者，這到春秋前期還是如此，例如管仲幫助齊桓公進行改革時，其所謂「選」，也只是「鄉」中「拳勇股肱之力秀出於衆者」。管仲要求鄉的長官「有則以告，有不以告，謂之蔽賢」《國語》〈齊語〉，「賢」的標準，就是「拳勇股肱之力秀出於衆者」。「賢」的初文作「臤」，像用手擒獲俘虜（臣），猶如「獲」的初文作「隻」，像用手擒捕飛鳥。「賢」的本義，原是指勇力和武藝高強者。《儀禮》的〈鄉射禮〉中稱勝者爲「賢」，《詩經》〈大雅．行葦〉說：「舍矢既均，序賓以賢。」鄭玄箋：「序賓以賢，謂以射中多少爲次第」。根據《周禮》〈鄉大夫〉，鄉老和鄉大夫要推薦「賢能」給王，又要通過鄉射禮一起和群衆把「賢能」選出來。「賢」原是指武藝高強者，後來「賢」用來指德行和才能兼備的人，這個選「賢」標準的不同，反映了早期貴族對武藝的重視。

「贄見禮」是古代貴族按照身分等級和特定任務，手執一定的禮物的相見禮。這種手執的見面禮物叫做「贄」，亦作「質」，具有代表身分等級和特定任務的作用。所用「贄」的品級和「贄」的授受儀式，具體用來表明賓主的身分等級、親族關係和政治上的組織關係。「贄」的品級，主要有玉、帛、禽獸三等，起源於原始社會氏族制末期人們慣於手執石器作爲權力和身分象徵的風俗，以及常以獵得禽獸作爲交際禮品的習慣。玉禮器中的圭起源於有孔石斧，璧起源於環狀石斧，璋起源於有孔石刀。由於「贄」的分等，產生了上級貴族對下級貴族頒給特定「贄」的禮制。其中最重要的，就是頒給「命圭」的制度。

西周時代天子分封諸侯土地的時候，要賞賜「介圭」，諸侯入覲天子也要手執「介圭」。到春秋時代，天子、諸侯和卿大夫都還沿用這種制度。卿大夫受命出使訪問別國的國君，也以圭作爲君命的信物。特別要指出的，西周時代天子去世，舉行王位繼承的典禮，當元老大臣把先王的遺命傳授給繼位者時，也以圭和瑁作爲遺命的信物。《尚書》〈顧命〉所載周康王即位時接受成王遺命的典禮，就是如此。據說瑁是一種形狀像犁冠的玉禮器，可以用來放置在圭上的，當諸侯執圭朝見天子時，天子就執瑁置於圭上。這是戰國時代推行璽（官印）和符（虎符）制度以前，貴族政治組織中用來確立和維護上下級關係的一種重要制度。

在戰國時代創建官僚制度以前，君王用來確立和維護統屬關係的有兩種禮制，一種是自上而下的「冊命禮」，另一種是自下而上的「委質禮」。冊命禮由君王主持，由史官宣讀任命官職的命書，並將命書授給臣下，再加賞賜，用以表示官職、任務和權力的授予。西周金文中記錄冊命禮的例子很多。委質禮是由臣下拜見君上，把贄交付君上，不再收回，以表示對君上的臣服和承擔。這種「委質爲臣」的禮制，看來西周時代也已出現。西周金文講到淮夷作爲「帛晦臣」，因而有貢獻人力和物力的責任；所謂「帛晦臣」可能就是一種「委質爲臣」，因而必須按規定上貢。

當我寫成〈贄見禮新探〉一文發表在《中華文史論叢》第五輯時，已是六四年六月，這時思想領域的大批判已經在全國開展，眼看大規模的政治運動將要到來，因此急急忙忙把《古史新探》一書修訂編輯完成送到出版社，到六五年十月由北京中華書局出版，如果再遲些就不可能出版了。因爲到十一月，作爲文化大革命序幕的姚文元〈評新編歷史劇《海瑞罷官》〉就發表了，我這樣一本探討古代禮制的書怎麼可能出版呢？正因爲這時重大的政治鬥爭即將爆發，人們已無心鑽研什麼故紙堆中的學問，《古史新探》的印數只有三千冊，成爲我的著作中印數最少的一種。幸而香港有翻印本（嵩華出版事業公司），因而在外國容易見到我這本書，反而在國內很難看到。

原來我另有一個編著《古本竹書紀年輯證》的研究計畫，由我指導徐鼎新、王修齡、蔣德乾三位一起搜輯所有古書上引用《古本竹書紀年》的資料，列入歷史研究所的總計畫。到六五年早已把資料搜輯齊備，並且編排了次序，只因所有人都參加農村的四清運動，沒有時間編寫案語。接著文化大革命爆發，七〇年以後，我調離歷史研究所，所有搜輯資料全部由王修齡保管，我不再過問。八一年看到方詩銘和王修齡合作出版《古本竹書紀年輯證》一書（上海古籍出版社），這項列入歷史研究所的規劃終於由他們兩人完成。

五　在「千萬不要忘記階級鬥爭」的號召下參加農村「四清運動」

一九六二年八、九月間，毛澤東在中共八屆十中全會上發出「千萬不要忘記階級鬥爭」的號召，並且說：「階級鬥爭要年年講，月月講，天天講。」他之所以要發出這樣講階級鬥爭的號召，據說因爲發現了李建彤（一九一九—二〇〇五）所寫歷史小說《劉志丹》是反黨的，並且說：「利用小說反黨，是一大發明。」因此決定要在全國範圍內開展「社會主義教育運動」，也稱「四清運動」，就是要「清政治，清經濟，淸組織，淸思想」。我們聽到有關的傳達報告，就感到六二年一月的七千人大會上剛貫徹「整頓、充實、鞏固、提高」的八字方針，修正左傾路線，使人民剛安定一下，又要發動鬥爭了。

毛澤東所說階級鬥爭，實際上是指最高級領導幹部中有人對他發動的政治運動和推行的政策提出批評和進諫的事，因爲在他看來，他代表無產階級當權，批評他和對他提意見的人就是代表資產階級向他奪權，這就是最激烈的階級鬥爭。他對付這種階級鬥爭的手段，就是通過揭發、批判而定罪，實行無產階級專政。他已查處過兩件這樣的大案：一件是五四年對「高崗、饒漱石反黨聯盟」的處理，另一件是五九年對「彭德懷右傾機會主義反黨集團」的處理。這次又要處理《劉志丹》小說反黨的案件，因爲他認這是原陝西革命根據地的幹部對過去處理高崗反黨一案的反撲。

被指派代表上海歷史學界撰文批評史學家周谷城、羅爾綱

劉志丹（一九〇二—三六）和高崗（一九〇五—五四）原是紅軍第二十六軍的創立者，也是陝北根據地的創建者。三五年因國民黨全力淸剿，毛澤東統率中央紅軍長征兩萬五千里抵達陝北，只剩三萬人，後來經過八年抗日戰爭得以喘息並不斷壯大，終於在此開創新局面，陝北領導幹部對此是很有功績的。三六年劉志丹在山西作戰中陣亡，高崗就成爲陝北領導幹部的首席代表。四九年中共中央人民政府成立，高崗就成爲六個副主席之一，並兼任東北大行政區的軍政委員會主任。五二年十一月高崗調到北京，以副主席而兼任中央財經計畫委員會主任。到五四年七屆四中全會上突然被揭發出

所謂高崗、饒漱石反黨聯盟，高崗因而自殺。這是五十年代毛澤東所處理的最大反黨案件。

小說《劉志丹》是劉志丹的弟媳李建彤創作的，用來表揚劉志丹的功績。這時主持情報工作的康生（一八九八—一九七五），向毛澤東檢舉這部小說，指出小說中描寫的羅炎就是高崗，是爲高崗翻案的，因此毛澤東提出「千萬不要忘記階級鬥爭」，並對這個《劉志丹》小說反黨案件作更嚴厲的處理，李建彤因此開除黨籍，勞動改造。原陝北根據地的幾萬幹部都受到牽連，家屬也都受到壓制，包括習仲勛（一九一三—二〇〇二，當時擔任中央書記處書記、國務院副總理兼秘書長）等人因此被捕坐牢。

其實康生所說小說《劉志丹》中的羅炎，並無影射高崗的地方，完全出於康生的誣害。七七年李建彤要向中央組織部提出申訴，老上司習仲勛的夫人就反對，認爲習仲勛剛從牢中放出來，一經申訴又得坐牢。習仲勛也認爲這是毛澤東定的案，勸李還是不要提，李堅持說：「這案子牽連了幾萬幹部，幾萬個家庭受壓。爲了那幾萬人，我必須申訴，再挨打也要申訴，我沒有寫高崗，是他們的誣陷。」後來她從小報上找到了康生對《劉志丹》小說的講話作爲誣陷的證據，終於得到了平反。這個文字獄牽連範圍遠遠超過胡風事件，但與後來文化大革命中出現的文字獄比起來又不算什麼了。

明眼人由此看得十分清楚，這是中共黨中央內部的一次最高權力的鬥爭，而由此而開展的「四清運動」，除了「清政治、清經濟」之外，還要「清組織、清思想」，就是要在全國範圍內，在所有基層單位中，從組織上和思想上清除一切「資產階級代表人物」，也就是有威脅性的批評者和反對者，從而鞏固這個高度權力集中的政權。

六四年七、八月間，上級又發起對學術思想的批判，主要批判中央黨校副校長楊獻珍（一八九六—一九九二）的「合二爲一論」、周谷城的「時代精神匯合論」和「無差別境界論」，以及羅爾綱（一九〇一—九七）的〈李秀成苦肉計緩兵考〉。上海《文匯報》編輯部先派一位經常聯繫歷史學界的編輯到我家中來，認爲周谷城和羅爾綱都是歷史學界的知名人物，我作爲上海歷史研究所的領導人，應該代表上海歷史學界寫兩篇文章。我怕這個批判變成政治運動，拖著不寫。接著《文匯報》主持學術理論版的編輯又來催促，並且向我解釋，說這次批評全是哲學思想上的問題，不會牽連到政治鬥爭中去。我仍然持觀望態度。不久，老上司、原文化局局長、現任《文匯報》總編輯陳虞孫親自來到我家，開門見山地說：「這是上海市委的書記們提出的要求，希望你代表歷史學界參加，周谷城是上海歷史學界的知名人物，上海歷史學界不能逃避這個批判。這是無法推辭的，難道要書記們上門來請嗎？」

我看已經無法再拖，只能商量說：「羅爾綱那篇對李秀成的考證，把李秀成向清朝投降說成苦肉緩兵計，考證的方法不科學，是應該寫文章加以評論的。至於周谷城的『時代精神匯合論』和『無差別境界論』，我不研究哲學理論，恐怕寫不好。如果一定要寫，周谷城《中國通史》把人類看作動物一樣，把歷史發展看成生存競爭的結果，把歷代農民起義和民族之間戰爭都說成爲生存而競爭，太不成話，是可以批評的。這樣改變一下，我就可以交卷了。」於是我接連寫成〈評周谷城先生的生存競爭歷史觀〉和〈評羅爾綱先生的李秀成苦肉緩兵計〉兩文送給《文匯報》發表。總算這次學術批判沒有成爲政治運動，沒有對被批判者有什麼處分。毛澤東曾把周谷城稱爲右派朋友，想來是不至於作出處分的。後來上海人民出版社出版的周谷城《中國通史》，已把這個生存競爭觀點全部刪去了。

生平第一次主持政治運動

從六二年冬天到六三年春天，曾經在農村中開展了四清運動的試驗，在這個試驗過程中，據說劉少奇（一八九八－一九六九）和毛澤東之間意見有分歧。到六四年底，由毛澤東親自主持制定了農村四清運動的「二十三條」；次年，農村的四清運動就全面展開。上海社科院的工作人員，被分派到松江縣佘山附近的陳坊橋公社，擔任工作隊主持四清運動。上海社科院從此暫停工作，大部分人員由黨委書記和各研究所負責人帶領下鄉主持運動。

作者六十年代留影

我在六五年夏秋之間，我被派到佘山脚下靠近陳坊橋鎮的一個生產隊主持四清運動。我和一般工作隊員一樣，手提簡單的行李包，從上海徐家匯乘長途汽車直達陳坊橋。從此我白天在這個生產隊做運動中的清查工作，一日三餐是在公社的食堂裡吃的，晚上就住在公社圖書館樓上的一間宿舍中。工作隊員的權力是很大的，從進入這個生產隊以後，除了生產照常由隊長主持以外，從上到下都要聽從工作隊員展開各項清查工作和召開各種會議，包括批判會和鬥爭會。這是我生平第一次主持一個單位的政治運動，因爲我在上海博物館、上海歷史研究所參加的政治運動，都是由黨員主持領導，我是無權過問的，常常處於被動地位和挨批的境地。

我非常小心謹愼地在這個生產隊中主持四清運動。不少工作隊員爲了表現自己主持運動的成績，常常組織召開批判會和鬥爭會，鬧得轟轟烈烈。我極力防止運動發生偏差，依運動所規定的政策，按部就班很細緻很認眞地進行，不隨便召開批鬥會。按規定，要依靠貧、下中農的支持，從群衆中挖出過去運動中漏劃的地主、富農、壞分子以及反革命分子，要發動群衆揭發反動言論而加以批判，要淸查地主、富農的「反攻倒算」行爲，要精算所有生產隊的帳目而查出貪污、盜竊以及多吃多占的事，分別予以處分或加以教育，從而達到「四淸」的目的。我因此按照這些要求，到各家去訪問瞭解，在晚上召開各方面的調查問題的會議。我感到所有農民生活依然很窮苦，生產上都很勤勞，對待上級宣布的政策方針都十分尊重，態度都是很老實而誠懇的。我在這個生產隊主持四清運動有五個月之久，沒有淸查出什麼可以稱爲「階級鬥爭」的問題來。

經過長期淸查，這個生產隊中唯一的大問題，就是他們的生產隊長是否爲一個漏劃的富農的問題。這個村莊中所有農民住的都是泥牆草屋，只有生產隊長所住的南面中間一排三間是磚牆瓦屋，說明他的家是比較富裕的。要判定他是否爲富農，按照政策，要調查他在「土地改革」以前雇用臨時短工幫他種田的情況，計算出每年農忙季節所雇用臨時短工的數量，進一步再計算出他剝削雇傭勞動在他整個農業勞動中所佔的比例，然後才能判定他是否富農。這是個很麻煩的問題，因爲這是十六年以前的事，沒有什麼記錄保留下來，需要仔細訪問當年曾到他家做過短工的農民。這個生產隊的生產是這一帶成績比較好的，這個隊長做得並不差的，如果戴上富農帽子，就要成爲專政的對象，全家老小都要受到管制，也不能再當隊長了。我爲此特別鄭重，找了另一位歷史研究所的人，一起仔細調查，認眞計算，寫出書面報告，作出結論送給人民公社的領導，判定他不是富農。

根據我五個月在一個生產隊主持四清運動的經驗來看，農村的基層單位裡普遍並不存在尖銳的「階級鬥爭」，並沒有大規模在全國農村中推展「四清運動」的必要。這樣大規模的進展運動，派出大量操生殺之權的工作隊員深入到每個生產隊，發動召開轟轟烈烈的批鬥會是沒有必要的，徒然擾亂原有的生產工作，往往因此鬥錯了許多不該鬥的人，造成極壞影響。因此到文化大革命初期，近郊的生產隊許多在「四清運動」遭了冤屈的人，派人到上海來，把過去主持運動的工作隊員抓回生產隊，回過頭鬥爭他們。當時同我一起關在牛棚裡的一個黨員副所長，就曾因此被抓回農村去鬥了幾天。

整整五個月在一個生產隊主持運動，使我對這個生產隊的情況看得十分清楚。我最深刻的感觸是：經過這樣翻天覆地的社會主義革命，「農民翻身當家作主」已有十五年以上，依然未能改變兩千多年來長期停滯的小農經濟的生產方式，基本上仍只維持著簡單的再生產，過著勉強解決溫飽的低水平生活。整個中國依然是個以傳統的小農經濟爲基礎的大國。爲什麼會造成這樣悲慘的結果呢？無非在農村推行的政策不確當，同時由於公社化、生產大躍進以及歷次政治運動的大浪潮衝擊所造成的惡果。當地農民的生產技術，除了耕墾上已使用公社的手扶拖拉機設備以外，多數還是依靠人力操作，仍然沿用傳統的生產技術和生產經驗。每戶農民的收入，是按每日參加生產隊的集團勞動中勞動力的多少和強弱，經過評定的「工分」來計算而取得的。因而每戶農民要提高收入和改善生活，只有一個辦法，就是多生育兒女從而增加強勞動力。這是造成農村人口興旺而耕地不足的主要原因。

第九章　支離破碎

「文化大革命」中的驚濤與打擊（一九六五—七六）

一　在姚文元評《海瑞罷官》文章發表以前對校樣提了修改意見

長達十一年的「文化大革命」運動，是從姚文元發表批判吳晗新編歷史劇《海瑞罷官》而揭開序幕的。在這篇批判文章發表以前，《文匯報》編輯部曾印出校樣，召開徵求修改意見的座談會，我對姚文元的觀點提出了修改意見，因而「文化大革命」一開始，我就成為批判對象。

暗潮洶湧

當一九五九年到六〇年間，吳晗接連發表推崇明代清官海瑞的文章，並創作歷史劇《海瑞罷官》，原是遵照毛澤東的意志進行的。五九年春毛澤東發覺，在他發起的「生產大躍進」運動中，不少幹部揑造高產成績上報，認為要批評這種「浮誇風」，提倡講眞話。一天他看了湘劇《生死牌》以後，就提出要學海瑞那種「剛直不阿，直言敢諫」的精神，指出海瑞上疏給皇帝，罵得很厲害，對皇帝還是忠心耿耿的。毛澤東四月在上海召開的工作會議上發表了這樣的講話，於是中央宣傳部副部長周揚就在上海文藝界鼓勵新編海瑞的京劇，接著上海京劇院院長周信芳（即麒麟童，一八九五—一九七五）就演出《海瑞上疏》。同時共產黨的理論權威胡喬木（一九一二—九二）也請黨內明史專家吳晗寫文章鼓吹海瑞「直言敢諫」的精神，吳晗就接連發表〈海瑞罵皇帝〉、〈清官海瑞〉和〈論海瑞〉等文。

當吳晗寫成〈論海瑞〉一文時，已在廬山會議之後，當時政治鬥爭形勢發生了巨大變化。原來毛澤東提倡海瑞「直言敢諫」的精神，但廬山會議彭德懷上萬言書「直言敢諫」毛澤東的錯誤，毛澤東反惱羞成怒，指斥爲「右傾機會主義反黨綱領」，並把彭德懷等四人定爲反黨集團而加以處分，還從此開了「反右傾」的鬥爭。當吳晗把〈論海瑞〉的文稿送請胡喬木審定時，胡喬木在文末加上了一段批判右傾機會主義分子的話，因而吳晗在五九年九月二十一日《人民日報》上發表〈論海瑞〉一文時，文末特別指出「右傾機會主義分子根本不是什麼海瑞」。這個結論和全文內容是很不協調的。後來由於京劇名演員馬連良（一九〇一—六六）的一再催促，吳晗又創作《海瑞罷官》這個劇本。當六一年由馬連良演出時，很得毛澤東的讚賞，爲此請馬連良吃飯，當面稱許是好戲。

但是到六五年初，毛澤東對《海瑞罷官》的看法有變化，把它和彭德懷「右傾翻案」聯繫起來，認爲是大毒草，指出它的要害是罷官，影射他在廬山會議上罷了彭德懷的官。這時他已決定要從批判《海瑞罷官》入手發動一場「文化大革命」。但是他自己不正式出面，並且要保密作好準備。因爲吳晗是北京市副市長，市長彭眞等人會保護吳晗，不便在北京找人寫發動批判的文章。江青在上海市委書記柯慶施的幫助下，曾在上海找人寫過一篇批判鬼戲《李慧娘》的文章，發表在六三年五月的《文匯報》上。這時就由江青出馬，來到上海，請柯慶施秘密找人寫批判《海瑞罷官》的文章。柯慶施當即把這件事交給他的智囊張春橋來辦，張春橋於是要他手下專門寫文藝批評的姚文元執筆。姚文元這時是《解放日報》的文藝部主任，因爲這篇批判文章非常重要，姚文元從年初直到八月間，改寫了許多次，並由張春橋秘密帶到北京請示，最後由毛澤親自審定。這篇批判文章雖然出於毛澤東授意，但是在寫作的過程

293　在姚文元評《海瑞罷官》文章發表以前對校樣提了修改意見

中，他始終沒有點明《海瑞罷官》的要害問題，因而姚文元的文章氣勢洶洶指出《海瑞罷官》的要害是「退田」，沒有把要害放到「罷官」上。

吳晗的《海瑞罷官》這齣歷史劇，描寫的是明穆宗隆慶三年（一五六九）海瑞做應天府（今南京）巡撫，出巡到松江（今上海市松江區）的時候，大批群衆紛紛向他告狀，控告鄉官侵奪他們所有田地，海瑞命令鄉官徐階等人退田，因此得罪彼此包庇的高官，海瑞被皇帝革職，海瑞爲此理直氣壯地上疏向皇帝爭辯。明代的鄉官和考中科舉的士紳，有豁免所有田地賦役的特權，中小地主和自耕農爲了逃避賦役，往往把所有田地寄託到鄉官或士紳名下，而鄉官與士紳常常借此機會侵奪。這種寄託田地的方式，當時稱爲「投獻」或「詭寄」，徐階等人就是在松江利用「投獻」侵奪了許多人的田地。

第一個發言對姚文元的批判文章提出修改意見

姚文元的批判文章〈評新編史劇《海瑞罷官》〉，是六五年十一月十日在《文匯報》上發表的，文章寫得很長，末段是結論，他把海瑞勒令鄉官徐階等人退田，和六一年有些人主張從人民公社中退田而個體單幹的說法聯繫起來，指控《海瑞罷官》鼓吹「單幹風」，反對「人民公社」，因而是大毒草。《文匯報》在發表這篇批判文章之前，曾印出校樣，奉命召開一次向上海史學界和文藝界知名人士徵求修改意見的討論會。當時我正被派到松江縣的陳坊橋人民公社，充當農村四清運動的工作隊員，和上海社科院黨委書記李培南同住在陳坊橋公社圖書館的樓上。《文匯報》是在會議前一天用電話通知李培南，要我隔天上午趕回上海，下午到北京路的文化俱樂部參加這次討論會，討論的是什麼文章事先沒有講明。

當我趕到這個討論會場時，才看到姚文元這篇批判文章的校樣，整整一大版。出席者共十多人，大家當場認眞閱讀這篇文章。當時我完全不瞭解姚文元寫這篇文章的背景，也不瞭解吳晗寫這個歷史劇的動機和目的，只是認爲吳晗原是明史專家，現在他寫作有關明朝的歷史劇了。我沒有看過《海瑞罷官》的劇本，只是從姚文元批判內容來看，似乎劇本的主題思想有不符合歷史眞實性的地方，這在學術上是可以商討的。但是姚文元這篇文章不是認眞在學術上進行商討，而是要從政治上加以打擊，特別是末段把海瑞勒令鄉官退田聯繫到六一年的「單幹風」，很明顯是誣害吳明。

主持這天討論會的是《文匯報》總編輯陳虞孫。當討論會一開始，我就第一個發言，除了指出這個劇本的主題思想有不符合歷史眞實性的地方，可以進行學術討論以外，主要是針對姚方元的文章末段提出了下列五點修改意見：

㈠明代海瑞勒令鄉官退田，和六一年有人主張從人民公社退田的「單幹風」，性質上根本是不同的兩回事，不應該牽強比附，扣上政治上的帽子。

㈡文章末段的批評，不符合當前所提倡的「百家爭鳴」方針，學術上的討論應該實事求是，不應該隨便和政治上的問題聯繫起來。

㈢評論古代史的文章，特別評論新編歷史劇，不適宜隨便指責爲「借古諷今」。如果這樣隨便指責別人「借古諷今」，以後誰再敢發表古代史的論文，誰再敢新編歷史劇演出，這對今後的學術研究和文藝創作的發展都不利。

㈣吳晗不是一個無名小卒，既是著名的明史專家，又是北京市的副市長，發表這樣的批評文章，將對學術文化界震動很大，在社會上的影響也不好。

㈤希望考慮到發表這篇批評文章的效果和影響，應該對這篇文章的末段重新斟酌和改寫，或者發表時刪去末段。

在我之後，多數人的發言也是對末段有意見，但是說話比較婉轉，沒有像我那樣直截了當。最後由中華書局上海編輯所正副主任李俊民和陳向平發言，他們都指出：姚文元寫這樣的批判文章，敢於從政治上批評吳晗，敢於扣上這樣的政治帽子，必然有很大的來頭，該是奉命寫作的，很難提出修改意見。他們兩位都是黨員，我聽了之後才恍然大悟，感到自己的政治嗅覺不靈，所提意見可能太率直了，但爲學術界的前途設想，是應該提出意見的。

當天晚上，我趕回陳坊橋圖書館樓上的宿舍，見到李培南，當時有別人在座，我把姚文元批評《海瑞罷官》文章的要點，和我所提修改意見以及會上討論情況，大體講了一下。他馬上表示同意我提出的意見，並且大聲說：「姚文元這根棍子又出來打人了。」原來姚文元因爲經常寫文藝批評方面的文章，早已有「棍子」之稱。後來我才瞭解，六二年五月上海市第二次文藝界代表大會期間，著名作家巴金（一九〇四—）曾毫不客氣地批評「那些一手拿框框，一手捏棍子到處找毛病的人」，「專門看風向、摸行情的批評家」，就是指姚文元，因而「姚棍子」的稱呼廣爲傳播。李培南這句話，在文化大革命的初期就被揭發出來，因而當批鬥李培南的時候，就被用作修正主義分子和反動學術權威結合起來反黨的證據，把我拉去一同批鬥。

二　參加《海瑞罷官》問題的討論和對吳晗〈自我批評〉的座談會

自從六五年十一月十日《文匯報》發表姚文元〈評新編歷劇《海瑞罷官》〉以後，我就接到通知，從陳坊橋回到上海，每個星期，週一到週五的上午回到歷史研究所參加《海瑞罷官》問題的小組討論會，星期六上午到上海社科院參加大組討論會，大組討論會是由黨委副書記主持的。從此別的事不做，集中精力參與這個討論和學習。從此可知，姚文元這篇批判《海瑞罷官》的文章，確實如中華書局上海編輯所兩位負責人所說的，來頭很大，出於很高層級的官員所指使。因此我不免懷疑，《文匯報》在發表姚文元文章之前，召開那次上海史學界、文藝界人士的討論會，徵求修改意見，是奉命召開的，主要目的在事先摸底，了解上海文化學術界頭面人物對姚文元這篇文章的看法，以便制定對策；因而我所提的率直修改意見，大概已被記錄下來上報，很可能將來要「算帳」呢！果然不出所料，後來在一次大組討論會之前，黨委副書記找我個別談話，希望我作好思想準備，將來在適當的時候，對自己過去所發表的反對意見，認識錯誤，並認眞地作出公開檢討。

到十一月底，上海新華書局大量發行姚文元批判文章的小冊子，同時重印吳晗的《海瑞罷官》作爲批判的靶子。十一月二十九日《北京日報》和《解放軍報》全文轉載姚文元文章，次日《人民日報》的「學術研究」欄也全文轉載。《北京日報》和《人民日報》所加的編者按語，都強調貫徹「百花齊放」、「百家爭鳴」的方針，進行學術上的討論；只有《解放軍報》的編者按語，氣勢洶洶地認定《海瑞罷官》是一株反黨、反社會主義的大毒草。兩種不同的編者按語，表明了兩種不同的立場和態度。《北京日報》是直接聽命於中共北京市委的，代表了北京市委的看法。與此同時《文匯報》在上海市委宣傳部的領導下，從發表姚文元文章後，就十分積極地組織對《海瑞罷官》的討論，每天出整版「關於《海瑞罷官》問題的討論」特輯，接二連三地發表了一批反駁姚文元的文章，表面上放手貫徹「放」的方針，實際上是大張羅網。

吳晗堅持《海瑞罷官》不是借古諷今

從《人民日報》全文轉載姚文元批判文章以後，全國各地報刊紛紛轉載，全國文化學術普遍展開了學習和討論，各類報刊都集中地發表有關的討論和批判文章。討論的範圍，從《海瑞罷官》到海瑞這個歷史人物以及有關歷史事件的評價，清官、好官和貪官的比較和評價，以及封建道德是否可以繼承等問題。當時《文匯報》上也大量刊載有關討論文章，我因爲發表了率直的反對意見，已經受到政治上的壓力，沒有再寫任何文章參與討論。華東師範大學歷史系教授李平心這時在《文匯報》上接連發表〈漫談清官〉、〈循吏、清官、良吏的歷史評價法〉及〈關於評價歷史人物的標準問題和循吏、清官的分析問題〉等三篇長文，讚揚清官而反對姚文元「清官比貪官更壞」的觀點。姚文元化名勁松、伍丁，接連發表〈歡迎破門而出〉和〈自己跳出來的反面教員〉兩文，反駁李平心，指控他是反黨反社會主義的反動學術權威。

李平心一名李鼎聲（一九〇七—六六），原是左派的歷史學家，從事中國近代史和世界各國革命史的編著，著作很多，範圍很廣，其中以

《中國近代史》一書（上海光明書局，一九三三）最爲著名。五十年代他改變研究方向，從事甲骨文和金文的研究。他一個人住在我所住的雁蕩路永業大樓對過的培文公寓中，寓所內四周搭起高大書架，裝滿了甲骨文、金文和有關先秦史方面的圖書，成爲我的同行。他曾在刊物上發表多篇這方面的論文，還沒有取得較大成就。後來文化大革命開始，他就是因爲寫了這三篇讚揚淸官的文章，飽受抨擊，就在寓所開煤氣自殺，因爲沒有同住的家屬，等到別人發覺，已經氣絕。這是上海史學界在文化大革命中第一個受迫害而死的。因爲我們是鄰居，他自殺的當天就聽到消息，使我深深感到，如何正大光明地保全性命於亂世，以待將來完成自己的研究與寫作，今後是必須認眞仔細考慮的。

到六五年十二月間，這場政治上的鬥爭已到了短兵相接的階段，風聲越來越緊了。十二月八日出版的《紅旗雜誌》第十三期上發表了戚本禹（一九三一—　）〈爲革命而研究歷史〉一文，不點名地批判了吳晗和翦伯贊兩人的歷史觀。據說這篇文章很得毛澤東的讚許，認爲文章很好，缺點是沒有點名。與此同時，北京市委宣傳部辦的《文藝戰報》連出幾期增刊，發表了反駁姚文元的文章，又由北京劇團提出證據，說明吳晗寫《海瑞罷官》是出於劇團的催促而上馬的，目的就在於爲吳晗辯白。吳晗也在這時發表了〈關於《海瑞罷官》的自我批評〉一文，借自我批評爲名，爲自己辯白。因而這場鬥爭的焦點，又集中到了吳晗的〈自我批評〉上來了。

吳晗的〈自我批評〉一方面詳述自己寫海瑞的文章和創作《海瑞罷官》的動機和目的，他說寫海瑞的文章是爲了反對右傾機會主義；

創作《海瑞罷官》在五九年到六○年，因而和六一年要求人民公社退田的單幹風無關。其次他堅持自己創作的《海瑞罷官》符合歷史的眞實，不是借古諷今。他認爲當時蘇松地區主要的階級矛盾是自耕農和鄉官之間的矛盾，自耕農控告鄉官侵奪田產是階級鬥爭的一種低級形式，這個劇本的主題，寫的就是自耕農對大地主官僚集團的階級鬥爭。他說海瑞命令徐階等鄉官退田，確是退還了侵奪的自耕農的田地。並且說：清官被看作青天，是人民作了鑒定，因爲清官有意識地辦了一些好事。

十二月三十一日《文匯報》編輯部又在北京路文化俱樂部召開史學界和文藝界人士的座談會，討論吳晗的〈自我批評〉，一共邀請十五人，大體上和上次參加討論姚文元文章校樣的人相同。先後共有十二人發言，李平心等三人未發言。上海社科院歷史研究所應邀出席的仍是兩個副所長，就是周予同和我。當時歷史研究所沒有正所長，原有黨員所長李亞農在一九六二年去世了。

座談會上的發言記錄都要在報上發表

在這次座談會上，我吸取上次參加會議的教訓，沒有第一個發言，這次輪到周予同。周予同的發言很是激動，他說的話不多，但是說得很直截了當。他除了對今後如何進行深入討論提出意見以外，還說：「現在我們自己對自己的歷史文化遺產倒不大注意了，敵人美帝國主義拚命在研究明史，日本也很注意中國史的研究，甚至組織唐玄奘的研究會。將來要研究中國封建社會的歷史，只好取材外國資料了。……吳晗的自我批評文章，我看了。吳晗我是熟的，他很爽直，文如其人，有錯就認了，他的認錯不是假的。但文中有些奇怪，反右傾怎麼會聯想到海瑞上面去的？他的政治敏感性到哪裡去了？吳晗是好人，是『清官』，但是他的政治敏感性大有問題。」

我聽完他的發言，就感到他將闖下大禍了。他不瞭解當前這場政治鬥爭的嚴重性，他說吳晗的政治敏感性大有問題，其實他自己的政治敏感性也沒好到哪裡。我在上次討論會上的發言正要作檢討，還沒有了結；他這個發言，既是表示對當前不重視歷史文化遺產不滿，而且明目張膽地爲吳晗辯白，將來如果發動一場政治運動，他就很難過關了。當時不少知識分子對不重視歷史文化遺產的行爲感到不滿，誰知道後來文化大革命中，「破四舊」和「抄家」的大運動，還要全面地對名勝古跡、歷史文物和古舊圖書大肆破壞呢！

到那時學術界人士還不知道吳晗寫有關海瑞文章和戲劇的背景，既不知道這是出於奉命寫作，更不知道他的〈論海瑞〉一文末尾加上批判右傾機會主義分子的話，也是出於上級的指點。學術界多數人士認爲吳晗創作《海瑞罷官》，不過是一個明史專家出來新編表揚清官海瑞的戲劇而已。因爲原來民間早就流行表揚清官海瑞對權貴進行鬥爭的小說和戲劇，如長篇章回小說有《大紅袍》，京劇有《德政坊》和《五彩輿》等（都俗稱《大紅袍》），長篇彈詞有《海公大紅袍》和《福壽大紅袍》，因而清官海瑞本是個家喻戶曉的歷史人物。

學術界多數人士本來不相信《海瑞罷官》和當時政治上兩條路線鬥爭有什麼關係，等到吳晗發表自我批評，自稱〈論海瑞〉是爲反對右傾機會分子而寫的，大家才感到此中確有問題。在這天的座談會上，不僅周予同感到奇怪，說「反右傾怎麼會聯想到海瑞上面去」，譚其驤（復旦大學歷史系主任）也說：「我弄不懂海瑞和反右傾有什麼關係。」劉大杰（復旦大學主講中國文學史的教授，一九〇四—七七）更說：「奇怪的是，他自己說他的〈論海瑞〉是有政治動機的，是爲反右傾機會主義而作，何以在〈論海瑞〉基礎上寫出來的《海瑞罷官》反而糊塗起來呢？」束世澂（華東師範大學歷史系教授，一八九六—一九七八）更說：「他的〈海瑞罵皇帝〉罵的是誰？爲什麼要罵？這篇文章恰恰就是在右傾機會主義鬧得凶的時候寫的。」又說：「《海瑞罷官》的劇本是一九六〇年寫的，說不是影射現實，這是欲蓋彌彰。」

在這天座談會上大多數人認爲《海瑞罷官》應該批判，但是多數人還是沒有認定它是「借古諷今」的。只有李俊民（中華書局上海編輯所主任）認爲《海瑞罷官》和《李慧娘》、《謝瑤環》都要「退田」，是「適應了自命爲海瑞的右傾機會主義者的需要」，贊同姚文元的批判。陳向平（同副主任）更進一步指出，吳晗「是借古諷今的老手，他過去寫過不少借古諷今的文章，在民主革命時起過一些作用。現在寫的這類文章，立場沒有變化，不過對象和方法不同罷了。」

我在這次座談會上是第八個發言，主要談了下列三點：

㈠吳晗說寫作的動機是爲了反對右傾機會主義，可是在他的〈海瑞罵皇帝〉、〈論海瑞〉和《海瑞罷官》中，哪裡有眞正反對右傾機會主義的內容呢？

㈡吳晗大談當時蘇松地區的社會特殊性，認爲那裡的階級矛盾不是一般農民對地主的矛盾，而是自耕農對鄉官的矛盾，因此自耕農控告鄉官侵奪田地，是階級鬥爭的低級形式。實際上控告鄉官侵奪田地的，主要是中小地主，而不是農民。少數自耕農的告狀可以代表農民階級的階級鬥爭麼？

㈢吳晗說清官有意識地辦了一些好事，是和封建統治階級的長遠利益一致的，也是和被壓迫的廣大人民當前利益一致的。海瑞命鄉官退田，既符合封建王法，又對被奪去田地的農民有好處。試問封建王朝的王法怎麼可能維護農民的利益呢？

當座談會結束時，沒有說明這次座談會上的發言記錄要在報上發表。六六年一月五日下午，我收到了《文匯報》編輯部送來的發言記錄校樣，是準備七日發表的。我就想到上述周予同的發言，如果公開發表，就會闖下大禍，一旦發動一場政治運動，馬上就會成爲靶子，這樣一個年老的學者怎能受得了？我想不出什麼辦法來挽救他，一直考慮到晚上，才打電話給一位黨員副所長徐侖，扼要地告訴他周予同發言的主要內容，並且指出，這個發言若在報上公開，將來運動中的衝擊必然不得了，我希望他設法向《文匯報》編輯部疏通一下，刪去或修改那些爲吳晗辯白的話。當時歷史研究所共有四個副所長，除了周予同和我以外，還有兩個副所長是黨員，即徐侖和沈以行。徐侖接到我的電話後，就去找沈以行商量，然後向《文匯報》提出請求，結果被拒絕。《文匯報》編輯部宣稱他們執行「放」的政策，要刊登各種不同意見的發言。

他家牆上寫了「反共老手周予同」七個大字，紅衛兵路過都要進去「抄家」

我得到這個拒絕的回音之後，更感到風雨欲來。等六月一日《人民日報》發表社論〈橫掃一切牛鬼蛇神〉以後，周予同就是因爲這個發言，被上海市的上級領導首先點名，拋出來作爲集中打擊的靶子，從此他就永世不得翻身，要忍受種種難以想像的侮辱和苦難，直到瞎眼、中風、長期癱瘓而病死。

巴金在《隨想錄》的〈我與開明〉一篇中講到周予同說：「他是著名的學者，受尊敬的民主人士和社會名流。後來我和他還常在會場上見面。他是一個矮胖子，我看見他那大而圓的臉上和藹的笑容，總感到十分親切。這位對中國封建文化下苦功鑽研過的經學家，又是五四時期衝進趙家樓（當時北當時北洋政府交通部長曹汝霖宅邸）的新文化戰士，不知道因爲什麼，「文革」開始，他就給拋了出來，作爲頭一批反動學術權威點名批判。最初一段時期他常常被各路紅衛兵從家裡拖出來，跪在門口一天批鬥五、六次。在批林批孔的時期，這位患病的老學者又被押解到曲阜孔廟去忍受種種侮辱。後來他瞎了眼睛，失去了老伴，在病榻上睡了五、六年，仍然得不到照顧。他比其他遭受冤屈的開明（書店）朋友吃苦更多，不同的是他看到了四人幫的滅亡，他的冤案也得到昭雪。但是對他那樣一個知識分子來說，把一切都推給四人幫是解決不了問題的。」

巴金說不知道爲什麼「文革」開始周予同就給拋了出來，作爲頭一批點名批判的對象。其實，沒有任何別的原因，只是因爲他在這次座談會上說了幾句爲吳晗辯白的話。當時《文匯報》上曾發表一大版以「反共老手」爲題的批判周予同的文章。周予同是研究中國經學史的專家，從他有關經學歷史的論著中是找不到和現實政治相關問題的。他早年曾經在商務印書館主編過一段時期的《教育雜誌》，三四年曾發表《中國現代教育史》一書（上海良友圖書印刷公司）。這時有人從這部書中找到一些字句，特別是從這書附錄的「大事記」中找到一些字句，指責爲反對共產黨，於是扣上「反共老手」的帽子。

他的住宅是沿著馬路的，有人就在他的住宅前面牆上，用黑漆寫上「反共老手周予同」七個大字，因而各路紅衛兵路過他的住宅，都要進去「抄家」，把他拖出來跪在門口批鬥；家中所有財物、所藏圖書和日常用品早已被抄光，家中連一隻錶都沒有。他當時是復旦大學歷史系教授兼歷史研究所副所長，他的家屬爲了看時刻，到復旦大學的會計科借錢，買了一隻小的鬧鐘帶回家中，豈知不到一小時，一隊紅衛兵進來，又把這隻小鬧鐘抄走了。當批林批孔運動開始時，他被山東曲阜來的造反派拖走，押解到曲阜孔廟中大批大鬥，據說就是因爲他是經學歷史的專家，憑空替他載上了「尊孔」的帽子，還說他六一年到曲阜參加孔子學術討論會時曾對孔子像三鞠躬。他從曲阜批鬥大會回到家中，就中風而長期癱瘓，直到病死。

當時周予同和我所處的地位差不多，他是復旦大學歷史系教授兼歷史研究所副所長，我是歷史研究所副所長兼復旦大學歷史系教授。所不同的，他是民主同盟的成員，我是無黨無派的人。

當我在文化大革命開始，聽到周予同被拖到復旦大學操場所搭的台子上批鬥時，我就想到以前反右派鬥爭開始，和我所處地位差不多的經濟研究所的吳承禧，因爲在小組會上發表了所謂「右派」言論，被大批大鬥直到病死的情景，很擔心這樣不幸的事會重複地再現。沒想到周予同所受到的虐待和打擊比保承禧還要厲害很多。所不同的是，吳承禧被劃成右派之後不久就病死，周予同則一直癱瘓在床，直到文化大革命結束後才病死。

三　對吳晗〈自我批評〉的批判

自從吳晗發表〈自我批評〉以後，有一段時期著重批判他這篇文章。六六年一月七日《文匯報》發表了〈上海學術界部分人士座談吳晗的關於《海瑞罷官》的自我批評〉以後，該報編輯部就向我要批判吳晗〈自我批評〉的文章。我當即把我的意見，寫成了〈評吳晗同志所謂自我批評〉一文寄送去。我的評論文章原是從學術上對吳晗進行同志般商討的，所以題目明確稱「吳晗同志」。全文分兩大段，第一段是評《海瑞罷官》的論據之一——告鄉官奪產是階級鬥爭論，第二段是評《海瑞罷官》的論據之二——海瑞強迫鄉官退還農民田地說。文中主要意見如下：

㈠吳晗誇大蘇松地區自耕農的比重和地位，把「重賦轉嫁到自耕農身上」和「鄉官奪產」作為蘇松地區階級矛盾的主要原因，這種論斷是不符合歷史實際的。顧炎武說：「吳中之民，有田者什一，為人佃作者什九。」（《日知錄》卷十）佃農占絕大多數，自耕農是少數。海瑞說當時「飢民動以千百」，「飢民洶洶」（見《海瑞集》）。這時每天有幾千人包圍徐階住宅，「沿街攘臂，叫喊號呼」，為什麼要把這種飢民的反抗鬥爭一概抹煞，而要把「告鄉官奪產」看作階級鬥爭呢？

㈡吳晗誇大海瑞命令鄉官「退田」是退還農民的田。當時告鄉官奪產的多到近萬人，其中大多數是中小地主。鄉官利用優免賦役的特權，包庇一般中小地主逃避賦役；並乘此機會侵奪中小地主的田地。當時海瑞以「右僉都御史、奉敕總督糧儲兼巡撫應天等處」的官職，到江南上任，江南是財賦之區，能否完成錢糧的徵收，關係到明朝的財政收入很大，因此海瑞不能不依據王法，對豪強這種包庇中小地主逃避賦役和侵奪田地的行爲加以抑制，在他的「督撫條約」中，禁止「包攬侵欺」，「諸凡受寄、花分，凌害小民，有犯毋貸，不言可知」，「本院法之所行，不知其爲閣老尚書家也」，其目的就是把大量逃避賦役的田地從鄉官包庇或侵奪中清理出來，以確保錢糧徵收的完成。

決定作自我檢討，退出討論

我這篇文章寄到《文匯報》以後，長期未見發表。直到二月底，上海社科院黨委副書記才當面告訴我：「必須深刻地認識在《文匯報》召開的那次徵求修改意見的會上發言的錯誤，在這裡的大組會上作自我檢討，上級會派人來聽，而且要把自我檢討的結論寫到你的文章末尾，《文匯報》才可能發表你的文章。」因此我只能按照大組會上大家對吳晗《海瑞罷官》所作的公認的結論進行檢討，接著《文匯報》就把我文章的校樣送來，我作了些修改，並把自我檢討的結論補充於末段：「最初我對《海瑞罷官》的政治企圖是認識不清的，經過學習和參加討論，就越來越明白：這是在一定的階級鬥爭尖銳複雜的形勢下，資產階級不採用明目張膽的進攻方式，而採用借古諷今的手法來發動惡毒的進攻。……如今吳晗同志的所謂自我批評，繼續使用歪曲歷史眞實的手法，製造種種論據，企圖掩蓋住借古諷今的創作意圖，眞是欲蓋彌彰。」

我這篇批評吳晗〈自我批評〉的文章發表在三月四日的《文匯報》上。我原來反對指責《海瑞罷官》這個歷史劇是借古諷今的，認爲應該把學術問題和政治問題區別對待，經過了一百十天的學習和討論之後，我感到我們不瞭解吳晗寫頌揚海瑞的文章和劇本的政治背景，吳晗又自稱《論海瑞》是爲反對右傾機會主義而寫，就不能說他與當前的政治路線鬥爭無關。而且這場批判運動一開始，就很明顯地可以看到，這裡具有共產黨內部派系鬥爭的性質。吳晗是北京副市長，是掌權的共產黨員，以彭眞爲首的北京市委始終採取爲吳晗辯白和開脫的立場，吳晗的《自我批評》正是爲了辯白而發表的。

吳晗早年是在胡適指導下從事明史的考證而成爲明史專家的，從四十年代起，就從歷史學家轉變爲政治活動家，四三年參加民主同盟，從四三年到四八年發表歷史雜文近百篇，都是「借古諷今」，向國民黨投槍的（五九年曾選出其中六十篇合編成《投槍集》，作家出版社）。四八年從北京進入石家莊的共產黨解放區，次年隨解放軍進入北京，出任北京副市長，於五七年加入共產黨。他很得毛澤東的器重，《中國歷史地圖集》的編繪和《資治通鑑》的標點，都是毛親自找他主持的。這時吳晗突然因《海瑞罷官》的寫作而被認爲是影射毛澤東罷了彭德懷的官，很明顯的，這個批判將進一步擴展爲共產黨內部派系的權力鬥爭。我們這些黨外的學術界人士是不適宜捲進這個鬥爭的。因而我決定作自我檢討，退出這個討論，不再寫任何文章。

四　關進牛棚兩年半

「文化大革命」運動，是毛澤東在一九六六年三月中旬中央政治局擴大會議上提出的。他根據他的「無產階級專政條件下繼續革命」的理論，認爲社會主義革命越深入，知識分子就越抵抗，越暴露出反黨反社會主義的面目，因而要對資產階級學術權威進行切實的批判，發動「文化大革命」。他指出吳晗、翦伯贊是共產黨員，但是他們也反共，實際上是國民黨員。還指出北京市委的機關誌《前線》上的「三家村」吳晗、廖沫沙（一九〇七—九〇）、鄧拓（一九一二—六六）都是反黨反社會主義的。由於毛澤東這一講話，批判就從吳晗擴大到翦伯贊和「三家村」。

當時北京市長彭眞還兼中央政治局文化革命五人小組的組長，他要把吳晗的《海瑞罷官》作爲學術問題討論，主張「眞理面前人人平等」，於六六年二月召集五人小組，制定公布了「關於當前學術討論的匯報提綱」，簡稱「二月提綱」，和主持這場《海瑞罷官》批判的江靑、張春橋等人形成對峙局面。由於毛澤東要發動這場大批判，於五月著手改組北京市委，撤消五人小組，重新建立文化革命小組，即「中央文革」，並且撤消「二月提綱」，在五月十六日公布由毛澤東親自主持制定的「中國共產黨中央委員會通知」，簡稱「五一六通知」，作爲發動「文化大革命」的正式文件，成爲爆發這場大運動的信號彈。這個文件規定，不僅要批判資產階級學術權威，還要淸除混進黨內的資產階級代表人物，即所謂「反革命修正主義分子」，以防止資本主義復辟。

正當這個時候，郭沫若在《人民日報》上發表了在人大常委會上所作自我檢討，題爲〈向工農兵群衆學習，爲工農兵服務〉，認爲過去未用毛澤東思想武裝自己，階級觀念模糊，所有舊作都該毀之一炬。我讀後感到問題十分嚴重，看來將要徹底審查我們這些人一生所有的著作了；而且若要像批判《海瑞罷官》那樣，尋章摘句，羅織成罪，就很難應付。不少高級知識分子向來都怕過不了所謂「社會主義革命的一關」，這一時刻終於到來了。過去出版的書早已廣泛流傳，是無從「毀之一炬」的。如果要消除一些禍根，只有把未發表的文稿、寫有自己見解的讀書筆記以及與朋友來往的信札和信稿燒燬。但是我下不了這個決心，總希望保存下來，因爲畢竟自己在這方面費了許多心血；特別是同《戰國史》一起寫成的《春秋史》講稿有厚厚一疊，很捨不得自己燒燬的。過了幾天，運動的風聲越吹越緊，我於是痛下決心，眞的如郭沫若所說將它們「毀之一炬」，只保存了未完成的《戰國史料編年輯證》和摘錄清代學者著作的筆記。就這樣自己焚燒自己未發表的著作，萬念俱灰。

成爲牛鬼蛇神，關進了牛棚

一九六六年六月一日，《人民日報》發表《橫掃一切牛鬼蛇神》的社論，次日《人民日報》又發表北京大學聶元梓（一九二一—）等七人的大字報，於是一場史無前例的「文化大革命」揭開序幕，全國各地掀起了揪「黑幫」和抓「反動學術權威」的大浪潮。上海歷史研究所裡就有人貼出揭發我對姚文元所提五點意見的大字報，還揭發兩年前吳晗來上海時，文化局副局長請吳晗在國際飯店吃飯，邀我作陪的事。從此我就被作爲牛鬼蛇神而「隔離審查」，被關進牛棚，直到六八年十一月被帶到「五七幹校」勞動改造爲止，一共關了兩年六個月。當時受審查的人有兩種，一種被認爲罪行嚴重而必須立即交代的，夜間留在牛棚不准回家。另一種被認爲罪行較輕，夜間准許回家。我屬於後一種，每天上午八時進入牛棚，直到晚上九時或十時上交當天的「思想匯報」之後，才准回家。

關進牛棚之後，就失去自由，除了被拉出來審訊、調查和批鬥之外，就是要按揭發的問題寫出「交代」。在牛棚裡不准讀書看報，只准讀《毛澤東選集》以及有關運動的社論和文件；而且閱讀《毛澤東選集》也必須按照指定的篇名去認眞細讀，重要的篇章還要背誦或者默寫。如果不能背誦或默寫，就要受到嚴厲訓斥，甚至作爲抗拒運動的一條罪狀。因此在牛棚裡閱讀毛澤東的文章，也成爲精神飽受折磨的一件苦事。在當年狂熱學習毛澤東思想的運動中，有些短的篇章是要背誦的，如所謂「老三篇」（〈爲人民服務〉、〈愚公移山〉、〈紀念白求恩〉），許多青年都能朗朗上口，但是我們這些年齡較大的人，記憶力正逐漸衰退，即使短篇也不容易背熟。有一次我被拉出去，責令當場默寫〈愚公移山〉，結果錯脫了不少字，就被指責爲抗拒學習毛澤東思想。

當時指定我們牛棚裡閱讀那些毛澤東的文章，是有其用意的。例如經常要讀〈湖南農民運動考察報告〉，因爲當時「批鬥會」的方式，就是依據這篇報告中所描寫鬥爭「土豪劣紳」的方式加以擴展的，像是讓被鬥者戴上紙做的高帽子、寫上「牛鬼蛇神」等字，就是由此而來。這篇報告中講到：「革命不是請客吃飯，不是做文章，不是繪畫繡花，不能那樣雅致，那樣從容不迫，文質彬彬，那樣溫良恭儉讓。革命是暴動，是一個階級推翻一個階級的暴烈行動。」這是每次批鬥會開始時必須一起宣讀的「最高指示」。因而這種批鬥會表現得越是暴烈，越是革命行動。又如毛澤東的〈敦促杜聿明等投降書〉，也是經常被指定閱讀的。因爲毛澤東早已指出反動學術權威就是反共的國民黨員，因而要敦促反動分子像國民黨的敗將杜聿明等人一樣地投降，必須低頭認罪。

對於每個被關進牛棚的人的審訊、調查、批鬥，分別有專人負責，後來就分別設有專案小組。一個專案小組組長對於一個被批鬥者操有生殺之權。每天晚上，每個被批鬥者必須寫一份幾百字的「思想匯報」給專案小組，等於交代當天思想動態。我的「匯報」經常受到訓斥，說是空洞無物，不暴露眞實的思想。因爲我家離開工作地點較遠，每天晚上九點或十點以後，要接連乘兩路的公共汽車，又要步行很長一段路，回到家中已是深夜。但是爲了瞭解當前運動發展的趨勢，還要翻閱家中早已準備好的當天報紙以及各個「造反派」組織的小報。當時沿街小攤上可以買到的各種小報很多。

到外灘碼頭搬生鐵塊三天

六六年七、八月間，運動已經進入瘋狂的高潮，到處都在開批鬥會，批鬥的方式越來越粗暴，因爲這種批鬥會已被視爲「一個階級推翻一個階級的暴烈行動」，被批鬥者全是應該打倒的敵人。批鬥會已有一定的模式：當被批鬥者押進會場時，由主持者帶頭，群衆一起高呼「打倒某某」的口號，而且強迫被批鬥者也要一起高呼這樣的口號，如果反抗，就拳脚交加。這時被批鬥者的左右兩側，各有一人用一手拉著被批鬥者的手，另一隻手推著肩臂之間，迫使彎腰曲背，頭向前伸，雙臂後伸，叫做「坐噴氣式飛機」。頭上還要給戴上紙做的高帽子，上面寫著「黑幫頭子」、「反動權威」或「牛鬼蛇神」等字，頸上則給掛上大牌子，上面寫著種種辱罵或指控的字眼；有時不掛大牌子，在身上用漿糊貼大字報，宣示種種罪狀。

批鬥時，先是由主持者高聲帶領群衆一起朗讀「最高指示」，接著就有人紛紛列舉罪狀，只准認罪不許辯白。待「批鬥」達到高潮，就強迫低頭下跪，趴在地上，旁邊站一個人把一隻脚踏在被批鬥者的背上，叫做「打翻在地，再踏上一脚，使永世不得翻身」。如果不隨他們的意行事，又是一陣拳打脚踢，甚至用皮帶來抽打。當時歷史研究所中，周予同早已被復旦大學的紅衛兵揪去大批大鬥，我們三個副所長和一個黨總支書記，則被放在一起批鬥，有時集中批，有時一個一個來，幾乎無日無之。有一次集中批鬥結束後，還被拉上卡車，戴著大牌子立在卡車上，一路敲鑼打鼓，沿著淮海路、南京路等大街緩慢地行進，遊街示衆。

在這個批鬥的浪潮中，越是年輕人多的地方越是浪高潮大。歷史研究所的工作人員只有八十多人，運動規模算是較小的；上海博物館的工作人員有二百幾十人，又是文化系統的單位，每次運動都比歷史研究所劇烈得多，飽受打擊。復旦大學因爲學生衆多，當然是驚濤駭浪。我幸而在歷史研究所被批鬥，所受到的衝擊還是較小的。一天深夜，博物館的老同事蔣大沂（原陳列部主任）來到我家，已被打得鼻青臉腫，額角出血。他說我幸而離開了，否則在博物館一定成爲集中批鬥的主要對象，肯定吃不消。此後他就沒再來過，看來已被緊緊地看管起來。

後來聽到從博物館傳來的消息，蔣大沂多次被凶狠地毆打，有一天他在混亂中逃出博物館，乘公共汽車到郊外的復旦大學，跑到復旦大學後面一條小河投河自殺，被農民看到救起來。不久又聽說老同事蔣天格（原群衆工作部主任）自殺了，原因不詳，被說成由於戀愛失敗而自殺。我不相信這種說法，他是長期單獨生活的男子，年齡和我差不多，爲什麼在這時要因失戀而自殺呢？在我們歷史研究所也有一個人自殺，是個女性研究員程天賦，原是錢穆的學生，正在研究魏晉南北朝史。因爲她（已離婚）的丈夫跑到香港去，經過多次審訊，迫使她對丈夫的問題作出交代，還沒有加以批鬥，只是把她關在原來的辦公室中限期寫出書面交代，一天夜晚她上吊自殺了，死後被說成「畏罪自殺」。在文化大革命初期的大批鬥的浪潮中，我所熟悉的文化教育工作單位裡，幾乎都有被迫自殺的人。六〇年曾經和我一起在杭州屏風山療養院療養的復旦大學副校長陳傳綱也是這時自殺的，陳夢家的自殺發生在六六年九月三日。

在這個風疾雨驟的批鬥浪潮中，被批鬥者不僅要在本單位中接受許多次羞辱蹂躪，而且還要押出去，到別的單位和有關的被批鬥者一起挨鬥，叫做「陪鬥」。當上海社科院批鬥原黨委書記李培南時，我就被押去作為陪鬥，認為李培南包庇我這個反動權威，連帶地批判到李培南所說「姚文元這個棍子」的話。我還曾被押到《辭海》編輯部的批鬥會上陪鬥，因為新編《辭海》中有「海瑞」一條被認為是大毒草。當上海越劇院召開批判劇作家、演員袁雪芬（一九二二— ）有關太平天國忠王李秀成的劇本時，主管近代史業務的副所長徐侖和我一同被押去，因為這個劇本演出前，我們兩人曾被邀請參加討論，徐侖那時作過讚揚的講話，因而要當袁雪芬的「陪鬥」，我雖未講什麼，也要在旁接受「教育」。若是被輪番押到許多單位去批鬥，叫做「遊鬥」，我因為與其他單位的接觸不多，沒有輪到「遊鬥」。

進了牛棚後我和幾個所謂牛鬼蛇神一起，被罰作體力勞動，經常去除草、掃廁所，有時還要被押出去「監督勞動」。有一天，我那個專案小組組長指責我認罪的態度不好，要罰我去做重體力勞動，他已經和外灘碼頭搬運輪船貨物的工人聯繫好，由他押我去幫忙搬運輪船上貨物。原來這艘貨輪運來了一整船生鐵塊，每塊約重三、四十斤，要從船艙中把一塊塊生鐵搬到起重機的那隻大斗中，以便起運到岸上的卡車中。幸而我當時健康情況還好，一共參加這樣搬運生鐵塊的重勞動三天，還能勉強支持。那幾天就在碼頭旁的工人食堂中吃飯，有一天晚上還要留我在食堂裡看碼頭工人所開的批鬥會，說是要我多學習，看看這些被鬥者認罪態度是怎樣的。

盜掘墓葬成爲一種流行的造反行動

「文化大革命」中首先掀起的大浪潮，除了鬥爭大會，就是紅衛兵運動。紅衛兵是毛澤東親自支持青年學生組織起來的，從一九六六年八月十八日到十一月二十六日，毛澤東八次在天安門城樓檢閱前來朝見的各地紅衛兵。天安門原是明、清兩代皇帝於元旦、冬至、皇帝生辰三個大節日接受群臣大朝賀的場所，這時上百萬紅衛兵從各地前來接受毛澤東的檢閱，在這裡高呼「萬歲、萬萬歲」，氣勢比過去皇帝要雄壯百倍。毛澤東在首次檢閱紅衛兵的大會上，又接受了四個「偉大」的稱號：「偉大的領袖、偉大的導師、偉大的統帥和偉大的舵手」，把長期以來神化毛澤東的運動推展到了頂點。因而頃刻之間，全國各地千千萬萬青年所組成的紅衛兵成爲毛澤東推動文化大革命的先鋒。就在毛首次檢閱紅衛兵的第二天，北京帶頭發動規模空前的「破四舊」(舊思想、舊文化、舊風俗、舊習慣) 運動。

一開始北京周遭的縣裡燒了很多書，北京有些學校也在燒書，不少人家在燒字畫。專門買賣古書的中國書店已經不收古書，大量古書、包括北京圖書館不少書被送進造紙廠；通縣紙廠已收到幾十噸線裝書，連北京師範大學教授劉盼遂 (王國維的高足) 的藏書也被送進造紙廠了。從此一場「破四舊」運動推向全國各地，頃刻間成爲一場焚書、破壞文物和名勝古跡的全國性大災難。八月二十三日上海跟著北京同樣發動了紅衛兵「破四舊」運動，而且同時對五類分子和「牛鬼蛇神」進行抄家，像狂風暴雨一般襲擊到社會上每個角落，使人們提心吊膽，深怕紅衛兵藉口「破四舊」而抄家，因而很多居民自動把古書、古畫和文物丟進垃圾箱，或者自己焚燬，當時拾垃圾的人有因此而發財的。

經過這次「破四舊」和「抄家」，民間世代相傳的古書和古物被一掃而空。與此同時，紅衛兵還衝向名勝古跡，衝向大寺院，在全國範圍破壞了長期保存的古建築、木石雕塑、壁畫等。不僅如此，上海的紅衛兵還到萬國公墓去「造反」，把不少墓碑砸破，接著農民的「造反派」就去挖掘墓穴，破壞屍骸，洗劫值錢之物。國家副主席宋慶齡的父母在上海萬國公墓的墓園就是在此時遭到嚴重損毀，石碑被推倒，骸骨被挖出來；我的老師呂思勉的墓穴也不能倖免。從此盜掘墓葬成爲一種流行的造反行動。

我因爲向來愛好文物，對於古物和名勝古跡的保護特別關心，雖然當時已失去了自由，還曾找機會向博物館老同事探聽有關消息。據說抄來的古舊圖書、字畫和文物堆積如山，博物館曾經派人去挑選文物，因爲原來的專家已關進牛棚，派去的人都是外行，有些人甚至把珂羅版的印刷品挑了回來，反而把珍貴文物遺漏了。在「抄家」中抄來的文物，其中確有很珍貴的，例如戰國時代的「商鞅量」原是姓龔的收藏家珍藏，五十年代我曾經到他家中鑒定並商請收購，沒有成功，這次也被抄出，後來被博物館挑選出來價購。但是這樣被收購而獲得保存的文物只是少數，究竟這時損失了多少珍稀文物是無法估計的。

例如著名畫家劉海粟（一八九五—一九九四）因五七年在上海宣傳工作會議上的發言而被柯慶施劃爲右派分子，到文化大革命爆發，他又被誣害爲反革命分子。他在上海和南京兩處有家，上海的家就在復興公園正門的東側。他曾在復興公園中親口告訴我：紅衛兵來抄他的家，當夜就住在他家裡，都以名貴的畫軸攤在樓板上作爲席子墊著睡，第二天一早離開時把所有字畫，包括宋、元、明、清以及他自己的畫，一起丟到庭院地上「毀之一炬」。

當時住在高樓的人家，如果沒有人指引，抄家的衝擊就比較少些。我家住在高樓，是由歷史研究所「造反派」所派的三人過來搜查。我主動打開大櫥的櫥門，讓他們看銀行存單，雖然存款數目很小，也被他們帶走；再打開寫字檯的抽屜，讓他們把我正在用的筆記本帶走。我家中本來沒有字畫和古物，所有圖書沒有檢查。從此銀行存款被凍結，直到文化大革命結束才歸還，很長一段時期只發給三分之一的工資作爲生活費。當時他們來我家搜查的主要目的，一是來找所謂「變天帳」，就是指所謂打算復辟資本主義的證據，想抄去未發表的文稿、信稿以及筆記，從中找到反黨、反社會主義、反毛澤東思想的言論，以便進一步對我批鬥。其次他們是要抄去全部銀行存單和財物，以便在經濟上對我施加壓力。幸而我早有準備，沒有被抄到什麼「變天帳」。

社科院撤消，歷史研究所停辦，所有大學停課，所有教授關進牛棚

很長一段時期他們批判我的所有著作，說都是宣傳「封（封建主義）、資（資本主義）、修（修正主義）」的東西。到六七年十二月以後，又掀

起一個新浪潮，開始所謂「清理階級隊伍」，我又進一步成爲他們審查的對象，要審查我過去的歷史。因爲清理階級隊伍運動的重點，是要清查出身於剝削階級家庭的人，清查本人有政治歷史問題的人，清查直系親屬中有被殺、被關、被管制的人。先要把這些人定在「敵我矛盾」和「人民內部矛盾」之間，然後進一步加以調查和審訊，斷定屬於什麼性質的矛盾，再作處理。我父親雖是家鄉中醫內科的醫師，因爲有幾十畝田地，土地改革時被定爲地主，從此被管制起來。因此我屬於剝削階級出身和直系親屬有被管制的人，必須對我過去歷史作徹底的清查。他們要審查我抗日戰爭時期進入蘇北游擊區工作的情況，和三年隱居在家鄉白鶴江鎮的情況，還要重新審查五五年鎮壓反革命運動中童書業承認他和我組成了一個反革命集團的事。

我很鎮靜地對待他們的審查，因爲我估計都可以調查清楚的。關於進入蘇北游擊區的工作情況，當時黃素封已因病去世，但是李明揚等人還活著，住在北京，同時也還有其他人活著，都可以證明我在那裡始終做著宣傳抗日的事，從未捲入黨派的糾紛。我始終主張不分黨派，團結一致抗日，等到不能貫徹這個宗旨時，我就離開了。抗日戰爭後期在家鄉的三年隱居生活，家鄉年老一些的人有目共睹，我相信他們都能作出證明。至於五五年鎮壓反革命運動中，童書業因爲精神病大發，先是承認他和我組成反革命集團，不久清醒後又加以更正，我認爲山東大學應該保存有這方面的案卷，童書業本人也可作證。後來我才知道，童書業在六八年一月已經病故。以上這些事經過很長時間的調查，沒有發現什麼罪證，因而雖糾纏很久，卻沒定出什麼罪名。

接著他們又回頭來把我作為「反動權威」進行大批判。這時對反動權威要採取「批字當頭」的做法，所謂「批字當頭」就是要「批深，批透，批倒，批臭」。當時對史學家翦伯贊的批判就印成一大冊，用作批判的範本；翦伯贊因此在六八年十二月被迫自殺。當時還有一個所謂「六廠二校發動群衆對敵鬥爭的經驗」，被稱為「清理階級隊伍」的典型經驗，經毛澤東批示，發到全國推廣的；其中清華大學有個對待反動學術權威的「一批二用」的經驗，就是說所謂反動學術權威原是「敵我矛盾」，經過「批深，批透，批倒，批臭」之後，如果被批判者認罪態度好，可以作「人民內部矛盾」處理，這樣就可以重新使用，叫做「一批二用」。

此中舉出劉仙洲和梁思成兩人作為例子。劉仙洲（一八九〇—一九七五）原是機械工程學的專家，五五年加入共產黨，曾任清華大學副校長，長期從事中國機械工程發明史的研究。梁思成（一九〇一—七二）是梁啓超的長子，建築學家，一五九年加入共產黨，曾任清華大學土木建築系主任和建築科學院建築歷史理論研究室主任，長期從事中國建築史的研究。據說兩人「認罪」態度較好，已經「一批二用」。

這時我的專案小組找我去學習這兩個人的經驗，希望我走上「一批二用」的路。我對此敷衍了事。我想，在這樣長期進行文化大革命運動的情況下，像我這樣的人還有什麼可用呢？既然過去所有著作、所教的課程全被看作毒草，全部作為「封、資、修」的東西需要批判，而且整個上海社科院已經奉命撤消，歷史研究所早已停辦，同時所有大學都已長期停課，所有教授都被關進牛棚，越是著名的教授受到的批判越厲害，還有什麼可用呢！所謂「一批二用」，對我來說，只能是「只批不用」。而且在「一批二用」的壓力下，精神上的負擔仍然十分嚴重，日子依然難過，同關在牛棚裡相差不大。

失去自由，不能回到家鄉去料理父親喪事

我沒有坐過監牢，但是這樣長期被關在牛棚裡，我感到精神上比坐監牢還要痛苦，不但所受政治、經濟上的壓力很大，群衆運動的衝擊一波又一波，精神上也十分緊張，常常遇到各式各樣意想不到的折磨。不但在大大小小的批鬥會上要忍受種種虐待和侮辱，遇到審訊和調查也還要忍受低人一等的罪犯的待遇。不但要接受專案小組的審訊，也還經常遇到外來的專案調查組的查問；本地或外地來的專案調查組常向我調查過去同學、同事、朋友的歷史情況。當他們把我看作「牛鬼蛇神」而查問時，常是氣勢洶洶、殺氣騰騰的。因而在牛棚裡，不但要被迫寫下數不清的所謂「罪行」的交代，還要寫下外來調查組查問的書面報告。每天晚上更要絞盡腦汁，寫成幾百個字「認罪」的「思想匯報」上交，窮年累月所寫的交代和逐日的匯報，如果編輯起來可以印成厚厚一大冊，可惜都不准留底而沒有保存下來。

自從五七年反右派鬥爭的運動之後，我對這個國家的前途感到失望，此後每經過一次大運動就增添一層失望，經歷這場「文化大革命」更感到前途茫茫，不可收拾了。我深深地感到，這樣的家長制的政治體制，長期以來採用自上而下的運動方式來進行統治，以「階級鬥爭爲綱」作爲鞏固統治的手段，必然會造成「文化大革命」這樣不可收拾的局面。中國人民經歷八年抗戰，又捲入長期內戰，走過這一切，無非希望由此締造一個眞正能夠代表人民的政權，走上先進國家的行列，但結果是失望了。

「反右」運動把所有敢於提出改革意見的人打成右派，把四、五十萬優秀的知識分子及其家屬打入另冊，包括大批二十來歲的大學生在內。公社化運動和生產大躍進造了國民經濟的大崩潰，長期的後遺症很嚴重。人口政策的重大失誤，造成了「生育大躍進」，特大的人口數量和文盲數量成爲現代化之路的沉重包袱。這次「文化大革命」打擊面更加廣泛而嚴重，經濟和文化大受摧殘，學校停課，工廠停工，行政機構癱瘓，社會上一片混亂，各地大的「造反派」組織之間矛盾重重，甚至發生大規模的武裝衝突。

然而運動的領導者眞是「惟恐天下不亂」，還在說「亂」是「亂了敵人」，「只有大亂才能大治」，還把「大亂」看作是革命行動。近代以降，中國的科學、文化發展本來就落後，經歷這樣一場接著一場造成大破壞的運動，就越發落後了。中國向來是個多災多難的國家，想不到舊的災難剛剛送走，卻迎來了如此不斷發生的人禍，而且破壞力越來越大，使得這個具有優秀傳統文化的大國陷入前所未有的困境與危機之中。

這時在離上海不遠的我的故鄉傳來消息，我的父親因受到迫害，患胃病而倒下，不久就去世了。我因失去自由，不能回到家鄉去料理喪事。同時又傳來消息，葬在家鄉附近一個公墓的母親和大弟的墓地，都遭到了嚴重破壞，被刨被挖，連遺骨都不存了。

五　在「五七幹校」勞動改革的一年半時間

六八年冬天全國吹起一股興辦「五七幹校」的浪潮，據說是遵照毛澤東的「五七指示」。早在文化大革命前夕的六六年五月七日，毛澤東曾就「軍隊進一步做好農副業生產的報告」寫信給林彪，主張各個行業都要「兼學別樣」，被稱爲「五七指示」。到六八年因開展「清理階級隊伍」運動，強調改造思想，黑龍江省革命委員會就在這年五月七日，在慶安縣柳河辦了一個農場，稱爲「五七幹校」，作爲機關幹部參加勞動鍛鍊的地方，並把那些運動中被批判審查的人帶去「勞動改造」。五個月後，這個農場作了一個總結報告，即所謂「柳河幹校經驗」，經毛澤東批示而向全國推廣。毛澤東主張所有幹部分批下放到幹校勞動，於是興辦五七幹校之風席捲全國各地。上海市的奉賢五七幹校，就是這年十月到十一月間緊急創設，用來分批組織上海市委的幹部下放勞動。

「宗主有大事，需要到宗廟向神主請示報告」

奉賢五七幹校設在奉賢縣（今上海市奉賢區，臨杭州灣）沿海的荒地上，是一個開懇荒地、播種棉花的農場，一共建有東西向的五橫排泥牆草屋以及一所用作大會場的大草屋。五橫排草屋的中間一橫排，用作廚房和大食堂；前後各兩橫排用作集體宿舍，每橫排有四間長方形宿舍，每間宿舍密集地排列有上下兩層的竹床。市委機關幹部和原上海社科院工作人員是首批分派來此參加勞動的。所有參加勞動的人都是按軍隊的連、班組織編制，要過和軍隊一樣的集體生活並集體參加勞動。整個原歷史研究所工作人員編成一個連隊，集中住在一個宿舍，但是被批判審查的人，是被帶去「勞動改造」的，另外和社科院其他研究所被批判審查對象一起住在另一個宿舍裡。

我是六八年十一月隨著歷史研究所工作人

員一起到這所幹校的，成爲受群衆監督的勞動改造者，直到七〇年五月復旦大學通過上級把我借調去工作爲止，一共在這所幹校「勞動改造」了一年半的時間。在這一年半的勞動改造中，仍然被看作「牛鬼蛇神」，專案小組隨時可以找去審訊，連隊隨時可以組織大小的批鬥會，只是每天晚上赦免了寫「思想匯報」，每晚九時以後即可上床睡覺。

痛苦的是，自從關進牛棚以後，我因不斷受到打擊，不久神經衰弱症復發，嚴重地失眠，常常通宵不能入睡，因而每夜必須吃安眠藥。我來到幹校，隨身帶有一小瓶安眠藥，不久被發覺，看管者怕我吃安眠藥自殺，把整瓶藥給搜去，因此我一到晚上，儘管勞動得很疲勞，還是不能入睡，在高層的竹床上翻來翻去，東想西想，感到痛苦萬分，前途茫茫。曾想到有些人所以自殺，因爲感到只有自殺一途可以解脫精神上、肉體上的痛苦，但是不少自殺者被說成「畏罪自殺」，從此無可辯白。到幹校兩三個月以後，由於勞動過於疲累，晚上逐漸能入睡了，但是看管者對我還不放心。半年以後，我就奉命搬入歷史研究所連隊的集體宿舍，看來是爲了便於大家就近監督。

本來共產黨員必須是無神論者，向來反對宗教性質的活動，但是這時情況變了，由於對毛澤東的個人崇拜節節升級，逐漸形成宗教式的偶像崇拜儀式。當時每人袋中放有一冊紅小書《毛主席語錄》，胸上佩著各式的毛澤東像章，宿舍門上貼有紅色的「忠」字，表示對毛澤東的忠心，宿舍中央的牆上貼有毛澤東畫像，每天要對此舉行「早請示、晚匯報」的儀式：每天出發勞動之前，要向毛澤東畫像列隊「請示」，勞動回來又要列隊在毛澤東畫像之前表示「匯報」的樣子，由隊長帶頭朗誦《毛主席語錄》。眞是料想不到，我在《古史新探》中講到春秋時代貴族的宗廟制度，「宗主有大事，需要到宗廟向神主請示報告」（一七二—一七四頁），竟然在號稱進行「社會主義革命」的時代大大推廣了，我也跟著「革命群衆」後面有樣學樣呢！這種「早請示、晚匯報」的儀式，儘管十分荒唐，卻也認眞地實行了半年之久；至於把毛澤東作爲偶像來崇拜的行動，則是長期堅持的。這時宗教氣氛越來越濃厚，實質上毛澤東已被看作紅色教主。

當連隊出發到田間勞動時，要由隊長雙手拱著毛澤東畫像的鏡框帶頭先走，叫做「請寶像」，後面有人掮著大紅旗以及貼有「最高指示」的大牌子跟著，整個連隊整齊地行進。我們這些被帶去「勞動改造」的人必須排在隊伍的末尾，因爲不在「革命群衆」的編制之內。到了田頭，要待旗子和大牌子插到地上，把「寶像」懸掛在旗桿上，然後分配各人的勞動。據說當時農村的生產隊出工的時候也都是這樣的，這就使我回憶起童年看到附近農村迎神賽會的情景，迎神的隊伍中，除了神像之外，還有掮著旗幟、大牌子等物的儀仗隊。「破四舊」後農村中所有寺院廟宇都已拆毀，誰知農民們毀棄了舊的神像，卻創立了新的偶像崇拜。這時我們這些知識分子接受農民的「再教育」，就把這種迎神賽會的一套也學來了。

毛澤東的畫像是神聖不可侵犯的，甚至報紙上刊印的毛澤東畫像也是不可隨便損毀的。毛澤東的「最高指示」也是神聖的，這時成了唯一的言論、行動的準則。無論宣布什麼通知，作出什麼決定，召開大小會議，首先要宣讀一條「最高指示」。如果在會議中討論什麼問題，彼此有不同意見，當提出不同意見時，必須選讀一條「最高指示」作爲自己意見的理論根據；

好在大家對《毛主席語錄》背誦得爛熟，可以得心應手地隨意選用。在一場辯論中，雙方不斷地發言，要不斷地選讀不同的「最高指示」作爲論據。辯論的時間越長，發言的次數越多，引用宣讀的語錄也越多。當時不少人已習慣作這樣的辯論，把這樣的辯論稱爲「語錄戰」。

關進牛棚受盡侮辱和虐待，待遇還不如乳牛

當時大家都十分注意新的「最高指示」的公布，因爲一條新的「最高指示」，往往可以由此引發一個新的浪潮。按規定，新的「最高指示」從上而下，按系統用電話傳達，一經接到，要立刻傳達，要敲鑼打鼓表示歡迎和擁護（就差沒有「跪迎聖旨」），要開會討論和領會指示的精神。如果新的「最高指示」在半夜裡接到，必須立即吹軍號，喚醒大家起床，也是敲鑼打鼓，集中聽取，並貼出大幅的「最高指示」，分別召開會議討論，不得稍有延遲。

我在幹校不但要在群衆監視下小心翼翼地生活著，還要在群衆監督下十分艱苦地「勞動改造」。這裡的農業勞動，是開墾沿海荒地、種植棉花，本來就是重活，對於我這樣一個老知識分子，尤其感到辛苦。這裡的土壤所含鹽鹼的成分較多，要播種棉花，需要加深開墾，多施「綠肥」。我們沒有耕牛，全靠雙手開墾，使用的是鐵搭和鐵鐴。使用鐵搭，也就是耙，先要雙手用力把它高高舉起，再用力向下把四個鐵齒深深地插入土中，然後更用力地把土塊從底下翻起。我童年時常見附近農民這樣子勞動，但是我的手臂沒有這樣大的力量，使不動鐵搭。因此我只能使用鐵鐴，和古人一樣使用「耒」「耜」的墾耕方法，緊握把柄將鐵鐴插入土中，再用脚踏在鐴的肩上，用力加以「推」和「發」，從而把土塊掘起。就是我在《古史新

探》所講西周農田的墾耕方法（第八一一〇頁）。整天使用這方法開墾荒地，手掌上就起水泡，一直到長上「老繭」，常常汗流浹背不說，一到晚上休息就感到腰背痠痛，但還是要繼續不斷地進行開墾。

爲了改良土壤，開墾時，需要把草根翻到底下，還需要到小河裡去撈水草，運來塡入土裡。因此我被幾個青年一起帶到小河裡撈水草。我童年看到附近農民撈水草，是用小船帶著竹竿做成的工具，把水草從河裡捲上來放到船裡。這時我們沒有船，也沒有特製的撈水草工具，就是人要站到河邊的淺水中，用長竹竿把水草撈到岸上來。有一天天氣較冷，我站到較深的河水中，感到冷水冲到肚臍，立即造成急性腹瀉的病。我到幹校的醫療室去看病，醫生看到我是「牛鬼蛇神」，只給了幾粒藥片了事。儘管由於腹瀉，體力不支，還是沒有得到休息，要照常去參加勞動。原來醫療的待遇是有嚴格等級的，上海最高級的醫院是華東醫院，是高級幹部和知名專家學者治療的地方，我因爲長期擔任博物館和歷史研究所的主管工作，從五十年代起就得到這個方便；自從關進牛棚以後，就被分配到一般醫院治療，而且受到「牛鬼蛇神」低人一等的醫療待遇，使我想到過去不少人被打入右派之後不久就病死，這也該是原因之一吧！

我參加開墾荒地的勞動不久，連隊工具間裡面所有勞動工具包括鋤頭、鐵搭、鐵鏟、扁擔、糞桶、小車等，都交給我管理。因此每天整個連隊勞動結束歸來，別人都可以休息了，我還有繁重的清潔和整理所有工具的工作要做。

等到棉苗成長，就忙於用鋤頭除草，接著又要施肥，主要用糞便和牛糞作爲肥料。離開幹校二里路程有一所大的「乳牛棚」，那裡養有幾十頭乳牛，成爲我們所需牛糞的來源。整個幹校經常派大批人員拖著一系列小車前往載運牛糞，送到田間施肥。我們這些「牛鬼蛇神」常常被當作搬運牛糞的主要勞動力，先要把牛糞裝進糞桶，再把糞桶裝上小車，用人力從乳牛棚拉到田間施肥。我看到「乳牛棚」很是寬敞而清潔，所有乳牛都很活潑，養得胖胖的，爲的是要擠取牠們的牛奶，而我們這些「牛鬼」被關進所謂牛棚之後，天天受盡侮辱和虐待，實際待遇還不如這些乳牛呢！

衝擊不斷，身體健康每況愈下

等到棉花有收穫，整個連隊每天所採得棉花就交給我處理，於是我又增加了曬棉花和保管棉花的工作。每天清早我要清潔場地，把新採得棉花攤開，讓太陽曬乾，等到夕陽西下，又要把棉花裝好麻袋。這項工作直要等到棉花全部收穫上交出去才結束。所有棉花是全體歷史研究所工作人員集體勞動的成果，我是很認眞地做好這項保管工作的，清早常常因搬運棉花而弄得滿身大汗，衣衫全部濕透，如同大雨淋濕一樣。等到太陽上升，在強烈的太陽下勞動，濕透的衣服又被曬乾，斑斑的汗痕留在衣衫上。幾乎在棉花收穫季節我天天如此，習以爲常。幹校沒有浴室，收工以後沒法洗澡，只能用面盆以冷水洗擦，也沒有時間去洗衣衫，只能繼續穿著汗濕了又曬乾的衣衫。在整個連隊裡，我是被作爲「牛鬼」而在這裡「勞動改造」，和「革命群衆」在這裡「勞動鍛鍊」是不同的，因而勞動特別繁重。當時人們把專家學者稱爲「精神貴族」，認爲過著養尊處優的貴族生活，因而不能好好改造思想，必須認眞地體驗勞動人民的生活，過好這個不怕髒、不怕累的「勞動關」。

我們在五七幹校，除了自己在海邊開荒、種植棉花以外，遇到附近農村的「雙搶」季節，還要去參加搶收和搶種的緊張勞動。我感到最艱難的一種勞動，是赤著脚到水田裡去插秧，既要插得深度得當，又要插得很均勻而整齊，同時還要注意到水田中經常出沒的一種長而扁平有環節的小蟲，叫做螞蝗（亦稱寬體金線蛭），牠會很快速地爬上大腿，咬傷皮膚而流血，時常咬得兩脚鮮血淋漓。

我在五七幹校的勞動非常認眞，儘管不斷增加我的勞動量，我還是勉力地完成。所有一起勞動的「革命群衆」都一致承認我的勞動態度是好的，但是對我的政治壓力始終不肯放鬆。按規定每個月有四天可以回到上海家中休息，但是其中有兩個月不准我回家，要我留在幹校寫所謂「交代」。實際上他們早已找不到什麼問題要我交代的，但是還要憑空施加壓力。同時他們也早已找不到什麼藉口來對我進行批判，但是仍然千方百計要加以批判；在幹校曾經對我開過多次小的批判會和一次大的批判會。不過這時的批判會已經成爲一種虛張聲勢的演出，群衆實際上已感到厭煩了。

經過歷次緊張的政治運動，我的健康情況是越來越差了。五七年的反右鬥爭中，我在博物館遇到極大衝擊，出現有人跳樓自殺的事件而結束，險些兒遭遇滅頂之災，精神上受到打擊很大。五八年在大躍進運動中，工作繁重，疲勞過度，夜間睡眠不足，常常半夜以後才得回家休息。五九到六〇年間，集中「突擊」修訂《辭海》，壓力過大，工作過重，經常要忙到深夜，以致患了精神衰弱症，通宵失眠；後來被送到杭州的療養院醫治了五個月，沒有根本治好，失眠症常常復發。在三年大饑荒中，因供應缺乏，營養不足，又患浮腫病。雖然上級特別照顧，每月多配一斤豆油或菜油，上海特設的文化俱樂部每月發給十二張餐券，每張可以供應不需糧票的一客飯和一道菜，全家一道去吃，吃兩餐就用完了。後來浮腫退了，健康卻長期沒有好轉。六二年時，走路會氣喘，檢查發現患了肺氣腫和支氣管炎，咳出的痰中帶血，怕因此發生嚴重的肺病，於是遵照醫師的叮囑，把二十年來抽香煙的惡習戒絕了。到文化大革命時期，經過兩年半的牛棚生活和一年半的勞動改造，弄得面黃肌瘦，支氣管炎經常發作，但在當時的處境下，根本不可能得到好的治療。

六　調到復旦大學編繪「先秦歷史地圖」和標點《宋史》

一九七〇年五月，復旦大學通過上級領導批示，將我從五七幹校借調到歷史地理研究室，從事編繪《中國歷史地圖集》第一冊先秦歷史地圖的工作。這項歷史地圖編繪的工作，原是毛澤東在五四年冬天親自交給吳晗主持辦理的。當時決定根據楊守敬（一八三九—一九一五）《歷代輿地圖》重編改繪，組成了一個以吳晗爲首的「重編改繪楊守敬《歷代輿地圖》委員會」主持這一工作，具體編繪工作則由復旦大學譚其驤負責；五九年復旦大學因此成立了歷史地理研究室。後來因重編改繪《歷代輿地圖》不適應時代要求，決定重新擬定體例加以編繪。這項工作進行了近十年之久，因文化大革命開始而停頓，但這件事是毛澤東交辦的，地方上當權者也想藉此獻功，所以才能在這時首先恢復工作。其中第一冊先秦部分，因缺乏專業人才而沒有做好編繪的準備，復旦大學爲了完成任務，請求把我借調去，因而很快得到批准。歷史地理研究室是屬於復旦大學歷史系的一個研究室。

這時已經掀起「工人階級領導一切」的浪潮，「知識分子成堆」的地方必須由工人和軍人去管教，工人組成的工人宣傳隊（簡稱「工宣隊」）和軍人組成的軍人宣傳隊（簡稱「軍宣隊」）早已進駐各個大學和研究機構。大學教師和研究人員都必須接受工宣隊員和軍宣隊員的管教，大家要尊稱工宣隊員爲「老師傅」，聽從他們的訓導。我奉命借調到大學來工作，一則以喜，一則以懼。「喜」的是我得以從專案小組監管下的「勞動改造」脫身，回到了歷史研究的工作領域；已經整整四年失去了自由，今後可能會有一定限度的自由，因爲我是借調來的，組織關係不在這裡，如果言行多加小心，估計不會批鬥到我。「懼」的是大學裡運動浪潮比歷史研究所大得多，又處於工宣隊和軍宣隊的領導之下，對反動學術權威的批鬥還在繼續進行，我曾經長期在復旦大學兼課，如果有人要清算舊帳就麻煩了；何況這個歷史系是批鬥教授最厲害的地方，除了一個長期專門批判孔子的黨員教授以外，所有教授都在大批大鬥後被關進了牛棚。

借調復旦，從「先生」變成「老楊」

我奉命借調到復旦大學來以後，先到歷史地理研究室向軍宣隊和工宣隊報到；他們命今我今後一面工作一面參加運動。爲了參加運動和接受改造，夜間仍然不准回家，要留宿在歷史地理研究室中，只准星期日回家。因爲我曾經在歷史系兼課，這裡的工作人員都認識我，有些還是我的學生，多數人按照舊習慣對我尊稱「先生」，誰知被工宣隊的張師傅聽到了，就對此大發議論，認爲對我這樣正要「改造」的人不配稱「先生」，只能直呼其名，或者稱爲「老楊」，從此有些人就不敢招呼我，或稱我「老楊」而不再稱「先生」了。這時研究室主任譚其驤仍然「靠邊」，他雖然主管研究工作，但是沒有權力作出什麼決定，還不斷要受到批鬥。所有工作是在一個姓王的軍宣隊員和一個姓張的工宣隊員領導之下，由黨支部書記主管的，我就得聽命於他們。原來這裡還有一個教授章巽（一九一四— ），長期病假，聽說恢復繪圖工作，帶病前來共襄盛舉，才不過三天，這裡就發動批判會，對他連續批了兩天，從此他又請病假，再也沒見到他回來。

我被分配到的編繪工作，就是第一冊夏、商、西周、春秋、戰國時期的地圖。當時有位青年學者錢林書（一九四一— ）協助我，他很用功，工作踏實，所有第一冊上的地點，都是

復旦大學正門（邯鄲路二二〇號）—高木智見氏提供

經我作好地名的考證之後，由他仔細畫上地圖的。我們所負責的這些地點中，只有春秋時代部份清代學者如顧棟高（一六七九－一七五九）等曾畫有詳細地圖；至於楊守敬所編的《戰國疆域圖》，是依據程恩澤（一七八五－一八三七）、狄子奇《國策地名考》而來，只是《戰國策》的地名圖。因此春秋、戰國的地圖，需要在清代學者已有成績的基礎上加以補充改正；至於夏、商、西周的地點，就需要廣泛搜集資料，經過詳細考訂而設計編繪。

當我從五七幹校調到復旦大學的時候，漢代以下的地圖編繪工作早已完成了許多相關資料彙編，並有所考證修訂；但是先秦部分因爲需要依據古文獻和甲骨文、金文，難度比較大，長期沒有作什麼準備。這時突然把我週來，要我主持這項工作，並且要和漢代以後各代的地圖同時突擊編繪成功，對我說來，壓力是比較大的。還好我比較熟悉先秦的史料以及前人對於先秦地理的考訂，還能勉強地著手進行，經過三個季度的努力，總算能夠與漢代以下地圖的編繪工作齊頭並進，到七一年三月已經基本完成；七四年曾出版內部試行本，接著經過修訂，到八二年就正式出版了（地圖出版社）。

與此同時，北京的中國社科院歷史研究所正在修訂郭沫若所主編的《中國史稿》，他們打算編一冊作爲《中國史稿》參考用的歷史地圖（即一九八一年地圖出版社印行的《中國史稿地圖集》）。他們先派一位青年學者來我們研究室「取經」，「取經」是當時慣用的一個名詞，意思是一起學習而從中吸取已有的成功經驗，原來使用於工廠的生產方面，這時就使用到學術研究方面了。關於《中國史稿》先秦部分的修訂工作，歷史研究所派定由李學勤主持，因此李學勤在七二年秋天就專程前來「取經」，要求查閱我們所搜集的資料以及所作的考訂，特別要求查閱西周地圖上每一個地名的考證，因爲這是新編先秦地圖中的關鍵部分。我們爲了合作做好編繪歷史地圖的工作，毫無保留地提供了我所作考證的稿件。

回想起來，我們雖然對於這一工作盡了最大的努力，限於時間和條件，所繪成的先秦地圖還是不能滿意的。

商王狩獵的地點多數可以推定它們之間的距離和位置

夏代的地圖，依據的完全是戰國時代以來的傳說，實際上不能作爲眞實的歷史地圖。夏代都城多次遷移，有各種不同的傳說，我們以《古本竹書紀年》(輯本)的記載爲主。禹都陽城，見於《世本》和《古本竹書紀年》。近來有人根據《逸周書》〈度邑篇〉所載周武王的話：「自洛汭(洛水入河處)延於伊汭(伊水入河處)，易居無固(地平易而無險固)，其有夏之居。」認爲可信，因爲陽城在今河南登封縣東南；《史記》〈周本紀〉也曾引用。其實，《尚書》〈君奭篇〉和〈立政篇〉所說「我有夏」，《尚書》〈唐誥篇〉所說「我區夏」，「有夏」、「區夏」都是西周人自稱。近人屈萬里(一九〇七—七九)在《史記今注》(台灣書店，一九六三)上解釋「其有夏之居」說：「此有夏亦當指周而言，其，將然之詞，言此地將爲周之居處(意謂京師)也。」這是正確的，所以《史記》〈周本紀〉在引用這段話之後就說：「營周居於洛邑而去。」後人對此發生誤解，以爲武王曾說此地原是夏代都城；因此禹都陽城之說，很可能由此誤解而來。

我們所繪的夏代地圖，只是夏代傳說的地圖。原來我們把這張夏代地圖作爲商代地圖的附圖，由於當時歷史教科書都從夏代講起，在討論商代以前的考古發掘遺址中，許多學者都肯定此中有夏文化遺址的存在，爲此我們決定把這幅圖提升爲正式的歷史地圖了。

殷商的地圖，是兼採先秦文獻和甲骨卜辭的資料，圖上畫出了商代都城的七次遷移，這是綜合《古本竹書紀年》、《書序》和《史記》〈殷本紀〉的記載。甲骨卜辭中的地名，大多數是方國、戰爭的地點和狩獵的地點；多數的方國只能推定大體的方位。商王狩獵的地點，經過卜辭的排比，多數可以推定它們之間的距離和位置，其中如盂、鄂（噩）、雍、斝等，王國維、郭沫若和日本林泰輔曾根據《左傳》和《水經注》來加以考定，這樣以春秋時代的地名和商代地名聯繫起來考定，是比較可信的，說明當時黃河以北、太行山西南，存在著一個商王經常狩獵的地區。

關於商代戰爭所經歷的地點，甲骨卜辭中記載最詳細的，是帝乙十祀（第十年）征伐「人方」的路程。過去甲骨學專家曾經對此作過比較細密的排比和考訂。董作賓（一八九五—一九六三）《殷曆譜》和陳夢家《殷墟卜辭綜述》都曾在這方面作過努力。這次帝乙御駕親征，從大邑商（國都，今安陽小屯殷墟）出發，會同攸侯喜一起征伐人方。從商到攸，中間曾經歷亳、鴻、危等地點。郭沫若、董作賓、陳夢家都考定人方是東南方的夷族，是從商都南下經歷亳、鴻等地，折而向東到達攸的。

李學勤《殷代地理簡論》（科學出版社，一九五九）批評陳夢家「基本上是抄襲了『董譜』，不能擺脫『董譜』的一切錯誤」。他認爲鴻和攸都見於西周銅器散氏盤的銘文，因此確認散氏盤的地名，乃是解決征人方路程問題的一個關鍵。他先考定「散氏盤」所記的「周道」，周是指東都成周，所記的「原道」，原是指近於成周的原（今河南濟源），所記的「邢邑」，邢即後來周公子封邑（今河南邢丘），從而斷定㠱近於濟源的原，攸近於周。接著他進一步考定帝乙出征人方，就是經歷濟源的㠱而到達攸的，他是通過太行山以南地區而向西征伐，一直到達渭水流域。同時他又考定帝乙經歷的淮，是渭水支流，就是褒水，是帝乙遠征經歷的地點。

我們比較了兩種說法，認爲李學勤這個考證是不足取的，因而沒有採用。西周晚期的「散氏盤」，記載夨國侵犯了散國，因此要付給散國一塊有疆界的田，連同四個居民的聚落，作爲賠償。夨國和散國是宗周王畿以南的兩個小國，和邢國接界。根據前人的考證，結合歷年來出土的夨、散、邢三國銅器來看，當在今陝西寶雞一帶。「散氏盤」中述及的夨和攸都是小地名，介於兩小國之間的，怎麼可能成爲帝乙出征人方所經歷的地點呢？帝乙經歷的淮，又怎麼可能是褒水呢？比較起來還是把人方看作東夷較爲合理，而且和文獻相合。《後漢書》〈東夷傳〉就曾說：「帝乙衰敝，東夷寖盛，遂分遷淮、岱（今蘇、魯一帶），漸居中土。」帝乙經歷的夨，當即春秋時代宋國的鴻口，在今河南虞城以東。帝乙經歷的攸，可能就是後來宋國的幽丘，在今江蘇徐州東南。

西周的地點，多數是當時分封的大小諸侯的國名。關於這方面，前人已有很多的考證，我們採取了比較可信的說法，同時結合出土的銅器來考察。以曾國的問題爲例，根據《國語》〈鄭語〉所載史伯的話，繒和申一起招來犬戎而把西周滅亡，三國（吳）的韋昭認爲繒是姒姓。但是姒姓的繒國（一作鄫）在今山東棗莊市東北，怎麼可能和申一起攻滅西周呢？清代學者高士奇（一六四四—一七〇五）、雷學淇（《竹書紀年義證》）因此推定繒國原在楚國方城（河南省方城）附近的繒關，後來東遷的。

越王句踐滅吳以後北上爭霸中原建都琅邪是可信的

這樣把參加攻滅西周的繒國定在繒關，是正確的。《荀子》〈堯問篇〉有楚國邊境的地名繒丘，當與繒關相近，楊倞（唐末）注：「繒與鄫同，繒丘，故國。」「丘」與「墟」同義，地名繒丘，因爲是繒國舊都所在。近年河南新野和湖北隨縣都曾出土西周晚期曾國銅器，這個曾國確是與夏王朝有關的姒姓。新野接近河南方城縣，據此可知西周時期姒姓曾國確在繒丘、繒關一帶，後來向東南遷移，到戰國初期還存在於今河南、湖北之間。遷往今山東地區的，只是其中一支。另有姬姓的曾國，見於出土銅器銘文，其地望不詳。馬承源（一九二七—二〇〇四）主編《商周青銅器銘文選》第三冊（文物出版社，一九八八），就採用這一說法，並且舉出「中甗」銘文「省南國」，「居在㽙（曾）」爲證。

七七年湖北隨縣西北郊發現戰國初期曾侯乙的大墓。次年李學勤就根據這點，發表〈曾國之謎〉一文（《光明日報》十月四日），推定這是姬姓曾國，而且就是隨國，因而國君墓地在今隨縣，並認爲隨國到戰國前期沒有亡國。我和錢林書根據我們原來主張，寫成〈曾國之謎試探〉一文（《復旦學報》一九八〇年三期），認爲曾國不可能就是隨國，古代國君的墓地不一定在國都，根據「楚王熊章鐘」銘文，曾國宗廟在西陽，可知其國都必在西陽，漢代曾在此設西陽縣，在今河南省光山縣西南。隨國始終建都於今隨縣，因此隨國絕不可能即是曾國。春秋中期以後隨已成爲託庇楚國保護的附庸小國，而且隨國也沒有延續到戰國前期的文獻記載。後來李學勤在《東周與秦代文明》（文物出版社，一九八四）一書中，仍然堅持這是姬姓曾國即隨國之說。

據六四年湖北運滬廢銅中撿出的春秋早期「曾子斿鼎」（現藏上海博物館）銘文，「惠於剌（烈）曲」，自稱祖先是烈曲，這與《世本》所說，「曾氏，夏少康封其少子曲烈于鄫」相合。「曲烈」疑是「烈曲」之誤。由此可知，西周、春秋直到戰國初期，建立於今河南、湖北之間的曾國確是傳爲夏后氏後裔之姒姓，並非周王朝的姬姓。把這一曾國認爲是姬姓並認爲即是隨國，是錯誤的。由此可見，解釋考古資料，和文獻結合起來研究是非常重要的。

春秋的地圖是在綜合前人對於這方面的考訂而編繪的。春秋史料主要是《春秋》、《左傳》和《國語》。由於《春秋》、《左傳》是儒家的經典，自從晉代杜預（二二二—二八四）以來，經學家很重視地理的考訂工作。清代就有這方面的專著四種：高士奇《春秋地名考略》，江永（一六八一—一七六二）《春秋地理考實》、程廷祚（一六九一—一七六七）《春秋地名辨異》和沈欽韓（一七七五—一八三二）《春秋左氏傳地名補注》，其中以高士奇所著考證較詳，江永的考證雖略，但有些地方很有見解。我們就是綜合這四種書的考證進行地圖編繪的。同時我們還參考了顧棟高《春秋大事表》中各國的〈都邑表〉。經過這個實踐，我們發現前人考釋的春秋時代重要地名，有些還存在問題；我在探討楚國縣制創建的過程中，就曾發現前人所定商縣、沈縣、寢縣和白公勝所在縣邑的地望都有錯誤，重新作了考證，見拙作〈春秋時代楚國縣制的性質問題〉一文的四篇附錄（《中國史研究》一九八一年四期）。可惜限於時間，我沒有能夠充分地做好春秋地理的重新考訂工作。

戰國的地圖是綜合清代學者這方面的考證進行編繪的。清代張琦（一七六四—一八三三）的《戰國策釋地》比較簡單。程恩澤、狄子奇的《國策地名考》較爲詳細，但有不少錯誤；顧觀光（一七九九—一八六二）的《七國地理考》搜集一般地名比較全面，但對於七國的疆域、郡的設置和封君的封邑等，未作細密的探索。我們繪了一張《諸侯稱雄形勢圖》，畫出了公元前三五〇年各國大致的疆界，因爲這年秦國因商鞅變法而遷都咸陽，七國爭雄的形勢剛形成，同時越國還較強大，建都於琅邪（今山東膠南縣），我們認爲《越絕書》和《吳越春秋》所說越王句踐滅吳以後，北上爭霸中原，建都琅邪，是可信的。後來看到蒙文通（一八九四—一九六八）《越史叢考》（人民出版社，一九八三）有同樣的見解。

我的政治身分是「反動學術權威，敵我矛盾作人民內部矛盾處理」

從一九七一年三月起，我的主要工作已從編繪先秦歷史地圖轉到標點《宋史》。標點《二十四史》的工作，原來也是毛澤東交辦的，這時由周恩來決定繼續進行，並且指定由顧頡剛「總其成」。我們先聽到這個傳達，接著就分配給北京、上海等地的歷史學工作者標點。上海分配到《舊唐書》、《新唐書》、《新五代史》和《宋史》等。我被分配爲《宋史》標點的「通讀」，就是要把已經標點校勘好的各卷《宋史》通讀一遍，如發現有缺點或錯誤，再加校正。《宋史》有四百九十六卷，是《二十四史》中卷數最多的，不是一個人可以「通讀」，因此請上海師範學院歷史系的張家駒一起「通讀」。他研究宋史，是通讀《宋史》標點的合適人選。

從此他每天到復旦大學歷史系來，坐在我的對面，共同做好這方面的工作。他每天準時前來，工作很是認眞。聽說他在上海師院被長期批鬥，關進牛棚，受到的折磨十分厲害，因而健康欠佳。十分不幸，這年夏天他突然胃潰瘍發作，進醫院開刀，切除胃的潰瘍部分，出院以後，由於身體狀況很糟，胃失去消化能力，一個多月以後就病死了。他的死，實際上還是文化大革命中長期受到迫害和折磨所致。他已出版的著作只有《沈括》一書（上海人民出版社，一九六二）。

我從事《宋史》標點的「通讀」工作有半年之久，主要通讀了《宋史》的〈本紀〉部分以及一部分的〈禮志〉。到七一年九月，因復旦歷史系招收「工農兵學員」，我要擔任教學工作而結束。我是被復旦借調來的，組織關係還在上海社科院，每個月的工資是要到社科院總部去領的。這時復旦要留我在歷史系擔任教學工作，於是申請把我的組織關係調過來。我原來被作爲「反動學術權威」關在牛棚兩年半，又被帶到五七幹校「勞動改造」一年半，借調到復旦的時候沒有爲我作出結論。這時要把我正式調到復旦來，原來審查我的專案小組就必須爲我作結論了。七二年一月上海社科院通知我去聽取結論，我就奉命去聽了。寫成文字的結論是：「反動學術權威，敵我矛盾作人民內部矛盾處理。」同時還口頭教訓我說：「這是寬大處理，要認眞改造，否則將重作處理。」過去被扣留的銀行存單，這時重新歸還給我。我聽到這個簡單的結論，感到頭上依然戴著一個「緊箍咒」，今後的日子還是不好過呀！既然把我定爲「反動學術權威」的性質，就是無產階級的專政對象，現在爲了需要我繼續工作，採用所謂「敵我矛盾作人民內部矛盾處理」，這就是所謂「一批二用」呵！等到不需要或者領導對我不滿意的時候，這個「緊箍咒」是隨時可以收緊再次對我進行批鬥的。

七　在「文化大革命」中的波谷時期

從一九六六年「文化大革命」開始以來，全國大學和中學全部停課。七一年九月起，大學突然開始招收「工農兵學員」來上課了。「工農兵學員」從哪裡來呢？是從工廠、農村人民公社和軍隊中選拔而保送來的，他們當然都是紅衛兵和造反派中的積極分子，是「文化大革命」中的急先鋒。在當時所謂「革命群衆」中，普遍認爲「知識越多越反動」、「越是大老粗越革命」的情況下，青年們的學業早已荒廢，文化水平很是低下，大部分是初級中學程度，怎麼可能飛躍到大學來聽課呢？這時我們這些批判爲「反動學術權威」的教授，上有自稱「大老粗」的「工宣隊」和「軍宣隊」的領導，下有工農兵學員的監督；工農兵學員被稱爲學校的主人。這時要我們登上講台進行教學，該就是所說的「一批二用」了，也就是在大批判之下有條件的加以使用。

以毛澤東指示爲中心「突擊」出版一本通俗的《秦始皇》小冊子

當時復旦大學歷史系要我向工農兵學員講授中國通史的先秦部分，要按社會發展史的程序進行教學。我因此編寫成了一本講義，分爲三個部分：中國原始社會歷史提要、中國奴隸社會歷史提要和中國封建社會開端——戰國時代歷史提要，共約十萬字。主要講的是社會經濟和政治的變革過程以及重大的歷史事件。關於文化方面，我沒有在這本講義中提到，因爲學員要求，我臨時用三個小時，對孔子作了分析。我認爲孔子在當時經濟政治變革過程中，他的經濟和政治的主張是屬於保守派，例如春秋後期魯國廢除井田制的「籍法」而改用按畝收稅的辦法，當季康子要實行徵收田賦時，孔子還是主張用周公所制定的「籍法」（《國語》〈魯語下〉）。又如春秋後期晉國鑄造鐵鼎，公布刑書，把成文法典公開，將按法典判刑，孔子又加以指責，認爲這是破壞了貴賤的秩序（《左傳》昭公二十九年）。但是我認爲，孔子在文化教育上是有重大貢獻的，他開始聚徒講學，開創了儒家學派，發揮以「仁」爲中心的學說，引發了此後「百家爭鳴」的學術思潮。

到這個學期結束時，在歷史系全體師生的總結大會上，有一個學員上台對我這個學期的教學作了很詳細的批判，認爲我對孔子肯定得太多，這仍然是資產階級復辟思潮的一種反映，還認爲我的講法仍然是學院式的，旁徵博引得太多，用革命的道理來闡釋太少，不足以鼓勵大家革命的熱情。我對於這個批判只能忍受。

自從七一年九月十三日發生林彪乘飛機叛逃而墜機死亡的事件以後，接著就開展「批林整風運動」。從七二年元旦起，新聞界文化學術界的氣氛有些轉變，報刊言論開始注意到生產、發展經濟和文化、教育等議題。《文物》、《考古》、《考古學報》從這年起復刊，郭沫若主編的《中國史稿》開始重新修訂。

正在這個學術空氣略爲濃厚的時候，上級宣讀了一系列毛澤東近幾年來的「最高指示」。其中有一段是他在中共八大二次會議上所講的：「秦始皇算什麼？他只坑了四百六十個儒，我們坑了四萬六千個儒。我們鎮反（按即鎮壓反革命運動），還沒有殺掉一些反革命知識分子麼？我與民主人士辯論過，你罵我們是秦始皇，不對，我們超過秦始皇一百倍。罵我們是秦始皇，是獨裁者，我們一貫承認。可惜的是你們說得不夠，往往要我們加以補充。」這是毛澤東自認為當代的秦始皇，把坑儒看作鎮壓反革命的行動。

接著這個歷史地理研究室的黨支部就接到上級領導布置的一個寫作任務，就是要以毛澤東這個指示為中心，來寫一本通俗的《秦始皇》小冊子，認為這是頭等重要的政治任務，要集中力量「突擊」完成，送交出版社「突擊」付印出版。支部書記當即親自帶頭，組成一個五人突擊寫作小組，商定集體商討、分工寫作的方法，並且多次著重討論了如何突出「最高指示」對秦始皇所作的政治分析，闡明秦始皇焚書坑儒，是鎮壓那些製造奴隸主復辟輿論的反革命知識分子的革命行動。因為我曾寫過一本《秦始皇》的小冊子，熟悉這方面史料，被拉進這個五人突擊小組。當時由一位青年黨員負責主導這件事，這本小書寫成以後用「洪世滌」的名字發表也是他的主意；「洪世滌」是「紅史地」的同音字，表示這是紅色的歷史地理研究室的集體寫作。

這本小書按照計畫，經過不到一個月的時間就寫成了，立即由黨支部送交上海人民出版社突擊付印，並派出一位青年的編寫者到印刷所看校樣。印刷所裡就有人提醒說：「像這樣集體奉命突擊寫成的政治通俗讀物要當心，將來一旦政治上形勢發生變化，就會成為政治問題，會牽連到參與寫作的人。」他回來談到那個人的話，我感到這是今後可能發生的事。當我奉命加入這個集體寫作小組時，我也曾從中政治上考慮過，但在這種政治形勢下，拒絕參加是不可能的，何況我正處於「一批二用」的境地中，因此當負責主導的黨員決定使用「洪世滌」這個化名發表時，大家一致贊成，我也贊成。也有人主張要寫一篇「小序」或「後記」用來記述具體寫作經過，但大家感到很難下筆，因而沒有寫。

這時是文化大革命運動中風浪最低的一個時期，後來人們稱爲「文化大革命」的「波谷」時期，一時文化教育界略有活躍的氣象。郭沫若出版了《李白與杜甫》（人民文學出版社，一九七一）和《出土文物二三事》（人民出版社，一九七二）。還在《光明日報》上發表了〈中國古代史的分期問題〉一文（七二年七月二十三日），提倡重新展開學術討論。他重申原來的古代史分期主張，把奴隸制和封建制的變革定在春秋、戰國之際，而且特別強調這是一種自上而下的變革，秦國商鞅的變法就是如此。他認爲「三家分晉」和「田氏代齊」是自下而上的變革，變革的成效不夠大，而秦國的商鞅變法成效顯著，因而秦國富強，能夠統一六國。

與郭沫若做了「文化大革命」中唯一的一次學術討論

我不同意郭沫若的這種看法，當即寫成〈自上而下變革說的商榷——關於中國古代史分期問題的討論〉一文，發表在《文匯報》同年八月九日號。這篇文章寫得十分謹慎小心，完全採用討論學術問題的商榷態度，免得被人誤認爲有什麼政治的意圖。我很想由此引起學術界開展學術問題的商討，希望改變「文化大革命」中「造反派」把任何學術問題都「上綱上線」，看作政治路線鬥爭的批判方式。

我著重指出，春秋、戰國之際各個大國的社會變革，都不是自上而下的變革，而是自下而上，秦國的變革同樣如此，並不例外。秦國原來的經濟、政治、文化都比中原各國落後，秦簡公七年（前四〇八）實行「初租禾」，開始按田畝收稅，比魯國在魯宣公十五年「初稅畝」，遲了一百八十六年。政治上的大權都落在那些「庶長」手裡，國君的廢立常由「庶長」作主。當秦出子（惠公之子）在位（前三八六—三八五），年才二、三歲，由他的母親利用宦官掌權，使得「群賢不悅自匿，百姓鬱怨非上」。長期出奔在魏國的秦公子連因此想回國「因（依靠）群臣與民」來奪取君位，被守在邊境關塞上的庶長菌改迎入，秦出子的母親從國都派官兵前往反擊，官兵走到半路上倒戈，迎公子連即新的君位，就是秦獻公（前三八四—三六二，見《呂氏春秋》〈當賞篇〉）。

這次宮廷政變，實質上是代表進步勢力取得了勝利，從此秦國政權重歸國君掌握，秦獻公因此進行了經濟和政治的改革，「初行爲市」（開始在國都創立市區），廢除殺人殉葬的禮俗，制定五家爲一「伍」的戶籍制度，並且在東部建立了四個縣，推廣縣制。到秦獻公晚年，秦的國勢轉強，曾兩次大敗魏軍。接著到秦孝公（前三六一—三三八）時，任用商鞅進行兩次變法，就是順著這個變革的趨勢，在秦獻公改革的基礎上進行的。秦國的社會變革，並不是突然依靠商鞅變法來完成，不僅僅是依據商鞅的法令可以自上而下變革成功的。

當我提出商榷的意見後，郭沫若本人沒有反應，後來看到修訂的《中國史稿》第一冊中已採用我的這個見解，不知是經過郭沫若本人同意，還是修訂者作主加入的。郭沫若這篇討論古代史分期的文章，是他一生中最後發表的一篇學術論文，我寫文章與他商榷，是「文化大革命」中唯一的一次學術討論，曾引起學術界以及社會上許多人的注意，但是因爲這個「文化大革命」的波谷時期很是短促，大多數專家學者剛從牛棚裡放出來，深怕參與討論發生什麼政治問題，即使有不同的意見，也不願參與討論。

這時我被運動衝擊得極度緊張的頭腦，得以漸漸地冷靜一下，可以回想過去的經歷和考慮今後應付的對策了。回想五十年代以來，政治運動一個接著一個，都把知識分子特別是知名的知識分子作爲鬥爭對象，而且逐步升級，擴展成爲這樣一場史無前例的文化大革命。眼看許多同行者在歷次運動中，或者當場遭滅頂之災，或者因身受迫害而患病去世，自己幸而能夠逃過歷次劫難，還能從運動的間隙中斷斷續續地在學術領域裡摸索，取得了一些足以自慰的成果；但是經過這許多劫難之後，畢竟健康水平不斷地下降，特別是看到不少同行者因身受迫害而健康欠佳，終於倒下去，如曾經長期坐在我的對面、和我一起「通讀」《宋史》標點的張家駒，年紀比我輕而突然患胃病去世，使我感觸很深。因此今後如何能夠保存「劫後餘生」和繼續在學術領域中取得一些進展，是應該認眞考慮的。

儘管這時「文化文革命」還未結束，而且說今後每隔七、八年要來一次「文化大革命」，隨時都會掀起滔天巨浪，但是運動的間隙還是有的，因此我認爲從這時起應該把自己工作的重點放到學術研究方面來，先做好搜集資料的工作，重新改寫我的《戰國史》一書，並繼續作冶鐵史的鑽研，寫成一部有系統的著作，以便將來一遇運動的間隙期即可以很快地完成。當然，要公開把工作重點放到學術研究領域是和運動牴觸的，只有隱蔽地工作。表面上必須應付運動的浪潮，同時必須做好對工農兵學員的教學工作，用來作爲掩護。當然應付運動的浪潮，只是爲了保存「劫後餘生」，要竭力避免捲進當時政治鬥爭中去，更要防備一旦政治形勢發生變化而被牽連到鬥爭中去。

八　在「批林批孔」和鼓吹「儒法鬥爭」浪潮中的經歷

「文化大革命」中一九七一到七二年間的波谷時期是短暫的，不久就掀起了「批林批孔」和鼓吹「儒法鬥爭」的大浪潮，這對於我們古代史的研究者，特別是春秋、戰國史的研究者帶來了極大的麻煩。這個浪潮從七二年秋冬之交就開始掀起，到七三年秋天以後推向高潮，整個七四年的一年成爲它的最高峰。這是一個藉批判古代哲學思想和討論古代思想界的鬥爭爲名，所發動的一場激烈而持久的政治鬥爭。直到「文化大革命」的末期，這個論題還是一種政治鬥爭的重要手段。當這個浪潮一開始，我就遇到麻煩。我的對策是，儘量在浪頭剛掀起的時候應付一下，儘量把它納入學術討論的範圍以內，既要設法避免成爲被批判鬥爭的對象，又要設法避免成爲別人利用的政治鬥爭工具。

硬著頭皮寫作「批孔」文章

七二年秋天，廣州中山大學哲學史的教授楊榮國（一九〇七—七八，共產黨員）突然來到上海復旦大學作批判孔子的學術演講，學校領導召集全體師生在大體堂集中聽講，對他極爲尊重。接著他就輪流到各地去演講，並發表了一篇批判孔子的文章。在這樣一個「文化大革命」的運動中，他出來到處作「批孔」的演講，肯定是領導當局授意的。但是在他演講中沒有說明「批孔」的政治目的，我聽了也想不明白。當時我和歷史系的教授們奉命接待他，我曾當面向他請教，當前「批孔」與政治的關係怎樣，他不作正面回答，我也就不便追問。

緊接著，《解放日報》社就來邀請復旦大學歷史系派一位教授，對《解放日報》的幾百個通訊員，作傳達楊榮國「批孔」講話的輔導報告，既要傳達楊榮國「批孔」講話的精神，又要依據歷史事實加以通俗的說明和解釋，以便一般通訊員能夠理解。歷史系黨支部書記因此與那位長期講中國思想史專門「批孔」的黨員教授約定，由他去作輔導報告。可是到預定作報告的前一天下午，那位專門「批孔」的黨員教授突然自稱有病而不能前往，急得歷史系黨支部書記無法可想，因爲《解放日報》社早已發出通知，不可能臨時改變日期。後來這位書記向我求援，我說：「他是批孔專家，著有批判中國傳統思想的專著，是最合適的。我從來沒有寫過評論孔子的文章，沒有作準備，我不能擔當這個任務。」這位書記再去向他請求，仍然沒有答應，於是再三向我情商，我只能勉爲其難，連夜去作報告的準備。我就根據楊榮國的「批孔」講話，參照歷史事實，向《解放日報》的幾百個通訊員作了通俗的解釋，並當場解答了聽講者的問題。只是他們所提出的一個重要問題：「當前爲什麼要批判孔子？」我無法解答，我只能說我沒有聽到楊榮國說明這點，無可奉告

《文匯報》編輯部聽到我曾在《解放日報》社作過報告，也來要求我寫文章，這就使得我無法推辭。我經過考慮，覺得在這時寫篇文章應付一下，還是上策。因爲這時楊榮國剛掀起這個浪頭，並沒有明確點出有什麼政治目的，可以儘量納入學術討論的範圍以內，不牽涉當

前政治鬥爭。我寫了一篇文章，題爲〈孔子是造反派還是保守派〉，發表在七二年九月二十六日《文匯報》上，著重評論孔子在經濟方面反對魯國改用徵收田賦的辦法，而主張恢復原來井田制的「籍法」，同時批評孔子在政治方面反對晉國公布成文法典和按法典來判刑的辦法，而錯誤地認爲這是破壞了貴賤的等級秩序。這是依照我原有看法來寫的，唯一差別是，我沒有在這裡依照我原來肯定孔子在文化上有許多重大貢獻的立場，因爲先前工農兵學員已經批判我對孔子肯定太多，頭上又還戴著「敵我矛盾作人民內部矛盾處理」的「緊箍咒」，如果我在這個上級準備要開始「批孔」的時候還如此肯定孔子的話，將立刻成爲批鬥的對象。

七二年冬天，上級又送來楊榮國即將發表的文章〈春秋戰國時期思想領域內兩條路線的鬥爭——從儒法論爭看春秋戰國時期的社會變革〉的校樣，要我們幾個古代史教授提出修改意見。從題目來看，把「儒法論爭」看作「兩條路線的鬥爭」，很明顯，是用來比附當前「文化大革命」中所說兩條路線鬥爭，這是上級授意寫的政治文章，並非自發地進行學術討論，因此不能從學術角度來提修改意見。但是我認爲，楊榮國把「儒法論爭」解釋爲復辟和反復辟的鬥爭，解釋爲維護奴隸制和反對奴隸制的鬥爭，竟然把商鞅變法令中「僇力本業耕織，致粟帛多者，復其身」的「復其身」，解釋爲解放奴隸，是違反歷史事實的。「復」的本義是免除徭役，並非解放奴隸。例如秦始皇把三萬戶遷到琅邪台，「復十二歲」，就是免除徭役十二年。當時我提了這個修改意見，但是後來楊榮國這篇文章發表在七二年第十一期《紅旗》上，並沒有採納我所提意見。後來參加修訂《辭海》，我爲此特別對「復」字作了這方面解釋，見於七九年出版的《辭海》第四七六頁。

從古到今的歷史隨著他們政治鬥爭的需要而隨意編造

緊接著，《文匯報》編者又來約我寫這方面的文章。我不願意像楊榮國那樣寫鼓吹「儒法鬥爭」是當時兩條政治路線鬥爭的文章，爲了應付起見，從學術的角度，寫了一篇〈韓非法治理論的進步作用〉，就是後來我在新版《戰國史》中所講韓非爲了實現統一而制定的三點法家政策（四三二—四三三頁）。這篇文章不講政治上兩條路線鬥爭，不符合他們的要求，被壓了很長時間，一直拖到七四年才發表在五月十五日《文匯報》上。從此我認爲，對於「批孔」和鼓吹「儒法鬥爭」的浪潮已經應付過了，報刊編輯來約稿，我就可以一概推辭了。

到七三年春夏間，在學校裡就聽到了傳誦一時的毛澤東詩作：

勸君莫罵秦始皇，焚書之事待商量。
祖龍雖死魂猶在，孔丘名高實秕糠。
百代數行秦政制，十批不是好文章。
熟讀唐人封建論，莫將子厚返文王。

第一、二句是說秦始皇的焚書坑儒是正當的，不該批評。第三、四句是說秦始皇雖已去世而他的精神不死；孔子雖然名望很高而實爲草包，應該批判。祖龍是指秦始皇，始皇當時人對他有這個稱呼，見於《史記》〈秦始皇本紀〉。第五、六句是說百代推行著秦的政治制度，郭沫若《十批判書》讚揚孔子而否定秦始皇，就不是好文章。第七、八句是贊成唐人柳宗元（字子厚）「封建論」的觀點，認定秦代的郡縣制確實比西周的封建制進步，我們不能從柳宗元的觀點倒退到周文王的觀點。讀了這首詩，我才知道，原來「批孔」和鼓吹「儒法鬥爭」這個浪潮，就是根據毛澤東這個「批孔揚秦」的「最高指示」而掀起來的。

從七三年九月起，這個「批孔」和鼓吹「儒法鬥爭」的浪潮就高漲了。北京和上海兩地出現了三個使用筆名作爲批判權威的御用寫作組。北京大學、清華大學大批判組的筆名是梁效，梁效是「兩校」的同音字。上海市委寫作組的筆名是羅思鼎，羅思鼎是「螺絲釘」的同音字，這是「文化大革命」以前已經應用的筆名。中共中央黨校寫作組的筆名是唐曉文，唐曉文是「黨校文」的同音字。這些御用寫作組一時被吹捧爲批判的權威，他們依據江青、張春橋、姚文元等人的政治意圖，借用「批孔」和鼓吹「儒法鬥爭」的手法，寫成了許多長篇大論，迫使群衆學習、鼓吹。整個一九七四年，他們的文章充滿所有的報刊，把「儒法鬥爭」從先秦一直講到現在，成爲貫穿二千多年中國歷史的政治鬥爭；從古到今的歷史，隨著他們進行政治鬥爭的需要而隨意編造。這是奉命寫作的政治性文章，不作學術性的討論，誰也不敢起來指責。

這時他們一方面促使一些積極分子，根據他們編造的儒法鬥爭史，編成通俗的講稿，在工農群衆中宣講，用來擴大他們所說要推行法家路線的影響。另一方面還選出不少所謂法家的文章或與「儒法鬥爭」有關的文獻，加以通俗的注釋，使大家容易看懂，藉此鼓吹法家路線。他們隨心所欲地把不少根本和法家毫無關係的人算作法家，例如荀子明明是儒家，他們強迫作爲法家。又如漢代王充的《論衡》根本不講法家學說，也被算作法家。甚至像近代的國學大師章太炎，只因爲《太炎文錄》中有〈秦獻記〉、〈秦政記〉等篇，其中有肯定秦始皇的地方，也被作爲法家。《章太炎全集》就是借著這個「東風」而開始著手編輯起來的。

當時復旦大學歷史學史改得面目全非，成爲後來批判的對象。劉大杰因此很是憂鬱。他爲此特地到我家中，問我：「聽說法家著作注釋工作會議是毛主席要召開的，會議的總結文件是由毛主席批准施行的，是否事實？」我說：「千眞萬確。印發的總結文件上印有一行紅字明確說明這點，我還保存著，您可以借回家中去一看，我也可以把所有文件借給你。」我想他看了江青這個講話，就可以淸楚地瞭解到江青等人鼓吹儒法鬥爭史的目的何在了。不久，他在五、六年前割除而治療好的腸癌復發而逝。他一生從事中國文學史的研究成績很可觀，長期在復旦大學講課也很出色，因而很有名望。正因爲有名望，野心家就想利用，而他因爲聽說受到毛澤東的讚賞，並且要將他的著作印成特大字本送呈「御覽」，一時名位思想高漲，竟然完全按照所謂毛澤東思想來徹底改寫，於是造成終身大恨。

當「文化大革命」剛結束時，一度掀起批判「四人幫」的浪潮。文壇上原來有些「反走資派」的作家搖身一變而爲「反四人幫」的健將，在社會科學界原來有那「批孔」的專家也一變而爲「批四人幫」的英雄，想藉此升登高位。在復旦大學裡，原來長期專門「批孔」的一位黨員教授，就因此而被提升爲副校長。他曾把那本署名洪世滌的《秦始皇》作爲我的著作，寫成批判我的文章要發表，但是大家知道這是歷史地理硏究室黨支部奉命組織的集體寫作，是由這個黨支部直接送交出版社付印的，並非出於我的主持，因此沒有刊物能夠發表他這篇文章。後來他被揭露「批孔」階段他曾寫信給張春橋願為「批孔」效勞，經過調查證實，副校長就因此下台了。

當這位長期「批孔」的教授要帶頭發動對我批判的時候，有人在上海政協召開的座談會上發言，要我檢討參加法家著作注釋工作會議的錯誤，並且指出當時「批孔批周公」和「批呂不韋」都是影射攻擊周恩來，當時吹捧呂后和武則天是要捧江青為女皇。我當即嚴正地拒絕檢討。我說：「我確是應邀參加了這個會議，但是我在會上沒有講過需要檢討的話，會後我更沒有寫過文章，既沒有鼓吹儒法鬥爭，又未批周公和呂不韋，更未捧呂后和武則天，將根據什麼來檢討？」因為我參加這個會議時，原是應付一下的，而且早就想到，一旦政治形勢發生變化，出席會議的人可能受到牽連，因而在會上很少發言，不得已而發言也是限於學術範圍以內，事後更沒有動筆寫文章，沒有留下什麼被人可以攻擊的把柄，可以嚴辭拒絕檢討。這樣在政協作一次公開的嚴正的聲明是必要的，可以免除不瞭解實情的人發生誤解。

九　人民的大災難、文化的大破壞、經濟的大崩潰和風紀的大墮落

這場「文化大革命」是毛澤東發動的，是根據他無產階級專政條件下繼續革命的學說，採取自上而下的方式，運用階級鬥爭的暴力手段來進行的，目的在於消除一切隱藏的所謂復辟勢力及其社會基礎，包括所謂「黑五類」（地主、富農、反革命、壞份子、右派）和「黑七類」（「黑五類」再加上資本家和資產階級知識分子）在內，因而打擊面非常廣泛，鬥爭方式很是暴烈，歷時十一年之久，直到毛澤東去世之後才結束，造成了空前的人民大災難，文化大破壞、

經濟大崩潰和風紀大墮落，由此而帶來的困境和留下的後遺症，嚴重地威脅著我們首當其衝的一代以及子孫後代的生存和發展。

這場自上而下的階級鬥爭，運動主持者是用封建傳統的忠君思想來發動的，又是用封建傳統的「血統論」組織起來的。運動主持者爲了發動「文化大革命」，狂熱地鼓吹對毛澤東的崇拜，大樹特樹毛澤東的絕對權威，號召群衆無限忠於毛澤東，鼓動群衆起來革命造反，從而解放全人類。首先響應這個號召而組織起來的就是北京清華大學附屬中學的一部分學生，他們貼出大字報，宣示「無限忠於毛主席」，自稱「紅衛兵」，要「把舊世界打個天翻地覆」，毛澤東就寫信給清華附中紅衛兵，「表示熱烈的支持」，於是紅衛兵運動在全國開展，紅衛兵就成爲文化大革命初期造反的主力。毛澤東曾在天安門城樓先後八次接見全國各地紅衛兵總計超過一千萬人的集中朝拜，把紅衛兵「破四舊」運動推向高潮。

應該看到，初期紅衛兵的組織是以幹部子弟，特別是高幹子弟爲核心的，當時北京紅衛兵糾察隊就是由高幹子弟組成的。他們的組織是以封建傳統的「血統論」爲依據，他們所理解的階級鬥爭，就是把「紅五類」（指幹部、工人、貧農下中農、烈士、城市貧民）及其子女組織起來，對「黑五類」等敵對勢力進行鬥爭。許多紅衛兵狂熱地把「血統論」傳播到全國各地。紅衛兵自以爲是紅色血統的組織，是保衛紅色政權和紅色政權領袖的衛兵。北京有一個二十四歲的青年遇羅克（一九四二—七〇），寫了一篇題爲「出身論」的大字報，反對這副宣揚「血統論」的對聯，此後長期遭到許多紅衛兵的圍攻；六八年他又因此被捕，經歷了多次殘暴的公審，終於在七〇年三月五日被處決。直到十年之後，一九八〇年這個冤案才得平反。

這種橫行不法的高幹子弟，社會上沿用古老的說法，稱之爲「衙內」。這種「衙內」到「文化大革命」結束之後，還常幹犯法的事。巴金《隨想錄》中有一篇〈衙內〉，指出八六年兩個即將押赴刑場的犯法「衙內」，他們的精神狀態是「殘忍、貪婪、破壞、毀滅，發洩獸慾，佔有一切，以損害別人爲樂」。看來他們在「文化大革命」中，就是以這樣的精神狀態來進行他們的「革命行動」的。

在這個自上而下發動、使用暴力的階級鬥爭中，至少有一百萬人以上被殺害或受迫害而死，至少有一千萬人以上受到種種非法刑罰和虐待，其中有許多人因長期受到折磨而患病死去。

國家主席劉少奇骨灰盒上寫上化名「劉衛黃」，職業是「無業」

這場運動，名爲「文化大革命」，實質上是文化大破壞。在「破四舊」和「抄家」中，燒燬了大量民間所藏的古書、古畫和專家學者的文稿，破壞了民間所藏的古代文物和各地的名勝古跡，除了各地博物館和圖書館外，民間的收藏家就此絕跡了。不僅如此，這場空前的反智風潮也對當代文化、學術、教育造成無可挽回的大破壞。五十年代以來，政治運動一個接一個，不少專家學者只能在運動的間隙作些學術研究；在這次「文化大革命」中，越是有名的專家學者越成爲不斷衝擊的對象，被迫對過去所作學術研究進行批判檢討，把學術研究看成是一種犯罪行爲。所有學術刊物長期停辦，國外的圖書報刊不准進口，學者們自己家中所藏圖書，不是被抄去，就是被貼上封條而不准閱讀。同時圖書館也早已停止開放。知識分子的案頭只有《毛澤東選集》，沒有其他的書可讀，長期不能做什麼工作，當然談不上作學術研究。幾百萬知識分子長年累月地無法做工作和研究，每一個學科，因爲長期停頓，後繼乏人，研究人員中出現了從三十歲到四、五十歲之間的一個年齡斷層，比較有成就而在國際上有聲望的只是一些老學者。

從一九六六年起大學停止招生，直到七八年才恢復招生考試；從六六年到八二年這十六年中，中國大陸上沒有正規大學生畢業，估計至少有七十萬到八十萬人在這個時期失去受大學教育的機會。同時由於中小學教育不按常規進行，估計這個時期至少有一億中小學生受到質量很低的教育。當然還有更多的人失學，使得文盲人數大增，估計農村人口中，文盲和半文盲人數有二億多，佔全世界文盲和半文盲人數的四分之一強。毛澤東發動「文化大革命」，號召批判打倒老一輩的「反動學術權威」，「要培養自己的年輕的學術權威」。於是「紅衛兵」和「造反派」中的健將，特別是「衙內」之流，以「新權威」的架勢，捏造出各式各樣的「冤案」，用來迫害打擊各個學術領域的老學者和老教授，實質上都是「文字獄」的性質。從批判吳晗的《海瑞罷官》起，造成了千千萬萬個「文字獄」，成爲「文化大革命」中特大的一個惡果。

「文化大革命」不但在文化上只「破」不「立」，導致文化的大破壞、大倒退，而且在經濟上同樣造成大崩潰。兩千多年來，中國向來是一個傳統的小農經濟佔主導地位的國家，五八年的公社化運動和大躍進運動，徹底破壞了傳統的小農經濟，大大剉傷農民的生產積極性，因而使得農業生產長期處於停滯甚至萎縮的境地。到「文化大革命」時期，不僅農業生產更加低落，連工業方面也因為只知把大量人力和財力投入軍事工業，導致一般民生工業落後。因而一方面成為軍事上的強國，另一方面依然是個經濟上的窮國，七〇年「抓革命，促生產」的號召，並不能挽救當時經濟大崩潰的趨勢。文化大革命結束後，一九七八年所以首先從農村開始改革，實行「包產到戶」，恢復小農經濟的生產方式，就是為了挽救這個處於生存危機中的農村經濟。

「文化大革命」的另一個嚴重惡果，就是共產黨幹部的風紀大墮落，導致了社會風紀的大墮落。由於權力長期集中於各級黨員幹部，逐漸使得幹部及幹部子弟成為一個致力於結黨營私的特權階層，任用私人、圖謀私利，導致社會上到處流行爭權奪利之風，都不是突然發生的。整個「文化大革命」，從基層單位直到中央最高領導的「革命行動」，全是在「革命」的幌子下開展的爭權奪利的殘酷鬥爭。一九六六年八月五日毛澤東在中南海貼出「炮打司令部——我的一張大字報」，就是不指名而把劉少奇作為資產階級反動路線的「司令部」，藉口當時劉少奇作主派出許多工作組到基層單位主持運動，是「圍剿革命派」，「實行白色恐怖」，「實行資產階級專政」。其實，派工作組是徵得毛同意的，而且派工作組是歷次大型政治運動的常規。

不久中央文革就表明所要炮打的就是劉少奇和鄧小平的司令部，於是發動群衆，捏造出許多罪狀，在全國聲討劉、鄧路線。次年七月開始對劉召開大規模批鬥會，並且抄了家。同年八月五日，毛貼大字報的周年，又在中南海劉、鄧的家院中分別召開了批鬥大會，接著劉少奇夫人王光美被捕入獄，子女被驅逐出院。劉、鄧分別在家院中被關押兩年之久，但是劉、鄧的遭遇是不同的。劉的雙臂和雙腿都被打傷，又患胃病，醫務人員每次看病，還先要批鬥一陣，因而病勢日漸嚴重，失去吞嚥功能，依靠靜脈注射和鼻孔插入飼管維持生命。六八年十月中共八屆十二中全會上，判定劉少奇爲叛徒、內奸兼工賊，開除出黨。次年十月劉少奇被用飛機押送到河南開封一座小院中監禁，一月後就病死，骨灰盒上寫上化名叫「劉衛黃」，職業是「無業」。王光美原已被判處死刑，因毛澤東批示「刀下留人，要留作活證據」而倖存。同一時期，鄧小平被專機送到江西新建縣一所步兵學校裡，暫時脫離運動而成爲旁觀者。

「文化大革命」結束，曾煽風點火的高幹子弟重新大權在握

一九五九年中共八屆八中全會上罷了彭德懷的國防部長，由林彪接替，因而得以掌握中央的兵權。接著林彪提倡「活學活用毛澤東思想」，編印《毛主席語錄》，鼓吹崇拜毛澤東，很得毛的歡心，因而「文化大革命」初期就一躍而爲中共中央副主席，六九年四月第九次代表大會上通過的黨章又規定他爲接班人。等到劉少奇去世，毛澤東主張不設國家主席，而林彪想當國家主席，迫不及待。七一年九月當毛澤東南巡，所坐火車路過杭州、上海的時機，林彪的死黨準備謀殺失敗，林彪夫婦就乘飛機倉皇出逃，摔死於蒙古溫都爾汗（烏蘭巴托東南三百公里）。林彪這個武裝政變事件發生後，毛澤東就重新考慮「文化大革命」的後果，開始重用總理周恩來，並把一批已經打倒的老元帥和老幹部重新扶起來。

七二年一月陳毅元帥因患癌症去世，五月又查出周恩來患膀胱癌，使得毛、周都感到有重新安排最高領導班子的必要。周恩來首先下令撤銷原來由林彪夫婦把持的「軍委辦事組」，新成立了「軍委辦公會議」，由元帥葉劍英主持。接著毛澤東在鄧小平一再寫信檢討和請求下，於七三年三月重新恢復鄧小平爲副總理。同時毛又要提拔江青一夥的王洪文爲中共中央副主席，主持黨中央工作，仍然要把「文化大

文化大革命結束時作者在上海復旦大學歷史系所攝

革命」進行到底。王洪文原是上海一家工廠保衛科的小幹部，「文革」中領導工人起來造反，成爲上海工人革命造反總司令部的司令，兼上海市革命委員會副主任。這時突然被毛澤東看中，立刻提升爲他的接班人。在七三年八月中共第十次代表大會上，王洪文一躍而成爲主持黨中央工作的副主席。從此最高領導班子明顯分成兩大派，一派是以周恩來、鄧小平和老元帥爲首的老幹部，掌握著中央的政權和兵權；另一派是由造反而擢升的新幹部，以王洪文、江青、張春橋、姚文元四人爲首，被稱爲「上海幫」或「四人幫」，掌握著全國的輿論工具。

七四年底，毛、周商議決定任命鄧小平爲中共中央副主席、中央軍事委員會副主席、解放軍總參謀長和第一副總理，於是黨、軍、政的大權集中於鄧小平一身。鄧開始對各方面整頓，而「四人幫」利用輿論加以阻撓，聲稱「現

在主要危險是經驗主義」。毛澤東因此要「四人幫」作檢查，並要解決「四人幫」的問題。這時毛澤東的左右搖擺，七五年十一月又聽從親信的進言，指責鄧小平否定「文革」，於是同意「四人幫」發動批判「右傾翻案風」，重新把鄧小平推倒。七六年一月周恩來去世，毛澤東提拔華國鋒（一九二一－　）爲代總理兼公安部長，主持中央日常工作。華國鋒原是毛澤東家鄉湖南湘潭的地委書記，因得毛澤東信任而提升爲湖南省委書記，六九年調到北京中南海任辦事組組長，不久升任公安部長兼副總理。因爲他與新老兩派都無特殊淵源而保持中立，唯毛澤東之命是從，因而得到毛的信任。毛在新老兩派鬥爭中，感到左右爲難，華國鋒乃得以脫穎而出。

周恩來過世後不久的一九七六年三月二十五日，上海《文匯報》頭版新聞「走資派還在走」，說到「黨內那個走資派把被打倒的至今不肯改悔的走資派扶上台」，很明顯地攻擊周恩來與鄧小平，並把周說成「走資派」，因而引起南京學生貼出「打倒張春橋」標語的浪潮。接著是四月五日清明節，北京學生和群衆湧到天安門廣場，在紀念碑前獻花圈哀悼周恩來，聚集多達百萬人，並貼出許多大字報和詩歌，集中指責江青和張春橋攻擊周恩來而陰謀篡權。當天晚上群衆被大批民兵和警察包圍和毒打，並被捕三百八十多人。四月七日中共中央政治局根據毛澤東指示而作出決議，宣布華國鋒爲中共中央第一副主席和總理，並撤消鄧小平一切職務。七月六日朱德去世；二十八日唐山大地震，頃刻之間二十四萬人死亡，十六萬人重傷。這是中國現代史上人禍天災最多、最嚴重的時刻。

原來毛澤東已年老多病，此時病勢惡化，

終於在九月九日去世。在這個家長制專權統治的體制下，毛澤東一旦去世，政治形勢立刻發生急劇變化。經華國鋒、葉劍英、李先念、汪東興等人商定，十月五日在北京西山召開了「四人幫」以外的中央政治局會議，決定立即逮捕「四人幫」法辦，翌日以召開會議爲名，把「四人幫」引到中南海懷仁堂當場逮捕。前後長達十一年的「文化大革命」終於宣告結束。從此所有老幹部「官復原職」，有些老幹部還得到提升，有些高幹子弟又擢升要職，他們重新大權在握，各地基層單位也跟著逐漸恢復原狀，自政治煉獄中脫身，但由於「文化大革命」而造成的人民大災難、文化大破壞、經濟大崩潰和風紀大墮落，給國家、社會以及人民帶來的困境和生存的危機，將長時期難以解決。

十　家庭發生重大變故

我的家，原來是個傳統的舊式家庭。我的前妻是個家庭婦女，沒有參加工作，主管著家務和經濟，我們生了三個兒子。我把所有收入，包括工資和稿費交給她支配，我除了買書以外，不管其他用途，這樣我就可以專心一志地把精力用在事業和研究工作上。但是她長期患有憂鬱症，經常失眠和便秘，食慾不振，終日注意保養身體，常爲自己的健康擔憂煩惱，因而對於孩子的教育不很關心，所有家務只能依靠傭人幫忙。我常常陪她去看病，醫師們多方治療，婉言勸解，都不見功效。

大兒子楊善群從華東師範大學中文系畢業後，分配在甘肅省蘭州一所中學教書。「文化大革命」初期他回到上海，和原來鄰居一個姓鄭的小學女教師結婚，婚後大媳婦不願隨夫去蘭州，留住在上海娘家，有時也來我寓所的小間中住夜。那時我已被關進牛棚，每天到深夜才得回家，不能過問家中的事。大媳婦是一所規模較大的小學的「造反派」總頭目，是新加入的共產黨員。她把「造反」精神帶到我家，對我們兩個老人常常氣勢洶洶，蠻不講理。兩年半以後，我被送到五七幹校「勞動改造」，她趁她的婆婆外出時機，私自取出我家的「戶口簿」和我的圖章，到公安局派出所把自己和所生小兒的戶口，從娘家轉移到我這邊的戶籍上，很明顯是要取得居住這所公寓的權利，從此家庭糾紛就開始了。不但大媳婦常當面辱罵婆婆，大兒子也曾寫了一封措詞兇狠的信痛罵母親。他的母親氣得不願理睬他們，長期保存此信在衣櫥抽屜裡，直到她死後才被竊取去銷毀了。

不久，我家所屬的「里弄居民委員會」突然把我的妻子叫去審問，說有家屬揭發她是地主，勒令她交代罪行。儘管她竭力爲自己辯白，指出這是誣告，還是糾纏不清，多次逼迫交代。本來我被關進牛棚以後，她多次被歷史研究所的造反派叫去查審，精神上壓力很大，這時鬥爭的矛頭直接對到她的身上，她的憂鬱症就嚴重起來。一天里弄幹部突然來察看我的寓所，她驚惶萬分，因爲一旦被誣害成地主，就要沒收所有財物而「掃地出門」。她這樣長期憂憂急急，病情開始惡化，到一九七六年二月，她感到身體非常疲乏，我陪她到醫院檢查，發現頸上淋巴腫大，肺癌已經擴散到頸上來了。這眞是晴天霹靂！我隱瞞她的病情，在家照料、護理她，經常陪她去尋訪醫師，服用各種藥物都無效，接著又服用從遠處找來的「丹方」，也無效驗。我始終不讓她知道已患癌症，還多方設法安慰她，希望能夠減輕些病痛，但是肺癌擴展迅速，四、五個月就擴散到了腦部，不斷發生劇烈的疼痛。在無可奈何的情況下，得到親戚的幫助，把她送進一所醫院，靠不停地注射痲醉劑止痛。我日夜陪著她，晚上就睡在她病床旁的小榻上侍候，這樣拖延了一個多月，她終於在七月七日挽救無效而離開人間。

先後與三個兒子脫離父子關係

從此家庭糾紛的焦點就轉移到我身上來了。這時我的生活繼續由一個老傭人照管，而大媳婦帶著小孩住在這所公寓的小間裡，每天放學回家，經常和老傭人爭吵。兩個月後，大媳婦藉口遺失東西，大吵大鬧，要把老傭人趕走，我爲了避免經常發生爭吵，不得不把多年雇用的老傭人辭退。不料大媳婦別有用心，等老傭人走後，她把我的戶口簿、購糧證、糧票、油票、肉票、小菜卡等，全部控制起來。我另外雇用一個新傭人來做家務，又因爲經常和她發生爭吵而離開。於是她想要由她出面雇用她的熟人來做家務，從而控制我的生活。我不同意這樣做，因此家中沒有人烹飪，我一日三餐只能跑到附近餐館去吃，寒冷的冬天，陰雨下雪，也只能跑出去吃飯。不久我感到胃裡很不舒適，經醫院檢查，發現患了胃竇炎。

這年寒假來到，大兒子從蘭州回到上海度假，和大媳婦一起住在我寓所的小間裡。突然二兒子楊義群（杭州大學數學系講師）夫婦也要從杭州帶小女兒來度假，我曾去信勸阻，說明家中沒有傭人，無法供應一日三餐，但他們還是來了。這樣會集到我的寓所度假是從來沒有的。當我的妻子病危臨終時，二兒子夫婦未到，到出殯時也只有二兒子到場。看來二兒子夫婦來此度假早有打算，等到舊曆大年初一，我和大兒子夫婦（帶著小孩）分別按照禮俗，到親戚中長輩那裡去拜年，二兒子夫婦趁機撬開所有儲藏財物的櫥門和抽屜的鎖，挑選所有值錢的東西，連同電視機、收音機以及我活期存款的摺子全部拿走。當天大兒子夫婦先回家，見到這種情景，接著就把剩餘的財物和較重的縫紉機等趕緊搬走了。

當時我還記得這個失去的活期存摺的號碼，就準備到銀行去掛失。銀行按例在舊曆新年休假兩天，到第三天清早，我就在存款的銀行門口，擠在人群中等候開門。銀行剛開門，我就飛奔到櫃檯前，喊出存摺的號碼請求掛失。旁邊一個正在辦理提取存款的銀行職員，手中拿的存摺正是我所喊號碼，於是這個職員跳起來高喊「捉賊」，頓時秩序大亂，只見我的二兒子在混亂中倉皇逃出銀行門口，有人出門去追，已不知去向。這位常見的銀行職員認識我，當場就把這個存摺歸還給我。我氣憤至極，隨即寫信給杭州大學數學系的主管報告具體經過，請求幫助教育，並且鄭重聲明：二兒子如此行爲太狠心，已經對我到了恩斷義絕的地步，今後不願再見到他，從此脫離父子關係。

舊曆新年後，我應邀到北京參加古代度量衡器學術討論會兩個星期，回來發現我的重要圖書近兩千冊已被大兒子私下搬走。回憶起大兒子暑假回來，經常在我書齋裡到處翻閱，原來早有野心，是要熟悉我藏書之中有哪些珍貴的善本書和重要圖書。這時他挑選搬走我近兩千冊書，正是我全部藏書中的精華。其中有大部的木刻本古書，如原刻本《全上古三代秦漢三國六朝文》（清代嚴可均編）等，也有大部的善本書，如明代嘉靖刻本《朱子大全》四十冊等（商務印書館影印《四部叢刊》中的《朱子大全》就是影印這個刻本）。此外還有大批重要圖書和工具書。這是我所有財物中最值錢的，也是我做研究工作所不可或缺的。我爲此曾對大兒子夫婦沉痛聲明：這種行爲比二兒子偷走我的財物還要狠毒，將造成我研究工作上無可彌補的的重大損失，從今以後與他脫離父子關係。

我愛書如命，這樣喪失了幾十年來伴隨著我的應用的圖書，讓我長期沉浸於悲痛之中。「文化大革命」中我所有財物和圖書未被抄走，想不到「文化大革命」結束之際，竟被兩個兒子和媳婦爭先恐後地挑選搬走了。這時我才醒悟，原來他們早有打算，大媳婦在她的婆婆死後，急於趕走家中老傭人，就是爲了便於趁我外出時進行這樣大規模偷竊的。

社會上流行的「打」、「砸」、「搶」推廣到了我家

接著家中雜物和圖書還是不斷散失，連我睡的床上的被褥、日常用品以及廚房中烹飪器具都陸續不見了。放在門口走廊裡的一部影印的百衲本《二十四史》，其中《晉書》、《舊唐書》、《新唐書》，已被大兒子先搬走，剩下的其他二十一史，各史都被拿走最後一冊，變成了殘缺不全的書。許多親戚朋友來訪看到，都說這是當時社會上流行的「打」、「砸」、「搶」的「造反行動」推廣到家庭中來了。當時大媳婦每天放學回來，一見面就無理取鬧；每天清早出門上班之前也要對我辱罵一頓，因而我精神上十分痛苦，沒法再在那裡住下去了。承蒙一位朋友的好意，讓出一個空房間，讓我把「劫餘」家具和圖書放在那裡，暫時住一下。

一九七七年三月間，我寄居在朋友家中，生活不安定，飲食不正常，加上精神上刺激太重，胃病變得嚴重，慢性支氣管炎經常急性發作，劇咳不停，並伴有發熱症狀，滿面愁容而精神恍惚。親戚朋友們見了，都認爲必須及早安定生活，好好護理，才能使健康逐漸恢復。有些朋友提出警告，認爲應該及早解決生活安定問題，否則長期糾纏下去，一旦胃竇炎變成胃癌，就難以治療了。他們還建議我設法組織新家庭，以便有人照料生活和護理身體，才能安度晚年。

當時親友們紛紛介紹可以作爲晚年伴侶的對象，都不符合我的理想。有一位朋友提醒我說：「你記得三年以前爲嫂夫人診治過的陳荷靜醫師嗎？她心地仁慈，尚未出嫁，若能娶到，就很幸福了。」還說要陪我去拜訪，試試看。我們約好一個星期日，一起登門拜訪。她的家世代醫師，全家是虔誠的天主教教友；母親畢業於蘇州師範學校，非常注重子女的家庭教育，是一位賢妻良母，已故世十多年了。她和父親住在一座樓房的三樓上，爲了安全，在從二樓到三樓的樓梯上裝有樓梯門；住處有兩間臥室和一間會客室。當我們前往拜訪時，承蒙她的父親誠懇地接待，接著每個星期日我都前往拜訪。

她比我小十七歲，容貌端正美麗，性情溫柔，確是德才兼優，難能可貴，並且十分孝順父親。她發現我的來意，當面表明是終身不結婚的，但她的父親很熱忱地接待我，允許我在星期日前往拜訪。當我每次談到婚姻時，她終是表示不結婚的。最後，她當著父親的面，對我說出了這樣一個秘密：她十六歲信奉天主

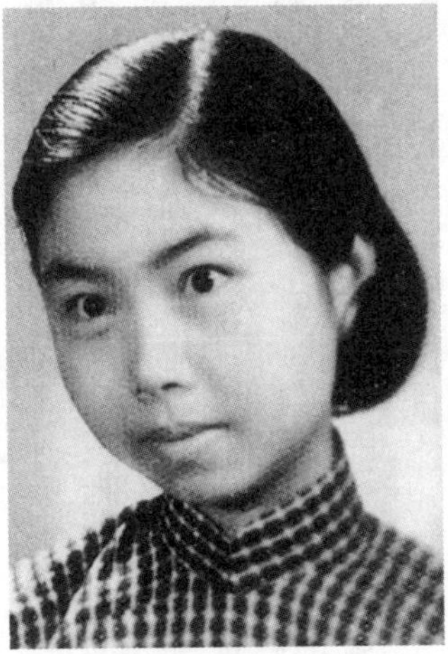

修道時代的陳荷靜女士
（一九四九年八月二十一日攝）

教，十八歲一心要進「苦修院」修道，無奈在共產黨的控制下，修道院隨時會被解散，不能再收留新的修女。她一直等待了六年，直等到「苦修院」解散，她就經過宗教儀式，宣誓守貞，終身不婚，在家侍奉父親，同時決定用自己學到的醫道，盡心竭力地爲他人造福。

想不到家庭糾葛又跟著來了。大媳婦工作的小學正在陳家附近，她探聽到我星期日來到陳家的消息，竟然在一個禮拜天，突然衝到三樓陳家，在會客間裡見到我，就用潑婦罵街的方式大聲吵鬧，並且跑到陽台上發瘋似的大聲叫喊，說我最近到小菜場去，把新發給雁蕩路寓所的「小菜卡」領走，使她不能買到小菜。其實我根本沒有去過什麼小菜場。她竟然可以這樣無中生有的連續吵鬧三個小時，接著還到當地的居民委員會去散放謠言，目的在於破壞陳醫師的名譽，並藉此來對我要挾。我返回寄居的朋友家中，當夜就發高熱，劇咳不停，痰中有血。幾天後待熱退淨，我拖著軟弱的脚步，到陳家登門道歉。她的父親看我病了，很是同情，好言安慰，留我吃了飯回去。我曾經爲此到大媳婦工作的小學，向學校領導請求幫助調解，這個領導不敢受理，因爲這個大媳婦就是這裡「造反派」的總頭目。

與奇女子陳荷靜醫師締婚

不久，我經過請託，把小兒子楊師群從貴州調回上海來。當我被關在牛棚的時期，小兒子上初中二年級的時候，被分派到貴州省農村去「插隊落戶」，我很不放心，曾多次打報告請求把他調回上海沒有成功。他的母親去世後，我以需要照顧生活爲理由，再度請求把他調回，得到了批准。有的親戚認爲我自找麻煩，因爲他從小受到溺愛，性格強橫，一不如意就要大吵大鬧。果然，更大的麻煩來了。他回來以後，住在我的雁蕩路寓所，我留有家具供他使用。據他說，將要和一個同時在貴州「插隊落戶」而家在上海的女朋友結婚。我當即爲他申請一小套公家配房，並且要爲他買一組待結婚時用的新家具；我讓他自己先到商店預先選定家具，然後由我去付錢，但是他不同意，要我直接把錢給他。我沒有立即同意，他就大吵了起來。我爲此專程到他的女朋友家中，拜訪她的父母親，商量如何購置結婚用的家具等問題，結果他們告訴我，「兩人只是朋友，目前還沒有到要結婚的程度。」一個星期日，當我在陳醫師家訪問時，他衝上三樓陳家的會客間，拍著桌子，氣洶洶吵鬧了六個小時才離開。當時他分配在新華書店工作，我爲此多次到新華書店的人事部門，請求幫助調解，但遭到拒絕。

經過大媳婦和小兒子接連到陳家找我吵鬧之後，里弄裡議論紛紛，使得陳家處境十分爲難。陳醫師只知道哭泣，她的父親天天勸導她同意結婚，最後爲了愛護我，她願犧牲自己，就答應了，當了我和她父親的面說：「如果結婚，仍然一定要保持我的童貞。」我當著她父親的面，立刻向她說：「我可以保證，我爲了愛護您，我會尊重您的宗教信仰，保持您的童貞。」三個人一起談好，她走進臥室去失聲大哭了一場。從此以後，我始終遵守我的諾言。

接著我就向復旦大學方面請求出一張同意我和陳醫師結婚的證明，以便向女方戶籍地的結婚登記處申辦結婚手續。不料黨委書記認爲我是知名人物，必須調查清楚女方，才能給出證明。三個星期後我才得到答覆，說經過調查，女方的人很好，這才發給我證明。

一九七七年七月廿七日，我到陳家，伴陳醫師按照規定，到結婚登記處請求登記結婚；

當時女方單位的同意結婚證明已經拿到。登記處接待的工作人員，認爲手續上必須向我居住地區的公安局派出所瞭解我的情況，當場就打電話聯繫，放下電話就顯出爲難的樣子說：「我不能替你們辦結婚登記，據說你的兒子不同意。」我就據理力爭：「結婚是我自己的權利，沒有人可以干預。」再經過登記處的工作人員認眞考慮之後，終於發給了我們各一份結婚登記證。

婚後，因爲我無處安居，就住在陳家，她眞心眞意地愛護我，隨時隨地照顧我的生活和健康，使我多年的慢性支氣管炎得以痊癒，健康有了好轉，從此可以重新開始作學術研究了。首先要做的就是改寫《戰國史》的工作。

這時要照顧我的生活和健康是件很麻煩的事。當時我既沒有戶口簿和購糧，也沒有小菜卡。當小兒子從貴州調回上海時，我把戶口簿交給小兒子讓他申報戶口，戶口簿就被小兒子扣留。我的小菜卡早就在大媳婦手裡，長期由她使用著；等到大媳婦分配到新的住處，自己另有小菜卡，但還扣留著我的使用。因此我每個季度的糧票，要親自到糧店去領取並由我出收據，因爲我沒有戶口簿和購糧證等憑證，只憑我這個人是糧店職員所認識的；當然各種副食品的配給，我就無法領到了。我原有上海最高級的醫院華東醫院的醫療證，自從我被關進牛棚以後，這張醫療證就作廢。我調到復旦大學工作後，只領到了一般工作人員的醫療證，如果要找比較好的醫師治療，比方身體檢查和照X光，都得請託朋友幫助，很是麻煩。

八十多歲的老岳父被小兒子監禁了十二天

同時大媳婦和小兒子一起對我吵鬧得更厲害了，我找不到能夠幫助我調解的人。大媳婦和小兒子一起跑到復旦大學歷史系的「工宣隊」那裡去告我的狀，因爲我的上司是「工宣隊」。「工宣隊」的工人老師傅對他們說：「家庭糾紛我們不管。」於是他們更膽大妄爲了，小兒子曾先後四次用大鐵釘來釘住陳家進出三樓的樓梯門。

第一次是在一個星期日上午十時許，小兒子突然帶了鎯頭，用十多支四寸長的大鐵釘，把陳家三樓的樓梯門牢牢釘在門框上，我們夫婦兩人、老岳父以及一個老傭人都被禁閉在三樓上。我的妻子是四人中年紀最輕的，讓她翻到屋頂上，再從鄰居的家裡出來求援，設法拔去鐵釘。但是大家對這樣來勢凶猛的「造反」衝擊都不敢插手；又因爲是星期日，附近房屋管理處休息，沒法找到人拔釘開門。到傍晚七時許，我的妻子擔心我們在家焦急等候，寫了一張安慰的紙條，跑到三樓的樓梯門口，想從門縫裡塞進來。正當她把紙條塞進門縫的時候，守候在大門外的小兒子和大媳婦已衝上來了，採用了當時造反派揪人批鬥的方式，小兒子把她雙手反綁著，大媳婦一手緊抓著她的頭髮，一面大聲吆喝，一面用力把她從樓梯上拖下來，拖出大門口，並揿住她的頭，猛烈地推向牆上亂撞。我急忙跑到客廳陽台上大聲呼救，四周鄰居聽到吆喝聲、呼救聲以及雜亂的脚步聲，紛紛出來幫助。對門的三位青年首先上前解救，用力推開了小兒子和大媳婦的手，讓我的妻子脫逃，一位鄰居的太太立刻接她到家中二樓躲藏。那時里弄裡已擠滿了觀看的人，我站在陽台上無法下去說明情況，眼看小兒子和大媳婦大聲向群衆講了許多造謠誣蔑的話，並且抬頭指著我謾罵。特別痛心的是，大媳婦帶著她的十歲的小兒子，竟然指使小孩也仰起頭來，跳著脚，對我不斷地大喊：「等我長大了，替媽媽向你報仇！」隨後大媳婦和小兒子就趕到我妻子藏身的鄰居大門口，當衆「勒令」要鄰居交出人來，糾纏不清，一直吵鬧到半夜，我的妻子就在鄰居家坐了一夜。第二天早晨我的妻子到房管處請求派木工來拔去鐵釘，我們才恢復了自由。那個老傭人因爲受不住這麼大的驚嚇，立刻辭職回到鄉下老家去了。

三天以後的傍晚，我們夫婦回到家門，又看到樓梯門被釘住。當時有一位朋友正拜訪我的岳父，曾請求我的小兒子不要把他釘在裡面，讓他出之後再釘，但是小兒子不睬他，仍然把他釘在裡面。我急忙到房管處請求木工來拔釘開門，開門後我向這位客人賠禮道歉。從此親戚朋友都不敢上門來了。

兩次被釘門以後，我爲了安全，帶著妻子避居到另一位朋友家中。這時小兒子又來第三次釘門，把我的八十多歲的老岳父單獨監禁在三樓上，我只好又去房管處請求派人來處理。沒想到小兒子很快又來第四次釘門。

那時一位鄰居看到，出來勸導，向他指出：「你父親已不住在這裡，這裡住著八十多歲的老人，再這樣釘門，會鬧出人命來的。」小兒子不理睬，他想用監禁我老岳父的手段來向我要挾。他預先把幾十支長鐵釘截去了釘頭，成爲兩頭尖的長鐵釘，使得鐵釘釘入樓門和門框而無法再拔出來。同時他指使幾個伙伴輪流在周圍巡邏，聲稱不許拔釘。一位鄰居的老太太怕我的老岳父飢餓，買了十個饅頭在樓下叫喊，向樓上張望的老岳父示意，叫他用長繩放一只籃子下來，但是被小兒子的伙伴在巡邏中看到，大聲恐嚇不准把東西吊上去。這下子鄰居們都不敢來救助了。我到處奔走求援，沒有一個單位肯受理，甚至公安局派出所也不管。

經過我十二天的奔走，最後得到市政府裡一位領導幹部的幫助，才使得公安局派人來拆除這個被釘死的樓梯門，因爲除了整個拆掉之外，沒有辦法拔出鐵釘開門了。八十多歲的老岳父被監禁了十二天，十分恐懼和焦慮，當時居民家中都不裝電話，我們無法通話安慰他。他只靠留存的一些米煮薄粥來充飢，度過被禁閉的十二天，從此他健康大受損害。

再也無法挽救這個家庭的崩潰了

陳醫師在「文化大革命」中，僅僅上繳了首飾，沒有受到任何衝擊和損害。她只是爲了愛護他人，犧牲自己，而被捲進這樣十分可怖的漩渦之中。她伴著我，毫無怨言地一起承受我兒子、媳婦們猛烈「造反」的衝擊。當釘門事件發生時，「文革」剛結束，我曾經到處奔走尋求調解，不少領導幹部指出：這種犯法的事件無法調解，只有向法院起訴判罪才能解決。陳醫師反對這樣做，曾經不斷懇求我好好地幫助小兒子成家立業，以慈愛之心來感化這個年輕人，力圖保住這個瀕於崩潰的家庭。直到第四次這樣凶狠的釘門事件的發生，使我沉痛地感到再也無法挽救這個家庭的崩潰了。

婚後我住在陳家，還是過著驚濤駭浪的生活。特別是寒假和暑假中，大兒子、大媳婦和小兒子常來鬧事，我不得不帶著妻子離開上海，到蘇州、無錫等地去「避難」。當時大兒子夫婦和小兒子都分配得一所合適的小公房居住，仍然不斷前來吵鬧。大兒子竟然前來逼迫我交出雁蕩路寓所的鑰匙，讓給他使用，我沒有答應。我說：「我和你已脫離父子關係，不必再來見我。」後來承蒙小兒子的新領導出來調解，我按當日的諾言，付給小兒子一筆買一組結婚時用的新家具的錢，小兒子把扣留的戶口簿歸還給我。我因爲小兒子不顧死活地一再採取威脅生命的暴力行動，十分恐懼，不得不沉痛地當場聲明從今以後脫離父子關係。

陳醫師於一九八〇年十月，應邀前往美國一所醫院擔任醫師，從此她過著獨立的生活，但仍然和我保持密切的聯繫。她始終眞誠地關心我和鼓勵我，安慰著我心靈上的創傷，無論工作怎樣幫忙，每個星期必定給我一封信，報告她在那裡工作和生活的情況。當時我還住在陳家，直到八二年春天才搬回雁蕩路的寓所居住。兩年後我離開上海，飛往美國，就此又和陳醫師住在一起，過著平靜的生活。她工作之餘親自烹調各種富於營養而適合老年人的特殊飲食，對我體貼入微的照顧，使得我身體強健起來，心情愉快，無憂無慮，生活中充滿種種樂趣，讓我得以歡度幸福的晚年。

我之所以要如此不厭其煩地寫出發生在我

一九八四年離滬赴美前夕攝於上海寓所

家的變故，因爲這是「文化大革命」中特有的駭人聽聞的事件。在「文化大革命」中，「橫掃一切牛鬼蛇神」的急風暴雨，大破「四舊」和「抄家」的運動，不但打擊到社會上每個角落，而且衝擊到許多家庭之中，原來傳統的溫情脈脈的倫常道德已被一掃而空，代之以殘酷無情的「階級鬥爭」。當「文化大革命」初期，我受到紅衛兵和造反派的猛烈衝擊中，兒子和媳婦們已經醞釀著「造反」的打算，先和他們的母親反目，當他們的母親病故之後，就爭先恐後地對我採取「打」、「砸」、「搶」的造反行動了。他們先是找尋時機，爭相奪取我所有財物和重要圖書，接著就大吵大鬧，作進一步的要挾，使我無法安居。待我被迫躲避離去，又圖謀佔住我的寓所，一步步的進逼，甚至發生了更恐怖的威脅生命的釘門監禁事件，做出了滅絕人性的犯罪行爲。這是「文化大革命」帶來的終極惡果，也是我應該認眞檢討的一個慘痛的歷史教訓。

十一　「文化大革命」——的後遺症——一件揑造的新冤案

一九八一年底，中國社科院研究生院的研究生陳漢平（一九四九—）在導師張政烺（一九一二—二〇〇五）、李學勤的指導下，寫成一篇畢業論文〈西周冊命制度研究〉。他在寫成後投寄到陝西西安的《人文雜誌》被退稿。八三年十月他又把此中一章論輿服制度的，改題〈冊命金文所見西周輿服制度〉（以下簡稱〈輿服〉），參加洛陽舉行的西周史學術討論會（以下簡稱「西周史會」）。在小組討論中，我對他提了修改意見。接著《人文雜誌》編輯要他按我所提意見進行修改，並壓縮到一萬字。張政烺爲此寫推薦信，要求按一萬五千字的修改稿發表，而《人文雜誌》仍要求限於一萬字。

等到八四年《人文雜誌》所編《西周史研究》出版，他見到我的〈西周王朝公卿的官爵制度〉一文（以下簡稱〈公卿〉）有二萬多字，就「感慨萬狀」，看作「不平事」，於是加上我「在學術上壓制青年人」的罪名，把我的〈公卿〉一文作爲進攻目標，捏造出「老教授剽竊案」，說我的〈公卿〉一文剽竊自他未發表的畢業論文，寫成〈老先生爲何行竊〉一文（以下簡稱〈行竊〉），發表在《自學》一九八五年第八期上，既要用來推倒我，又要藉此來攻擊《人文雜誌》，造謠說我在「西周史會」上看到了他未發表的畢業論文的全文，「急急動筆抄了好幾天」，然後在小組討論中反對他的意見，事後又抄襲了去。誣蔑我的〈公卿〉一文抄襲了他研究冊命金文中「右者」問題的「新方法」，還剽竊了他的表格、西周金文有六官之制以及冢司徒即大司徒之說。《自學》雜誌特爲開闢「不平事」這一新欄目，加上「編者按」，號召大家都來鳴不平。文末還附有張政烺的所謂「說明」。陳漢平又把它大量散發到各大學歷史系、各地文史研究單位和博物館等處。

三次捏造我剽竊的經過，說法完全不同

復旦大學歷史系的領導看到散發來的〈行竊〉一文後，就找我三個已畢業的研究生瞭解，由研究生寫成〈情況反映〉，分寄到有關單位，指出陳所說「新方法」，日本白川靜（一九一〇—）《西周史略》（白鶴美術館誌四、六、七輯）早已於一九七七年提出，我的文章已經引用，並注明出處；冢司徒即大司徒之說，郭沫若（《金文叢考》〈周官質疑〉，文求堂，一九三二）早已講過，都不能成爲剽竊的證據。陳漢平看到自己揑造的證據被駁斥，就進行第二次揑造，散發出兩份油印的小字報：〈老教授剽竊案情介紹〉和〈對老教授剽竊案調查的答覆〉，改變揑造的剽竊經過，說是小組在討論他〈輿服〉一文的同時，他在會上拿出未發表的畢業論文給我抄的。他還從我未見過的畢業論文中，抄出與我的〈公卿〉一文相類似的字句，排列成對照表，作爲剽竊二十六項內容的證據，用來欺騙讀者。同時十分令人奇怪的是，在陳漢平發表〈行竊〉一文和散發兩份小字報之後不久，陳就被錄取爲張政烺所指導的博士研究生了。

由於復旦大學歷史系寫信到《自學》加以駁正，上海市委統戰部辦公室行文到《自學》要求糾正，再加上復旦大學派人到北京《自學》交涉，《自學》才答應在八六年第二期上發表我駁正的文章〈爲什麼要如此誹謗〉。但是《自學》加上「編者按」，爲誹謗者開脫，並混淆是非，删去了我嚴正批評陳與該刊編者所犯嚴重錯誤的話。接著《自學》在八六年第四期上又發表陳漢平〈再說幾句話答楊寬教授〉的長文（以下簡稱〈答文〉），名爲答覆，實際上是把散發的小字報加以綜合，並進行他的第三次揑造。他再度改變剽竊經過的情節，說是我在討論會上將他的畢業論文借去看，從討論他〈輿服〉一文那天起，會議開了多少天就看了多少天。三次揑造我剽竊的經過，所說看到畢業論文的時間以及如何看到，都完全不同。《自學》編輯不顧前後所揑造的事實不同，一再發表誹謗文章。張政烺更在〈答文〉之後附有七點說明，用以證明陳漢平所說確有畢業論文的實際內容作爲依據。

陳漢平揑造新冤案的手法，和「文革」時期揑造冤案者差不多。所不同的，「文革」時期所揑造的冤案是政治的，而陳漢平所揑造的是

「學術」的。一九八四年南京博物院發生「院長姚遷剽竊案」的錯案，以致姚遷被迫自殺；八五年中國社科院又出現這樣揑造出來的「老教授剽竊案」，事非偶然，很明顯是「文化大革命」的嚴重後遺症。

我的陳漢平素不相識，只在洛陽召開的「西周史會」上見到過，討論時，向他的〈輿服〉一文提了意見。這時忽然揑造出這樣一件新冤案，目的很是明顯，就是要設法推倒我，從而抬高自己這篇未發表的畢業論文的學術價值，並把自己裝扮成新權威，用作升登的階石。他一方面指責我「沒讀通文獻」，「不懂金文」，有「起碼學術常識性問題上的大量錯誤」；另一方面吹捧自己所有的導師都是世界第一流專家，甚至說「日本人和以前一切人根本沒有解決我在畢業論文中所發明、所論述的那些問題」。到八六年十二月，上海學林出版社果然出版了他的畢業論文，列爲《青年學者叢書》之一（以下簡稱《學林版冊命》）。但是他們沒有想到，當這篇論文發表之時，就是他們的陰謀徹底暴露之日。以我的〈公卿〉一文和《學林版冊命》第四章作比較，無論在內容上、組織結構上和結論上，都是根本不同的，即使像他們所說的我看到了他這篇未發表的論文，也扣不上我「剽竊」的帽子。

搬弄歷次政治運動中誣害學者慣用的扣帽子手法

我把陳漢平所揑造的二十六項所謂「剽竊主要內容」表，逐項翻開《學林版冊命》和我的〈公卿〉一文作對比，他揑造證據的手法就歷歷在目，共有下列七種：㈠雙方說法根本不同，被勉強牽合，說成剽竊。㈡前人早有成說，或者早已成爲常識的，見有相同而指爲剽竊。

㈢不顧引用古書所說明的問題不同，見到所引古書字句相同，就指爲剽竊。㈣甚至不顧所引古書字句不同和用來說明的問題不同，僅僅所引古書的篇名相同，也要指爲剽竊。㈤論述同一問題，因資料有限而引用相同資料，又要指爲剽竊。㈥僅僅因說到相同的問題，其中有兩個名詞相同，就指爲剽竊。㈦甚至單獨一句話，彼此有些類似，也被說成「連遣詞造句都抄了去」。我因此在八七年九月，寫成了〈對陳漢平捏造冤案進行惡毒誹謗的申訴〉（以下簡稱〈申訴〉）和〈陳漢平捏造冤案進行惡毒排謗的罪證〉（共十二條，以下簡稱〈罪證〉），送請中共中央的有關領導人員以及社科院的領導人員，提出申訴。同時印發了五百份，送請國內外學術界人士公斷，使得國內外學術界，特別是考古和歷史研究的學者們明瞭此中眞相。

陳漢平誣蔑我抄襲他鑽研冊命金文中「右者」官職及其受命者從屬關係的「新方法」，其實這點，日本白川靜一九七七年在《西周史略》中早已說明，我曾引用並注明出處。等到我的學生所寫〈情況反映〉提出反駁之後，他又說：李學勤早在一九七五年即向他指出這點，早於白川靜出書兩年，並且進一步中傷我「企圖借外國人較遲的發現來掩蓋我們中國人較早的發現」，從而扣上「崇洋媚外」的帽子。這原是歷次政治運動中慣用的誣害學者手法。

陳漢平自認採用這種「新方法」，證明了「西周金文右者六職與《周禮》六官相合」，故知《周禮》與西周官制相合，這是他的「發明」。其實，他認爲金文所見「右者」六職（宰、司徒、司馬、司工、司寇、公族）與《周禮》六官（冢宰、司徒、司馬、司空、司寇、宗伯）相合之說，是不能成立的。他認爲金文所見「右者」的「公族」相當於《周禮》的「宗伯」，事實上西周官制，

「公族」之外還有「宗伯」存在。《尚書》〈顧命〉所載成王即位典禮，是當時朝廷上最重大的冊命禮，太保召公以輔佐大臣成爲冊命之主，同時還有太史與太宗參與，王國維（〈周書顧命考〉，《觀堂集林》卷一）就曾指出當時太宗爲儐，即冊命金文所謂「右者」，並引《周禮》〈大宗伯〉爲證。《國語》〈周語〉上記載周宣王（前八二七—七八二）大臣虢文公論述籍禮，也曾以宗伯與太保、太師、太史並列。他認爲金文所見「右者」有司寇，是根據「庚季鼎」（或釋「南季鼎」）銘文而來。其實銘文上這個官名是否「司寇」是個問題，我曾從楊樹達（一八八五—一九五六）之說（《積微居金文說》，科學出版社，一九五九），釋爲「司宩」。即使確是「司寇」，從這個銘文的上下文例，和「同簋」銘文的文例比較來看，司寇應是庚季的官職而不是「右者」的官職，金文中未見有司寇作爲「右者」。

我認爲，根據西周金文看來，西周根本不存在像《周禮》所說以冢宰（太宰）爲首、作爲朝廷最高官職的六官之制，太宰不過是王家主管財用以及家內事務的家務總管。當時朝廷大臣有公、卿兩級，卿之上有公一級輔佐君王的執政大臣，初期是太保、太師和太史，中期以後是太師和太史，太保和太師是卿事寮（與太史寮同爲組成西周中央政權的兩大機構）的長官，太史是太史寮的長官。西周中期以後冊命金文中屬於「卿」一級的「右者」只有五人，未見司寇作爲「右者」，同時更有稱「公」的「右者」，如「柞鐘」銘文「仲太師右柞」，這是太師作爲「右者」，太師屬於「公」一級。陳漢平爲什麼要避開這個作爲「右者」的「太師」而不談呢？就是由於超出了他所湊合的「右者」六職吧！由此看來，他所謂「西周金文右者六職與《周禮》六官相合」之說無非虛構。

想來又是出於高級「衙內」的作案

張政烺在爲陳漢平所寫的證明信中指出：陳的「畢業論文指出西周金文中『右者』另有六種稱謂，即公、父、伯、仲、叔、季，這是古人講年齒長幼序列的稱謂，其中公、伯不是公爵和伯爵。」陳漢平因此認爲我把稱「公」的「右者」作爲公爵，是犯了起碼學術常識性的錯誤。其實，「右者」中稱爲「公」和「父」的，是不能和伯、仲、叔、季並列爲年齒序列稱謂的。金文「右者」中稱爲「父」者如伯俗父之類，都是成年男子的「字」，「父」原是成年男子的美稱，絕非「父輩稱謂」。過去郭沫若依據王國維「古諸侯在其本國稱王」之說，進一步認爲王、公、侯、伯、子、男是古國君的通稱，並非爵位名稱。不少人錯誤地把這個看法作爲「學術常識」。其實，無論從西周金文和文獻看來，西周王朝公卿存在公、伯兩等爵位是無疑的。郭沫若到晚年對此已有醒悟，曾根據「班簋」所載第一、二兩道命令指出：「上第一命稱毛伯，此第二命稱毛公，因毛伯代替了虢城公的職位，升了級。」（〈班簋的再發現〉，《文物》一九七二年九期）說明當時官職升了級，爵也跟著升級，由伯爵升爲公爵了。陳漢平等人把西周金文中稱「公」的「右者」看作行輩的稱呼，是錯誤的。

一九八四年南京博物院發生捏造的院長姚遷剽竊案，《光明日報》隨即發表評論，江蘇省委宣傳部因此作出處理，次年姚遷因無端蒙冤而自殺，死後經過調查才得到平反。八五到八六年陳漢平等人捏造「老教授剽竊案」，幸而我已來到美國，可以避免遭受誣害和人身攻擊的威脅，可以從容不迫地進行申訴並呼籲學術界公斷。然而在國內，八六年六月四日下午八時，山東大學歷史系王仲犖教授（一九一三—八六）在家中看到陳漢平等人連續發表誹謗我的文章，越來越厲害，激起義憤，講了許多主持正義的話，用力拍著所坐沙發的把手，沒想到這位著名魏晉南北朝史和隋唐史的專家突然心臟病爆發倒下去世。當我在八七年九月爲這件冤案提請學術界公斷時，還不清楚王仲犖教授去世的事；後來我風聞此事，請上海人民出版社編輯林燁卿寫信代我向王仲犖夫人慰問，承蒙王仲犖夫人回信告知我王教授當時因義憤而病發去世的詳細情景，使我感到非常痛心。

八七年九月間，在河南安陽舉行的中國殷商文化國際會議上，陳漢平竟然公開地向日本和美國學者散發他誹謗我的文章以及已出版的這本《學林版冊命》，引起中外學者極大震驚，十分有損中國學者在國際學術界的形象。當時陳的兩位導師都在座。李學勤當場找復旦歷史系出席這次會議的學者，請他回來代爲向我表示歉意。我爲此曾寫信提出責問，中國社科院歷史研究所的答覆是：「陳送人材料，我所參加會議的人員事先並不知悉，純係他個人在會下的活動，特此向您說明。」（八八年三月三日來信）我印發〈申訴〉和〈罪證〉兩文給國內外學術界公斷後，得到許多學者的回信，表示對這種卑鄙惡行的譴責和憤慨。

爲什麼身爲一個學者，會如此猖狂地敢於再三捏造冤案並散發國內外？爲什麼學術性雜誌會如此公然附會、掩護一個顚倒黑白的誹謗行爲？北京歷史研究所也是聽之任之，只答覆說：「當復旦大學歷史系主任來京時，我們向他談了所瞭解的情況和我們的態度，想來他已向您轉告。」（同上來信）想來又是出於高級「衙內」的作案，只能口頭轉告，不能斷然作任何處置。當我採取申訴、辯護的自救手段之後，只有中共中央宣傳部和中共上海市委宣傳部覆信說「已轉請中國社科院處理」，結果卻沒有處理。學術界許多友人來信，認爲此事的眞相已能大白，如果誹謗者不再囂張，沒有必要再向法院申訴。我因身居國外，就暫時把這事擱在一邊，聲明保留今後訴諸法律的權利。

這是反右派鬥爭以來，特別是「文化大革命」以來，千千萬萬冤、錯、假案中的一個例子，只是一個捏造沒有成功的例子。這種向壁虛構、憑空羅織的罪行在中國所造成的禍害非常嚴重，可惜的是，像陳夢家那樣被迫害致死的材料完全沒有保存下來留作歷史的教訓。我之所以要對這個案例作較詳盡的敍述，就是讓大家看到這種新「文字獄」的一些眞相，爲歷史留下一些教訓而已。

第十章　晚年的回顧與瞻望

一　重新認識歷史和瞻望前途

經歷了毛澤東時代一系列的運動，特別是「文化大革命」運動，使得中華民族陷入災難性的困境，幸而繼承毛澤東的當政者，開始進行有計畫的改革，首先從農村展開全面的改革。作爲一個歷史的研究者，在運動中經歷了不斷的苦難和風波，感到前途茫茫，運動結束後也不能不重新認識歷史，從漫漫長夜中找尋光明的前進道路。

中國社會史的分期以及各個時期的社會性質問題，過去曾經熱烈討論，用來判明當前革命的性質，從而尋求革命的正確方針路線。現在我們要重新認識歷史，這個問題就有重新檢討的必要。中國歷史發展的規律，根本不同於歐洲歷史，既沒有經歷希臘、羅馬那樣的典型奴隸制，也沒有經歷歐洲中世紀那樣領主的封建制。看來馬克思早已看到亞洲歷史發展過程不同於歐洲，因而提出了亞細亞生產方式，但是他爲了把五種生產方式的更替看作普遍的人類歷史發展規律，在他的《資本主義生產以前各形態》一書中，把一種以農村公社的農民作爲主要生產者的生產方式，說成亞洲特有的一種奴隸制生產方式。他認爲這種村社已轉化爲被奴役的小集體，村社農民本身已成爲專制君主佔有的財產，這是由於一個部落征服另一個部落，被征服部落成員集體淪爲奴隸，而原來村社組織形式仍然被保留下來，因而「在亞細亞的形態下，它們所能改變最小」。既然改變最小，爲什麼還要作爲一種奴隸制呢？

商鞅變法以後按戶口徵收人頭稅，但與奴隸制無關

從西周、春秋井田制的本質來看，很明顯是農村公社的土地制度，有共同耕作「公田」（或稱「籍田」）和定期分配份地（或稱「私田」）的制度，保留有公社傳統的相互友好協作和平均分擔勞役的美德。孟子把它看作「仁政」不免加以理想化，但是不能因此否定井田制的存在和農村公社的存在。西周、春秋時代實行井田制，以農村公社住民作爲主要生產者，他們根本不是君主佔有的財產，怎能看作一種奴隸制呢？戰國以後井田制瓦解，取消了共同耕作「公田」的「助法」，各國逐漸實行按畝徵稅的稅制，從魯國的「初稅畝」一直到秦國的「初租禾」，經歷了一百八十年之久。

戰國時代的主要農業生產者，是耕種「百畝之田」、納「什一之稅」的「五口」到「八口」之家的小農，戰國初期李悝在魏國變法，後來商鞅在秦國變法，都推行維護和獎勵這種小農經濟的政策。從雲夢出土《秦律》中的〈田律〉和〈魏戶律〉（《爲吏之道》的附錄）看來，秦、魏兩國都有按良民的戶籍授給田宅的制度。根據《商君書》〈徠民篇〉的「制土分民之律」，可知杜佑《通典》所說商鞅變法以後的授田之制，「百畝給一夫」（《通典》〈州郡典・雍州風俗〉），是有根據的。戰國以後小農仍然沿用農村公社相互協作的習慣，這種公社的殘餘形式直到漢代還多存在，稱爲「彈」，常見於漢代各地的碑刻中。關於這點，我在五十年代已經指出（《古史新探》第一二八頁），最近看到俞偉超（一九三三——）〈中國古代公社組織的考察——論先秦兩漢的單、僤、彈〉（文物出版社，一九八八），對此作了進一步詳細而具體的論證，並追溯了它的起源和演變。

春秋、戰國之際社會結構發生重大變化。春秋時代除了貴族和奴隸以外，主要有「國人」

和「庶人」兩國階層，「庶人」是耕作「井田」的主要農業生產者，「國人」是居住在國都的貴族的下屬，具有公民的政治權利，同時又是軍隊的主力和軍賦的主要擔負者。戰國以後，「國人」這個階層分化瓦解，農民不僅是主要農業生產者，又是國防的主要供應者，因而獎勵耕戰，重農抑商，保護和發展小農經濟，成爲富國強兵的主要政策。春秋時代各國的軍賦是按照「國人」佔有土地的數量來徵收的，商鞅變法以後，軍賦改成按戶口徵收，這就是杜佑《通典》〈食貨典·賦稅上〉、馬端臨《文獻通考》〈田賦考·歷代田賦之制〉等所說「舍地而稅人」，成爲一種人頭稅。徵收對象除了農民以外，包括官僚地主所養的食客和工商業者所有的奴隸在內，是爲了限制食客和奴隸的數量。當然這種稅制給農民帶來了沉重的重擔，但是這種在全國範圍內不分階級而普遍徵收的人頭稅，我們不能認爲此中存在著支配個別人身的奴隸制關係。猶如歷代向成年男子徵收代役性質的「丁賦」（或稱丁稅、丁銀等），一直沿用到清代初期，同樣和奴隸制生產關係毫無牽連。

從戰國諸子經常談論到的君主和庶民的關係來看，這種稱爲庶民、庶人或黎民的小農，是國家富強的支柱，必須善加愛護，怎麼可能是奴隸性質呢？

西周、春秋時代以農村公社農民爲主的生產方式，戰國以後以小農經濟爲基礎的生產方式，都不能解釋爲奴隸制。殷、周以來手工業生產多使用奴隸，到戰國、秦、漢時代，不但手工業生產中使用的奴隸有增長，而且豪族也擴佔土地而使用更多奴隸來耕作，直到魏晉南北朝和隋唐時代還有這種擴張的趨勢。但是比起當時普遍存在的小農來，奴隸制還不是當時經濟結構中佔支配地位的生產關係。這種豪族佔有大片土地、使用奴隸耕作的方式，經常起著破壞小農經濟基礎的作用，甚至成爲每個朝代經濟衰退、激發農民起義的主要原因之一。

「生育的大躍進」造成人口膨脹、耕地短少和勞動力大量剩餘的困境

秦、漢以後小農經濟長期居於社會經濟結構主導地位，兩千多年來歷史上多次出現「一治一亂」的周期性大循環，都是以小農經濟的穩定繁榮和衰落破壞作爲主要關鍵。每個王朝初期，新的當政者總是採取保護小農的經濟政策，適當調整耕地，輕徭薄賦，從而使得社會經濟繁榮，社會安定，人口增長，文化發展，國家大治。每當王朝末期，由於人口增多，土地兼併，賦役繁重，民不聊生，小農經濟衰敝，因而激發農民起義，造成連年戰爭，社會秩序大亂。由於饑荒不斷、農民流亡、兵連禍結、人口銳減、土地荒蕪，就爲新興王朝重新推行小農經濟政策創造了條件，於是再開始下一輪大循環；每次大循環的周期約需幾百年之久。兩千多年來中國歷史就是這樣不斷地大循環，而周期性的全國大動亂和朝代的興替起著調節作用，從而長期保持落後的小農經濟作爲主要生產方式和國家的經濟基礎。這是中國社會經濟長期停滯不前的主要根源所在。

應該深刻地認識到，中國近代的主要經濟基礎仍然是小農經濟的生產方式，這是兩千多年歷史的遺存。五十年代初期的土地改革運動，實行耕者有其田，實際上就是恢復了國家規模的小農經濟生產方式。接著經歷了互助組、合作化的運動，依然保持著傳統小農經濟的基本特徵，過著自給或半自給的低收入生活。一九五八年的「人民公社化」和「生產大躍進」運動，突然採用自上而下的大運動方式，迫使農民放棄小農經濟的生產和生活方式，實行集體生產，集體吃飯，半軍事化的作息制度，耕作大塊土地，要求飛躍到大規模「公社化」的生產和生活方式。結果小農經濟全部解體，公社化生產方式卻建立不起來，於是出現國民經濟的大崩潰，緊接著三年大饑荒，餓死了各地成千上萬農民。

後來經過多次調整，農業生產還是長期處於停滯、萎縮的境地，加上「文化大革命」的長期動亂，農業生產更加衰落，農民仍然過著勉強解決溫飽的貧困生活。當時每戶農民的收入，是按參加集體勞動的人力多少和強弱來計算的，要提高收入，惟有增加生育，因而農村中出現了「生育的大躍進」，造成人口膨脹和耕地短少的嚴重矛盾，出現了勞動力大量剩餘的困境。直到八十年代初，農村進行全面改革，實行「包產到戶」，稱為「家庭聯產、承包為主的責任制」，實質上就是恢復到小農經濟的生產方式，才使農業生產有了轉機。但是這種落後的小農經濟模式，仍然面臨著難以克服的困境和民族生存的危機。這是（五八年以後）近三十年來小農經濟經過大破壞到恢復的一個小循環，比起長期歷史上多次出現的幾百年的大循環，時間是短暫的，但留下的歷史教訓卻更加慘痛；背著一個龐大人口的歷史包袱，使得中國實現眞正的現代化加倍地困難。

中國科學院國情分析研究課題小組在一九八九年四月發表了一個科學分析報告，題為〈生存與發展——關於中國農村長期發展幾個問題的系統研究〉。這個報告根據大量的當前統計數據，結合過去歷史上的數據，從而認識這個落後的東方大國的國情，明確斷定當前中國的農村仍然牢固地保持著戰國時代以來小農經濟的生產方式，這個論斷是正確的。報告還指出，由於三十年來政治運動的破壞和政策的失誤，使得小農經濟轉變爲現代化經濟發生重大困難，「如果說『大躍進』、『文革』所造成的損失，可以用幾年或幾十年的時間調整過來，那麼人口政策的重大失誤，對於整個民族的災難性惡果，至少在整個二十一世紀都無法消除」（報告第十一頁）。因此作出結論，如果不再發動破壞的運動和不犯政策的失誤，這個改革至少需要一百年的時間，需要幾代人長期不懈地艱苦努力才能完成。

二　重新改寫戰國史和冶鐵史

我在一九五五年出版《戰國史》之後，接著對戰國以前西周、春秋的社會和歷史作了新的探索，又曾對戰國以後秦、漢時代加深理解，因而對這個轉變時期的戰國社會歷史有了進一步認識。到「文化大革命」的後期，從七二年起，就利用運動中的間隙爲改寫《戰國史》作準備。由於考古挖掘中不斷發現重要的新史料，如《孫子兵法》〈吳問篇〉、《孫臏兵法》、《戰國縱橫家書》、黃老學派的著作、雲夢出土的《秦律》等，我更感到有運用新史料進行深入分析的必要。等到「文化大革命」結束，想要重新認識歷史從而瞻望前途，對於這個大轉變時期的社會歷史，就更有重新認識和改寫的必要了。

中國社會歷史的發展規律不能套用歐洲的發展公式來解釋，早在兩千三、四百年前的戰國時代，中國就出現了國家規模的小農經濟生產方式，這是由於當時先進的生產工具、生產技術、新的生產力水平和特定的生產關係所決定的。

古代中國小農性質上不同於歐洲領土封建制下的農奴

早在春秋晚期中國已發明鑄鐵冶煉技術，這個發明比歐洲要早一千九百年。春秋、戰國之際中國已發明鑄鐵柔化技術，能夠製造可鍛鑄鐵（即韌性鑄鐵）工具，這個發明比西方又要早兩千多年。正是由於這兩個重要發明，使得戰國中期以後鐵製農具普遍使用於農業生產，耕作技術因而大爲進步，牛耕逐漸推廣，「深耕易耨」（《孟子》〈梁惠王上篇〉）的耕作方法普遍推行（「易耨」是指快速的耘田），開始講究土壤的改造和保養，選擇產量高的穀物品種（《史記》〈貨殖列傳〉白圭講到「長斗石，取上種」），改進施肥技術，推行一年兩熟制，使得糧食產量大爲提高。再加上水利建設不但注意旱田的排水系統，更注意水田的灌溉系統，在開鑿灌溉溝渠中（如鄭國渠），創造了沖壓、降低耕土中鹽鹼含量，從而改良土壤，保證豐收。孟子曾說「上農夫食九人……下食五人」（〈萬章下篇〉），《呂氏春秋》也說：「上田夫食九人，下田夫食五人，可以益，可以損，一人治之，十人食之，六畜皆在其中矣。」（〈上農篇〉）這就爲「五口」到「八口」之家的小農經濟創造了物質基礎。

春秋以前推行農村公社性質的井田制，各戶農民耕作「私田」（份地）一百畝維持生活，同時集體耕作「公田」（又稱籍田）用來獻納給國家，叫做「助法」或「籍法」，天子有「籍禮」用來維護這種「籍法」的執行。春秋戰國之際，由於生產力的發展，農民致力耕作「私田」，荒廢「公田」，使得執政者不得不廢除「籍法」，改爲向每戶所耕「私田」按畝徵收地稅。《春秋》三傳對於魯宣公十五年「初稅畝」的解釋是一致的，應該可信。根據新發現的《孫子兵法》〈吳問篇〉，春秋晚期晉國六卿都已分別訂定了畝制（韓氏以二〇〇步爲一畝，范氏以一六〇步爲一畝），施行按畝徵稅制，用來爭取小農的支持，這是統治者以最高土地所有者的權力，對土地和賦稅制度進行的改革。

戰國時代各國進一步制定「制土分民之律」，實行按戶授田之制。秦的《田律》和魏的《戶律》，都規定按良民的戶籍授給田宅。商鞅在秦變法，改二百四十步爲畝，一夫授田百畝（見杜佑《通典》，是有確實根據的）。李悝在魏國變法的時候，他所舉典型小農的例子，也是「一夫挾五口，治田百畝」而有「十一之稅」的。戰國時代七國的總人口不過兩千萬，除魏國人口密度較高以外，大多地廣人稀，儘可以推廣按戶授田之制。當時所以授田限於百畝，因爲正適合於一戶農民耕作的能力和維持一家生計的需要。以八口之家耕作一百畝田，每人平均十二畝半；戰國的尺度較短，畝制又不同，一百畝只相當於後世的三一·二畝，十二畝半大約相當於後世的四畝。清代洪亮吉（一七四六—一八〇九）在《意言》的〈生計篇〉中就曾指出：「率計一歲一人之食，約得四畝。」在小農經濟的生產力水平之下，每年每人用來維持生計的田地大約就是四畝之數。

這種接受國家分配的「份地」耕作而上交地稅的小農，與專制君主存在著一定的依附關係，但是性質上不同於歐洲領土封建制下的農奴，而具有自耕農的特點。他們是編入戶籍的良民，除了繳納賦稅和定期服兵役、勞役以外，生產和生活都是自主的，擁有住屋、家畜以及其他必需的財物。小農大多數是《秦律》上稱爲「士伍」（即編伍的士卒）的無爵庶民，但可以接受君主賞賜的低級爵位而成爲有爵者。如果彼此有爭奪財物或軍功的糾紛，要經過訴訟而按法律判決。《秦律》的案例中，就有對「爭牛」

（爭奪走失的牛）和「奪首」（爭奪斬得敵人首級的軍功）的判決，說明他們所有財物和所得功勳，是可以得到國家法律保障的。正因爲他們不是農奴，生產的積極性比較高，從而造成社會經濟的繁榮，使得這種小農經濟生產方式有強大的生命力得以長期留存。

戰國時代「百家爭鳴」就是站在不同立場所提出的建國方略

戰國時代各國已有佔地較多的大地主存在，秦國在實行按戶授田制的同時，也還承認個人名下所有的「名田」，但是俸祿多、收入地稅多的，養有不耕而食的「食口」衆多的，被視爲「敗農」，因而要按「食口」徵收人頭稅而加重徵發勞役，用來加以限制（見《商君書》〈墾令篇〉）。說明君主和大地主之間存在著既聯合而又矛盾的關係。

戰國時代各國中央集權的君主統治，就是穩固地建立在這個小農經濟的基礎之上。小農有五家合爲一伍的戶籍編制，法律有一人有罪而五人連坐的規定，連坐法並且實行於軍隊的行伍之中。「行伍」因而成爲君主政權對小農統治的最下層基礎，所以《秦律》中稱這種小農的身分是「士伍」。當時作爲農村基層組織的鄉、里（或稱連、閭），都是建立在這種按伍編制的戶籍基礎上。由此集合許多鄉里而建成縣，集合許多縣而建成郡，從郡到縣，從縣到鄉里，得以層層控制，按戶籍計口授田，收取地稅，徵發徭役，搜刮戶賦（人頭稅）。從此國家規模的小農經濟，成爲君主政權的經濟基礎。君主所推行的農業政策，就必須是維護和發展這種小農經濟的，強調以農業爲「本業」，農家之學（農業科學）因而興起，獎勵小農「耕戰」成爲富國強兵的主要措施。

當時這種國家規模的小農經濟，由於廣大的小農生產積極性較高，使用著先進的生產工具和技術，使得農業生產大增，成爲社會繁榮的根本原因。不但各種小手工業是適應小農生產的需要而發展起來，大手工業如鹽鐵業同樣是適應廣大小農的需要而成長的。商業也是從小農出售多餘農產品、買進生活必需品的基礎上發展起來的。由於手工業和商業的大發展，商業城市開始興起，民間的科學文化也得到發展，出現了「百家爭鳴」的思潮。所謂「百家爭鳴」，實際上就是站在不同立場上，爲發展這種國家規模小農經濟所提出的不同建國方略。例如墨子的所有主張，都是爲了解決小農「飢」、「寒」、「勞」的「三患」和達到「國家之富」、「人民之衆」和「刑政之治」的目的。當時科學、文化也因廣大人民的需要而發生了本質的變化，得到了重大的發展。醫學方面，由於民間醫學的進步，出現了名醫扁鵲等人，這時中國傳統醫學的經絡學說正在形成中，針灸已經成爲一種主要療法，氣功療法也已開創。

我的新版《戰國史》，就是在上述認識的基礎上改寫的。但是這時「文化大革命」剛結束，心有餘悸，對於中國社會歷史特殊的發展規律不敢暢所欲言，仍然採用從奴隸制轉變爲封建制的一般公式來解說。這部新版《戰國史》，著重闡釋春秋戰國間農業生產、手工業和商品經濟的發展，從而引起社會制度的變革，各國先後推行變法運動，建成中央集權的國家機構並創立其重要制度，於是出現七強並立的形勢，各國乃展開合縱連橫運動和兼併戰爭，最後由秦完成統一。同時文化上出現「百家爭鳴」，科學與文學藝術、民間娛樂活動和武藝、體育鍛鍊等都有著新的開展，史學也有新發展，古文獻得到編輯整理。新版《戰國史》的篇幅比舊作幾乎增加一倍，於一九七九年元旦完成，翌年七月由上海人民出版社出版。

中國冶鐵技術的發展「後來居上」

過去我們探討東方和西方文化的不同，著重於精神文明的差別，其實物質文明更有重大的不同。在十六世紀以前，中國在科學技術上長期處於世界的領先地位，十六世紀以後的三、四百年中，科學技術就日益落後於西方了。從一九七九年起到八〇年冬天，我接著從事中國冶鐵技術發展史的寫作。我急於寫成一部新的冶鐵史，主要有兩個原因。

一是，當五十年代中期我開始從事這方面探討的時候，這個研究領域還是一塊荒地。當我最初發表對這個課題的探索成果時，曾呼籲史學和考古工作者對此加以重視，並希望研究冶金的學者多加協助。經過二十多年各領域學者的共同努力，這個課題的研究取得了重大進展，整個中國歷史上煉鐵和鑄造技術、煉鋼和鍛造技術的發展歷程，以及鐵製農具歷次改革經過，基本已經探索清楚，因此我覺得應該依據考古資料以及科學化驗結果，結合長期流傳土法煉鐵、煉鋼的調查研究以及古代文獻，作出綜合性的系統分析。

其次，中國冶鐵技術有著獨特的發展道路，與西方的冶鐵史根本不同。西方冶鐵技術發明很早，遠在公元前十四世紀埃及、兩河流域、愛琴海等地已使用鍛鐵製成的工具，然而發展非常緩慢，直到十四世紀才發明和推廣鑄鐵（生鐵）冶煉技術，使用鑄鐵製成的器具。中國發明冶鐵技術較遲，目前考古發掘中出土最早鐵器是西周後期的，但是中國冶鐵技術的發展「後來居上」，早在公元前六世紀的春秋晚期已能冶鑄白口生鐵，用來鑄造鐵器，到公元前五世紀的春秋戰國之際已發明鑄鐵柔化技術，製造可鍛鑄鐵工具，因而使得農業上很快廣泛使用鐵製農具。戰國、秦、漢時代可鍛鑄鐵農具的發展和推廣，是中國歷史上農用鐵具的第一次重大改革。

中國煉鋼技術的發展也有著獨特的途徑。春秋晚期已經用鍛鐵（熟鐵）作原料，採用「滲碳製鋼」的技術來煉製鋼材；到公元前一世紀的西漢後期，創造了用生鐵炒煉成熟鐵或鋼的新技術，從此生鐵成爲煉鋼的主要原料。到晉代和南北朝時期，又開創了獨特的「灌鋼」冶煉技術，兼用生鐵和熟鐵兩種原料一起加熱，讓先熔的生鐵液作爲「滲碳劑」，灌注到疏鬆的熟鐵空隙之中，使熟鐵含碳量升高而成爲鋼材，從此鋼刃的熟鐵農具逐漸推廣。到唐、宋以後，鍛造的鋼刃熟鐵的重農具代替了小型薄壁的可鍛鑄鐵農具，成爲中國歷史上鐵製農具的第二次重大改革。至少到明代中期（十五、十六世紀之間），在「灌鋼」冶煉法的基礎上發明了「蘇鋼」冶煉法，同時發明「生鐵淋口」技術，用熔化的生鐵液，淋在熟鐵農具的刃口上，使成爲鋼刃，方法簡便，從此長期流傳民間應用，成爲鐵製農具的第三次改革。作爲生產力重要因素的科學技術，中國有著和西方不同的發展歷程，冶鐵技術發展史是個很典型的例子。

中國冶鐵技術的發明和發展，雖然有著獨特的歷史，但是基本的發展規律還是相同的。我曾經根據春秋晚期和春秋、戰國之際冶鐵技術已發展到較高水平，推定「固體還原法」（即「塊煉法」，高溫只達攝氏一千度的原始冶鐵法）的發明，當在西周中期以後。後來看到考古報導，一九九〇年在河南三門峽市上村嶺西周虢國墓葬中，出土了鑲有美玉及綠松石的銅柄鐵劍，經北京科技大學冶金史教研室的鑒定，這是以「固體還原法」煉成的熟鐵塊鍛製成的，證明西周後期已發明「固體還原法」的冶鐵技術。八二年十月，我的《中國古代冶鐵技術發展史》一書也交由上海人民出版社印行。

爲了進一步探明春秋戰國之際社會經濟變革的性質以及經濟、政治和文化上各方面變革的歷程，我在復旦大學歷史系中國古代史教研組，曾主持《戰國會要》一書的集體編輯工作。這是把比較廣泛而散漫的戰國時代史料，作了分門別類的搜集、排比和整編工作。編輯體例方面，按照新的研究需要，對原有的「會要」體例作了革新，增加了經濟和文化部分。我退休以後，這項工作仍舊繼續進行，到一九九〇年編輯完成，送交上海古籍出版社準備出版（預計二〇〇五年出版）。

三　都城制度史、陵寢制度史的著作和兩次到日本訪問講學

中國近年來社會科學領域裡最有成績的，當推考古學。各地考古工作者對大量古代遺址和墓葬進行了發掘和調查研究，所出土的大批重要文物，爲我們研究文化歷史提供了新的實物資料。其中歷代都城遺址和歷代帝王陵寢遺址的考古調查或發掘，成績尤爲顯著。歷代都城布局結構及其各種設施的發展變化，關係到整個政治、經濟、文化歷史的發展變化，因此無論探討政治史、經濟史和文化史都必須重視這個都城制度史的研究。歷代陵寢的建設是按照宮廷格局設計的，又是按照當時體制的需要而規劃的，所有建築和陳設反映了當時建築技術和藝術的水平，又是探討文化史、建築史和

藝術史的重要課題。

目前有些都城遺址已建成博物館，如先秦齊國都城臨淄遺址等；許多歷代帝王陵園都已設有管理和考古調查機構，並且對外開放，作爲參觀遊覽的場所，這對於保護文物和展開研究都是有利的。我爲了進一步推動這方面的考古調查和深入研究，開始結合遺跡、遺物和文獻以及考古中的新發現，對歷代都城制度和陵寢制度作系統的探索。在探索研究的過程中，正好日本學術界掀起鑽研這方面課題的熱潮；由於日本古代都城制度和陵寢制深受中國文化的影響，爲此我曾兩次應邀前往日本訪問講學，發表我對這方面的學術見解，進行學術上的交流。

一件中日文化學術交流史上的創舉

我向來重視兼採各派學說的長處，也很注意國際間學術文化的交流，特別是中國和日本學者之間的交流，因爲兩國同屬東方文化體系，日本學者熟悉中國古代文化的特點，因而他們的成就往往超過西方漢學家。我在上海博物館館長的任上，經常接待前來訪外賓，首次和日本學者交談，就是五七年四月接待日本考古學家原田淑人（一八八五—一九七四）率領的考古學代表團一行九人；這是戰後日本首次前來訪問的學術界代表團。當時兩國邦交尚未恢復，兩國之間還沒有直接的空中交通，他們是從香港經廣州、杭州來到上海，要對中國考古工作作全面的考察，很引起當局的重視。我以上海博物館館長身分參與迎接，並且接待他們參觀了這個新創辦的博物館陳列室。他們回國之後，出版了一本《中國考古之旅》（每日新聞社，一九五七），其中講到了我，從此經常收到日本學者寄贈的著作。

五十年代最早和我通信的日本學者，是中國農業史專家天野元之助（追手門大學名譽教授，一九〇一—八〇）。因爲上海博物館藏有幾件殷周青銅農具，引起了他的重視，特爲來信詢問。此後就經常通信，直到他患病去世爲止。遺憾的是，他兩次訪問中國，預先來信約定見面，都沒有見到。第一次正當「文化大革命」開始的時候，當他到達上海，我接到通知時，行動已失去自由；第二次正當「文化大革命」結束不久，因我家庭發生變故，暫時躲藏在朋友家中，他的來信我沒有及時看到。

「文化大革命」結束之後，我首先見到的日本學者是歷史學家西嶋定生（一九一九—九八）教授，他於七六年十二月參與東京大學第一次訪華代表團來到上海。此後他多次前來訪問，八〇年六月來訪那次，承蒙他邀請我前往日本講學，發表關於中國墳丘墓如何發生、發展變化及其特徵的見解。我欣然接受，也希望藉此機會去探望天野元之助，因爲他正在病中；不料尙未成行，八月間他忽而病故了。二十多年來時常通信論學的舊友，眼看就要有第一次會面的機會，竟然驟爾天人永隔。

我於八一年二月十二日前往日本，十四、十五兩天與中國社科院考古研究所四名學者一起參加了「探索日中古代文化接點」的學術研討會；十七日在東京大學東洋文化研究所作了「中國古代陵寢制度的起源及其演變」的演講，前來聽講的有十多所大學和研究單位的研究人員六十多人。接著我又應邀到大阪大學作了一次學術演講，講的是戰國史研究中的問題。這次訪問前後兩個星期，曾到東京、京都、大阪、奈良、鎌倉等地，參觀了許多名勝古跡和考古遺址，還曾走訪東京國立博物館和東洋文庫等文化機構。承蒙西嶋教授的好意，預先約定，待我回國把講稿整理補充後，即寄到日本，準備譯成日文出版，經過協商，書名定爲《中國皇帝陵的起源和變遷》。這書在西嶋教授指導下，由其愛弟子尾形勇教授和太田侑子小姐譯成日文，於當年十一月由日本專門出版考古書的學生社出版。這樣以未刊的講稿先譯成日文在日本出版，日本學者認爲是中日文化學術交流中的創舉。

接著太田侑子小姐前來上海復旦大學留學，在我的指導下，從事中國考古學的研究。八二年四月爲了進行教學實習，我和青年教師劉根良以及日本留學生太田侑子、高木智見一行四人，前往西安、洛陽、鞏縣等地，有計畫、有系統地去調查研究歷代帝王陵墓的遺跡，曾寫成〈秦漢陵墓考察〉、〈秦始皇陵園布局結構的探討〉等文。後來我把〈中國皇帝陵的起源與變遷〉作爲上篇，繼續寫成的〈關於古代陵寢制度若干問題的探討〉作爲中篇，〈古代陵寢和陵園布局的研究〉作爲下篇，合稱《中國古代陵寢制度史研究》，於八五年三月由上海古籍出版社出版。

唐宋之際「開放式」都城制度逐漸取代「封閉式」都城制度

我第二次訪問日本，是由於接到了準備在八三年八、九月間在日本召開的第三十一屆亞洲北非人文科學會議的邀請。其中第一部會專門討論都城的歷史，由貝塚茂樹（一九〇四—八七）教授主持，具體工作由其愛弟子伊藤道治（一九二五— ）教授負責。我在八三年年初接到邀請，就著手準備我的發言稿。四、五月間我乘帶領三位研究生進行教學實習的方便，考察歷代重要都城遺址（曲阜、淄博、邯鄲、安陽、新鄭、鄭州、洛陽、西安、咸陽、寶雞、鳳翔等地），承蒙各地考古和文物保管單位熱忱招待，並引導到現場作具體說明。與此同時，在一路考察過程中，我又接受各地大學歷史系和博物館的邀請，作過多次有關都城制度史的專題演講。經過這次比較有系統而又深入的考察，使得我對文獻和考古資料在研究上得到進一步的結合，對於整個都城制度發展變化過程有了深一層的理解。同年六、七兩個月，我就專心寫作，從先秦一直寫到唐代，完成了「封閉式」的都城制度發展歷史的探討，共約十萬字。但是這次國際學術會議的第一部會，同時要討論亞洲、北非各國的都城史，討論中國都城史只有一天時間，有不少人要發言，我爲此根據已寫成的初稿，濃縮成約五千字的發言提綱，題目是「先秦、秦漢之際都城布局的發展變化和禮制的關係」。

我於八月二十九日到達日本東京，當討論中國都城史的這天，我被安排第一個發言，前來聽講的專家學者十分踴躍，正是濟濟一堂。可惜印發的發言稿只有五千字，沒有能夠把問題說清楚，不少人希望看到我新見解的全貌。承蒙西嶋定生和尾形勇兩位教授的好意，組織翻譯我已寫成的《中國都城的起源與發展》一書，作爲已經翻譯出版的《中國皇帝陵的起源與變遷》的姊妹篇。這次訪問爲期九天，全由高木智見君作爲我的導引和翻譯。原來高木君的老師谷川道雄（一九二五—）教授，想要找我在首次訪問日本期間到京都大學作學術演講，沒能找到機會，因此這次要我路經京都時前往；我到京都大學人文科學研究所作了商代都城制度的演講。接著我再次訪問奈良，仔細參觀了平城京的考古發掘遺址。

因爲拙作《中國都城的起源與發展》引用大量古文獻，給翻譯工作帶來許多麻煩，再加

▲作者與西嶋定生教授合影於復旦大學歷史系校舍前（一九七九年九月二十一日攝）

▲七十年代與同事、友人攝於上海市虹口區山陰路132弄九號（原施高塔路130號）魯迅故居

八十年代初期
考察全國各地歷代都城
帝王陵寢遺跡沿途留影

作者攝於八十年代 ▼ ▶

▲八十年代初與其他學者同遊雲南省石林彝族自治縣於石林留影

▲在「中國古代陵寢制度的起源及其演變」的演講會上留影
旁坐者為擔任現場翻譯的津田塾大學兒野道子講師

▲在東京大學東洋文化研究所演講會後，由西嶋定生（左一）、尾形勇（左二）
兩教授陪同前往井上光貞教授（右一）別莊餐敘

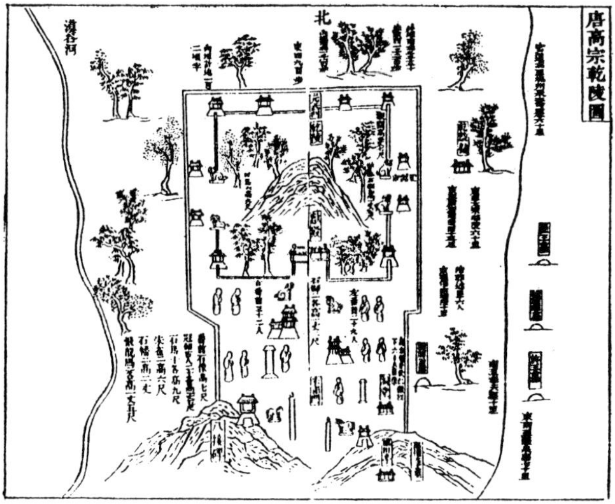

▲《中國皇帝陵的起源和變遷》插圖：《長安圖志》所載「唐高宗乾陵圖」

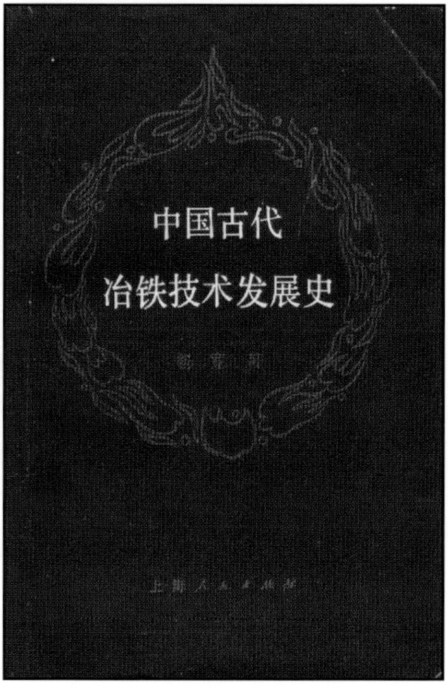

▶《中國古代冶鐵技術發展史》封面
（上海人民出版社，一九八二）

▲一九八三年九月第二次訪日，在第三十一屆亞洲北非人文科學會議上發表「中國都城的起源與發展」論文

▶ 在日本主辦單位的歡迎宴上講話，由曾經留學復旦大學的高木智見氏口譯；左坐者為西嶋定生教授

▶《中國古代都城制度史研究》
書中所載北宋末年東京（開封）
主要行市分布圖

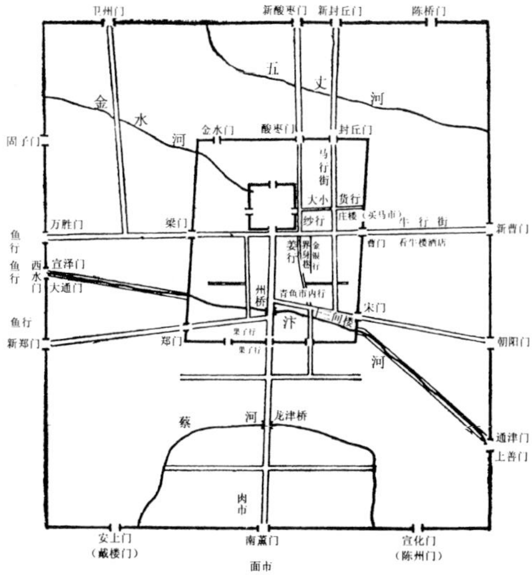

▲《中國都城的起源與發展》
（日本）學生社

▶ 第二次訪日在京都留影

▲一九八七年八月西嶋定生教授趁赴美參加歷史學會議之便，特地飛往邁阿密拜望作者

▶ 陳荷靜醫師執業照，時年六十六

作者退休後於北美靜養生活留影
（時年八十三）

加拿大觀瀑

沙灘漫步

打太極拳

松林靜坐

動物園騎象

一九八六年六月二十一日上午接受天主教聖洗過程留影
時年七十二（付洗主禮神父Fr. Francisco Perez-Lerena）

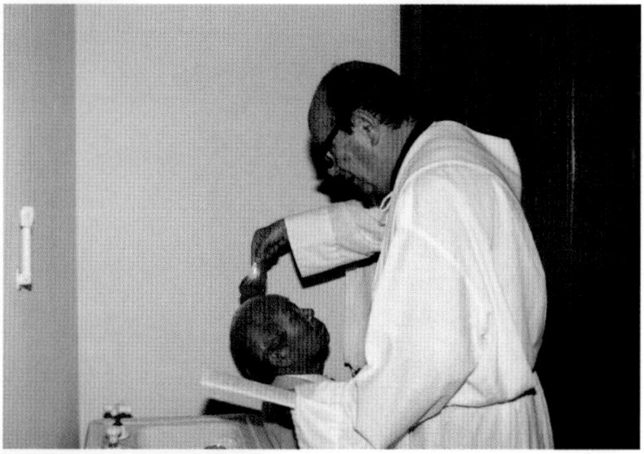

▲一九八六年六月二十二日在另一座聖堂領受第一次聖體；初領聖體禮畢，與彌撒主禮神父Enrique San Pedro S.J.在聖堂門口留影

▲於教堂禮拜默禱

▶作者與原上海徐家匯聖依納爵大堂主任神父蔡石方神父（一九〇七－一九九七）合影。蔡神父在一九五一年上海主教、神父、修女大逮捕時被捕，繫獄三十年，一九八九年赴美，在紐約為中國教友服務。九三年蔡神父到邁阿密看望作者夫婦，停留了八天，講了許多寶貴教理。

上我不斷發現新資料，又寄去補充的〈追記〉和插圖，這個日本翻譯本要一直到八七年十一月才由學生社出版。

從整個中國都城制度發展的歷史來看，可以分爲前後兩大階段，從先秦到唐代是「封閉式」都城制度時期，「郭」中居民所住的「坊里」和集中貿易的「市」，門戶早晚定時開閉，夜間不准通行。從北宋到明清是「開放式」都城制度時期。由於社會經濟的發展，全國性市場的形成，各種行業商人聯合組織的所謂「行」或「市」的成長，同時由於城市人口的急劇增長，生活必需品的需要日益增加，使得都城中交通方便的沿河近橋地區和城門口內外，出現許多新的日用商品的「行市」，逐漸形成以新「行市」爲中心的街市，或以酒樓、茶坊爲中心的街市，終於代替了舊有「封閉式」的集中貿易的「市」，由此「開放式」的都城制逐漸代替「封閉式」的都城制度。唐宋之際都城制度有一個逐漸轉變的過程。

我在完成探討「封閉式」都城制度的發展過程之後，緊接著就探討從「封閉式」逐漸轉變爲「開放式」的過程，接著又系統地探索了宋、元以後「開放式」都城制度的發展及其與經濟文化發展的關係。宋、元以後的都城基址，至今還在延續使用，今天的城市建設往往就壓在宋、元、明的基地之上，因而不便開展全面考古調查和發掘工作，目前所得的考古資料有很大的局限性。幸而宋、元以來編輯「地方志」的風氣逐漸流行，同時記述都市景象的筆記較多，文獻資料遠比唐以前豐富，我們不但可以比照今天的遺跡，畫出相對位置比較準確的各種示意圖，還可以進行各方面綜合和分析的研究，從而闡明宋代以後都城制度整個發展過程及其推動政治、經濟和文化發展的作用。因此

〈宋代以後都城制度的變遷及其重要設施〉內容比較龐大，一共寫了二十五萬字。現在我把〈中國都城的起源與發展〉作爲上篇，把〈宋代以後都城制度的變遷及其重要設施〉作爲下篇，合稱《中國古代都城制度史研究》，共有插圖九十幅，於九三年由上海古籍出版社印行。

四　來到美國以後的觀感

我在一九八四年五月應美國這裡的大學邀請，前來作短期的講學。與此同時，我就向上海復旦大學申請退休，移居到邁阿密海濱休養和治療。按照中國新的規定，年滿七十的教授應該退休，加上我患有慢性病，需要療養，因而得到主管批准，並發給「光榮退休」的證書。邁阿密終年氣候溫暖，原是美國人退休以後休養和避寒的勝地。自從「文化大革命」後期，經歷兒子、媳婦們對我無數次的衝擊，使我身心受到極大的創傷，精神上總感到不能安寧，在上海已無法安居。我的妻子已應邀在美國一所醫院擔任醫師，因工作成績優異，醫院爲她申辦了永久居住證，因而我連帶地獲得永久居住證。我的妻子負擔我的全部生活，並悉心照顧我的健康。

我的妻子陳荷靜醫師，在一九五七年經過衛生局考試，執業中醫內科兼針灸科；六四年衛生局開始頒發中醫師執照，她領得內科兼針灸科執照。她受聘來美國行醫，當時是此地醫院中唯一使用針灸治療並取得合法執照的醫師，專治轉診而來的多年藥物不能治好的疑難雜症，取得了卓越的療效，受到此地各種專科醫師的讚許，因而經常推薦病人前來治療。她是一位虔誠的天主教教友，在少女時期因在共產黨控制下不能進入苦修院進修改而攻讀醫科，獻身醫療事業，並悉心從事研究，向來有把中國特有的醫學推廣到世界從而造福人類的志願，因而不斷把歷年來累積的治療經驗和心得記錄下來。來到美國後，多年來在治病之餘，更努力於各種常見流行病症治療方法的研究，陸續寫成英文的論文，發表在《美國針灸雜誌》（*American Journal of Acupuncture*）上，承蒙該雜誌主編看重，每次發表都放在第一篇。

北京中醫研究院的陳可冀醫師在他的美國考察之行後，發表了〈美國中醫藥界鳥瞰〉（《中西醫結合雜誌》一九八八年第三期）一文，上面提到：「目前在美國執針灸業和以中醫藥治病者，基本上視此爲謀生手段，從事有關方面研究項目者絕少。」情況確實如此，中國人在美開業做針灸師的人數不少，在《美國針灸雜誌》上發表有價值論文的卻極少。爲此，陳荷靜醫師更感到有發表這方面長篇研究論文的必要。已經發表的三篇論文，分別專門探討針灸治療偏頭痛、坐骨神經痛和頸椎病（刊於《美國針灸雜誌》十七卷四期、十八卷四期和十九卷三期）。接著她又從事於針灸治療腦血管疾病（Cerebrovascular disease）和緊張症（Stress Syndrome）的研究和寫作。

一九九五年，內子將她在美國收集的一千多冊有關她專業的中、英、日文醫書，全數捐贈華盛頓美國國會圖書館。

計畫經濟不講究工作效率而講究人際關係

我在休養中也還挪出些時間進行未完成的研究，如中國都城制度史的探索、西周史的探討等。美國大學或有邀請我擔任教職的，也有邀約我短期講學的，爲了避免勞累，都辭謝了。只有一九八九年寒假前，因許倬雲（一九三〇—）教授的熱忱邀請，專程到匹茨堡（Pittsburgh）大學歷史系作過一次學術演講，得以有機會和那裡的華裔教授們歡敘和暢談，並且見到了許多中國留學生，他們都十分關心祖國的前途。

許多從中國大陸移居到美國的人，第一個深刻印象，就是美國市場上物資非常豐富，附近超級市場上供應的食品和生活用品十分充沛，要什麼有什麼，雞和雞蛋以及各種蔬菜都不貴。同時華僑在這裡經營的商店，所供應的南北貨等各色物品，同樣是琳琅滿目，三十多年來在中國大陸很難看到的食品，在這裡可以隨手買到。回顧過去中國大陸上物資短缺、人民生活困難的情景，就感到十分難過。同時在美國電視中，經常可以看到舊體制下蘇聯和東歐等「社會主義國家」的相關報導，發現他們幾乎都是同樣過著窮困的生活；莫斯科居民排著長隊在食品店外等候購買，而食品店內的貨架上卻是空空的，甚至一個硬麵包也要排隊等候多時才能買到。在國家「計畫經濟」的支配下，用津貼、補助等辦法來控制物價，因爲物資供應不足，採用平均地定量分配的辦法來保證人民過著勉強溫飽的生活，弄得勞動者缺乏生產的積極性，以致生產下降，造成物資更加不足，這樣的惡性循環，使得整個國民經濟陷入了困境。

來到美國以後，第二個深刻印象，就是美國青年富於自立和開創新事業的雄心壯志。出身貧寒的青年固然要奮發圖強，謀求上進，改變自己貧寒的處境；即使富裕家庭中成長的青年，也以自立和開創自己的新事業作爲奮鬥的目標。我們經常可以看到，許多年輕的大學生，爲了自立和自給，在平時或暑假中當飯店和旅館的侍應生、加油站工人、幼兒保姆、臨時雇工。大學畢業進入社會以後，就以旺盛的工作熱情，努力從事自己所選擇的工作和事業，從而謀求創立小家庭，積累自己的財富。不少從中國大陸來的留學生和訪問學者，受到這種「自立自強」精神的感化，就在美國一面努力工作，一面奮發從事學習和研究，很快取得了卓越的成就。

回顧過去蘇聯、東歐和中國大陸的青年教育成長的情況，就大不相同，大多數缺乏這種自立上進和奮發圖強的精神。曾經擔任《紐約時報》駐莫斯科分社主任的赫德里克·史密斯（Hedrick Smith, 1933-　），一九九〇年年底發表《新俄羅斯人》（*The New Russians*）一書，其中有一章專門描寫當時俄羅斯人的特性，認為蘇聯長期實行平均分配制度，使得青年俱有依賴政府的特性。一套政府配給的三間臥室的大公寓，每月租金只是兩、三天的工資收入；蘇聯政府全年對食物津貼的支出，多達一千五百五十億美元。由於這種便宜的住屋和食物分配制度，使得人們在生活上養成依賴政府的習慣。青年人從大學畢業後，由政府分配工作，通常一輩子從事這項工作，很少變動，不講究工作效率而講究人際關係，養成了根深柢固的懶散習性，而且瀰漫著一股欺瞞上級的風氣。在各加盟共和國內，基層單位都競相虛報生產數字。假公濟私、佔小便宜是蘇聯普遍可見的現象，黑市交易市場上就有大量貪汚盜竊得來的貨物。由於以上種種弊病，使得當時蘇聯的主政者要從「計畫經濟」改變為「市場經濟」。

中國大陸在長達一個世代的「計畫經濟」階段，情況和蘇聯差不多。青年在大學畢業以後，要服從政府的統一分配，一經分配，從此就成為所分配單位的工作人員，要服從單位領導分配的具體工作，通常就成為終身的職業，不可能另作選擇。要提升職位主要依靠領導的賞識和較好的人際關係，否則工作做得再好也沒有用。如果與本單位領導發生矛盾，不但不能提升職位，甚至在政治運動中可能被作爲批判鬥爭的對象。因此多數青年成爲馴服而被動的工作者，習於逃避責任而缺乏創造力和主動積極的精神，根本談不上工作效率。

來到美國以後，第三個深刻印象，就是教育的普及，人民文化水平的普遍提高，這與經濟和政治的現代化有密切關係。具有高等科學技術水平的各種製造業，知識不足和缺乏技術訓練的人就難以勝任。美國法律規定，所有兒童必須接受小學和中學十二年的義務教育，全國有八萬多所小學和三萬多所中學，其中五分之四是公立的，五分之一是私立的。我們每天可以看到，清早有黃色大巴士把學生接到學校，下午放學時又送回家裡。公立中小學不但不收學費，連書籍文具都免費供給。私立中小學大多數是教會創辦的，要收學費，但是老師的教學管理比較認眞，因而學生的素質也較爲優秀。中小學教師的待遇是不差的，因而能夠安心教學，作爲終身職業。

美國民衆也重視教育的機會，高級中學往往還設有成人補習的課程，包括新移民的英語學習課程，分成各種不同程度的班級，都是不收學費的。同時不論種族區別，不管年齡性別，不問宗教信仰，人人都可自由選擇大學，接受高等教育和從事學術研究。美國的高等教育有個特點，是從教會人士創辦的私立大學發展起來的，現在有大學三千多所，其中半數還是私立的，大學生中約有三分之一在私立大學中就讀。私立大學中有不少創辦很早，例如哈佛大學（Harvard University）創辦於一六三六年，直到現在還是聲望最高的學府。近一百多年來由於州政府的致力於高等教育事業，許多院系齊全的州立大學，已經與美國東部著名的私立大學並駕齊驅了。美國的高等教育富於活力，強調學術的自由討論，鼓勵作精深的鑽研，重視學術研究的成果。學生學位的取得，教師職位的提升，主要看學術論文所代表的學術水平。一所大學聲望的高低，除了設備和師資以外，研究成果和學術論文也是評比的重要標準。

直到二十世紀九十年代初期爲止，中國大陸文化教育仍然十分落後，特別是經過歷次大規模政治運動的破壞，文盲和半文盲是世界上最多的，中小學教育的質量不高，大學教育的規模還太小，全國大學生如果按人口比例，只有美國的三十分之一。美國大學男女生的比例大體相當，而在中國大學生中，女生只佔百分之三，說明中國的婦女教育更是落後。

墨子早就看到法治必須建立在民主基礎上才能眞正貫徹

在美國第四個深刻印象，就是社會上和政治上都貫徹法治的精神，這對於維持公正的社會秩序和政治設施起著重要作用。美國人普遍認爲法律和規章是保障基本人權的，如果發生任何侵犯個人權益的糾紛，都必須訴諸法院解決。美國人不怕訴訟，如果權益受到別人的侵害，就起而據理力爭；如果因爲上司或官員不公正而受到損害，也要依法要求賠償。因爲大小糾紛都必須依法解決，訴訟的案件繁多，社會上以律師爲職業的人就很多，有錢的人可以聘請有才能的律師代爲辯護，當然比窮人更能覓求法律的保障。法官爲了公正作出判決，也還要組織陪審團參與法庭的辯論和審訊。每個案件的審訊是公開的，都必須預先發出定期審判的公告，任何人都可隨時到法庭旁聽。我爲了瞭解審判案件的一般情況，曾主動多次到法院參加旁聽和學習。

中國向來不講究法治，訴訟的案件往往有權有勢的人容易得勝，因而一般人很怕訴訟；來到美國的中國人仍然很怕訴訟，甚至在美很久的華裔高級知識分子多半還是怕訴訟。有些華僑受人欺侮也不敢聲張，甚至被強盜搶了也不敢報案，害怕強盜報復。

美國是個法治的國家。聯邦政府和州政府都採用行政、立法、司法三權分立和民主、共和兩黨競爭的政治制度，爲的是便於相互監督和牽制，相互展開批評和競爭，用以防止行政官員違法亂紀、結黨營私，從而貫徹法治的公正精神。正因爲三權分立和兩黨競爭，總統也不能大權獨攬和獨斷獨行，前總統尼克森就因「水門案件」涉及違法而被迫辭職。美國行政官員之所以較少貪污和濫權，除了上述兩個主要因素以外，更重要的還是憲法所提倡並保障的言論自由，使得包括報紙和分布全國的無線、有線電視網等新聞媒介，可以代表廣大民意，起著監視政府依法行政和揭發弊端的作用；「民主」是靠民營的新聞媒介來體現的。大小官員的犯罪一經揭發，很可能政治生命就此告終。讓我記憶猶新的是曾在電視中看到連任十多年的首都華盛頓市市長，因生活腐化甚至吸毒終被揭發，儘管這位市長向來很有權勢，最後還是依法判罪。

美國這種法治精神的基本出發點，就是一七七六年「美國獨立宣言」所說的「追求幸福是人的天賦權利」，法治就是要用國家制定的法律，來保障這種神聖不可侵犯的「天賦權利」。每個公民可以依法保障自己的權利，同時不能侵犯別人的權利，從而維護整個國家的權利。

「法治」必須建立在「民主」基礎上，才能眞正的貫徹執行，這是十分重要的。關於這點，戰國時代初期的墨子早就看到。八九年六月上旬美國賓州愛丁堡大學（Edinboro University）教授李紹崑應邀到天津南開大學作「墨學十講」的學術演講，中文講稿於九〇年十一月在台北出版（水牛出版社），承蒙他邀約我爲這部新著寫序。我寫了一篇五千字的序文，讚許他認爲墨子的中心思想是「天志」；墨子主張根據出於「天志」的「法儀」來治理天下，具有「法治」的精神。

我認爲，墨子所說出於「天志」的「法儀」，就是神聖不可侵犯的人類社會共同的公正法則，出於天意的大公無私、兼愛兼利和光明遍照。墨子這種天賦「法儀」的政治主張，和十七、八世紀歐洲思想家所提倡的「天賦人權」的主張是類似的。墨子主張根據「兼相愛而交相利」的公正法則，解決人民吃不飽、穿不暖和勞苦不得休息的「三患」，從而達到「國家之富」、「人民之衆」和「刑政之治」的「三務」。墨子認爲所有當政者必須「尙同於天」，就是統一奉行這個天賦的公正法則，同時要廣泛聽取群衆的意見，明白群衆的是非標準，做到所謂「上下情通」，才能賞罰分明，貫徹法治的公正原則，否則就不能達到除暴安良的目的。墨子這種「上下情通」的法治主張，很有現實的意義。如果實行專制獨裁的「法治」，法律和法院只能成爲鎭壓迫害人民的工具。

第五個深刻印象，就是美國人從小就受到「回饋社會」思想的教育，在學校裡重視爲社區做義務工作；學生考大學，必須附上做義工的時間和接受義工單位對學生的評語。退休者做義工更是普遍，每個人充滿自信，熱誠地貢獻自己的時間，服從義工單位「上司」安排的工作，快樂地為社區盡一己之力。我曾看到一份統計報告，上面說美國是全世界國民平均捐款額最大的國家，也是從事義工人數最多的國家。這就是中國人說的「有錢出錢，有力出力」的典型寫照，大家齊心合力將自己的國家建設得更好。

來到美國以後，第六個深刻印象，就是社會上和經濟上仍然存在著不少難以解決的問題，使得許多人民的日常生活感到不安定。而且經濟經常出現周期性的衰退，聯邦政府債台高築，對外貿易赤字驚人，整個國家暗藏著不可忽視的危機。尤其各大城市中出現各種令人不安的社會問題，例如因失業和貧困而無家可歸的街頭遊民很多；儘管美國政府有救濟或補助弱勢族群的社會福利制度，但仍然隨處可見衣衫襤褸的遊民成群結隊在大街上求乞為生，數量有增無減。其次，因為生活腐化、生命失去目標，造成各大城市中吸毒的人口很多，特別令人痛心的是這裡面多數是青少年；注射毒品也造成了愛滋病（ＡＩＤＳ）的蔓延。儘管警方加強取締，公私慈善團體設有幫助吸毒者戒毒的機構，但是收效不大；而且為了滿足毒癮，不少吸毒者往往成為破壞治安的罪犯。犯罪率的不斷增加，也具體反應了令人不安的現實。

應該看到，這個號稱世界上最富強的國家，也已經患著相當嚴重的病症，如果不能及早調整補救，前途還是令人擔憂的。

再版後記

一九九三年我的自傳《歷史激流中的動盪和曲折》由時報文化出版公司出版，不久消息在大陸傳開，北京、上海幾個大學的歷史系獲得了我的自傳；由於數量不多，彼此傳閱，有幾位朋友甚至來信要求贈閱。有幾位知交信中說：我讀過您的自傳了，一種會心的默契活躍於紙上，大家很感興趣，對我是極大的鼓舞。

二○○二年春天上海有一家出版社，託人轉信來，要我一份「委託書」，給這家出版社印行簡體字版，乍聽之下有機會出版簡體字版自傳，於是寫信去詢問出版事宜，很快得該社的回信，並附來了自傳中好多原文，一條條，一行行字句，要我授權該出版社刪除這些對大陸當局敏感部份。信上結尾說：希望楊先生能理解大陸上的出版社有難言的苦衷。

我憑我的良知，我不能答應他們刪除、出版簡體字本自傳，此議就此擱淺。

我的新舊著作，包括著作集、論文集，近年都有計畫地集中在上海人民出版社整編印行。一九八二年上海古籍出版社影印重出全套《古史辨》，我早年力作《中國上古史導論》就收在《古史辨》第七冊中；二○○四年九月我請上海人民出版社待《古史辨》中止出版權之後，即將我的《中國上古史導論》列入專題史系列叢書中重新出版。自是我的學術論著將全部出齊。既然一個出生於上海青浦縣，半個世紀在上海工作的人所寫的自傳，不可能原版原汁原味在大陸出簡體字本自傳，歲月不饒人，今年我已經九十一歲。我在這本自傳上增加了些篇幅，這是我終身耕耘之中，晚年的一本作品，再三考慮，我決定在台灣出增修版自傳。

我的一生中有半個世紀住在上海，移居美國是萬不得已的事；並非「得此樂，不思蜀」，不作歸計。除了避免兒子們對我繼續糾纏不休外，能夠保持學者的名節和保持我的天主教信仰以終天年，而且將自己所寫的學術著作完成順利出版，於願已足，深自慶幸，別無他想。

最近我在二〇〇四年十一月十三日《世界日報》副刊上看到專欄作家劉典復寫的一篇短文說「一本大陸出版的通俗歷史書，該書對於重大歷史事件，都有言簡意賅的描述，但讀到中國現代史時，卻發現該書遺漏了很多重要歷史。『六四』不見了，這個我不感到奇怪……最讓我驚訝的，是連『文化大革命』也失了蹤」，對一件政府當局已有定論的浩劫，卻普遍有著淡化甚或掩藏的傾向，他擔心若干年後，大陸新生代也許連「文革」是什麼都不知道了。我深有同感。

生活好了就忘記過去的痛，好像古教中梅瑟聖人領導人民逃出埃及，跨越紅海，進入福地，很多人即忘了過去的教訓，盡情吃喝玩樂。這也是讓我感到將《自傳》改版重出有著迫切需要的原因。過去的慘痛回憶，只要還有人記得，就不會灰飛湮滅，不會被改寫，不會被後人懷疑為虛構。

◆

今天我執筆寫這篇再版「後記」，必須補充一九九三年版「後記」中沒有寫出的一段——我的生命中最重要的一點轉捩點，我心中充滿了感激之情。長達十年內心的歉疚，終於《自傳》再版了，讓我有機會加以補充，因為當我八十歲發表初版《自傳》時，裡面沒有寫出我生命中極爲重要的一頁。我是一個歷史學家，由於家庭、所受的教育、工作環境、社會的壓力，我是一個一無所知的無神論者。在五十餘年各處書肆中收購了近萬冊書中，沒有一本是涉及宗教的，於我而言，「宗教」是個「盲點」。

七十歲我移居美國大西洋邁阿密海濱，早晨在海灘上打太極拳，夕陽西下在河畔散步、餵海鷗、餵金魚，在大自然壯麗寧靜的美景中心境舒暢，心底深處在逐漸甦醒，原來觀看「人生」是朦朦朧朧，卻慢慢開朗起來。我要尋求「人生」的眞義……

天主奇妙的安排、引導我，內心的催迫讓我去尋求祂，我開始虛心學習，潛心研究天主教的道理，並且閱讀了各種宗教的書籍，互相參考。在潛心研究和祈求讓我尋求得到一個眞正宗教信仰後，終於辨別認出了天主教會是一個正統教會，她具有四個標記：㈠在天主教會中，信理是一，禮儀是一，治理是一，這是『至一』的標記；㈡在天主教內，列品聖人非常多，而且有許多尋求聖德的團體存在，這是『至聖』的標記；㈢天主教會普及各地，這是衆所周知的，是『至公』的標記；並且㈣她是從宗徒傳下來的。

一九八六年，也就是我七十二歲那年的六月二十一日上午十時，在邁阿密一座建於百年之前的大教堂裡面一座聖母小堂，一位耶穌會本堂神父方濟各·培瑞茲—樂倫納神父（Fr. Francisco Perez-Lerena）給我付洗。翌日早晨八時在另一座大堂裡，也是耶穌會的伯多祿神父（Fr. San Pedro）爲我行奉獻彌撒，給我領受第一次聖體。

我原來是無神論者，轉變成爲一個羅馬天主教教友，心中充滿平安神樂，凡途經一座天主教聖堂，我必進聖堂祈禱片刻；每一個星期日到聖堂望彌撒，恭領聖體。

在美國生活二十年，我看到周遭認識、不認識的人們中，不乏受高等教育的科技工作人員，他們在尖端科學領域裡從事研究，但同時把自己的信仰放在首位。美國人通常是忙碌的，週末日程表安排得滿滿的，但是每個星期日上午是全家人一定參與宗教儀式、崇拜上帝的時間，不能改變。

我們每次出外旅遊，總要去參觀當地的天主教堂。每一座教堂，星期一到星期五都有早晨七、八時一次或兩次舉行彌撒，星期六下午五時半和星期日早晨到中午差不多有五次舉行彌撒；不管大小各座天主教堂裡每一次參與彌撒的人們都是滿座，後來者只能站在後面。近年來尤其「九一一」災難之後，美國各處更是常常舉行大型集體祈禱，場內人山人海。

我感覺到這是人心所嚮，一顆心不趨向天主（或稱上帝、造物主）不能得到平安。因此自古至今產生了無數的宗教名目，然無非是尋求天主而已。不過他們直接沒有尋找到天主，沒有聽到天主教的教理。而天主對我是格外恩惠，竟讓我在我古稀之年聽到了天主喚呼的聲音，讓我找到了天主。我深信我的心靈擁有天主將直到最後的晚年，越過死亡，進入天堂，永遠讚頌。

至於十多年前所寫的《自傳》中，爲什麼我不將這一段我已經受洗成爲天主教教友的事實寫出來呢？當時我有太多的憂慮：十幾年前大陸出版事業管制得很緊，我尚有系列著作等待上海人民出版社陸續出版，如《西周史》、《戰國史》、《戰國史料編年輯證》、《古史論文選集》、《中國古代陵寢制度史研究》、《中國古代都城制度史研究》等，我擔心我會因爲信仰天主的關係影響出版。現在，感謝天主寬恕我，連最後一本《中國冶鐵技術發展史》亦已重版，完成了我一生著作的出版，讓我可以輕快地於新版《自傳》中補寫進去這段因緣。這是天主對我最大的恩惠，讓我能夠在此自訟罪愆。

楊寬　於主後二〇〇五年

〈附錄〉一九九三年版後記

我這本回憶錄的出版，首先要感謝的，是日本史學界前輩西嶋定生教授，他在一九八九年三月間建議我寫一本自傳，由他主持組織翻譯成日文出版，這樣的隆情厚誼，對我是個極大的鼓勵，我因而欣然接受這個邀約而開始寫作了。可是因爲我原來的筆記和有關資料都沒有能夠保存下來，感到兩手空空，而頭緒紛繁，寫作的進度很慢。承蒙許多朋友熱心幫助和指教，有的提供意見，有的還幫助我找尋可以用作回憶的線索的資料。

香港的政治評論家、英文《中國新聞分析》(*China News Analysis*)周刊主編勞達一(Laszlo Ladanyi, 1914-90)，我不曾與他見過一面，承蒙他百忙之中熱心幫我找資料。例如我需要嚴家其夫婦所著《中國文革十年史》(一九八六年香港大公報社出版)，作爲回憶「文革」中經歷的線索，當時香港已買不到，是他立即從朋友手中轉讓得一部而寄送給我的，我對此非常感激。深爲悲痛的是，他已於一九九〇年逝世，不能再向他請教了。

我在回憶錄中，曾用較多篇幅敍述我在內憂外患中的經歷，特別是五十年代以來被捲進政治運動中的經歷，尤其是在「十年浩劫」的「文化大革命」中的經歷，目的就在根據我自己切身的體會來分析此中極慘痛的歷史教訓。現在已經到了大家必須認眞地、全面地總結和吸取此中慘痛的歷史教訓的時候了。「十年浩劫」造成了社會的大動亂，文化的大破壞，經濟的大崩潰和風紀的大墮落，使整個大陸到了非變革不能生存和發展的境地，十多年來的「改革開放」就是因此而開始的，就是在這個前所未有的困境與危機中起步的。但是「十年浩劫」不是突然發生的，這是長期在政治、經濟、文化各個方面推行錯誤路線與政策，和不斷發動打擊、傷害人的群衆運動的結果，這是大家有目共睹的。只有認眞地、全面地總結分析此中慘痛的歷史教訓，從而制定相應的改革方針和政策，才能從根本上擺脫困境和危機，走上現代化的繁榮發展的道路。

中共理論家胡喬木在一九八九年三、四月間訪問美國之際，作過一個分析檢討錯誤的演講，題爲「中國爲什麼犯廿年的左傾錯誤?」；後來這篇講稿發表在人民出版社出版的《學習》雜誌一九九二年第一期上。他指出，目前中共領導認爲從一九五八年「大躍進」運動開始，直到「文革」結束之後的一九七八年，犯了二十年左傾的錯誤。他分析所以會長期犯錯誤的原因，是由於毛澤東相信群衆運動是萬能的武器，因而發動連續三年的「大躍進」，結果吃夠了苦頭，還相信經濟建設離不開階級鬥爭，因而主張「抓革命促生產」，同時追求著平均主義，企圖把農村烏托邦化，因而經濟政策主要目標，由發展生產力一變而爲純粹生產關係，提倡「高度革命化」。再加上脫離實際，脫離群衆，個人專斷，提倡個人崇拜，因而嚴重錯誤發生而長期不能制止，造成了二十年經濟的動盪和停滯。這個檢討，著重分析了所推行的經濟政策的嚴重錯誤，也還指出了病根所在，卻沒有從政治和文化上檢討所推行政策的嚴重錯誤。從一九七九年以來，十多年「改革開放」只限於經濟方面，看來與這樣的認識和檢討分不開的。正由於吸取了過去推行錯誤的經濟政策的歷史教訓，十多年來的經濟改革是很有成效的，不但國民生產總值的增長速度高，還促進了經濟發展的多元化，特別是鄉鎮企業的發展迅速，市場經濟大爲活躍，地方經濟也大有成長。但是整個政治和文化的體制，沒有相應地進行改革。由此可見，大家一起依據切身的機會，認眞地、全面地總結分析五十年代以來歷次政治運動中慘痛的歷史教訓，在當前還是十分必要的。

我從青年時代起，就懷著創建一個代表中國優秀傳統文化的博物館和闡明古代燦爛文化歷史的殷切願望，長期在經歷內憂外患的過程中，在捲進五十年代以來的歷次政治運動中，依然堅持著這個殷切願望，儘可能多方設法而爲此努力；面對這種傷害人、打擊人的運動，就不得不採取應付的辦法。我感到內心安慰的是，在我負責主持上海博物館工作的十年時間內，在政治運動中沒有傷害人，特別是反右派鬥爭中，十分之一的知識分子被劃進右派，上海博物館中雖然也掀起了軒然大波，弄得有人跳樓自殺而未死，一百幾十個知識分子終於沒有一個被打成右派，保全了所有獻身於這個專門事業的專家學者以及各種業務工作上的人才，這在當時所有較大的文化教育機構中是非常難得的

回憶過去在上海從事博物館事業的經過，深深地感到，志同道合，群策群力，是克服困難、取得成就的一個關鍵。抗日戰爭勝利之後上海市博物館的恢復工作，五十年代新的上海博物館的創建工作，都是這樣。最近看到上海研究中心主編的《上海七〇〇年（一二九一—一九九一）》一書（一九九一年上海人民出版社出版），其中〈文化篇〉論述上海的圖書館和博物館，特別講到：「上海市博物館在抗戰勝利後，另選北四川路橫濱橋一所日本小學舊址的二樓暫充館舍，由歷史考古家楊寬主持負責，先後

設置石器青銅器、陶瓷器和明器三個陳列室，還出版了《文物周刊》一百十多期，並對松江戚家墩遺址進行過爲期三月的考古發掘，這是上海歷史上第一次考古發掘，在當時的艱苦混亂的局面下，還能靜心下來作出如此成績，委實不易。在上海解放前夕的一九四八年，上海市博物館在上海海關扣住了大批骨董商運往美國紐約的貴重文物，一直堅持到上海解放，使這批珍貴文物回到人民手裡，這可算是該館對新中國的第一份獻禮。」（見該書第三四三頁）。現在看來，這些成績是不大的，這是全體工作人員志同道合、群策群力的結果。「獻禮」是時勢所決定的。我們要在上海創建一個代表祖國傳統的優秀文化的博物館，是大家共有的心願，是大家共同奮鬥的一個目標。這種獻身於祖國文化事業的精神，後來在五十年代創建新的上海博物館的過程中，就得到了進一步發揚光大。

六十年代以後，我雖然被迫而離開了上海博物館，但是對這個博物館事業還是很關心的。在一九八二年十月上海博物館慶祝建館三十周年的大會上，我曾經呼籲重視博物館事業專門人才的培養，認爲博物館必須有大批專家主持負責，才能使這個事業發揚光大。值得慶幸的，隨著改革開放政策的推行，這個海內外享有盛譽的上海博物館得到了重視，館內長期從事研究的專家也發揮了重大作用。當決定任命青銅器專家馬承源教授爲新館長，徵求各方意見而要我寫一份推薦書的時候，我就感到萬分高興，上海博物館將要進一步發展了。果然不出所料，在一九九二年十月上海博物館慶祝建館四十周年的大會上，馬承源館長宣布將在上海市中心的人民廣場南側興建現代化的新館，占地二公頃，建築面積三萬七千平方米，年初動工。這正是我們長期熱烈所想望的一個奮鬥目標。(編按：上海博物館新館於一九九六年十月十二日落成啓用。)

位於人民廣場南側的上海博物館新館—林欣論提供

由於五十年代以來不斷地被捲進政治運動中，我一生中最好的時光和精力被損耗了，原有闡明中國燦爛文化的歷史傳統的志願就沒有能夠全部完成。這不僅是我一個人如此，所有大陸上的學者都是如此，因此理沒了許許多多的人才，這是中華民族文化發展上一個不能補救的大損失。有些朋友當面向我指出，認爲我所發表的歷史著作，還算是比較有系統的研究成果的，還算是比較數量多的，能夠在這樣艱苦困難的環境中做出，已經算是難得的了。的確，我的一些著作是在運動的間隙中寫成的，有些是在一面應付運動、一面隱蔽地從事研究寫作的。我的新版《戰國史》的補訂、改寫工作，是從一九七二年開始的，是斷斷續續地在「文革」的風波中進行的，常常是送走一個緊張又混亂的白天，當夜深人靜時，才看書執筆而做筆記，有時也在白天應付運動之餘，偷偷地看書寫作。因此到一九七八年能夠出版新版《戰國史》的時候，我就能用幾個月的時間完成全部修補工作，到一九八〇年就出版了篇幅比初版增加一倍的新版《戰國史》。《中國古代冶鐵技術發展史》的系統研究，同樣是採取了這一辦法，因而能夠在一九八一年寫成，到一九八二年出版。這兩本書是在學術界曾發生較大影響的。《中國古代冶鐵技術發展史》這部書，不僅在一九八六年九月得到「上海市哲學社會科學著作獎」，而且在一九八九年十一月得到「首屆全國科技史優秀圖書榮譽獎」。

關於《戰國史》的資料方面，由於復旦大學歷史系古代史組同事們的共同努力，《戰國會要》這部巨著已經編成，將由上海古籍出版社出版。還有我的《戰國史料編年輯證》一書，也已訂計畫準備修補完成。我原來曾經打算寫的《西周史稿》，至今沒有寫成，目前只發表了一些論文。

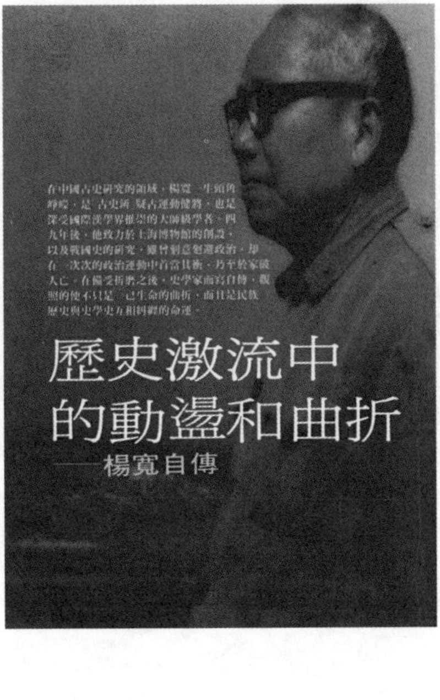

一九九三年版自傳書影（時報文化出版公司）

我在八十年代新展開的兩項研究工作，關於古代陵寢制度方面，已發表有《中國皇帝陵的起源與變遷》的日本譯本與《中國古代陵寢制度史研究》的中文本。關於歷代都城制度方面，已發表有《中國都城的起源與發展》的日文譯本，《中國古代都城制度史研究》的中文本預定一九九三年出版。

特別感到高興的是，我的妻子陳荷靜，應聘在美國此地一所最大醫院中任醫師，在使用針灸治療疑難雜症很有成效的同時，連續用英文發表了多篇研究針灸治療方法的長篇論文，引起了許多國家針灸界以外的醫學專家們的重視，許多來信認爲這是把中國傳統的針灸引入現代醫學的道路。她在最近寫成的一篇長文，題爲〈中風和腦血管病的針灸特效療法〉，將連續刊登於《美國針灸雜誌》一九九三年的二十一卷，二、三、四期。其中特別介紹了自己幾十年來治療經驗中所發現的、對預防與治療腦血管病和緊張病有特效的穴位，並且著重指出特效是由於這些穴位的經絡通入大腦的緣故，從此可見原來經絡學說中所說：頭部中央系統的經絡和眼睛周圍的經絡（即所謂「目系」）通入大腦，是確實有根據的。這是原來經絡學說中很重要的部分，長期以來被忽略的。

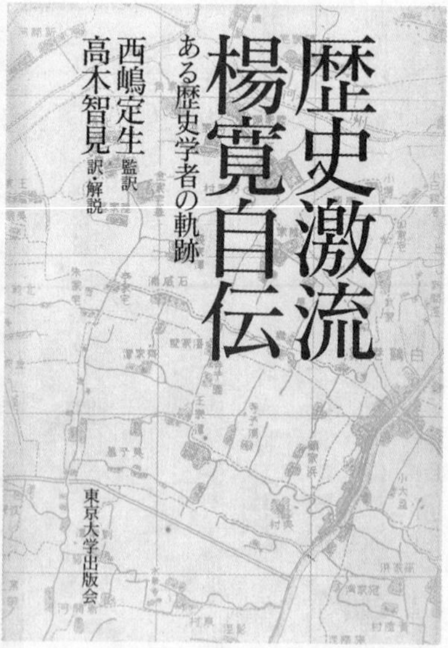

日文版自傳書影（東京大學出版會，一九九五）

我爲了從事中國古代燦爛的傳統文化歷史的研究，歷年來曾搜集保藏許多圖書，原擬等到晚年待我的研究工作告一段落，全部無價地捐獻給公衆的圖書館，以供衆覽。十分幸運，所藏圖書在「文革」時期未被抄走，只是因爲家庭發生變故，部分圖書被我大兒子乘我到北京開會之際劫走了。現在我已把我在上海雁蕩路寓所的藏書，全部捐獻給上海圖書館。一九九一年八月，我先把明清刻本古書以及學術著作一千二百四十六種、五千六百十一冊捐獻了。一九九二年七月，我再把善本古籍二十八種四百零八冊捐獻了。其中重要的有元刻本《山堂先生群書考索》前集、後集、續集、別集（六十四冊）、明刻本《風俗通義》、《河防一覽榷》、《丹鉛總錄》、《宣和博古圖錄》、《兩漢博聞》、《白孔六帖》、《藝文類聚》、《初學記》等，清代嘉慶年間張海鵬據宋本校刊的《太平御覽》（二百零二冊，此書木版刻成後印刷不多，即遇火災，因而傳本稀罕）、光緒年間黃以周晚年硃筆圈點批校本人著作《禮書通故》定本（三十二冊）、清刻本《四蟲備覽》（四冊）。承蒙上海圖書館發給獎狀兩張。

當這部回憶錄出版之際，我要特別感謝好友王孝廉教授的關心和幫助。他曾提供有關日本史學界早期對中國古代神話傳說大辯論的意見與資料，還曾多次來信關懷寫作的進展情況，並熱情地推薦出版。我更要感謝主持出版的吳繼文先生，承蒙細心審閱原稿，熱情加以幫助，使得這部著作能夠如此迅速而完美地與讀者相見。

楊寬

一九九三年二月。時年八十。

楊寬 生平重要著述略年表

西元	年齡	生平	著述
一九一四	一	二月二十五日（陰曆一月十二日）出生於上海市青浦縣白鶴江鎮，父諱公衡（字宰阿），母諱素漢	
一九一七	四	妹畹蘭生	
一九一九	六	秋，入鶴溪小學，爲新式學堂，校長爲大伯父公權	
一九二〇	七	大弟容生	
一九二二	九	父親在名醫何子祥指導下學習中醫內科有成，回白鶴江鎮掛牌行醫	
一九二三	一〇	故鄉新居落成；小弟密生	
一九二四	一一	因「齊盧戰爭」全家逃至上海，家中財物被土匪洗劫一空	
一九二六	一三	夏，考上省立蘇州第一師範 購得孫詒讓《墨子閒詁》（上海掃葉山房石印本），爲第一部全部通讀的古書	
一九二七	一四	蘇州師範與省立第二中學合併，稱爲蘇州中學	

一九二八	一五	除了逛舊書店，也喜歡上拉京胡	
一九二九	一六	直升蘇州中學高中部師範科，常聽錢穆演講	
一九三〇	一九	寫成第一篇學術文章「墨經校勘研究」投寄〈燕京學報〉，主編容庚回信謂準備採用，但被接任的主編顧頡剛壓著沒發表	
一九三一	二〇	「墨學分期研究」投寄〈學衡〉雜誌，主編為吳宓，到三三年七月才發表 參加蘇州學生前往南京向政府請願抗日運動	
一九三二	一九	七月，自蘇州中學師範科畢業，考進上海私立光華大學中國文學系 「墨學非本於印度辨」成為第一篇在學術刊物上發表的文章	「墨學非本於印度辨」〈大陸〉一卷六期
一九三三	二〇	連續發表七篇墨學論文，但研究重點已經轉到古史傳說研究 丁母憂	「墨經宇宙論考釋」〈大陸〉一卷七期；「禹治水傳說之推測古史傳說方面　」〈民俗〉一一六、一一七、一一八合併號；「墨學分期研究」〈學衡〉七九期；「盤古傳說試探」〈光華大學半月刊〉二卷二期等共八篇
一九三四	二一	三四、三五兩年在蔣維喬指導下，與沈延國、趙善詒等從事《呂氏春秋》校勘和注釋工作	「名家言釋義」〈光華大學半月刊〉二卷八、九期
一九三五	二二	冬，與鄭師許一起主編《大美晚報》的〈歷史	「呂氏春秋佚文輯校」章氏國學會〈制言〉三（與蔣維

			喬、沈延國、趙善詒等共著）；「今月令考」（制言）七；「逸周書篇目考」（光華大學半月刊）四卷六期；「略論鯀禹之神話傳說」上海大美晚報（歷史周刊）八等共九篇
一九三六	二三	四月任上海市博物館（市中心地區江灣）藝術部研究幹事（至次年八月）；七月自上海光華大學中國文學系畢業	「略論五帝傳說」（歷史周刊）一五；「略論共工與鯀之傳說」（歷史周刊）一六；「尺度之起源」（歷史周刊）二五；「略論黃帝傳說」（歷史周刊）二六；「從康有爲說到顧頡剛」（歷史周刊）二九；「逸周書著作年代考證」（歷史周刊）五四（與沈延國合寫）等共三十五篇
一九三七	二四	元旦，上海市博物館開幕；不久返鄉結婚 九月任廣東省立勷勤大學（廣西梧州）教育學院文史系講師（至次年八月）；寫成《中國上古史導論》作爲中國上古史課程講義 妹畹蘭難產去世 長男楊善群出生	《呂氏春秋彙校》上海中華書局（與蔣維喬、沈延國、趙善詒等共著）「說虞」、「說夏」禹貢學會（禹貢）七卷六、七期；「逸周書與尚書關係考論」（歷史周刊）六七等共十一篇
一九三八	二五	夏，辭勷勤大學職，從海道經香港回到上海，在湘姚補習學校任歷史教師，爲期一年 大弟容病逝	《中國歷代尺度考》長沙商務印書館
一九三九	二六	八月任光華大學歷史系副教授（至一九四一年十二月），同時在正風（後改名「誠明」）文學院兼課	「鯀、共工與玄冥、馮夷」、「丹朱、驩兜與朱明、祝融」（說文月刊）
一九四〇	二七	四月與黃素封同赴蘇北游擊區江蘇文化社從事	三皇傳說之起源及其演變」（學術）三；「序〈古史辨〉第

		抗日宣傳工作，十二月底返上海	七冊因論古史傳說中之鳥獸神話」〈學術〉四
一九四一	二八	二月與童書業再赴蘇北工作至四月 開始從事戰國史研究，編輯戰國史料	《中國上古史導論》上海開明書店（收於〈古史辨〉第七冊上編）「伯益考」齊魯大學國學研究所〈齊魯學報〉一；「月令考」〈齊魯學報〉二；「中國圖騰文化的探討」〈政治月刊〉二卷二期；「讀『禪讓傳說起於墨家考』」、「上呂師誠之書」〈古史辨〉第七冊下編等共八篇
一九四二	二九	太平洋戰爭爆發，上海淪陷於日本，一月起攜妻兒潛居青浦縣白鶴江鎮撰寫《戰國史料編年輯證》（至一九四五年十月）	《墨經哲學》上海正中書局
一九四四	三一	次子楊義群出生	
一九四五	三二	十月至十二月任上海鴻英圖書館史料部主任	
一九四六	三三	一月任上海市博物館館長（虹口區橫濱橋，至一九四九年五月），並兼任光華大學歷史系教授（至一九五一年一月）	「楚懷王滅越設郡江東考」上海益世報〈史苑週刊〉四；「戰國時代的郡制」〈史苑〉一〇；「齊湣王滅宋考」〈史苑〉一五；「酌酒的羽觴」上海市博物館〈文物周刊〉一；「驫羌鐘的製作年代」〈文物週刊〉四；「吳越伐魏考」上海東南日報〈文史周刊〉一；「樂毅破齊考」〈文史〉二四等共十七篇
一九四七	三四	元旦起上海市博物館舉辦上海抗戰文獻展覽會 九月起以「上海市博物館研究室」名義主編上海《中央日報》的〈文物週刊〉（至一九四九年	《墨經哲學》北京圖書出版社影印重刊　「公孫衍張儀縱橫考」〈史苑〉二二；「論洛陽金村古墓答唐蘭先生」〈文物周刊〉三〇；「論長沙楚墓的年代」〈文物周刊〉五〇；

		三、四月間），爲中國第一份文物期刊	「綜論漢代尺度」〈文物周刊〉五二等共十六篇。另有〈史苑〉所載六篇發表年月不詳
一九四八	三五	到上海關查扣非法出口十七大箱近千件珍貴文物，包括著名青銅器「犧尊」，受到恐嚇	「六博考」〈文物周刊〉七〇；「唐大小尺考」〈文物周刊〉一〇一；「韓滅鄭考」〈文史〉七五；「秦失河西考」〈文史〉九六等共十篇
一九四九	三六	六月任上海市歷史博物館館長（上海市博物館改稱，至一九五一年一月）	「魏滅中山考」〈文史〉一二三；「三晉伐齊入長城考」〈文史〉一二五等共五篇
一九五一	三八	一月博物館與華東文化部文物處合辦太平天國百年展 三男楊師群出生 十一月任上海市文物保管委員會秘書長，主導新上海博物館創館事宜（至次年十一月）；上海開展「三反五反」運動，受到重點清查	「一六四五年嘉定人民的抗清鬥爭」〈歷史教學〉二卷二期（後收入《明清史論叢》，湖北人民出版社，一九五七）
一九五二	三九	十一月任上海博物館館長（至一九六〇年一月） 十二月上海博物館在南京西路原跑馬廳大樓開幕	「戰國時代社會性質的討論」〈文史哲〉一卷五期（後收入《中國古代史分期問題討論集》，三聯書店，一九五七）
一九五三	四〇	一月起兼任上海復旦大學歷史系教授（至一九五六年八月），主講「春秋戰國史」、「先秦史料學」	「戰國時代中央集權制封建國家的形成」〈歷史教學〉五三年十期
一九五四	四一	開始探索中國古代冶鐵技術發展史	「論春秋戰國間社會的變革」〈文史哲〉五四年三期；「戰

		夏，利用一個月休假，完成《戰國史》寫作	國時代的冶鐵手工業」〈新建設〉五四年六期；「春秋戰國間封建的軍事組織和戰爭的變化」〈歷史教學〉五四年四期等共五篇
一九五五	四二	「肅清胡風反革命集團」運動	《戰國史》上海人民出版社 《中國歷代尺度考》北京商務印書館增訂版 《商鞅變法》上海人民出版社 「中國古代冶鐵鼓風爐和水力冶鐵鼓風爐的發明」、「戰國時代的水利工程技術」三聯書店（收於《中國科學技術發明和科學技術人物論集》）；「試論中國古代冶鐵技術的發明和發展」〈文史哲〉五五年二期；「古代四川的井鹽生產」〈科學大眾〉五五年八期等共六篇
一九五六	四三	參與籌設中國科學院上海歷史研究所工作	《秦始皇》上海人民出版社 《中國古代冶鐵技術的發明和發展》上海人民出版社 「論南北朝時期煉鋼技術上的重要發明」〈歷史研究〉五六年四期
一九五七	四四	一月起兼任上海社科院歷史研究所籌備委員，負責創設該院歷史研究所事宜（至一九六〇年一月） 陪沈從文在「鳴放」座談會旁聽 「大鳴大放」變調爲反右派鬥爭，博物館所有工作停頓	「論西周時代的農業生產」〈學術月刊〉五七年二期；「關於西周農業生產工具和生產技術的討論」〈歷史研究〉五七年十期；「論秦始皇」三聯書店（收於《中國歷史人物論集》）
一九五八	四五	五、六月間成爲「萬人檢查團」一員到工廠主	「堅持『厚今薄古』發展歷史科學」〈文匯報〉四月一四日

		持「生產大躍進」運動 八、九月間「大煉鋼鐵」運動開始，被調到煉鋼指揮部工作	「關於左傳『取人於萑苻之澤』的辨解」《學術》五八年三期
一九五九	四六	經濟大崩潰，「三年困難時期」開始，全面性歉收、飢荒，五九—六一年全國非正常死亡人口超過一千五百萬 十二月參加修訂《辭海》工作	《墨經哲學》台灣正中書局重印 「秦始皇功大於罪」上海《解放日報》四月十日；「試論中國古代的井田制度和村社組織」《學術》五九年六期；「論《太平經》」《學術》五九年九期；「黃巾起義與曹操起十月上海博物館遷至河南路上的中匯大廈家」《文匯報》七月四日（後收入《曹操論集》，三聯書店，一九六〇）等共六篇
一九六〇	四七	一月辭上海博物館館長職，任上海社會科學院歷史研究所副所長（至一九七〇年五月） 五月因修訂《辭海》工作罹患神經衰弱症，嚴重失眠，被送到杭州屏風山療養院治療（至十一月）	《中國土法冶鐵煉鋼技術發展簡史》上海人民出版社 「論西周時代的奴隸制生產關係」《學術》六〇年九期；「中國農民戰爭中革命思想的作用及其與宗教的關係」《學術》六〇年七期（後收入《中國封建社會農民戰爭問題討論集》，三聯書店，一九六二）；「漫談歷史劇如何反映歷史眞實的問題」《上海戲劇》六〇年十二期等共八篇
一九六一	四八	冬，到西安、蘭州、成都、武漢等地大學向歷史系教授徵求修改《辭海》古代史條目的意見 三年大飢荒期間因營養不良患浮腫病	「白蓮教經卷」《文匯報》三月十日；「試論白蓮教的特點」《光明日報》三月一五日、《史學雙周刊》二〇七號；「戰國時代的『百家爭鳴』」上海《解放日報》八月二二日等共七篇
一九六二	四九	展開對古禮的新探索 健康情況極差，患肺氣腫、支氣管炎，咳血，	「我國古代大學的特點及其起源」《學術》六二年八期；「冠禮新探」《中華文史論叢》第一輯；「後期墨家的世界觀

		走路氣喘，決心戒煙	及其與名家的爭論」〈文史〉第一輯
一九六三	五〇	三月，全國展開學習雷鋒運動	「大蒐禮新探」〈學術〉六三年三月；「鄉飲酒禮和饗禮新探」《中華文史論叢》第四輯；「釋『臣』和『鬲』」〈考古〉六三年十二期
一九六四	五一	被指派代表上海歷史學界撰文批評羅爾剛、周谷城	「贄見禮新探」《中華文史論叢》第五輯；「論西周金文中『六𠂤』和『八𠂤』和鄉遂制度的關係」〈考古〉六四年八期；「評周谷城先生的生存競爭歷史觀」〈文匯報〉十一月二一日；「評羅爾綱先生的李秀成苦肉緩兵計」〈文匯報〉等共五篇
一九六五	五二	夏秋之間作爲工作隊員下鄉主持農村四清運動，住在人民公社（爲時五個月） 十一月，對掀起「文革」序幕的姚文元〈評新編歷史劇《海瑞罷官》〉一文提出五點修改意見 主導歷史研究所編著《古本竹書紀年輯證》一書基本完成	《古史新探》北京中華書局 「論李巖」〈文匯報〉六月三〇日；「再論西周金文中『六𠂤』和『八𠂤』的性質」〈考古〉六五年十期
一九六六	五三	三月，毛澤東宣佈要發動「文化大革命」 大規模政治運動風雨欲來，將《春秋史》講義全部燒毀 因批評姚文元被大字報揭發，成爲牛鬼蛇神關進「牛棚」隔離審查（共兩年六個月） 九月，摯友陳夢家因不堪暴力羞辱批鬥而自殺 全國大學停止招生（至一九七八年）	「評吳晗同志所謂『自己批評』」〈文匯報〉三月四日

一九六七	五四	老父親因受迫害病逝，無法回家料理後事	
一九六八	五五	被當作「反動權威」進行大批判 十一月，隨歷史研究所工作人員一起下放奉賢「五七幹校」勞改（爲期一年半），神經衰弱症復發，支氣管炎亦常發作	《中國歷代尺度考》台灣商務印書館重印
一九七〇	五七	五月借調到復旦大學歷史系，在歷史地理研究室參與編繪《中國歷代地圖集》工作（從此在復旦大學歷史系任職至一九八六年八月退休）	
一九七一	五八	三月《中國歷代地圖集》先秦部份編繪工作基本完成，轉而參與標點《宋史》工作	
一九七二	五九	八月在文匯報發表文章和郭沫若商榷關於中國古史分期問題，成爲十一年「文革」期間全國唯一的一次學術討論 秋，「批孔」運動展開 開始利用運動間隙，爲重寫《戰國史》作準備	『自上而下變革說』的商榷——關於中國古代史分期問題的討論」〈文匯報〉八月九日；「孔子是造反派還是保守派」〈文匯報〉九月二六日
一九七三	六〇	三月，鄧小平復出	《商鞅變法》上海人民出版社再版
一九七四	六一	七至八月在北京參加法家著作注釋工作會議	「韓非法治理論的進步作用」〈文匯報〉五月一五日
一九七五	六二	八月江青發起評《水滸傳》運動，影射攻擊周恩來、鄧小平	「馬王堆帛書『戰國策』的史料價值」〈文物〉七五年二期；「論戰國時代齊國復辟的歷史教訓」〈歷史研究〉七五

			年二期；「墨經選注——關於自然觀部份」〈自然辯證法〉七五年三期等共六篇
一九七六	六三	周恩來去世，發生天安門「四五」事件 七月，元配病逝 七月二十八日唐山大地震 九月，毛澤東去世 十月六日逮捕「四人幫」，「文革」結束 發生家變，長子、次子夫婦相繼鬧事，盜走財物；與次子脫離父子關係	
一九七七	六四	年初赴北京參加古代度量衡器學術討論會兩週，回到上海發現重要圖書兩千多冊遭長子搬走；與長子脫離父子關係 寄居朋友處，患胃竇炎，支氣管炎常發作 七月，與陳荷靜醫師締婚，暫住陳家 三子與大媳婦採取暴力行動，八十多歲老岳父被監禁十二天，幾至鬧出人命；與三子脫離父子關係	
一九七八	六五	大學恢復招生 獲准出新版《戰國史》，以短時間完成修訂工作	
一九七九	六六	開始從事中國冶鐵技術發展史寫作（至八〇年冬）	「呂不韋和『呂氏春秋』新評」〈復旦學報〉七九年五期

一九八〇	六七	十月，陳醫師應聘赴美執業	《戰國史》上海人民出版社增訂版 「論秦漢的分封制」〈中華文史論叢〉八〇年一期；「我國歷史上鐵農具的改革及其作用」〈歷史研究〉八〇年五期；「曾國之謎試探」〈復旦學報〉八〇年三期（與錢林書合寫） 共四篇
一九八一	六八	二月，前往日本訪問講學，歷時兩週	《中國皇帝陵の起源と變遷》（日本）學生社 「中國古代陵寢制度的起源及其演變」〈復旦學報〉八一年五期；「西周時代的楚國」〈江漢論壇〉八一年五期；「春秋時代楚國縣制的性質問題」〈中國史研究〉八一年四期
一九八二	六九	四月與劉根良、太田侑子、高木智見到西安、洛陽、鞏縣等地考察歷代帝王陵墓遺址 重回雁蕩路寓所居住 十月，參加上海博物館三十周年館慶	《中國冶鐵技術發展史》上海人民出版社 《中國上古史導論》（收於〈古史辨〉第七冊上編）上海古籍出版社影印重刊 「先秦墓上建築和陵寢制度」〈文物〉八二年一期；「戰國秦漢的監察和視察制度」〈社會科學戰線〉八二年二期；「釋青川秦牘的田畝制度」〈文物〉八二年七期；「秦始皇陵園布局結構的探討」〈《秦俑館開館三年文集》所收〉；「秦漢陵墓考察」〈復旦學報〉八二年六期（與劉根良、太田侑子、高木智見合寫）；「博物館瑣憶」〈《上海掌故》所收，上海文化出版社〉等共十二篇
一九八三	七〇	四、五月間與研究生前往曲阜、淄博、邯鄲、安陽、新鄭、鄭州、洛陽、西安、咸陽、寶雞、鳳翔等地考察歷代重要都城遺址 八月底二度赴日，參加第三十一屆國際亞洲、	「中國陵墓制度的變遷」〈安陽師專學報〉八三年一、二期 「釋何尊銘文兼論周開國年代」〈文物〉八三年六期；「雲夢秦簡所反映的土地制度和農業政策」〈上海博物館集刊〉二期；「先秦墓上建築問題的再探討」〈考古〉八三年七期

		北非人文科學會議 《戰國史》到本年爲止印量共達到五萬七千冊（平裝四萬七千冊，精裝一萬冊）	「西周初期東都成周的建設及其政治作用」〈歷史教育問題〉八三年四期；'The Relationship Between the Developing Changes of the Layout of Capital Cities and Ritual in the Pre-Qin and Qin-Han Periods'（〈國際亞洲、北非人文科學會議研究發表要旨〉Ⅰ）共六篇
一九八四	七一	五月，應邀到美國講學，申請從復旦大學退休，前往美國邁阿密海濱長住，在陳醫師照顧下安心靜養，專事寫作	「商代的別都制度」〈復旦學報〉八四年一期；「西周中央政權機構剖析」〈歷史研究〉八四年一期；「西漢長安佈局結構的探討」〈文博〉八四年一期；「西周王朝公卿的官爵制度」（《西周史研究》所收，人文雜誌編輯部編）等共五篇
一九八五	七二	中國社科院研究生陳漢平在〈自學〉雜誌捏造剽竊冤案	《中國古代陵寢制度史研究》上海古籍出版社 「如何加強中國文化史研究」〈中國文化研究集刊〉第一輯
一九八六	七三	駁正陳漢平的文章在〈自學〉刊出 九月，《中國冶鐵技術發展史》得到「上海市哲學社會科學著作獎」	「爲什麼要如此毀謗」〈自學〉八六年二期
一九八七	七四	九月，寫成「對陳漢平捏造冤案進行惡毒毀謗的申訴」和「陳漢平捏造冤案進行惡毒毀謗的罪證」印發國內外學術界以求公斷	《中國都城の起源と發展》（日本）學生社
一九八八	七五	應許倬雲教授邀請前往匹茨堡大學歷史系演講	「論周武王克商」（《神與神話》所收，聯經出版事業公司）
一九八九	七六	十一月，《中國冶鐵技術發展史》再獲「首屆全國科技史優秀圖書榮譽獎」	「論逸周書」〈中國文化史論叢〉八九年一期；「西漢長安佈局結構的再探討」〈考古〉八九年四期

一九九〇	七七	在復旦大學歷史系期間帶領中國古代教研組開始編輯的《戰國會要》至此年完成	「李紹崑《墨學十講》序」（水牛出版社）
一九九一	七八	三月，自傳脫稿 八月，將上海雁蕩路寓所藏書明清刻本等五千餘冊捐獻上海圖書館	「關於越國滅亡年代的再商討」（江漢論壇）九一年五期
一九九二	七九	七月，再將善本古籍二十八種四百餘冊捐獻上海圖書館	
一九九三	八〇		《歷史激流中的動盪和曲折——楊寬自傳》時報文化出版公司 《中國古代都城制度史研究》上海古籍出版社
一九九五	八二		《歷史激流——楊寬自傳》東京大學出版會
一九九六	八三	十月上海博物館新館落成開放	
一九九七	八四		《戰國史：一九九七增訂版》台灣商務印書館
一九九八	八五		《西周史》臺灣商務印書館 《戰國史》（增訂簡體版）上海人民出版社
一九九九	八六		《西周史》（簡體版）上海人民出版社
二〇〇一	八八		《戰國史料編年輯證》上海人民出版社

二〇〇二	八九	七月，著作手稿入藏設於上海圖書館中的「中國文化名人手稿館」 秋，開始在北京、上海試探出版簡體版自傳的可能，因內容涉及敏感，至二〇〇三年皆無結果	《戰國史料編年輯證》（繁體版）台灣商務印書館
二〇〇三	九〇		《楊寬古史論文選集》上海人民出版社 《中國古代陵寢制度史研究》上海人民出版社重印 《中國古代都城制度史研究》上海人民出版社二〇〇三重印 《戰國史》上海人民出版社再版 《西周史》上海人民出版社再版
二〇〇四	九一		《中國冶鐵技術發展史》上海人民出版社重印 《中國都城の起源と發展》（日本）學生社再版
二〇〇五	九二		《歷史激流——楊寬自傳》大塊出版公司 《戰國會要》（與復旦大學歷史系中國古代史教研組合編，上海古籍出版社出版預定） 《中國上古史導論》（上海人民出版社出版預定） 《呂氏春秋集釋》（與沈延國共著，中華書局出版預定）

〈編輯後記〉

一、本書是在一九九三年時報出版公司印行的《歷史激流中的動盪和曲折——楊寬自傳》和一九九五年日本東京大學出版會所出《歷史激流——楊寬自傳》兩書的基礎上，加入作者楊寬先生所提供的新材料，由作者授權編者做全面性的訂正、刪削、增補而成；若有不完善或不妥當之處，責任皆在編者。

二、書中所用先生著作各種版本書影，爲編者所收集，其餘相片、插圖等，除特別注明者外，皆爲先生及其家屬所提供；曾經用於日文版中的許多相片、插圖與地圖，乃日文版譯者、楊寬先生高足高木智見氏無償提供，並經東京大學出版會同意使用，在此要特別感謝高木氏與東京大學出版會的協助與好意。

三、〈楊寬生平與重要著述略年表〉中學術論文部份，主要依據日文版譯者高木智見氏附在書後的「論文」一項內容而來；高木氏收集了楊寬先生學術生涯總數超過兩百三十篇論文的細目與發表資料，提高本書的文獻價值，其辛勤的勞作功不可沒。

105 台北市南京東路四段25號11樓

廣　告　回　信
台灣北區郵政管理局登記證
北台字第10227號

大塊文化出版股份有限公司　收

請沿虛線撕下後對折裝訂寄回，謝謝！

地址：□□□ ＿＿＿＿市／縣＿＿＿＿鄉／鎮／市／區

＿＿＿＿路／街＿＿段＿＿巷＿＿弄＿＿號＿＿樓

姓名：

大塊 LOCUS 文化

編號：MA 054　書名：歷史激流：楊寬自傳

大塊文化 LOCUS 讀者回函卡

謝謝您購買這本書，爲了加強對您的服務，請您詳細填寫本卡各欄，寄回大塊出版 (免附回郵) 即可不定期收到本公司最新的出版資訊。

姓名：________ 身分證字號：________ 性別：□男 □女

出生日期：______年______月______日 聯絡電話：________

住址：________________

E-mail：________________

學歷：1.□高中及高中以下 2.□專科與大學 3.□研究所以上

職業：1.□學生 2.□資訊業 3.□工 4.□商 5.□服務業 6.□軍警公教 7.□自由業及專業 8.□其他

您所購買的書名：________________

從何處得知本書：1.□書店 2.□網路 3.□大塊電子報 4.□報紙廣告 5.□雜誌 6.□新聞報導 7.□他人推薦 8.□廣播節目 9.□其他

您以何種方式購書：1.逛書店購書 □連鎖書店 □一般書店 2.□網路購書 3.□郵局劃撥 4.□其他

您購買過我們那些書系：

1.□touch系列 2.□mark系列 3.□smile系列 4.□catch系列 5.□幾米系列 6.□from系列 7.□to系列 8.□home系列 9.□KODIKO系列 10.□ACG系列 11.□TONE系列 12.□R系列 13.□GI系列 14.□together系列 15.□其他

您對本書的評價：(請填代號 1.非常滿意 2.滿意 3.普通 4.不滿意 5.非常不滿意)

書名______ 內容______ 封面設計______ 版面編排______ 紙張質感______

讀完本書後您覺得：

1.□非常喜歡 2.□喜歡 3.□普通 4.□不喜歡 5.□非常不喜歡

對我們的建議：________________

____

____

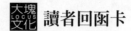

LOCUS

L O C U S

LOCUS

LOCUS